本著作得到江苏省高校"青蓝工程"、苏州市职业大学"青蓝工程"资助

《晋书》复音词研究

陶 莉 著

苏州大学出版社

图书在版编目(CIP)数据

《晋书》复音词研究/陶莉著.—苏州:苏州大学出版社,2019.12
ISBN 978-7-5672-3076-7

Ⅰ.①晋… Ⅱ.①陶… Ⅲ.①《晋书》-复音字-研究 Ⅳ.①H121

中国版本图书馆 CIP 数据核字(2020)第 003055 号

书　　名	:	《晋书》复音词研究
著　　者	:	陶　莉
责任编辑	:	周建国
装帧设计	:	吴　钰
出版发行	:	苏州大学出版社(Soochow University Press)
社　　址	:	苏州市十梓街1号　邮编:215006
印　　装	:	宜兴市盛市文化印刷有限公司
网　　址	:	www.sudapress.com
邮　　箱	:	sdcbs@suda.edu.cn
邮购热线	:	0512-67480030
销售热线	:	0512-657481020
开　　本	:	700mm×1 000mm　1/16　印张:17.75　字数:319千
版　　次	:	2019年12月第1版
印　　次	:	2019年12月第1次印刷
书　　号	:	ISBN 978-7-5672-3076-7
定　　价	:	68.00元

凡购本社图书发现印装错误,请与本社联系调换。服务热线:0512-67481020

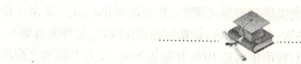

前言

唐人编撰的《晋书》既有魏晋南北朝时期的语言材料,又不可避免地保留有唐代时期的语料。作为史书,《晋书》词汇量较魏晋时期其他类型的文献更为突出,其词汇的构成形式和意义内容有系统性,并且《晋书》的撰写时代十分确定,系初唐人所撰,在客观上能代表魏晋至初唐时期的词汇系统。因此,《晋书》的词汇系统有着突出的研究价值,尤其是其中的新词新义更能反映魏晋至初唐时期的词汇发展面貌。本书对其复音词做较为全面系统的整理、分析和研究,共分为六个部分。

第一章"绪论",首先概述《晋书》的编修及历代对其的评价和研究,然后对《晋书》语料的复杂性进行分析,认定其当处于中古汉语至近代汉语的衍变时期,进而总结出《晋书》词语研究的意义在于:有利于汉语词汇史研究、大型语文辞书的编纂及《晋书》的校勘和训诂等工作。

第二章"《晋书》复音词研究概述",第一部分论述了《晋书》复音词研究的意义;第二部分说明了本书的研究方法,主要包括异文研究和共时描写法、历时比较法、语义场、义素分析法等具体研究方法;第三部分选取《晋书》帝纪、列传和载记三部分共计10.3万字的语料,切分出6 544个复音词,并对《晋书》中切分出的各类复音词进行数据统计及分析论述。

第三章"《晋书》复音词的结构",首先总述了《晋书》复音词的结构类型,包括单纯复音词和合成复音词的结构。然后集中选取《列传》第一至第十所出现的魏晋南北朝至初唐时期的新词,进行综合论述,分析《晋书》复音词各结构类型的特点。

第四章"《晋书》复音词中的新词新义",从中古汉语新词新义研究现状出发,举例论述《晋书》复音词中的新词新义,进而尝试总结其新词新义产生的方式及原因。本章以具体例证论述《晋书》词语研究对辞书编纂及古籍整理的意义,通过对大型辞书及文献典籍的考察,指出《晋书》词语研究,尤其是新词新义研究的应用价值:首先,有利于解决辞书编纂过程中存在的词条失收、释义不

I

当、引证有失、首例过晚、义项缺失等问题；其次，有助于古籍校勘及对今人注释和译文的纠谬补缺。

第五部分"附录"，包括三大内容：一是帝纪、天文志和五行志纪日讹误商榷，主要对其中出现的纪日讹误进行穷尽式搜罗，并分条列出；二是《晋书·帝纪》校读札记，以中华再造善本（简称宋本）、百衲本影印宋刊本、毛晋汲古阁本、清乾隆武英殿刻本为参照，对校中华书局 1974 年版点校本，发现各版本之间的异同，并尝试补充中华书局本校勘记；三是《晋书》复音词词目索引，以方便词目检索。

与以往的专书词语研究、复音词研究著作相比较，本书希望在以下几个方面有所突破：其一，在研究方法上，对《晋书》复音词进行穷尽式统计，同时为实现数据分析的精确性，就某一部分的复音词做细致准确的分析，如第三章第三节，分析其中的 865 个词条，并注重共时比较和历时比较。其二，对复音词进行语法、语义结合分析，将新词按词类划分，分析其语法结构，从而有助于解释复音词内部的语义关系。其三，在对《晋书》复音词做专门研究的过程中，对《晋书》校勘工作中的一些难题如纪日讹误提出疑问。但囿于学识水平，这些纪日讹误的问题有待进一步深入研究探索。

鉴于专书词语研究涉及历史史实、社会制度、天文历法、地域地理等各个方面，加之时间精力和学识水平有限，本书中存在一些问题和不足，比如对专有词语未做深入研究，而多集中于常用词语；有些结论是通过抽样调查或举例性探讨而得来的，这些不足都有待于日后完善和进一步努力。学识粗陋，不当之处请方家指正。

凡 例

一、本书所引《晋书》句例，均出自中华书局1974年版。词目后列其所在的纪、传、志等部分及页码数字，以方便检索核实，词目以等线体字醒目标出。如"后胤 《后妃传·史官语》P984"，后面紧接句例。

二、直接征引的《晋书》书证一般独立列出，并标注其在中华书局本的卷名和页码，以便稽核。

三、征引文献数目或数据一般使用全称，部分文献采用通行简称，如《诗经》简称《诗》，《说文解字》简称《说文》，《世说新语》简称《世说》。对今人所整理的古籍本，行文中仅称引原著者和书名，具体详见书后参考文献书目。

四、为实现行文简洁，引用常见史书和经典名著，如《史记》等二十五史，不标注作者名，详见文末的参考文献书目；通用的大型工具书，行文中尽量使用简称，如《汉语大字典》简称《大字典》，《汉语大词典》简称《大词典》。书后的参考文献书目中不再赘列。

五、文字参考的文献数据尽量选用通行的版本，书后附有参考文献书目。其中，参考文献中的古籍部分大体按其年代排序，著作类主要按作者姓名音序排列，各类期刊论文亦按作者姓名音序排列。

六、附录部分收录有《晋书》中的复音词，以双音节复音词为主。词目后附有页码，按照音序排列，以便于查找。

目 录

前 言 ·· I
凡 例 ·· 1
第一章 绪 论 ··· 1
　第一节 《晋书》概述 ··· 1
　第二节 《晋书》的语料价值 ··· 8
　第三节 《晋书》异文和句式研究概况 ····································· 18
第二章 《晋书》复音词研究概述 ··· 23
　第一节 《晋书》复音词研究的意义 ······································· 23
　第二节 《晋书》复音词研究的方法 ······································· 26
　第三节 《晋书》复音词的切分 ··· 28
第三章 《晋书》复音词的结构 ·· 51
　第一节 《晋书》复音词的结构类型 ······································· 51
　第二节 《晋书》复音单纯词的类型 ······································· 54
　第三节 《晋书》合成复音词的结构 ······································· 68
　第四节 《晋书》复音词结构的特点 ······································ 155
第四章 《晋书》复音词中的新词新义 ······································ 162
　第一节 中古汉语新词新义研究 ·· 162
　第二节 《晋书》复音词中的新词例释 ··································· 170
　第三节 《晋书》复音词中的新义例释 ··································· 201
　第四节 《晋书》新词新义产生的方式及原因分析 ···················· 208
附录一 《晋书》纪日讹误商榷 ··· 211
附录二 《晋书·帝纪》校读札记 ··· 229
附录三 《晋书·列传》《晋书·载记》词目索引 ························· 235
参考文献 ··· 272

第一章 绪 论

第一节 《晋书》概述

唐人编撰的《晋书》记载了魏晋南北朝时期的历史,吸收借鉴了魏晋笔记,唐初由房玄龄等人编撰而成。它既有魏晋南北朝时期的语言材料,又不可避免地保留有唐代中古时期的语料,对于我们研究魏晋南北朝至唐朝时期语言的发展有着不可或缺的价值。因此,《晋书》在文学史、史学史、语言史的研究方面有着极其重要的作用和意义。

一、《晋书》简介

对西、东二晋历史的记载,唐修正史前,已存有二十多种晋史,其中除沈约、郑忠、庾铣三家《晋书》已亡佚外,余存十八家《晋书》。唐太宗李世民继位后,兴修史书,先后共修成八部正史,即《北齐书》《周书》《梁书》《陈书》《隋书》《晋书》《南史》《北史》。唐太宗晚年因有感于围绕皇位继承,皇子们"各树朋党,遂成衅隙"的严重局面,以及对当时政治骄奢渐滋的反省,又因前代所修各家晋史"制作虽多,未能尽善",于贞观二十年(646年)闰三月下修《晋书》诏,"但(《晋书》)十有八家,虽存记注,而才非良史,书亏实录。荣绪(臧荣绪)烦而寡要;行思(谢沈)劳而少功;叔宁(虞预)课虚,滋味同于画饼;子云(萧子云)学海,涓滴埋于涸流;处叔(王隐)不预于中兴;(何)法盛莫通于创业;泊乎干(宝)、陆(机)、曹(嘉之)、邓(粲),略纪帝王;鸾(檀道鸾)、盛(孙盛)、广(徐广)、松(刘谦之),才编载记。其文既野,其事罕传,遂使典午清高,韬遗芳于简册;金行曩志,阙继美于骊骝。遐想寂寥,深为叹息"。以"览古今之事,察安危之机",并亲撰宣帝、武帝、陆机和王羲之四论,总结两晋灭亡的历史教训。《晋书》在北齐臧荣绪等十八家旧《晋书》和大量的诏令、仪注、起居注以及文集的基础上纂录,兼采笔记小说的记载,加以增饰。成书共一百三十卷,包括帝纪十卷,志二十卷,列传七十卷,载记三十卷。叙事从司马懿开始,到刘裕取代东晋为止,记载了西晋和东晋的兴亡史,并用"载记"的形式,兼叙割据政权十六国的事迹。且因唐太宗亲撰四论,又称"御撰"。内容翔实、体例完备,且特创兼有纪、传特点的载记一体[1],但《晋书》仍存有内容遗漏、错谬相沿、取材不当、照应不够、诠配不伦等诸多问题[2]。虽然这部书存在缺点,但由于唐代以前的诸家晋史已经失传,因而它还是今天研究两晋历史的主要参考书,包含了不少我们可以利用的资料。

中华书局本的校点以金陵书局本为工作本,与宋本(即百衲本)、清武英殿本互校,并参考元二十二字本(即元大德九路刊本)、明南北监本、吴本(即吴管西爽堂本)、周本(即周若年刊本)、毛本(即毛晋汲古阁本)。对前人的研究成果,利用较多的有张熷《读史举正》、卢文弨《群书拾补》、王鸣盛《十七史商榷》、钱大昕《廿二史考异》和《诸史拾遗》、洪颐煊《诸史考异》、劳格《晋书校勘记》、李慈铭《晋书札记》、周家禄《晋书校勘记》、丁国钧《晋书校文》、张元济和张森楷《晋书校勘记》以及吴士鉴《晋书斠注》,另参阅了《三国志》《宋书》《魏书》《南史》《华阳国志》《资治通鉴》《艺文类聚》《北堂书钞》等进行校勘。

二、《晋书》的编修

关于《晋书》的预修人员,诸书记载不一,有十人、十九人、二十人、二十一人诸说。二十一人之说见诸多种史书,但诸书关于具体人员的记载互有异同。《唐会要》卷六十三《史馆上·修前代史》的记载为房玄龄、褚遂良、许敬宗、令狐德棻、敬播、来济、陆元仕、刘子翼、卢承基、李淳风、李义府、薛元超、上官仪、崔行功、辛丘驭、刘胤之、杨仁卿、李延寿、张文恭、李安期和李怀俨。《册府元龟》卷五百五十四《国史部·恩奖》、《新唐书》卷五十八《艺文志》、高似孙《史略》卷二《唐御撰〈晋书〉》等均与之有出入。《唐会要》说较为可信[3],中华书局标点本依照此说。

这次修史,预修人员进行了明确分工,据《唐会要》载"司空房玄龄、中书令褚遂良、太子左庶子许敬宗掌其事",分工撰录者共十四人,即来济、陆元仕、刘子翼、卢承基、李淳风、李义府、薛元超、上官仪、崔行功、辛丘驭、刘胤之、杨仁卿、李延寿、张文恭。宋人郑樵推测"随其学术所长者而授之,未尝夺人之所能,而强人之所不及","博通古今"者,"则授之以纪、传","明天文、地理、图籍之

---

[1] 宋鼎立.读《晋书·载记》[J].史学史研究,1983(1).
[2] 岳纯之.论《晋书》的速成及其存在的问题[J].烟台大学学报(哲学社会科学版),2003(1).
[3] 岳纯之.论《晋书》的速成及其存在的问题[J].烟台大学学报(哲学社会科学版),2003(1).

学"者,"则授之以志",因此又有细致的分工。令狐德棻、敬播、李安期和李怀俨是详其条例、量加考正者,亦称考正类例者或总其类者。

《晋书》在编修的过程中,可参考的前史数据、旧《晋书》和大量的诏令、仪注、起居注以及文集很多,但仍大量采录了《世说新语》(本书以下简称《世说》)等笔记小说,这就是后学者对《晋书》多批评贬责之处,采录《世说》等笔记小说的原因在于:第一,编撰者原因。重修《晋书》,史臣均是一代著名的文人学士,在修史的实际工作中,他们努力使文史并茂,雅信兼得,做到史书既展现历史,又行文流畅,感染力强而不致令人读来枯燥乏味。《世说》所记,多史有其事,且文笔可嘉,因此,唐人重修《晋书》大量选取其中内容。第二,受臧修《晋书》的影响。唐修《晋书》以臧荣绪《晋书》为蓝本,而臧修《晋书》就曾经选取了《世说》中的不少记载。臧荣绪所修《晋书》早已亡佚,今天所见之臧修《晋书》是清人汤球的辑本(凡十七卷,又补遗一卷,丛书集成本),而辑本中采用《世说》的例子可信手拈来。第三,《世说》的特点是唐修《晋书》大量采撷其材料的重要原因。南朝宋刘义庆撰《世说》以其动人的故事、优美的文辞,重现一个时期的社会生活和史实,具有真人真事的实录性。刘孝标《世说》注没有拘于对词语的诠释,而是广搜材料,对原书所述内容,或是加以充实,或是发其意蕴,或是考其当否,或是纠其谬误。《世说》得其注释,史料价值更高,因此成为唐修《晋书》极为重要的史料来源。① 细将两书进行对校,不难发现《晋书》对《世说》的继承虽有缺陷,但总体是精湛的,并非纯粹的照搬照抄,是有所创新的,是在纠正其谬误和缺失,完善其叙事后传承的。

三、历代对《晋书》的评价

对《晋书》史学成就的评论,自唐代成书以来一直存在褒贬两种意见。唐刘知己在《史通·采撰》中说:"晋世杂书,谅非一族,若《语林》《世说》《幽明录》《搜神记》之徒,其所载或诙谐小辩,或神鬼怪物。其事非圣,扬雄所不观;其言乱神,宣尼所不语。皇朝新撰(晋史),多采以为书。夫以干、邓之所粪除,王、虞之所糠秕,持为逸史,用补前传,此何异魏朝之撰《皇览》,梁世之修《遍略》,务多为美,聚博为众,虽取悦小人,终见嗤于君子矣。"(《史通通释》第116—117页)《史通·杂说篇》中又论曰:"近见皇家所撰晋史,其所采亦多是短部小书省功易阅者,若《语林》《世说》《搜神记》《幽明录》之类是也……近者,宋临川王义庆著《世说新语》,上叙两汉三国及晋中朝江左事,刘峻注释,摘其瑕疵,伪迹昭

---

① 高淑清.唐修《晋书》缘何采录《世说新语》[J].社会科学战线,1999(6).

然,理难文饰,而皇家撰《晋史》,多取此书,遂采康王之妄言,违孝标之正说,以此书事,奚其厚颜?"这是最早全面批评《晋书》的论述,后代亦多采此说。

五代所修《旧唐书》卷六十六《房玄龄传》云:唐修《晋书》"史官多是文咏之士,好采诡谬碎事,以广异闻;又所评论,竞为绮艳,不求笃实,由是颇为学者所讥"。清代《四库全书总目·史部一·晋书一百三十卷》综合诸家贬斥意见之后说:唐修《晋书》"其所褒贬,略实行而奖浮华,其所采择,忽正典而取小说,彼靡不返,有自来矣"。尤其是不应"宏奖风流,以资谈柄……是直稗官之体,安得目曰史传乎!"最后竟断言:"正史之中,惟此书及宋史,后人纷纷改撰,其亦有由矣。特以十八家之书并亡,考晋事者,舍此无由,故历代存之不废耳。"这个结论实际上对《晋书》予以全面否定,因后学者视《四库全书总目》为权威性评论,故其影响颇为深远。

尽管《四库全书总目》影响深远,但历来对《晋书》的肯定性意见还是存在的。北宋《册府元龟》在摘录《晋书》修撰史实时指出,其"莫不博考前文,旁求遗逸,芟夷芜蔓,举其精要……以臧荣绪《晋书》为本。捃摭诸家传记而附益之,爰及晋代文集,罔不毕记"。这是《晋书》肯定性评价之源流。清乾嘉著名史学家赵翼《廿二史札记》卷七对《晋书》的评价认为,唐修《晋书》时,诸家晋书"时尚俱在,必皆兼综互订,不专据荣绪一书也"。首先肯定《晋书》博采众家之长,自当胜过诸家晋史。赵氏虽沿袭"好采诡谬碎事,以广异闻"的成说,但同时指出"然当时史官,如令狐德棻等,皆老于文学,其纪传叙事,皆爽洁老劲,迥非《魏》《宋》二书可比;而诸僭伪载记,尤简而不漏,详而不芜,视《十六国春秋》,不可同日而语也。"赵氏所论,乃是对唐修《晋书》从局部到整体全面公允的评价。① 笔者谨按,《晋书》的语言色彩有其特殊性,一则是文人编修而成,多采绮丽之语而用之,故而语言较为艰深难懂;再则,其中不乏一些民间歌谣和采自笔记小说的通俗易懂的语句、词汇。这一做法打破了前人修史唯"实录""国史"是据的传统方法,从史料学的角度讲,可以说是修史的一次重大突破,改变了前代正史与野史、笔记小说等不登大雅之堂的民间文学相隔绝的局面,而开始进入一种融合的势态,有其进步性和可取性。

朱大渭先生将《晋书》的史学成就总结为五个方面,包括体例完整、内容详细、思想正统、关系处理公允、叙事清晰,甚为准确公允。总览《晋书》,从其史学价值及语料价值方面来看,主要有三个方面。

第一,史实清晰完整、体例完备周全。西东两晋156年,是我国自秦统一全

---

① 朱大渭.《晋书》的评价与研究[J].史学史研究,2000(4).

国后最为混乱的一个时期。两晋统一后11年就发生了八王之乱,八王之乱持续了16年,后来又爆发了各族人民起义,随之有五胡贵族和汉族张氏、李氏建立起十六国割据政权,长期形成了南北对峙。政权林立的政治格局,造成国内分裂割据,战乱不已。因此,两晋的历史,国别繁多,兴亡无常,各国的政权更替、权力斗争、兴衰成败等,千头万绪,纷繁复杂,难以缕清。唐修《晋书》时,既以两晋历史为主线,又融合其他各国政权更替,并创造出一种崭新的兼有纪、传、志特点的"载记"体,较为完整地记叙了各偏霸政权的兴亡,完整系统地表述了两晋错综复杂的历史格局。比起其他诸家晋史来,更能反映两晋时期历史发展演变的全貌。

第二,在内容上"甚为详洽",也较为公允。唐人修撰时,可用史料详备,史臣参酌群书,兼综互订而成,保证了其所修《晋书》在史实完整、史料详赡等方面都超过了以往任何一部晋史。唐修《晋书》在看待民族问题上较为公允,在史实叙述中,将东晋和十六国基本放在同等地位对待,对十六国政权记载较为详细而真实,包括族源、民风民俗、建国前的活动和建国始末等。"载记"在记录十六国政权历史时,既较为公允地揭露其落后的一面,又肯定其应有的历史地位。对石勒、苻坚、姚兴等少数民族国君的历史作用,进行了充分的肯定。唐初史家对《晋书》字数分配、内容繁简、类传人物的选择,都是在对东晋和十六国基本同等对待的原则下,通过精心构思后设计和安排的。这种构思和安排,不仅全面地再现了十六国时期130余年中国北方的历史,而且也表明这段历史是汉族和少数民族人民共同创造的。

第三,《晋书》叙事条例清楚,重点突出,行文精练,绝少烦冗浮躁之风。即前文赵翼所赞的"然当时史官,如令狐德棻等,皆老于文学,其纪传叙事,皆爽洁老劲,迥非《魏》《宋》二书可比;而诸僭伪载记,尤简而不漏,详而不芜"。《晋书》列传、载记叙事散文之中,有不少篇章清新隽永,形象生动,寓论述于叙事之中,饶有文学情趣。比如人物传中非常精准的人物评述词,《卷一百七载记第七》描述了羌族部落骑兵首领姚弋仲粗鲁率直、真诚无欺的表情和神态;《卷四十九列传第十九》只用200多字,便将不慕荣利、任情放远、风流潇洒的名士刘伶的形象活灵活现展示在读者面前……《晋书》中这类史学文笔,具有很强的文学性和可读性。《晋书》大量地摘录《世说》《语林》等类近文艺著作的素材,史家们在剪裁编缀修订中,又或多或少地进行了文学加工,从而更加深化了这些赏心之作的文学趣味。《晋书》的文学价值,不仅继承了《史记》《汉书》光辉的文学传统,而且带有魏晋时期文艺隽永、幽默、诙谐、风趣的时代特征。同时,所引用的疏、表、书、论、箴、教、经、制、释、誓言、颂、诗、词、赋、书势、书状、制图六体等各类体裁的文献资料较为完整客观地反映了西东两晋时期的语言风貌,而其叙述性语言反映了唐初语言风貌,为研究魏晋至唐初的语言演变提供了宝贵的资料。

《晋书》修于贞观二十年闰三月四日至二十二年七月癸卯[①],耗时仅两年三个月,在不到三年时间内修撰完成,虽有一气呵成之爽朗,却因出自众人之手,不可避免地存在很多问题和缺陷。总结各家对《晋书》的批评,择其要者,总为三端:第一,《晋书》出于20余人之手,而缺乏总体性的统一加工修订,虽有敬播叙例,实难全面贯彻,因而有时体例不够规范化,或者前后内容重复,或者前后内容不相照应,比如纪、传内容互异。第二,史学的核心是考信求实,要求撰史者有考求信史和实录的识断。《晋书》于此有失。第三,《晋书》中封建迷信色彩较为浓厚。

尽管《晋书》存有上述三点缺陷,但其资料十分丰富,体例较为完备而有创新,史事叙述头绪清楚,处理东晋十六国的复杂关系较为得体,行文简洁凝练且具有文学风采,同时,包含着某些古典史学的进步观点,它基本上反映了两晋十六国156年历史的全貌,而且是记述这段历史最为完整的唯一一部史著。南宋史家叶适在全面论述《晋书》时指出,其"得"占七八成,其"失"占二三成,这是较为公允的评价。

四、历代对《晋书》的研究

唐初《晋书》修撰成后,先有何超撰《晋书音义》三卷,后刘知几《史通》评价,对《晋书》多贬损之辞。清初,以万斯同、秦锡田为代表的一批文人学者对《晋书》补表,万斯同针对该书存在的缺点和不足,补编《晋诸王世表》《晋功臣世表》《晋将相大臣年表》《东晋将相大臣年表》《晋方镇年表》《东晋方镇年表》《晋僭伪诸国世表》《伪汉将相大臣年表》《伪成将相大臣年表》《伪赵将相大臣年表》《伪燕将相大臣年表》《伪秦将相大臣年表》《南燕将相大臣年表》。其后又有多位学者继续表志的订补工作,有卢文弨《晋书天文志校正》《晋书礼志校正》,毕沅《晋书地理志新补正》,洪亮吉《东晋疆域志》《十六国疆域志》,钱仪吉《补晋兵志》,方恺《新校晋书地理志》,以及丁国钧《补晋书艺文志》、文廷式《补晋书艺文志》、秦荣光《补晋书艺文志》、吴士鉴《补晋书经籍志》和黄逢元《补晋书艺文志》等,对《晋书·艺文志》和《晋书·经籍志》的内容进行增补。《晋书·地理志》及晋代地理方面的著作主要有毕沅的《晋书地理志新补正》、方恺

---

① 李培栋.《晋书》研究(上)[J].上海师范大学学报(哲学社会科学版),1984(2).

的《新校晋书·地理志》、洪亮吉的《东晋疆域志》和《十六国疆域志》。这些学者广搜各类传世文献,梳理有晋一代各种数据,运用了不同的撰述方法,为后来学者研究《晋书》提供了便利。

清代关于《晋书》的考订校勘,成就较为突出的有钱大昕《廿二史考异》、赵翼《十七史商榷》、王鸣盛《廿二史札记》、张熷《读史举正》、周家禄《晋书校勘记》、劳格《晋书校勘记》、丁国均《晋书校文》、李慈铭《越缦堂读书记》;近代有陈寅恪的《读书札记二集·晋书之部》、吕思勉《吕思勉读史札记》和周一良的《魏晋南北朝史札记》等。钱大昕《廿二史考异》从卷十八至二十三,对《晋书》十帝纪、七志、后妃传(8人)、列传(85人)、载记(11人)中的地名、人物名、职官、年代等方面的错、衍、脱、讹等进行考校,并对一些历史事实进行补充。王鸣盛《十七史商榷》,从卷四十三至五十二共计10卷、260条,对纪、志、传、载记均有涉及,有对其疑误、脱漏、避讳的考辨,还有对唐修《晋书》体例、取材、笔法等问题的评价,中华书局本采纳了王氏的21条。赵翼《廿二史札记·晋书札记》共计16条,对唐修《晋书》之前的诸家晋史进行考证,还有对唐修《晋书》的综合性评述。朱大渭《经史说略·二十五史说略·〈晋书〉说略》对钱氏、王氏、赵氏三人的评价分别是:钱氏乃经史、音韵、训诂、典制、地理、金石之通才,尤精于中西历算,其《晋书考异》共计375条,而用力最多的是对《晋书》各志的正误补遗,其条数占总数的46%。王氏博学有重名,其《晋书商榷》共约309条,多有发微整谬。赵氏为史学名家,其对《晋书》的多处评论极具卓见。他们三人在校勘的基础上更进一层,对《晋书》所记年、月、日、地名、人名错误、掌故释疑、记事颠倒遗漏、礼、乐、天文、律历、郡县沿革、侨州郡县迁徙的考辨诠释,无不涉及,内容较为丰富。清末以来学人对《晋书》的评论,不少来自钱、王、赵之说。①

此外,还有张熷的《读史举正》,以两卷半的篇幅,汇总了帝纪187条、天文4条、地理19条、礼志2条、职官2条、食货1条、五行10条,列传153条,载记40条,共计418条,中华书局本采用其中的36条。周家禄的《晋书校勘记》五卷,共1072条,其校正价值较高,中华书局本采用其163条。劳格《晋书校勘记》三卷,共计568条,中华书局本采用其51条。丁国均《晋书校文》二卷,共计322条,校勘精湛,采用宋世行本、南监本、汲古阁毛氏本、武英殿本、金陵书局本,中华书局本采用其82条。近现代学者陈寅恪的《读书札记二集·晋书之部》共计30条,主要考校其史实并加以评述。吕思勉先生的《吕思勉读史札记》论及《晋

---

① 朱大渭.《晋书》说略[A]//刘起釪,王钟翰.经史说略·二十五史说略.北京:北京燕山出版社,2002:125.

书》6条。周一良《魏晋南北朝史札记》主要是对《晋书》编纂的史实、制度、名物和词语的考订辨识,共计53条。

《晋书》成书后,第一部完整的通篇校注是吴士鉴、刘承干的《晋书斠注》130卷,其证多引类书及前人成果,方法大体不出清代乾嘉学者的范畴,使用史料较之前任多出汉简、敦煌遗书等清代晚期出土文献。还有姚怀箴《晋书纂注》十卷,但因姚氏早逝,仅有帝纪十卷的纂注。吴氏、姚氏二人仿裴松之注《三国志》之例。近人有一些关于《晋书》的注释,如黄公渚选注《晋书》(万有文库本"学生国学丛书",商务印书馆,1933年版)、冯君实《晋书·孙恩卢循传笺证》(中华书局,1963年版)、陈连庆《〈晋书·食货志〉校注》(东北师范大学出版社,1999年版)、陆心国《晋书·刑法志注释》(群众出版社,1986年版)、王雷鸣编注《历代食货志注释(第一册)》(农业出版社,1984年版)。

第二节 《晋书》的语料价值

一、《晋书》语料当属于中古汉语至近代汉语的衍变时期

《晋书》记载从司马懿开始到刘裕取代东晋为止的历史,成书于唐初。其中引用的魏晋语料有中古的成分,而叙述的语料则有衍变入近代的成分。自然,全书整个基调是传统的文言文。作为史书,《晋书》内容丰富,词汇量较魏晋时期其他类型的文献更为丰富,其词汇的构成形式和意义内容有系统性;并且,《晋书》的撰写时代十分确定,系初唐人所撰,在客观上能代表魏晋至初唐时期的词汇系统。因此,《晋书》的词汇系统有着突出的研究价值,尤其是其中的新词新义更能反映魏晋至初唐时期的词汇发展面貌。

关于汉语史的分期问题,历来学界较为尊崇王力先生的分期方法,认为先秦两汉时期为上古汉语、东汉末年至隋代为中古汉语、唐宋元明清时期是近代汉语。而吕叔湘先生的《近代汉语读本·序》则建议把近代汉语的开始定在晚唐五代即9世纪,也就是中古汉语的结束在中唐时期。中古汉语是上古汉语到近代汉语的过渡时期,这一时期汉语词汇和语法都有一些突出特点,同时在语音、词汇、语法诸要素的发展方面又分别具备了自身的发展规律,汉语新词新义大量繁衍孳乳,进入文人笔下的口语词汇已由零星增加到相当可观的数量,志怪小说、笔记小说的语言已和上古作品的语言拉开了距离,形成了独特的风格。

关于史书中的"原始材料"和"其他材料",方一新先生认为,六朝史书里收录了可观的当朝人的诏令、奏疏、信札、文章,保存了大量的民谣俗语,书中不乏方言俗语词汇,利用这些门类齐全、风格多样的材料,可以考察汉魏六朝时期流行的部分语词的使用情况,探寻中古史书词汇的基本面貌和发展规律,并进而为从总体上把握汉魏六朝词汇的发展演变提供帮助和参考。他也认为,在六朝史书中,应该区分原始材料和其他材料。史书中的原始资料,是指正文中原文引录的当朝文献,它虽然也还有史书作者加工润饰、以意剪裁的可能性,但原则上应可认定为当朝人的作品,把这部分材料一概当作史书成书年代的材料来对待,当有不妥。原始材料以外的部分都属于其他材料,包括记事和记言两大类。史书中的叙事评赞语属于记事成分。作者在记叙史实时肯定参考、采用了许多前代史料,但是这种参考、采用绝非照抄照搬,而是经过一定的整理淘汰、修改加工后才写入史书的,理应看作是史书作者所处年代的语料。史书中的人物对话和言论属于记言成分。这部分从原则上应该视同为史书作者所处年代的语料。① 首先,《晋书》的确由唐代史臣编纂,但依据众多魏晋时期史料,比如笔记小说、札记等,这也是其为历代文人所诟病之重要原因。因此,我们不能说《晋书》反映的全部是唐时语料,其中不乏大量的晋代史料和语料,尤其是书中信札、史臣上书的奏章,虽然可能有编纂者以当时语言词汇修改之,但仍主要保存了晋时语言面貌,晋时产生的新语词依旧在史书中使用,若将之作为唐时语言材料来看,则会将新词产生的时间推后,在词汇纵向研究上出现误差。《晋书》中所摘录的晋时文人作品、臣子上书的奏章、信札则当视为晋时语看待,将其余部分如史臣语部分视为唐时语言则较为确切。

二、《晋书》语料的复杂性

就《晋书》语料的复杂性,刘百顺先生总结得非常精辟准确,他认为,像《晋书》这种后代编撰,但采用了前代原始数据的史书,其语料的时代是很复杂的,既不能全部视为所记载时代的语料,也不能整体看作修史者所处时代的语料,还不能简单地区分为三部分:引录当朝文献为晋代语料,记言为晋代或唐代语料,记事为唐代语料,而应当都进行具体的考察、鉴别。还应当纠正一种观点:整段、整篇文字一字未改才算是保持了原始资料的原貌,否则就算作修史者所处时代的语料。那样的话,恐怕整部《晋书》连一条原始资料都没有(修史者对

---

① 方一新. 六朝史书与汉语词汇研究[A]//. 王云路. 中古汉语研究. 北京:商务印书馆,2000:147-148.

原始资料一字不改几乎是不可能的事)。非但《晋书》，其他许多史书恐怕都是这样，那些没有其他原始资料可复核的引录当朝的文献是否就一字未改，也都令人怀疑。还有从类书中辑录出来的文字也都靠不住，因为类书所引文字有原始数据可复核的(比如《后汉书》《三国志》等)，很少有一字不动的，多少都有点儿改动。这种有所改动的文字都算作编书人所处时代的语料，显然抹杀了其语料价值。鉴于此，我们认为，是否原始资料不能整段、整篇地看，而应当把它们分解到语音、文字、词汇、语法四个层面来进行具体分析。对《晋书》语料时代的考察，重点应放在那些具有时代特点的文字、词汇、语法、语音问题上。就文字、词汇、语法、语音四个方面而言，所涉及的问题最多的是词汇，所以考察的重点应放在词汇上。[①]

鉴于《晋书》语料的复杂性，本书的研究重点也侧重于《晋书》中各类有时代特点的词汇，且囿于篇幅，在对《晋书》复合词做穷尽式研究的过程中，对其《帝纪》十卷、《列传》七十卷、《载记》三十卷这些部分用力较多，因《志》二十卷有《天文》《地理》《律历》《礼》《乐》《职官》《舆服》《食货》《五行》《刑法》，记载历朝各类制度沿革，收集各类郊庙歌辞及赞歌、文人诗歌等，对中古汉语词汇史研究的参考价值不太大。

三、中古汉语专书词汇研究

关于词汇史研究中的专书词汇研究已经成为诸多学者的共识，周祖谟先生认为词汇是构成语言的材料，要研究词汇的发展，避免纷乱，宜从断代开始，而又要以研究专书作为出发点。刘又辛也指出，研究词汇必须从不同的角度分成若干专题从事微观分析，然后集合所有成果，方能变成总结性的汉语词汇史或汉语大词典这类成果。在分题研究中，选择一部分重要典籍，进行穷尽性的词汇分析，是一项重要课题。近五十年来，诸多语言学者关注各类专书词语研究，成果较多，如陈克炯《〈左传〉复音词初探》(1978)、祝敏彻《从〈史记〉〈汉书〉〈论衡〉看汉代复音词的构词法》(1981)、朱广祁《〈诗经〉双音词论稿》(1985)、刘诚《〈韩非子〉构词法初探》(1985)、程湘清《〈论衡〉复音词研究》(1985)、唐钰明《金文复音词简论》(1986)、喻遂生和郭力《〈说文解字〉的复音词》(1987)、李新建《〈搜神记〉复合词研究》(1992)、张双棣《吕氏春秋词汇研究》(1989)、张振德《〈世说新语〉语言研究》(1995)、魏德胜《〈韩非子〉语言研究》

[①] 刘百顺. 也谈《晋书》的语料时代[A]//浙江大学汉语史研究中心.《汉语史学报》第九辑. 上海：上海教育出版社，2010：257.

(1995)、钱宗武《今文尚书语言研究》(1996)、王延栋《〈尚书〉的双音词》(1998)、张能甫《郑玄注释语言词汇研究》(2000)、梁晓虹《试论〈正法华经〉中的同义复合副词》(2001)、董艳琴《〈战国策〉联合式双音词探析》(2001)等。

尽管各类专书词汇研究的成果较多,但汉代以后对断代词汇、专书词汇的系统研究还未全面深入。魏晋南北朝是汉语发展十分关键的时期,近年来,关于魏晋南北朝时期汉语的词汇研究取得了显著成绩,有徐震堮《〈世说新语〉词语简释》(1979)、江蓝生《魏晋南北朝小说词语汇释》(1988)、段观宋《魏晋南北朝史书语词考释》(1989)、方一新《东汉魏晋南北朝史书词语笺释》(1997)、吴金华《三国志校诂》(1990)、《三国志丛考》(2000)、方一新《〈世说新语〉语词释义》(1990)、蔡镜浩《魏晋南北朝词语例释》(1990)、王云路和方一新《中古汉语语词例释》(1992)、方一新和王云路《中古汉语读本》(1993)、程湘清《〈世说新语〉复音词研究》(1992)、张振德等《〈世说新语〉语言研究》(1995)、柳士镇《〈世说新语〉词法特点初探》(1998)、周日健和王小莘《〈颜氏家训〉词汇语法研究》(1998)、汪维辉《〈齐民要术〉词汇语法研究》(2005)、万久富《〈宋书〉复音词研究》(2006)、宋闻兵《〈宋书〉词语研究》(2009)。但就《晋书》专书词语的研究目前还没有专著,笔者在攻读硕士研究生期间,粗略做了《晋书》语词的条目型汇总,形成硕士论文《〈晋书〉语词研究与词典编纂》(2004),以《晋书·列传》七十卷中出现语词为依托,对《汉语大词典》(以下简称《大词典》)的失收词条、首例过晚、释义不恰当等问题进行补充和阐释,共计169条。论文整体较为粗糙,没有系统完整地对《晋书》词语进行梳理总结,不够完善,更没有对中古汉语词汇发展进行详细论述,学术价值不足。

四、《晋书》词汇研究的意义

(一)《晋书》专书词汇研究有助于反映魏晋至初唐时期的语言面貌

专书语汇研究是汉语词汇史研究的重要基础工作。《晋书》编撰于初唐,又吸收采纳了多种语言材料,比如口语色彩浓厚的《世说》等笔记小说,包含有魏晋时期语料。因此,对《晋书》进行专书词汇研究,有助于反映出魏晋南北朝至初唐时期的语言面貌,也反映出了中古汉语至近古汉语的发生演变期的词汇发展变化趋势,尤其是对其中新词新义的挖掘及其构词方式的探讨,有助于我们更为清晰地了解这一时期的语言面貌。本书第四章,即对《列传》第一至第十所出现的魏晋南北朝至初唐时期的新词,进行结构分析,并总结出新词结构的发展趋势。第四章集中对《晋书》中的新词新义进行系统分析,从中总结出词汇发展的规律。

从历时发展的角度来看,对《晋书》中复音词构成方式、复音词构词特点进行系统研究,并将《晋书》与不同时期、不同语料中词语的量化数据进行对比,有助于我们总结出词汇发展或分布的总体特征,更好地爬梳中古汉语至近古汉语词汇的发展脉络。

(二) 有益于大型语文辞书的编纂

在《晋书》专书词汇研究过程中,比对《大词典》,不难发现,《大词典》在词条收录、词条释义、所出首个例句、所出引文等各方面不可避免地存在一些疏漏。《晋书》词语研究有助于大型辞书的编纂工作,比如补充其失收词条,提供恰当的书证,订补缺失的义项,匡正疏误的释义,等等。

1. 补《汉语大词典》失收词条

垂制 《裴秀列传》P1039:图书之设,由来尚矣。自古立象垂制,而赖其用。三代置其官,国史掌厥职。

"垂制"一词有制定制度义,《大词典》未收。垂,自上缒下,《易·系辞下》:"尧舜垂衣裳而天下治。"后引申为由上级对下级制定制度之义,多与"立法"等连用。如《三国志·魏书·刘劭传》:"然则圣人垂制,不为变异豫废朝礼者,或灾消异伏,或推术谬误也。"《晋书·刑法志》:"大晋垂制,深惟经远,山陵不封,园邑不饰,墓而不坟,同乎山壤,是以丘阪存其陈草,使齐乎中原矣。"《晋书·裴秀列传》:"自古立象垂制,而赖其用。"《晋书·李重列传》:"方今圣明垂制,每尚简易,法禁已具,和表无施。"《晋书·段灼列传》:"且百王垂制,圣贤吐言,来事之明鉴也。"《宋书·明帝纪》:"圣人立法垂制,所以必称先王,盖由遗训余风,足以贻之来世也。"《旧唐书·礼仪志二》:"臣闻灾变之兴,至圣不免,聿修其德,来患可禳。陛下垂制博访,许陈至理。"《陆士衡文集·汉高祖功臣颂》卷九:"外济六师,内抚三秦。拔奇夷难,迈德振民。体国垂制,上穆下亲。名盖群后,是谓宗臣。"《徐公文集·颂德赋》卷一:"惟先王之建国,体皇极而垂制,仰则观于辰象,俯则察于地义。"《欧阳文忠公文集·居士集·问进士策》卷四十八:"夫立法垂制,将以遗后也。"《文献通考·学校考》卷四:"先圣加众儒为先师,永垂制后昆,革往代之纰缪。"以上各例中的"垂制"都是指上级统治者制定制度和法律法规。《大词典》当补此词条。

大信 《羊祜列传》P1014:祜率营兵出镇南夏,开设庠序,绥怀远近,甚得江汉之心。与吴人开布大信,降者欲去皆听之。

"大信"一词在《晋书》中共出现有九例,皆是至诚义。信,不疑也,不差爽也。《易·系辞》:"人之所助者,信也。"《左传·僖公七年》:"守命共时之谓信。"大信的词义甚明,且在历代文献中使用较为频繁,《汉书·王莽传上》:"然而番君得王长沙,下诏称忠,定著于令,明有大信不拘于制也。"《后汉书·寇恂列传》:"今始至上谷而先堕大信,沮向化之心,生离畔之隙,将复何以号令它郡乎?"《三国志·魏书·陈留王纪》:"(袁)绍等所赐妾及男女家人在此者,悉听自随,以明国恩,不必使还,以开广大信。"《三国志·魏书·杨阜传》:"今宜开大信于天下,以安众庶,以示远人。"《晋书·杜预列传附史臣语》:"垂大信于南服,倾吴人于汉渚,江衢如砥,褆袂同归。"《晋书·陆云列传》:"愚以宜发明令,罢此等覆察,众事一付治书,则大信临下,人思尽节矣。"《宋书·袁湛列传附弟袁豹》:"大信之明,皦若朝日,如其迷复奸邪,守愚不改,火燎孟诸,芝艾同烂,河决金堤,渊丘同体,虽欲悔之,亦将何及?"以上各例中"大信"皆为偏正结构,"大"作"信"的修饰语,表至真的诚信,且多用于朝廷。《大词典》失收,当补。

2. 补《汉语大词典》首例过晚词条

听任 《齐王冏列传》P1610:赵庶人听任孙秀,移天易日,当时喋喋,莫敢先唱。

"听任"有听凭、任凭之义,但《大词典》出一现代汉语之例,过晚,此词于汉时已有用例,比如《汉书·薛宣朱博传》:"卖买听任富吏,贾数不可知。"《后汉书·冯鲂传》:"永平四年,坐考陇西太守邓融,听任奸吏,策免,削爵土。"《旧五代史·高祖纪第一》:"朕昨以独夫从珂,本非公族,窃据宝图,弃义忘恩,逆天暴物,诛剪骨肉,离间忠良,听任矫谀,威虐黎献,华夷震悚,内外崩离。"而《大词典》以现代汉语之例论证之,过晚,须补。

陷没 《邵续列传》P1704:功勋未遂,不幸陷没,朕用悼恨于怀。

"陷没"一词是没于阵、阵亡之义,《大词典》释义是正确的,但出例为宋苏舜钦《乞用刘石子弟》:"然刘平、石元孙以血战陷没死于贼手。"过晚。蔡邕《戍边》上章:"父子一门兼受恩宠,不能输写心力,以效丝发之功,一旦被章,陷没辜戮。"《南齐书·崔怀慎列传》:"怀慎与妻房氏笃爱,闻父陷没,即日遣妻,布衣蔬食,如居丧礼。"《晋书·天文志下》:"明年,西虏寇长安,雍州刺史朱龄石诸军陷没,官军舍而东。"《晋书·礼志中》:"二亲陷没寇难,万无一冀者,宜使依王法,随例行丧。"《晋书·刘隗列传附孙刘波》:"时苻坚弟融围雍州刺史朱序于襄阳,波率众八千救之,以敌强不敢进,序竟陷没。"《晋书·谢安列传》:"时强敌寇境,边书续至,梁益不守,樊邓陷没,安每镇以和靖,御以长算。"《南齐书·高帝本纪上》:"闻虏主拓跋焘向彭城,质等回军救援,至盱眙,太祖与质别军主胡宗之等五军,步骑数千人前驱,焘已潜过淮,卒相遇于莞山下,合战败绩,缘淮奔退,宗之等皆陷没。"《梁书·陈庆之列传》:"大同二年,魏遣将侯景率众七万寇楚州,刺史桓和陷没,景仍进军淮上,贻庆之书使降。"汉蔡邕《戍边》之句当是始例。

  谐隐　《郭璞列传》P1905：傲岸荣悴之际，颉颃龙鱼之间，进不为谐隐，退不为放言，无沈冥之韵，而希风乎严先，徒费思于钻味，摹《洞林》乎《连山》，尚何名乎！

  "谐隐"犹言微言讽喻，《大词典》出明冯梦龙《智囊补·语智·郑涉》："刘玄佐镇汴，尝以逸怒，欲杀军将翟行恭，无敢辩者，处士郑涉能谐隐，见玄佐曰：'闻翟行恭抵刑，付尸一观。'玄佐怪之，对曰：'尝闻枉死人面有异，一生未识，故借看耳。'玄佐悟乃免。"过晚，另《新唐书·王琚列传》："琚曰：'臣善丹沙，且工谐隐，愿比优人。'"《晋书》此句较早。

  增剧　《吴敬王晏列传》P1725：又少有风疾，视瞻不端，后转增剧，不堪朝觐。

  "增剧"一词是增多、加剧之义，《大词典》出现代叶圣陶《未厌集·苦辛》例："她的衰病，或许是因为心境较为愉快，而不见增剧，甚或反见轻减吧。"甚晚。《三国志·蜀书·蒋琬传》："疾转增剧，至九年卒，谥曰恭。"《宋书·谢弘微列传》："时有一长鬼寄司马文宣家，云受遣杀弘微，弘微疾增剧，辄豫告文宣。"《旧唐书·房玄龄列传》："后疾增剧，遂凿苑墙开门，累遣中使候问。"《旧唐书·李林甫列传》："其年十月，扶疾从幸华清宫，数日增剧，巫言一见圣人差减，帝欲视之，左右谏止。"《旧五代史·周书·太祖纪》："帝以迁幸烦费，不可轻议，散财可矣，故有郊禋之命，洎岁暮，帝疾增剧，郊庙之礼盖勉而行之耳。"《新五代史·史建瑭传》："梁太祖方病，由是增剧。"《宋史·真宗本纪》："帝不豫增剧，祷于山川神祇。"《宋史·陈恕列传》："恕已病，犹勉强亲职，数月增剧，表求馆殿之职，获奉以济其贫。"《宋史·张咏列传》："性躁果下急，病创甚，饮食则痛楚增剧，御下益峻，尤不喜人拜跪，命典客预戒止。"《元史·张珪列传》："未几，珪病增剧，非扶掖不能行。"《明史·陈束列传》："束故有呕血疾，会科试期迫，试八郡之士，三月而毕，疾增剧，竟不起，年才三十有三。"《明史·倪维德列传》："林仲实以劳得热疾，热随日出入为进退，暄盛则增剧，夜凉及雨则否，如是者二年。"《大词典》出现代之例句，太晚，历代史书中均有此词，《三国志》当是其始例。

  3. 补《汉语大词典》例句不足词条

  我躬　《皇甫谧列传》P1414：求绝编于天录，亮我躬之辛苦，冀微诚之降霜，故俟罪而穷处。

  "我躬"即"我自己""我本身"之义，《大词典》收录之，但仅出《诗·小雅·小弁》例，不够完善，但"我躬"一词在文献中出现确实不太多，《梁书·张缅列传》:"忘我躬之匪阅,顾社稷而怀忧。"《魏书·任城王列传》:"叔父既握国柄,杀生由己,自言天之历数应在我躬,何得复有朝廷也!"《隋书·韦世康列传》:"况娘春秋已高,温清宜奉,晨昏有阙,罪在我躬。"《大词典》可补其句例。

夷达 《应詹列传》P1858:元康以来,贱经尚道,以玄虚宏放为夷达,以儒术清俭为鄙俗。

"夷达",《大词典》释义为旷达,无误,出《资治通鉴·晋元帝太兴二年》中此句,胡三省注:"夷,旷也。"似不妥,当出《晋书》中此句。

伟干 《魏咏之列传》P2218:既出,玄鄙其精神不隽,谓坐客曰:"庸神而宅伟干,不成令器。"

"伟干"即魁梧的身躯。《大词典》出宋叶廷珪《海录碎事·人事》:"(咏之)常见桓玄,玄鄙其精神不儁,谓坐客曰:'庸神而宅伟干,不成令器。'"《大词典》释义无误,但例句当出《晋书》中原句例。

秉直 《李含列传》P1641:臣州秦国郎中令始平李含,忠公清正,才经世务,实有史鱼秉直之风。

"秉直",持正也。《大词典》释义无误,但所出语例误为"《晋书·李舍传》",当为《李含传》,疑因字形相近致误。

清警 《汝南王亮列传》P1591:汝南文成王亮,字子翼,宣帝第四子也。少清警有才用,仕魏为散骑侍郎、万岁亭侯,拜东中郎将,进封广阳乡侯。

"清警"是机智敏锐之义,《大词典》释义无误,但所出句例误为"《王亮传》",当为《汝南王亮列传》。

4. 补《汉语大词典》义项阙失词条

行通 《羊祜列传》P1016:今道路未通,方隅多事,乞留前恩,使臣得速还屯。不尔留连,必于外虞有阙。……匹夫之志,有不可夺。

"行通"一词,《大词典》释义为"犹言吃得开,兜得转"。引孙犁《白洋淀纪事》:"老牛回来就不吃草,老改到大官亭去请来一位兽医,这位兽医在这一代是很行通的。"作初始例,过晚,且义项有缺。此句中,"行通"即言"通行",畅通义。史书中亦有表畅通义的例句:《史记·滑稽列传·东方朔》:"夫张仪、苏秦之时,周室大坏,诸侯不朝,力政争权,相禽以兵,并为十二国,未有雌雄,得士者强,失士者亡,故说听行通,身处尊位,泽及后世,子孙长荣。"《云笈七签》卷十三:"若青丝如不解,闭气炼形,使用元气行通于毛发之间。"言用元气畅行于毛发之间。《云笈七签·存心中赤气去三尸法》:"经曰:'常念心中,出赤气上行通喉咙,以意闭之于泥丸,为之不止,三尸自去。'"《徐公文集·大宋凤翔府新建上济太平宫碑铭(有序)》:"或观其道而设教依于人,而后行通其变,而不穷感于物而遂。""行通"即"通行",实施义。《经进东坡文集事略·中庸论中》:"是何以异于匹夫匹妇之所能行通,而至于圣人之所不及。故凡为此说者,皆以求安。"《象山先生全集·赠刘季蒙与伯兄致政书》:"惟公学本之经,行通于天,渊源之渐,伊孟之传,自本自根,即闻即见,见之躬行,死守不变。""行通"系同义并列,表通行义,可指气的畅通,商业的通行,言论的传行,等等。《大词典》在此词的释义上,初始例过晚,且义项亦不完整,当补。

<u>端委</u> 《陆云列传》P1484:若得端委太学,错综先典;垂缨玉阶,论道紫宫,诚帝室之瑰宝,清庙之伟器。

此句言若能正襟危坐于太学,"端委"在此处当是严肃列坐,《大词典》收录此词条,且有两个义项:"古代礼服"和"始末;底细",二义项于此处皆不通,查阅其余文献得知,"端委"当另有一《大词典》失收之义项"正襟危坐,态度严肃地列坐于、列位于"。《晋书·潘岳列传》:"二学儒官,搢绅先生之徒,垂缨佩玉,规行矩步者,皆端委而陪于堂下,以待执事之命。"《晋书·袁宏列传》:"端委兽门,正言弥启。"《晋书》中还有数例:《谢鲲列传》:"端委庙堂,使百僚准则,鲲不如(庾)亮。"《孙楚列传附孙绰》:"陛下且端委紫极,增修德政,躬行汉文简朴之至,去小惠,节游费,审官人,练甲兵,以养士灭寇为先。"《袁瑰列传》:"宗周既兴,文史载焕,端委垂于南蛮,颂声溢于四海,故延州聘鲁,闻《雅》而叹。"《魏书·曹辉列传》:"如此则不出庭户,坐知四方,端委垂拱,明赏审罚矣。"《旧唐书·殷秀实列传》:"守人臣之大节,见元恶之深情,端委国门,挺身白刃。"因此,《大词典》当补此义项。

5. 补《大词典》释义可商榷之词条

<u>弼谐</u> 《康献褚皇后列传》P977:"但暗昧之阙,望尽弼谐之道。"

"弼谐",《大词典》谓辅助和谐,出《尚书》例。另收"弼佐"一词,释义为"辅佐",以及"辅弼"一词,释义为"辅佐,辅助。亦指辅佐君主的人,后多指宰相"。二词语都是同义并列复合词。笔者以为"弼谐"为并列式合成词,可以直接解释为辅佐、扶助,无须"和谐"作补充。"谐"有辅弼义,《大词典》释义有待商榷。除此以外,在《晋书》中另有二例。一是《何曾列传》:"盖谟明弼谐,王躬是保,所以宣崇大训,克咸四海也。"二是《谢安列传》:"(谢)安义存辅导,虽会稽王道子亦赖弼谐之益。"其余文献中也有例,《宋书·谢景仁列传》:"汝始亲庶务,而任重殷,宜寄怀群贤,以尽弼谐之美,想得之,不俟吾言也。"《南齐书·豫章文献王列传》:"标胜丘园,素履穆于忠烈,誉应华衮,功迹著于弼谐。"《魏书·世宗纪》:"而良策弗进,规画无闻,岂所谓弼谐元首,匡救不逮者乎?"《周书·宣帝纪》:"宜宣诸内外,庶尽弼谐,允叶民心,用消天谴。"《周书·于谨

列传》:"(于)谨亦竭其智能,弼谐帝室。"《隋书·高祖纪上》:"受诏先皇,弼谐寡薄,合天地而生万物,顺阴阳而抚四夷。"《隋书·儒林列传序》:"然襄之弼谐庶绩,必举德于鸿儒,近代左右邦家,咸取士于刀笔。"《五朝名臣言行录》卷五之一:"臣等职预弼谐,敢不心存公正?"言臣等辅佐君王,不敢有心存不公之时。"弼谐"有辅佐义,系并列式合成词,而非动补式结构。《大词典》释义有待商榷。

(三)有助于《晋书》校勘工作

历来对《晋书》校勘的研究,大多提及《晋书》与《世说》的异文比较,柳士镇总结出,《晋书》是在不变更《世说》原意的基础上进行的,更换了部分词汇,变化了一些造句方式。因此,对《晋书》词语做系统分析和研究,有助于其异文比较,并完善其校勘工作。

同时,对《晋书》做词语研究对于《晋书》的校勘工作亦有帮助,通过词语尤其是新词新义的研究,可以帮助提高《晋书》的校勘质量。如:

<u>几、几许</u> 《宣帝纪》P9:先是,亮使至,帝问曰:"诸葛公起居何如,食可几米?"对曰:"三四升。"

关于此句,《晋书校勘记》指出,《太平御览》三七八引魏明帝诏曹植云"食几许米",几许即几何,为汉魏常用词语,"几"下疑当有"许"字。

愚按:《校勘记》以为"几"下疑脱"许"字,但笔者以为不妥。且宋本、百衲本、毛本、殿本等亦皆作"食可几米"。几,《广韵》居狶切,上声。若干,多少。"几"本就有"多少""若干"之义。在量词大量出现之前,"几"作为数词后面直接加名词,构成"数+名"结构,魏晋至唐宋时期,仍多有用例。《晋书》中"几"作"多少"之义的用例很多,例如:

《阮籍列传》P1365:初,祖约性好财,孚性好屐,同是累而未判其得失。有诣约,见正料财物,客至,屏当不尽,余两小簏,以著背后,倾身障之,意未能平。或有诣阮,正见自蜡屐,因自叹曰:"未知一生当著几量屐!"神色甚闲畅。于是胜负始分。

《陆纳列传》P2026:将之郡,先至姑孰辞桓温,因问温曰:"公致醉可饮几酒?食肉多少?"温曰:"年大来饮三升便醉,白肉不过十脔。卿复云何?"纳曰:"素不能饮,止可二升,肉亦不足言。"

《王徽之列传》P2103:徽之字子猷。性卓荦不羁,为大司马桓温参军,蓬首散带,不综府事。又为车骑桓冲骑兵参军,冲问:"卿署何曹?"对曰:"似是马曹。"又问:"管几马?"曰:"不知马,何由如数!"又问:"马比死多少?"曰:"未知生,焉知死!"

《南齐书·柳世隆列传》也有出现:若作三千人食者,已有几米? 可指牒付信还。

短豆、栈豆 《宣帝纪》P17:帝曰:"(曹)爽与(桓)范内疏而智不及,驽马恋短豆,必不能用也。"

"驽马恋短豆",武英殿本作"栈豆",百衲本作"矢且"。宋本、毛本作"短豆"。《晋书校勘记》指出,武英殿本及《魏志·曹爽传》注引干宝《晋纪》和司马光《资治通鉴》七五"短豆"作"栈豆";《御览》八九五引干宝《晋纪》作"刍豆"。

愚按:栈豆是马房豆料。亦比喻才智短浅的人所顾惜的小利。武英殿本善。

妹妃、妺妃 《恭思褚皇后列传》P984:褒后灭周,方之盖小;妹妃倾夏,曾何足喻。中原陷于鸣镝,其兆彰于此焉。

"妹妃",宋本作"末妃"。毛本、殿本作"妺"。愚按:末,通"妺"。《玉篇·女部》:"妺,莫葛切,妺喜,桀妻也。"《集韵·末韵》:"妺,妺喜,有施氏女。"妺妃即妺喜,夏桀爱妃,以美色误国。且《后妃传史臣语》赞曰:"二妃光舜,三母翼周。末升夷癸,褒进亡幽。家邦兴灭,职此之由。"以"末"字指"妺喜"。

才见、才具 《张华列传》P1071:钟会才见有限,而太祖夸奖太过,嘉其谋猷,盛其名器,居以重势,委以大兵,故使会自谓算无遗策,功在不赏,钭张跋扈,遂构凶逆耳。

"才见",宋本同。毛本、殿本皆作"才具"。

愚按:当作"才具",为魏晋时期新词,同义并列复合词。才具,即才能。《三国志·蜀志·彭羕传》:"卿才具秀拔,主公相待至重。"具:才具,才能。《文选》载汉李陵《答苏武书》:"其余佐命立功之士,贾谊、亚夫之徒,皆信命世之才,抱将相之具。"

第三节 《晋书》异文和句式研究概况

近年来关于《晋书》语言风格和特点的研究较少,有些是侧重于《晋书》与《世说》等书的异文研究。关于《晋书》的叙事风格和语言风貌,李少雍著文《"文胜质则史"——关于〈晋书〉的文学语言》总结道:"《晋书》的叙述之文,爽劲而富有生气,论赞之文用声调铿锵、辞藻华美的骈体写成,其人物语言里既有口语或'鄙言',又多润色和文饰之处。因此《晋书》的语言既是史乘语言,又具有文学语言的特征。"①

一、《晋书》异文研究

训释《晋书》词语,在传统的归纳法基础之上,《晋书》的异文和相关典籍中的一些古注是不可或缺的参考对象。

(一)《晋书》异文体系及异文研究意义

《晋书》有一个较为复杂的异文体系,首先,《晋书》在北齐臧荣绪等十八家旧《晋书》和大量的诏令、仪注、起居注以及文集的基础上更加纂录,兼采《世说》等笔记小说的记载,加以增饰;其次,《太平御览》《册府元龟》二书中引有《晋书》很多内容;再次,《晋书》与《宋书》两书的《五行志》有较多相重处,可互相勘校。因此,《晋书》异文研究意义重大。如果参校《晋书·五行志》《宋书·五行志》,可以互证其舛谬。

①《晋书·五行志》P802:"天戒若曰,旗所以挂三辰,章著明也,旗竿之折,高明去矣。玄果败。""挂",《宋书》作"拟"。按:"拟"无悬挂之义,疑为形近至误。《晋书》是。

② P818:"经曰:庶用五事,一曰貌,二曰言,三曰视,四曰听,五曰思。"吴士鉴、刘承干《晋书斠注》卷二十七据《续修四库全书》卷二百七十五指出,《十七史商榷》四十七曰,本是"敬用五事",篆"敬"字似"羞",汉书误为"羞",颜师古因妄为之说曰:"羞,进也。"此处又因"羞"而误为"庶"。按,吴说正确。《尚书》卷七:"天乃锡禹洪范九畴彝伦攸叙,初一曰五行,次二曰敬用五事,次三曰农用八政。"《尚书注疏》卷十二:"施教于民,当先敬用五事,以敛聚五福之道,用此为教,布与众民,使众民慕而行之,在上能教如此,惟是其众民皆效上所为。"且后代文献中皆出"敬用五事"以证。《晋书》误。

③ P820:"齐王冏既诛赵王伦,因留辅政,坐拜百官,符敕台府,淫酱专骄,不一朝觐,此狂恣不肃之咎也。"言这是狂妄不严肃的罪过。"咎",《宋书》作"容",疑为形近误。"咎",《广韵·有韵》:"咎,愆也。"《诗·小雅·伐木》:"宁适不来,微我有咎。"毛传:"咎,过也。"三国诸葛亮《出师表》:"若无兴德之言,则责攸之、祎、允等之慢,以彰其咎。"唐韩愈《进学解》:"跋前踬后,动辄得咎。""容"无"罪过""灾难"等义,因此当为"咎"。

④ P820:"安帝义熙七年,将拜授刘毅世子。毅以王命之重,当设飨宴,亲请吏佐临视。"《宋书》作:"毅以王命之重,当设飨宴亲,请吏佐临视。"断句误,

---

① 李少雍."文胜质则史"——关于《晋书》的文学语言[J].文学遗产,2011(1):28-35.

《晋书》正确。这句话的意思是说刘毅以王命之重,本当设立筵席,亲自邀请诸位官员参加。"亲"作"请"的状语。

⑤ P823:"至元康末,妇人出两裆,加乎交领之上,此内出外也。"《宋书》"交领"作"交胫"。《晋书》正确,《宋书》误。"交领"是古代交叠于胸前的衣领。《释名》卷五:"交领,就形名之也,曲领在内,以中襟领上横壅颈其状曲也。"《颜氏家训》卷第下:"《诗》言'青青子衿'。《传》曰:'青衿,青领也,学子之服。'按:古者斜领下连于衿,故谓'领'为'衿'。孙炎、郭璞注《尔雅》,曹大家注《烈女传》并云:'衿,交领也。'"交胫是古国名。《山海经·海外南经》曰:"交胫国在其东,其为人交胫。一曰在穿匈东。"郭璞注:"言脚胫曲戾相交,所谓雕题、交趾者也。或作'颈',其为人交颈而行也。"

⑥ P824:"元康、太安之间,江淮之域有败屩自聚于道,多者至四五十量,人或散投坑谷,明日视之复如故。或云见狸衔聚之。干宝以为:'夫屩者,人之贱服,处于劳辱,黔庶之象也。'""败屩",《宋书》作"败编"。按:编,义为穿竹简的皮条或绳子,且在魏晋南北朝时无鞋子之义。"屩",《说文·履部》:"屩,屐也。"《释名·释衣服》:"屩,草履也。屩,跷也,出行着之,跷跷轻便,因以为名也。"《史记·平準书》:"(卜)式乃拜为郎,布衣屩而牧羊。"《一切经音义》曰:"屩,草屝。"《太平御览·服章部十五》卷六百九十八:"《搜神记》曰:'元康之末至太安之间,江浦之域有败屩自聚于道,多或至四五十量,人或散去之,投林草中,明日视之,悉复矣。'……今败屩聚于道者,象下民疲病将相聚为乱,绝四方而壅王命。又《笑林》曰:'南方人至京师者,人戒之曰,汝得物,唯食慎勿问其名也。后诣主人,入门内见马矢,便食,恶臭。乃步进,见败屩弃于路,因复嚼,殊不可咽。'""败屩"是坏的草鞋,"多或至四五十量"即多者至四五十双,"量"通"两",表示双,草鞋是成双出现的,而皮条或绳子都不能用"双"这一量词来修饰。且下文干宝文中亦提及"屩"。故而《晋书》是,《宋书》误。

⑦ P829:"明帝太宁元年,周筵自归王敦,既立其宅宇,所起五间六梁,一时跃出坠地,余桁犹瓦柱头。"《宋书》作"五间六架"。按:"梁"是屋梁,《尔雅·释宫》:"栋廇谓之梁。"郭璞注:"屋大梁也。""架",《字汇·木部》:"架,棚也。"《正字通·木部》:"架,以架架物。古者架谓之阁,今俗曰搁板。"是指支承或搁置物体的用具或构件。另"架"可指构筑。《广韵·祃韵》:"架,架屋。"此处当为屋梁而非屋架。《宋书》因形近误。

⑧ P829:"元帝太兴二年六月,吴郡米庑无故自坏。""米庑",《宋书》作"米廪"。《宋书》正确,《晋书》误。这里是说吴郡米仓无故坏了,"庑"指堂屋周边屋子,"廪"即粮仓。疑《晋书》因形近误。

⑨ P859："是时京师虚弱，胡寇交侵，东海王越无卫国之心，四年冬季而南出，五年春薨于此城。"《宋书》作"胡寇交逼"，"四年冬委而南出"。按，《宋书》是，当时京师虚弱，胡寇交相侵略，东海王越没有保卫国家之心，四年冬天弃城南出，五年春死于此城。"委"是南出的状语，谓"委弃"。与"季"字形近而误，《晋书斠注》中已指出这一条。

⑩ P885："按华核对，役繁赋重，区霫不容之罚也。"另 P891"不睿之罚"。《宋书》作"区霫不叡之罚也"。按，《宋书》正确，《晋书》前一句"区霫不容之罚也"有误，后一句"不睿之罚"正确。"区霫"是指"昏昧不明"，"不睿"是"不睿智"义。《宋书》中的"叡"古作"睿"。"容""睿"二字因形近误。

（二）《晋书》异文研究

关于《晋书》与《世说》异文研究，柳士镇开研究之先河，其《〈世说新语〉〈晋书〉异文语言比较研究》，发表于《中州学刊》1988 年第 6 期。文中指出，《晋书》采录《世说》入书共四百余事，超过《世说》全书的三分之一。从语言角度观察，其中固然有一部分是全文实录，但大部分经过了编纂者的改造。这种改造是在不变更《世说》原意的基础上进行的，主要表现为更换了部分词汇，改易了一些造句方式，目的显然是使改造后的文句能与《晋书》全书的语体风格协调一致。两本著作在词汇方面的区别主要有以下两点：首先，用词不同形成异文。这包括两类，一类是《世说》比较注意吸收魏晋南北朝期间新近发生发展的词汇，往往具有时代的特色，而《晋书》则常常改回为上古汉语习用的词汇。比如"身"是魏晋南北朝期间普遍运用的第一人称代词，但这一用法到唐代已日趋消亡，《晋书》改为自古以来习用的"吾"字。另一类是《世说》采用接近口语的词汇，而《晋书》又改回为书面语色彩较浓的词汇。其次，句末语气词的有无。《世说》一书的句末语气词用得很少，而《晋书》的句末语气词用得很多，因而两书异文的差别大量表现在用与不用句末语气词上。到 21 世纪，关于《世说》《晋书》异文的研究逐渐增多，比如 2005 年李建华硕士论文《〈晋书〉材料源于〈世说新语〉研究》从《晋书》与《世说》相异之材料、《晋书》失落的《世说》人物考索、《晋书》所存问题与《世说》之关系三方面详细论述，得出结论：《晋书》史料与王隐、何法盛、臧荣绪诸家晋代国史尤其与王隐、臧荣绪所著二书的高度一致性，同时亦可见初唐史家严谨求实的治史态度。从《晋书》遗落的《世说》人物考索我们可以看到《晋书》作者囿于传统或忽略《世说》造成的缺憾。《世说》记载合理或虽有误刘注已驳证但《晋书》致误者，此类虽为数极少，但更清楚表明《世说》非《晋书》史料本源。从刘知几以来至清修《四库全书总目》"忽正典而采小说"的批评显然有失公允。① 再如刘强从接受史角度入手,从取舍与剪裁、统整与编排、订补与训释、赞润与篡改四个方面,详细梳理《晋书》对《世说》的采撰实况,认为唐代史臣基本上是把《世说》作为一般史料来看待和处理的,其采撰行为之所以引起如此巨大的反响,恰好说明《世说》在唐代业已成为一部分知识分子喜闻乐见的通俗经典。② 2007 年广西师范大学冯青的硕士学位论文《〈世说新语〉与〈晋书〉异文词汇研究》以《世说》和《晋书》异文词汇为研对象,运用静态描写、动态比较、数量统计相结合的研究方法,对两书的异文从词形、新旧词、词汇更替以及异文词汇研究意义四个方面进行了探讨,力图做到描写与解释相结合。论文从词形词义和常用词两方面来对 550 组异文词汇进行对比分析并得出结论:《世说》熔古今词汇于一炉,反映了当时的语言面貌,运用口语化的词汇,较多地吸收中古时的新词新义;而《晋书》则更多地以先秦词汇入书,体现出一种复古的倾向。③

二、《晋书》句式研究

对《晋书》的句式研究,张莹莹通过分类描写,勾勒出《晋书》测度问句的整体面貌。分析了《晋书》三类非典型范畴的测度问句,并区别原始语料和其他语料,对《晋书》测度问句进行共时和历时的比较研究,得出的主要结论是:《晋书》测度问句以"其"类和"岂"类为主,"岂"类测度问句在晋代书面语中已经发展得较为完备。在历时的发展过程中,两类测度问句存在微调的现象。在晋代口语中,"无乃"类测度问句已衰落;而"得无"类则在晋代口语中较盛行,只是在书面语中较少使用。④

---

① 李建华.《晋书》材料源于《世说新语》研究[D].开封:河南大学硕士学位论文,2005:45.
② 刘强.从《晋书》看唐代的《世说新语》接受[J].上海师范大学学报(哲学社会科学版),2006(2).
③ 冯青.《世说新语》与《晋书》异文词汇研究[D].桂林:广西师范大学硕士学位论文,2007:16.
④ 张莹莹.《晋书》测度问句研究[D].南京:南京师范大学硕士学位论文,2016:1.

第二章 《晋书》复音词研究概述

第一节 《晋书》复音词研究的意义

一、中古汉语专书词汇研究的重要性

（一）中古汉语专书词汇研究是汉语词汇史研究的重要基础工作

专书词汇的研究在汉语词汇史研究中具有重要的地位和意义,正如周祖谟先生认为,词汇是构成语言的材料,要研究词汇的发展,避免纷乱,宜从断代开始,而又要以研究专书作为出发点。刘又辛先生也持相同看法,认为研究汉语词汇必须从不同的角度分成若干专题从事微观分析,然后集合所有成果,方能编成总结性的汉语词汇史或汉语大词典这类成果。在专题研究中,选择一部分重要典籍进行穷尽性的词汇分析,是一项重要课题。这里所说的专书词汇研究,不仅仅是指对专书词汇进行传统的训诂研究,也包括在传统训诂释义的基础之上,对专书词汇展开词汇学、语法学意义上的分析与研究。① 王云路先生也认为,作为综合性的成果,专题研究能够较完整地反映出词汇系统的全貌。

中古汉语处于上古汉语和近现代汉语的过渡期,在这一时期内,新词新义大量繁衍挛乳,进入文人笔下的口语词汇已由零星增加到相当可观的数量,志怪小说、笔记小说的语言已和上古作品的语言拉开了距离,形成了自己独特的风格,孕育着唐宋变文、传奇的某些质态。虽然唐五代以后才是古白话正式形成的时期,但其源头可以追溯到魏晋南北朝。

对中古汉语复音词的构成方式、复音词的构词特点及发展趋势进行研究,对于我们更好地理解上古汉语和理清近现代汉语词汇的发展有重要作用。尤

---

① 宋闻兵.《宋书》词语研究[M].北京:中华书局,2009:22.

其是厘清中古汉语词汇的复音化现象,对于我们理解整个汉语词汇史具有更重要的作用。同时,通过对常用双音词成词的考察,有助于考证疑伪古籍的大致年代,并有助于认定古籍语料价值的高低。除此之外,对于今人编纂辞书还能够提供恰当的书证,补充缺失的义项,匡正疏误的释义,等等。

(二)中古汉语专书词汇研究价值巨大

专书词汇研究的价值就在于通过"定量-定性"的方法对专书中的各类词汇进行穷尽式的统计后,利用统计出来的资料说明汉语发展史上出现的各种现象,或用更多的例证来支持已有的观点,或以科学的数据修正已有的观点,即用数量变化的规律说明语言变化的规律。① 进入 21 世纪以来,中古汉语词汇专题性研究成果的专书词汇研究、专类体裁词汇研究都十分重视探讨语料中的新词新义和复音词的构词方式,并对某类词语进行系统性的整理和研究,在兼顾研究的广度与深度的基础上描绘出词汇的概貌。②

专书复音词自 1978 年陈克炯《左传复音词初探》首开专书复音词研究风气起,专书研究范围从先秦汉语代表著作《论语》《墨子》等诸子到中古语料代表著作《论衡》《世说》《三国志》及各中古断代史,还包括《五十二病方》《列女传》《焦氏易林》《撰集百缘经》《洛阳伽蓝记》等各类文献。三十多年来专书复音词研究取得了以下成就:

① 确立了古代汉语复音词特别是复合词的判定标准。关于复音词的判定标准,马真《先秦复音词初探》(《北京大学学报》1980 年第 5 期)、程湘清《先秦双音词研究》(《先秦汉语研究》,山东教育出版社 1992 年版)、伍宗文《先秦汉语复音词研究》(巴蜀书社,2001 年版)等均探讨过,并且取得了比较一致的看法。

② 用"定量-定性"的方法从语音、语法、语义等方面描写复音词的构成。就研究方法来看,大部分学者对书中各类词进行了穷尽性的定量统计,得出了对汉语史、词汇史有用的资料,为后来的研究奠定了基础,只有小部分学者通过举例从考释词语的角度对专书中的各类词进行研究。

③ 探讨了单音词复音化的原因、表现形式等。关于单音词复音化的原因,学界认同的说法是,为了适应社会发展、认识能力的提高而带来的交际需要,在以单音节为主的上古汉语中产生了大量的多义词和同音词,从而影响了交际。

---

① 艾红娟.专书复音词研究的回顾与展望[J].齐鲁学刊,2008(3).
② 王云路,黄沚青.本世纪以来(2000—2011)中古汉语词汇研究总论[J].浙江社会科学,2012(10).

为了避免这种情况,于是出现了复音词。单音词复音化的表现形式主要是复音单纯词、合成词等。

④ 探讨了单音词复音化的程度以及汉语构词法的发展状况等问题。研究专书复音词的学者大多运用历时与共时相结合的方法描写专书中的复音词。在共时平面,或以解剖麻雀的方法把所研究专书中的复音词视为该书所处时代的代表,探讨该时代复音词的构成情况;或通过比较的方式把自己所研究专书中的复音词与其同时代专书中对应的数据进行比较,看该专书所处时代的单音词复音化的程度以及当时汉语构词法的状况。

⑤ 以历时发展的眼光,考虑汉语词汇史发展的状况、复音词演变状况尤其是单音词复音化的程度及汉语构词法的发展趋势。将不同时期、不同语料中词语的量化数据进行对比,可以从更高层面呈现出词汇发展或分布的总体特征。在对中古汉语词汇复音化进行研究的过程中,为了更清晰地呈现不同历史阶段的复音词状况,把握汉语词汇复音化的长期发展趋势,也需要把中古时期汉语词汇的复音化面貌与上古时期、近代时期分别进行对照分析,这对于历史词汇学的研究是非常有意义的。在该研究层面,通过以专书语料为研究对象的量化数据分析,更为清晰地挖掘和展现出中古汉语词汇复音化的发展趋势,取得了大量重要的研究成果。从对个别专书的复音词的比例量化进行研究,进而考察更大数量的专书作品状况,语料的覆盖面大大增加了。从考察复音词在词汇系统中所占的比例,进而考察复音词内部不同构词法的量化比例等,研究工作的深度和广度都有显著扩展。

很多学者从这个角度开展了汉语词汇复音词发展趋势的量化分析。比如胡运飙《从复音词数据看词汇复音化和构词法的发展》(《贵州文史丛刊》,1997年第2期)、李仕春《从复音词数据看早期汉语各类复音词的发展趋势》(《烟台教育学院学报》,2005年第3期)、《从复音词数据看中古汉语构词法的发展》(《宁夏大学学报》(人文社会科学版),2007年第5期)。

二、近年来中古汉语专书词汇研究的成果

根据王云路先生的综合考察,进入21世纪以来(2000—2011),对中古汉语词汇的研究工作在继承前人优秀成果的基础上不断发展,在研究的深度及广度上都有所开拓,呈现出良好的发展态势。首先,研究语料日益拓展,包括对旧有材料的新探索,比如佛经、道藏和医书等逐渐受到学者们的关注;并重视发掘新语料,碑刻文献和注疏语料逐渐被研究。同时,对语料本体鉴别日益科学化,在21世纪的中古汉语词汇研究中,研究者更为关注对作者、译者和语料年代进行

科学的考证与鉴别。其次,21世纪的中古汉语词汇研究对研究分类日益明确。第一,对词汇分类研究,从疑难词语、常用词和雅言词三个方面研究词汇内容,其中对疑难词语学者历来较为关注。第二,不少学者还针对常用词历史替换展开研究,出现了一些对常用词的演变规律进行理论性探讨的著述,比如丁喜霞的《中古常用并列双音词的成词和演变研究》,探讨常用并列双音词成词途径、演变机制和规律。第三,还有一些学者对中古汉语大量的雅言词、古语词重视起来,比如吴金华的《〈三国志〉双音节雅言词散论》、季忠平《论雅言词研究与词典编纂》。因此,在众多学者的推动下,中古汉语词汇研究取得了丰硕的成果,专书词汇研究成果迭出,有多篇质量较高的博士学位论文和学术专著对专书的词汇系统及词义发展规律进行了研究。[①]

第二节 《晋书》复音词研究的方法

程湘清曾在《汉语史专书复音词研究》中说过,汉语史专书复音词研究的方法大体是:① 解剖麻雀,由点窥面。对每部书进行穷尽式的研究,从一个一个的典型来观察某一个时代的语言面貌。② 历史比较,鉴别异同。必须抓住某一断代的汉语某一现象,上探源、下溯流,进行纵向的历史比较和动态分析。③ 分门别类,静态描写。专书研究最基础的工作是对汉语进行共时静态描写,只有描写的具体、全面,结论才比较可靠,揭示规律才能深入。④ 定量分析,从数求质。这些方法是很适用于中古汉语复音词研究的。[②]

遵从程湘清的复音词研究方法,结合《晋书》研究过程中的复杂情况,本书在研究过程中采用以下研究方法:

一、共时描写法

共时描写法即是词汇断代史的静态描写。首先对《晋书》中最具语言价值的纪传和载记两部分分别进行穷尽性的基础调查,对《晋书》纪传和载记部分的语料进行逐字逐句的分析,切分出双音词,并进行分类,从而占有全部的数据和基础材料。在切分过程中,注意切分原则和标准的科学性以及方法的可操作性,注意参考前人研究的成果,择善从之。在词目的分类中,明确语义场,每一

---

① 王云路,黄沚青.本世纪以来(2000—2011)中古汉语词汇研究总论[J].浙江社会科学,2012(10).
② 程湘清.汉语史专书复音词研究[M].北京:商务印书馆,2003:25.

个语义场的具体词目的确立都建立在对魏晋同时期文献数据调查的基础上,并对各词目分别进行多角度、多层次的分析,比如统计词频时分别列出它们在各文献中的使用情况,从语音、语义、语法、语用、组合关系等方面研究语义场成员的使用情况。

二、历时比较法

在对专书词汇精确细致的描写基础上,对词汇发展的规律和结论做出合理的解释,这就需要运用历史比较法。历时比较法是从词汇的静态分布中看动态演变,包括新词新义的产生、旧词的消亡、同一语义场的不同词目共时分布差异和特点、同一语义场的不同词目的历时演变更替等。

三、语义场、义素分析法

汉语的语义系统是由大量的处于聚合关系和某些组合关系中的语义单位构成的。① 由此可见,研究汉语词汇史,仅对单个词(或义位)进行孤立的研究是远远不够的,必须从系统的角度来关注词(或义位)之间的联系。进行汉语词义系统的研究是汉语词汇研究的一个重要课题。以语义场为单位来研究汉语词汇史是一项相当复杂而艰巨的研究工作,蒋绍愚先生对此提出了以断代语言材料为基础的分步研究思路,在我们还无法描写一个时期的词汇系统的时候,只能从局部做起,即除了对单个的词语进行考释之外,还要把某一阶段的某些相关的词语(包括不常用的和常用的)放在一起,做综合的或比较的研究。② 以语义场为单位来研究词汇,已将汉语词义研究从孤立、分散的研究上升到系统、宏观的研究层次,正如李宗江先生所言,以语义场为单位的研究在常用词演变研究中应占中心位置,无论是对于汉语科学的词汇史的建立,还是对于词汇教学以及汉语词汇理论体系的建立都有十分重要的意义。③

在《晋书》复音词研究过程中,不难发现,有一些构词语素具有较强的能产性,成为新的构词能力很强的词根,这些构词语素有名词性、动词性和形容词性的,在动词性和形容词性的联合式复音词中较为显著。这些构词语素能产生众多复音词,构成语义场。我们在对复音词进行分析时,运用义素分析法,将词语的义项分析为若干义素的组合,从而说明词义的结构以及词义之间的关系等。

---

① 贾彦德.汉语语义学[M].北京:北京大学出版社,1999:28.
② 蒋绍愚.近代汉语研究概况[M].北京:北京大学出版社,1994:287.
③ 李宗江.汉语常用词演变研究[M].上海:汉语大词典出版社,1999:74.

第三节 《晋书》复音词的切分

一、汉语复音词的切分

专书复音词研究的前提是对复音词进行准确的切分,明确语料中双音词切分的原则,即如何准确地认定一个双音结构是词还是短语,才能准确地统计出复音词数量。可以说,复音词的切分标准直接决定了对复音词数量的统计,并进而决定统计数据的分析结果,最终影响专书复音词判断的结论。因此,对复音词的切分,尤其是对双音副词和双音短语的切分是复音词研究的基础与前提。而对复音词的切分一直以来是学者们讨论的热点问题。虽然近年来讨论的重点主要集中在以上古汉语中的复音词为主要的对象,但其结论对中古汉语双音词的切分同样具有借鉴意义。

首先,从词的定义上来看。尽管王力先生早就说过,必须承认,词和短语之间没有绝对的界线。[①] 张永言先生认为,词是词汇学的基本的研究对象,可是迄今还没有一个能适用于所有语言的准确的词的定义,能够把词跟别的语言单位(词素和短语)明确地划分开来。放到古汉语中,主要是词和短语的区分问题。[②] 张万起先生认为,有许多因素影响着人们对复音词的认定。在汉语里,不仅短语和句子的构造原则是一致的,复合词和短语的构造原则也是一致的,这使得词和短语的界定常常很模糊,给复合词的认定带来困难。[③] 但是随着语言研究的逐步深入,语言学界最终仍然无法回避"词"的切分标准问题,特别是双音词与双音短语的区分问题。许多学者对这一问题已经进行了深入的研究和探讨。虽然由于汉语史研究自身的历史性原因,相应的讨论主要是以上古汉语为主要的对象,但其结论对中古汉语双音词的切分同样具有借鉴意义。

其次,关于复音词的判定标准主要有以下五个观点。

第一,马真指出,可以根据复音组合的紧密程度来划分合成词,并给出了五个具体的定词标准,强调"不能简单地用是否经常连用作为定词的标准"。具体定词标准如下:① 两个成分结合后,构成新义,各成分的原义融化在新的整体意

---

① 王力.龙虫并雕斋文集[M].北京:中华书局,2000:561.
② 张永言.词汇学简论[M].武汉:华中理工学院出版社,1982:20.
③ 张万起.专书词典编写的几个问题[A]//《纪念文集》编辑组.吕叔湘先生九十华诞纪念文集.北京:商务印书馆,1995:241.

义中,这样的复音组合是词,不是词组。② 两个同义或近义成分结合,意义互补,凝结成一个更概括的意义,这样的复音组合是词,不是词组。③ 两个成分结合后,其中一个成分的意义消失了,只保留一个成分的意义,这样的复音组合是词,不是词组。④ 重叠的复音组合,如果重叠后,不是原义的简单重复,而是在原义的基础上增加某种附加意义,这样的重叠式组合是词,不是词组。⑤ 两个互相结合的成分,其中一个是没有具体词汇意义的附加成分,这样的复音组合是词,不是词组。①

第二,周生亚认为,就标准而言,意义和形式两者以什么为主,这个提法不见得好,还是应把意义和形式的分析结合起来。他具体提出了区分词和词组的四条标准:① 看意义变化。词一经形成,总是有它的特定意义的,绝不等于词素意义的简单相加。比如"百姓"。② 看结合松紧。词形成之后,一般说来,构成词的成分之间的结合总是比较紧密的。正因为如此,它的使用频率一般说来也是高的。比如"领袖"。③ 看结构对比。有些组合形式究竟是不是词,有时从上下文的结构对比中可以断定出来。④ 看结合关系。词总是有其语法特点的。句中词与词的结合都不是任意的,总是为一定的语法关系所制约,据此,也可以判定词与词组的区别。②

第三,程湘清在《先秦双音词研究》一书中专列一节探讨怎样区分先秦汉语的双音词和双音短语,明确可以从语法结构、词汇意义、修辞特点和出现频率四个方面加以区别。③

第四,伍宗文在《先秦复音词研究》一书的第二章列出先秦汉语复音词五条判定标准:形式标志、意义标准、修辞手段、语法性质、见次频率。④ 与之相比程湘清的四个区分原则较为简明,并且更具有可操作性。

第五,赵克勤在《古代汉语词汇学》一书中分析并列复音词时指出,先秦古籍中被今天人们承认的某些复音词可能是不合格的,原因是构成这些复音词的单音词之间的搭配非常灵活,而且两个单音词的组合顺序可以颠倒。

较之马真强调的"不能简单地用是否经常连用作为定词的标准",程湘清和伍宗文都指出了"出现频率"在双音词判定过程中的作用,这也是符合古汉语词汇研究的实际的。正如赵克勤在划定古汉语同义并列结构中词与非词的界线时指出:"我们认为,对于先秦古籍中的同义复音词的处理要采取从宽的原则,

---

① 马真.先秦复音词初探[J].北京大学学报(哲社版),1980(5).
② 周生亚.《世说新语》中的复音词问题[J].吉林大学社会科学学报,1982(2).
③ 程湘清.先秦双音词研究[A]//程湘清.先秦汉语研究.济南:山东教育出版社,1992:62-81.
④ 伍宗文.先秦汉语复音词研究[M].成都:巴蜀书社,2001:71-132.

只要它们在古籍中经常出现,而形式比较固定,就应该认定它们是复音词[①],而不是单音词的临时组合。"

第六,近10年来,学者们关于复音词的划分问题,成果较多,但基本与前人一致。比如鲁六在《谈古汉语复音词的判断标准》一文中指出,判断古汉语中的复音词,主要就是如何鉴别古汉语中某个双音形式是词还是词组的问题。复音词包括单纯词与合成词,真正困难的是如何区分双音节的合成词与词组。有四个标准:① 意义标准:研究古汉语词汇的学者,一般都将意义标准作为判断复音词的首要标准。一般来说,在一个具体的语言环境中,如果一个语言单位 AB 的意义是其构成成分 A 和 B 意义的综合、抽象或者表示别的意义,我们便可判断 AB 为词。② 语法标准:一是看组合前后的语法性质有没有区别。一般来说,词义的变化和词性的转变是同步的,词性变了,就应该看作是复音词。二是词的内容组成部分不能受修饰语修饰。③ 修辞手段:意义标准中产生新义的情况很多是借助修辞手段实现的。显然,如果某个组合的意义不是其本义,而是比喻义或借代义,那么这个组合即为词。④ 出现频率:语言事实证明,经常性地、高频率地使用是语言片段固化为词的必要条件。因此,如果一个组合使用频率较高,我们就可初步断定其为词。出现频率可以弥补意义标准的不足。因为有些复合词的意义就是其组成成分意义的叠加。[②]

第七,熊文华认为,判定复音词应该采取综合的标准。所谓综合标准包括意义标准、结构标准、功能标准、语音标准,并且用发展的观点设立了"发展标准"。发展标准是考虑到语言中有一部分语言形式处于词和短语的"过渡地带",呈现"可此可彼"的状态。与其说它们是"短语词",或把一个语言形式分成"语法的词""词汇的词",还不如依据这个语言形式的发展演变的轨迹或方向,把它们"提前"划归为词或者短语。比如语言中有一些语言形式,意义上已经融合或正在逐渐融合,但形式上结构还不很紧密,还可以进行一些极有限的扩展,我们就可以把它们划归为词。[③]

第八,周琳娜则认为,如何判断古代汉语中复音词的形成,即复音化的完成时间,应该对两类不同的对象分别进行判定。一是无原型结构。无原型结构是指某复音词的产生是对单音词的扩展或者是对多音节的简缩形成的。对于这样的复音词,应该注意以下两点:① 注意言语词的产生。所谓言语词是指第一次出现的语词,还未得到语言用户的认可,是偶发性的,言语词为词在语言中的

---

① 赵克勤. 古代汉语词汇学[M]. 北京:商务印书馆,1994:33.
② 鲁六. 谈古汉语复音词的判断标准[J]. 中州学刊,2006(9).
③ 熊文华. 论汉语词和短语的界定标准及实际问题的处理[J]. 广西教育学院学报,1997(2).

固定提供了物质条件。② 在同一时代中具有广泛的使用性,能够表达明确的固定的概念,言语词的能指和所指具有约定俗成性,这时言语词已经成为词汇系统中的"词"。二是有原型结构。有原型结构是指某复音结构在复音化形成之前有同形的短语结构形式或同形的语义槽。对于这类词语复音化的判定应该注意以下几个方面:① 概念所指的变化。同形短语的概念是复合概念,即短语中的每个组成单位都承担了概念表达的一部分;而复音词的所指是一个概念内容。② 语法地位的变化。同形短语在句中的语法地位与复音词在句中的语法地位是不同的。③ 复音词使用频率的统计。复音词的形成必须具有受众性,应该在同一时代较为流行的文学作品中有较高的使用频率。当然对于专业术语应该区别对待。在判定某个组合是词还是词组时,要考虑这个组合是经常性的,还是临时性的。陈望道先生指出,经常合一的是词,不是词组;经常分离的不是词,是词组。一个组合的产生,开始是临时的,个别的。如果这个组合有很强的表现力,便会得到社会的承认,成为全民使用的语词。①

二、《晋书》复音词切分

(一)《晋书》复音词切分遵循的标准

在对《晋书》复音词切分的过程中,笔者遵循鲁六先生对复音词切分的原则,主要从四个方面判定,并注意在确定复音词时,从宽不从严。魏晋六朝至初唐时期,正是汉语处于中古汉语向近代汉语的过渡期,当时的复音词处于中古汉语的主要增长期,临界和过渡状态的语言成分繁多,同时又缺少语音停顿标志,扩展手段、替换手段因缺少丰富的语料也不能当作重要手段,因此在对《晋书》做专书词汇研究中,笔者赞同姑且采取从宽的原则。《宋书》成书于中古时期,其语料也归属于中古汉语,万久富和宋闻兵二人尚且采取从宽的原则,《晋书》因其语料的复杂性、语料时期界定的复杂性,采取从宽原则较为合理。

1. 意义标准

研究古汉语词汇的学者一般都将意义标准作为判断复音词的首要标准。在一个具体的语言环境中,如果一个语言片段 AB 的意义是其构成成分 A 和 B 意义的综合、抽象或者表示别的意义,我们便可判断 AB 为词。比如"不行":

<u>不行</u> 《谯刚王逊列传附闵王承》P1103:元帝初镇扬州,承归建康,补军咨祭酒。愍帝征为龙骧将军,不行。

"不行"在此处是不接受官职和征拜,不赴任之义。《大词典》收录有八个

---

① 周琳娜.古汉语复音新词判定标准刍议[J].社会科学家,2009(2).

义项,缺此义项。但魏晋时期文献中已较为广泛地出现了此义项,《后汉书·张霸传附子楷传》:"建和三年,下诏安车备礼聘之,(张楷)辞以笃疾不行,年七十终于家。"《后汉书·爰延传》:"灵帝复特征,不行,病卒。"《后汉书·王充传》:"友人同郡谢夷吾上书荐充才学,肃宗特诏公车征,病不行。"《后汉书·申屠蟠传》:"后郡召为主簿,不行。"《后汉书·杨震传附杨赐传》:"出除陈仓令,因病不行。"《后汉书·张衡传》:"永元中,举孝廉不行,连辟公府不就。"("不行"与"不就"对举,义相同)《后汉书·刘昆传》:"建武五年,举孝廉,不行,遂逃,教授于江陵。"《后汉书·李南传》:"后举有道,辟公府,病不行,终于家。"《三国志·魏书·荀攸传》:"弃官归,复辟公府,举高第,迁任城相,不行。"《三国志·魏书·张既传》:"后历右职,举孝廉,不行。"《晋书·安平献王孚列传附下邳献王晃》:"(司马)晃以疾不行,更拜尚书,迁右仆射。"《晋书·文六王·乐安平王鉴列传》:"寻迁使持节、都督豫州军事、安南将军,代清河王遐镇许昌,以疾不行。七年薨。"《宋书·傅弘之列传》:"(傅弘之)少倜傥有大志,为本州主簿,举秀才,不行。"《南齐书·孔稚珪传》:"征侍中,不行,留本任。""不行"的此义项至《后汉书》中已出现甚多,到魏晋南北朝时期例句更多,出现频次甚高。且其表示"不赴任"的意义,是一个完整的独立的整体。

2. 语法标准

一是看组合前后的语法性质有没有改变。一般来说,词义的变化和词性的转变是同步的,若词性变了,就应该看作是复音词。

<u>幽明</u> 《解系列传》P1632:伦、秀既诛,冏乃奏曰:"臣闻兴微继绝,圣主之高政;贬恶嘉善,《春秋》之美谈。是以武王封比干之墓,表商容之闾,诚幽明之故有以相通也。"

幽明是指人与鬼神,词性发生了变化,在唐代已经成词,并沿用至宋以后。唐李白《溧阳濑水贞义女碑铭》:"皇唐叶有六圣,再造八极,镜照万方,幽明咸熙。"宋王安石《全椒张公有诗在北山西庵僧者墁之怅然有感》:"幽明永隔休炊黍,真俗相妨久绝弦。"

<u>寒微</u> 《李含列传》P1641:安定皇甫商州里年少,少恃豪族,以含门寒微,欲与结交,含距而不纳,商恨焉,遂讽州以短檄召含为门亭长。

寒微即出身贫贱、家世低微,后引申指出身贫贱、社会地位低下的人,由形容词演变为名词。《晋书·吾彦列传》:"吾彦字士则,吴郡吴人也。出自寒微,有文武才干。"《古今小说·木绵庵郑虎臣报冤》:"你说贾似道起自寒微,有甚宾客?有句古诗说得好,道是:'贫贱亲戚离,富贵他人合。'"

<u>俊哲</u> 《周浚列传附子周嵩》P1660:近者三国鼎峙,并以雄略之才,命世之

能,皆委赖俊哲,终成功业,贻之后嗣,未有愆失遗方来之恨者也。

俊哲,亦作"俊喆"。原义是才识不凡,后指才识不凡之人,由形容词演变为名词,在魏晋时期已经成词。晋葛洪《抱朴子·名实》:"佞人相汲引而柴正路,俊哲处下位而不见知。"《三国志·魏书·文帝纪》"夫妇人与政"裴松之注引晋孙盛曰:"夫经国营治,必凭俊喆之辅,贤达令德,必居参乱之任。"《北史·儒林列传下·刘炫列传》:"使夫将来俊哲,知余鄙志耳。"

3. 修辞手段

意义标准中产生新义的情况,很多是由修辞手段造成的。显然,如果一个组合的意义不是其本义,而是比喻义或借代义,那么这个组合即为词。

弦望 《后妃列传序》P948:至若俪极亏闲,凭天作孽,倒裳衣于衽席,感朓侧于弦望。

弦,月亮半圆,阴历初七初八,月亮缺上半,叫上弦;二十二、二十三,月亮缺下半,叫下弦。《释名·释天》:"弦,月半之名也。"望,《释名·释天》:"望,月满之名也。"弦、望原本分别指月缺、月圆,后借指时日、岁月。魏晋南北朝时期已经成词,如南朝梁孝元帝《策勋令》:"自白波作寇,亟淹旬朔;黑山构逆,多历弦望。"《南史·陈纪上·废帝》:"敕欧阳纥等攻逼衡州,岭表纷纭,殊淹弦望。"

晨牝 《后妃列传序》P948:诐谒由斯外入,秽德于是内宣。椒掖播晨牝之风,兰殿绝河雎之响。

晨牝,牝鸡司晨,后喻妇人专权。晋陆机《愍怀太子诔》:"如何晨牝,秽我朝听。"《金瓶梅词话》第二三回:"晨牝不图今蓄祸,他日遭殃竟莫追。"

4. 出现频率

语言事实证明,经常使用、高频率使用是语言片段固化为词的必要条件。因此,如果一个组合使用频率较高,我们就可初步定其为词。调查频率可以弥补意义标准的不足。因为有些复合词的意义就是其组成成分意义的叠加。

奉策 《郑冲列传》P991:及魏帝告禅,使冲奉策。

郑冲"起自寒微,卓尔立操,清恬寡欲",颇有才气,文帝、武帝时皆身为重臣,辅佐国政。在魏帝告禅,武帝即位后,"使其奉策"。"奉策"一词意义甚明,表示奉行皇帝的诏令。历代文献中出现较多,《汉书·外戚列传·孝武卫皇后传》:"诏遣宗正刘长乐、执金吾刘敢奉策收皇后玺绶,自杀。"言遣使宗正刘长乐和持金吾刘敢奉行皇帝的诏令,收取了皇后的玺绶,皇后自杀。《后汉书·(孝崇)匽皇后纪》:"遣司徒持节奉策授玺绶,赍乘舆器服,备法物。"《后汉书·冯勤传》:"使(冯)勤奉策至司徒府,勤还,陈(侯)霸本意,申释事理,帝意稍解,拜勤尚书仆射。"《后汉书·梁统传附梁商》:"四年,使太常桓焉奉策就第即拜,

（梁）商乃诣阙受命。"《后汉书·胡广传》："使五官中郎将持节奉策赠大傅、安乐乡侯印绶，给东园梓器，谒者护丧事，赐冢茔于原陵，谥文恭侯，拜家一人为郎中。"《三国志·魏书·陈留王奂纪》："甲子，使使者奉策。遂改次于金墉城，而终馆于邺，时年二十。"《三国志·魏书·文诏甄皇后传》："明帝即位，有司奏请追谥，使司空王郎持节奉策以太牢告祠于陵，又别立寝庙。"《三国志·吴书·权步夫人》："今使使持节丞相（醴陵侯雍），奉策授号，配食先后。"《三国志·魏书·齐王芳纪》："使兼太尉高柔奉策，用一元大武告于宗庙，遣（曹）芳归藩于齐，以避皇位。""奉策"一词是汉魏晋时新产生的动宾复合词，自《汉书》之后出现频次高，已经成词。《汉书》中例句是首例，《大词典》可补之。

倾坏　《羊祜列传》P1018：今若引梁益之兵水陆俱下，荆楚之众进临江陵、平南、豫州，直指夏口，徐、扬、青、兖并向秣陵，鼓旆以疑之，多方以误之，以一隅之吴，当天下之众，势分形散，所备皆急，巴汉奇兵出其空虚，一处倾坏，则上下震荡。

"倾坏"一词在文献中出现较为频繁，且在中古已较为固定，多指房屋等建筑物的倒塌毁坏，"倾"有倾覆、倒塌之义，《墨子·七患》："以七患守城，敌至国倾。"南朝梁丘迟《与陈伯之书》："高台未倾，爱妾尚在。悠悠尔心，亦何可言。"与"坏"义同，但《大词典》未曾收录此同义并列复合词，当补。其余也有不少例句。《春秋左传正义·僖公》卷十二："此新作南门者，当时不是倾坏。"《春秋左传正义》卷二十二："当谓王室之不倾坏者，唯伯舅大公是赖也。"《广弘明集·释老志》卷二："停尸十日，容色如一，死十余年开殡改葬，初不倾坏，举世异之。"此句中是说死后十余年尸体仍不腐烂。《晋书·石季龙载记》："俄而所沈璧流于渚上，地震，水波腾上，津所殿观莫不倾坏，压死者百余人，季龙恚甚，斩工匠而止作焉。"《古文苑·张昶〈西岳华山堂阙碑铭〉》卷十八："郡县既毁，财匮礼乏，庭庙倾坏，坛场芜秽，祭祀之礼有缺焉。"《天下郡国利病书》："湖广监察御史陈祚奏，南岳神庙殿宇门廊旧有二百余间，规制广大，年久朽烂颓塌，塑像倾坏，不称神灵。"《静居集·吴兴山水杂咏·震泽》卷一："风波多险阻，舟樯易倾坏。""倾坏"可指庙堂、梁、城、门等的毁败。

滋甚　《李含传》P1644：时商复被父任遇，商兄重时为秦州刺史，含疾商滋甚，复与重构隙。

《大词典》未收"滋甚"一词，"滋""甚"均表愈益、更加。"滋"，《左传·襄公八年》："谋之多族，民之多违，事滋无成。"杜预注："滋，益也。""滋甚"当为并列合成词，表程度的加深，其使用较广，汉时已有，《史记·周本纪四》："居二年，闻纣昏乱暴虐滋甚，杀王子比干，囚箕子。"《史记·五宗世家二十九》："（胶西于王端)数犯上法,汉公卿数请诛端,天子为兄弟之故不忍,而端所为滋甚。"《史记·吴王濞列传》:"吴王恐,为谋滋甚。"《史记·淮南衡山列传》:"诸辨士为方略者,妄作妖言,谄谀王,王喜,多赐金钱,而谋反滋甚。"《后汉书·窦融传附窦宪传》:"宪既负重劳,陵肆滋甚。"《后汉书·梁统传附梁冀传》:"冀虽辞不肯当,而侈暴滋甚。"《后汉书·袁术传》:"(袁术)及窃伪号,淫侈滋甚,媵御数百,无不兼罗纨,厌粱肉,自下饥困,莫之简恤。"《三国志·魏书·齐王纪》:"(曹芳)恭孝日亏,悖傲滋甚,不可以承天绪,奉宗庙。"《三国志·蜀书·吕凯传》:"时雍闿等闻先主薨于永安,骄黠滋甚。"唐张鷟《朝野佥载·补辑》:"天若偶然,则如勿生,天若为厉,埋之滋甚。"高彦休《唐阙史·辛尚书神力》:"旁观移时,如不置力,牛怒滋甚,退身数尺,养力而冲。"宋孔平仲《续世说·汰侈》:"今之宴,喜相竞夸豪,积果如邱陵,列肴用绮绣,习以成俗,见滋甚。""滋甚"在史书中的用例甚多,《大词典》当收录,《史记》中例句为始例。

(二)《晋书》复音词切分的数据统计

《晋书》篇幅浩瀚,共计120卷,笔者在对《晋书》词汇做定量考察时,选取了传70卷、载记30卷作为研究对象,排除20卷诸志部分,共计103 040余字。诸"志"中有相对较多的专有名词,这一点在"天文""地理""律历""礼""职官""五行"中尤为突出。这些专有名词对一般意义上的专书词语研究价值不大。帝纪、传和载记在语言风格上对《晋书》整体而言具有广泛的代表性,同时又具有全面性;既有大量的叙事、人物对话,又有一定数量的诏表令策,从这三部分对《晋书》进行定量研究和分析,得出的结论具有一定的可信度,也确保研究的科学性。

遵循上述讨论的复音词切分原则,对所选100卷内容103 040余字语料的切分,得出复音词共6 544例。

三、《晋书》复音词切分举例

马真《先秦复音词初探》(1981)一文将先秦复音词从结构上分成单纯词和合成词两大类,单纯词分为叠音、双声、叠韵、双声兼叠韵、非双声叠韵五类;合成词分为复合式、附加式和重叠式三种,复合式合成词再细分为联合式、偏正式、动宾式三类。程湘清《〈世说新语〉复音词研究》(1988)一书将《世说》中复音词的结构分为联合式、偏正式、补充式、支配式、表述式、附加式、重叠式、非重叠式单纯词、综合式共九类。颜洽茂《佛经语言阐释》(1997)一书将中古佛经词汇分为单纯词与合成词两大类,单纯词分成完全重叠式、部分重叠式两种;合成词分为重叠式、附缀式、句法式、综合式四种。周日健《〈颜氏家训〉词汇语法研究》(1998)一书将《颜氏家训》的词汇分成并列式、偏正式、述宾式、主谓式、附加式、重叠式、连绵式七种。综合诸位学者的分类方法,《晋书》复音词结构类型分为单纯复音词和合成复音词两大类,合成复音词分为复合式、附加式和重叠式三类,其中复合式分为联合式、主谓式、动宾式、偏正式和补充式。

从不同类型的复音组合来看,《晋书》复音词有并列组合、偏正组合、述宾组合、主谓组合、附加组合、虚义组合等,另有专名组合、特殊组合如干支纪月纪日等则一并论之。鉴于后面章节的安排,此处语例均选取自其列传部分。

(一) 同义近义组合的并列式合成词

两个同义或近义成分结合后,原有的意义之间互相补充,凝结成一个更概括的意义,这个意义与原来两个成分之间的意义,或者相近,或者产生差别。那么这样的复音组合就是词而不是词组,即联合式复音词。张世禄将这一类词称为"同义并列复合词",指出这样在意义上有细微差别的词,它们所表示的基本概念和用法又是相类相同的,所以彼此可以联合起来表示一个共同的意义,又因为内部成分所表示的概念有等同、并列的关系,不是相属的关系,所以语法组织上、构词形式上成为联合结构。①

覆亡 《后妃列传序》P948:后采长白,实彰妒忌之情;贾纳短青,竟践覆亡之辙。

覆、亡为同义词,倾覆、灭亡之义。覆,《礼记·缁衣》:"毋越厥命以自覆也。"郑玄注:"覆,败也。"灭亡。《周书·韦孝宽传》:"阃境熬然,不胜其弊,以此而观,覆亡可待。"明末清初顾炎武《江上》诗:"顿甲守城下,覆亡固其宜。"覆"和"亡"各自的语素义融合在一起,形成了一个新的整体意义。

矜傲 《何曾列传附遵》P1000:机为邹平令。性亦矜傲,责乡里谢鲲等拜。或戒之曰:"礼敬年爵,以德为主。令鲲拜势,惧伤风俗。"

矜,骄傲自负。《正字通·矛部》:"矜,……骄矜自负貌。"《书·大禹谟》:"汝惟不矜,天下莫与汝争能;汝惟不伐,天下莫与汝争功。"孔传:"自贤曰矜,自功曰伐。"矜、傲二字同义,连合成词,犹"倨傲"。《宋书·恩幸列传·阮佃夫》:"朝士贵贱,莫不自结,而矜傲无所降意。"宋周密《癸辛杂识前集·科举论》:"士大夫以此高下人物,更相矜傲,更相景慕,亦可悲矣。"

克平 《郑冲列传》P992:泰始六年,诏曰:"昔汉祖以知人善任,克平宇宙,推述勋劳,归美三俊。"

克,制胜、攻下城池。《左传·庄公十年》:"彼竭我盈,故克之。"孔颖达疏:

---

① 张世禄."同义为训"与"同义并列复合词"的产生[J].扬州师院学报,1981(3).

第二章 《晋书》复音词研究概述

"克训胜也。"平,平定、平息。《诗·大雅·江汉》:"四方既平,王国庶定。"孔颖达疏:"今既伐淮夷而克之。"克、平作为单音词是近义的,在句中以一个整体作谓语,属于联合式合成词,表示制伏、平定之义。在魏晋至唐代语料中均有出现,三国魏曹植《帝尧赞》:"火德统位,父则高辛。克平共工,万国同尘。"唐封演《封氏闻见记·修复》:"河朔克平,别驾吴子晁好事之士也,掘碑使立于庙所。"

凭赖 《何曾列传》P997:朕以寡德,凭赖保佑,省览章表,实用怃然。

凭,依赖、倚仗。凭、赖二字同义,组成并列式合成词,表示倚仗、依靠之义。在魏晋时期已成词,《晋书》中出现四次。《三国志·蜀志·杨戏传》:"吴越凭赖,望风请盟。"

奢忲 《何曾列传附遵》P999:性亦奢忲,役使御府工匠作禁物,又鹭行器,为司隶刘毅所奏,免官。

忲,《集韵·夳韵》:"忲,奢也。"奢、忲二字同义,即奢侈之义,魏晋时期已成词。《南史·王悦之传》:"时承奢忲之后,奸窃者众。"

由同义或近义语素组合的并列式合成词还有很多,如:

讯访 《李胤列传》P1254:若有疾疢,不任觐会,临时遣侍臣讯访。

讯、访,皆有拜访、问候之义,二字义近并列。魏晋以来,讯访、讯问、问讯是较为常见的复音词。《宋书·孝武帝本纪》:"丙辰,停台省众官朔望问讯。"《三国志·吴志·太史慈传》:"北海相孔融闻而奇之,数遣人讯问其母,并致饷遗。"《大词典》释义为"询问、访问"。北魏郦道元《水经注·谷水》:"缘生从成行旅,征途讯访,既非旧土,故无所究。"南朝梁慧皎《神僧传·译经中·佛驮跋陀罗》:"复西适江陵,遇外国舶主,既而讯访,果是天竺五舶,先所见者也。"义项有缺,当补之。

悦乐 《傅玄列传》P1321:臣愚以为宜佃兵持官牛者与四分,持私牛与官中分,则天下兵作欢然悦乐,爱惜成谷,无有损弃之忧。

悦、乐,欣喜、欢乐之义,二字同义并列。明李东阳《耕读录·孟子直解》:"乐之实,只是于这两件中心悦乐,和顺从容。"

陨丧 《文明王皇后列传》P951:日没《明夷》,中年陨丧。

陨、丧为同义词,陨,通"殒",死亡。陨丧即死亡义。在魏晋时期已成词,《三国志·蜀志·诸葛亮传》:"如何不吊,事临垂克,遘疾陨丧!朕用伤悼,肝心若裂。"

造创 《刘颂列传》P1302:夫造创谋始,逆睹是非,以别能否,甚难察也。

造创,草创、开创。《晋书·乐志上》:"经始大业,造创帝基。"《世说·政事》"何以为京都",刘孝标注引南朝宋檀道鸾《续晋阳秋》曰:"自中原丧乱,民离本域,江左造创,豪族并兼,或客寓流离,名籍不立。"

瞻睹 《武悼杨皇后列传附左贵嫔》P958:何宫禁之清切兮,欲瞻睹而莫因。

瞻睹,亦作"瞻觌"。瞻,《说文解字》曰:"瞻,临视也。"睹:《玉篇·目部》载:"睹,東鲁切,见也。与'觌'同。""觌,都户切,古文'睹'。"瞻、睹二字同义,即观看、看见之义。唐元稹《翰林承旨学士记》:"若此,则安可以昧陋不肖之积,继居九丞相、二名卿之后乎?俛仰瞻睹,如遭大宾。"唐李德裕《次柳氏旧闻》:"天宝中,兴庆池小龙尝出游宫垣南沟,水中蜿蜒,奇状靡不瞻睹。"

章表 《何曾列传》P997:朕以寡德,凭赖保佑,省览章表,实用怃然。

章、表并列构成合成词,泛指奏章、奏表类文档。南朝梁刘勰《文心雕龙·章表》:"汉定礼仪,则有四品:一曰章,二曰奏,三曰表,四曰议。章以谢恩,奏以按劾,表以陈请,议以执异。"按,"章"和"表",分言有别,浑言无别。三国魏曹丕《与吴质书》:"孔璋章表殊健,微为繁富。"晋袁宏《后汉纪·孝桓皇帝纪上》:"从事中郎马融为冀作章表。"

震骇 《卢钦列传》P1256:颖前锋都督赵骧为伦所败,士众震骇,议者多欲还保朝歌。

震骇即惊惧。魏晋时期已经成词,三国魏曹丕《与钟大理书》:"邺骑既到,宝玦初至,捧匣跪发,五内震骇。"唐沈亚之《魏滑分河录》:"元和八年秋,水大至。滑河南瓠子堤溢,将及城,居民震骇。"

(二) 反义组合的并列式合成词

两个反义成分结合后,构成新的意义。一般有两种情况:一是反义成分的原义均作为语素义融化在新的整体意义中,形成概括义;另一种是两个反义成分中的一个意义消失了,只保留了其中一个成分的意义,即组合成分的整体意义与原反义成分中的某一意义相当,另一义只起陪衬作用,形成偏指义。这两种情况都是双音词,而非词组。赵克勤提出:"反义复音词的意义也不同于任何一个语素义,意义变化的过程就是复音词形成的过程。"①

得失 《傅玄列传》P1322:窃见河堤谒者石恢甚精练水事及田事,知其利害,乞中书召恢,委曲问其得失,必有所补益。

得失,得与失。指利弊。唐韩愈《禘祫议》:"如以为犹或可疑,乞召臣对,面陈得失,庶有发明。"明文徵明《戴先生传》:"浙中海塘为患,有韩参议者,从先生访水利得失,先生条刺利害兴废。"

---

① 赵克勤.古代汉语词汇学[M].北京:商务印书馆,1994:36.

隆替 《冯紞列传附史臣语》P1163：虽废兴有在，隆替靡常，稽之人事，乃二荀之力也。

隆替指盛衰、兴废，反义并列合成词。魏晋时期已经成词，晋潘岳《西征赋》："人之升降，与政隆替，杖信则莫不用情，无欲则赏之不窃。"《宋书·武帝本纪中》："故大道之行，选贤与能，隆替无常期，禅代非一族。"

亲疏 《卫瓘列传》P1055：时权臣专政，瓘优游其间，无所亲疏，甚为傅嘏所重，谓之宁武子。

亲、疏二字反义并列，形成概括义，指关系的亲近或疏远。唐张彪《杂诗》："行行任天地，无为强亲疏。"宋曾巩《故翰林侍读学士钱公墓志铭》："公于众，不矫矫为异，亦不翕翕为同，以其故，人莫能亲疏。"

修短 《卫瓘列传附卫恒》P1065：修短相副，异体同势。

修即长，修、短二字意义相反，"修短"这一组合成分将两者的意义融合在一起，产生了一个新的概括义：物的长短。晋葛洪《抱朴子·清鉴》："此为丝线既经于铨衡，布帛已历于丈尺，徐乃说其斤两之轻重，端匹之修短。"唐刘知几《史通·暗惑》："故穷隆异等，修短殊姿，皆禀之自然，得诸造化。"

异同 《魏舒列传》P1187：有诏详之，众议异同，遂寝。

异同，即不同、不一致。"同"的字义已经消失。三国蜀诸葛亮《前出师表》："宫中府中，俱为一体，陟罚臧否，不宜异同。"宋姚宽《西溪丛语》卷上："古之经书，皆有别本，其用字多异同。"

愚智 《张华列传》P1071：非上有仁暴之殊，下有愚智之异，盖抑扬与夺使之然耳。

愚、智二字这里形成反义并列合成词，表示愚笨或聪明。北齐颜之推《颜氏家训·风操》："江南风俗，儿生一期，为制新衣，盥浴装饰。男则用弓矢纸笔，女则刀尺针缕，并加饮食之物及珍宝服玩，置之儿前，观其发意所取，以验贪廉、愚智，名之为试儿。"

（三）类义组合的并列式合成词

两个单音成分的意义属于同一类别，我们称之为类义成分，如"华夷""父母"等，两个类义成分组成后形成泛指义、特指义、偏指义、概括义，这种组合应看成复音词。伍宗文指出："从义素分析的角度看，类义词是重在以限定性义素彼此区别，又因某方面的联系而共处一个语义场中的词。"①

---

① 伍宗文.先秦汉语复音词研究[M].成都：巴蜀书社，2001：231.

表疏 《谯刚王逊列传附闵王承》P1104：王敦有无君之心，表疏轻慢。

表疏，泛指奏章。《宋书·袁顗列传》："顗反意已定，而粮仗未足，且欲奉表于太宗。顗子秘书丞戳曰：'一奉表疏，便为彼臣，以臣伐君，于义不可。'顗从之。"《旧唐书·职官志二》："凡四夷来朝，临轩则受其表疏，升于西阶而奏。"

孤遗 《文明王皇后列传》P952：尚或有闻，顾怀孤遗。呜呼哀哉！

孤，幼年丧父或父母双亡。《说文·字部》："孤，无父也。"《管子·轻重》："民生而无父母，谓之孤子。"孤遗指无父母的子女。《三国志·蜀志·先主传》"先主曰：'吾不忍也。'"裴松之注引晋孔衍《汉魏春秋》曰："或劝备劫将琮及荆州吏士径南到江陵，备答曰：'刘荆州临亡托我以孤遗，背信自济，吾所不为。死何面目以见刘荆州乎？'"北齐颜之推《颜氏家训·后娶篇四》："惨虐孤遗，离间骨肉。"

薨殂 《元敬虞皇后列传附豫章君》P972：一旦薨殂，实思报复，永惟平昔，感痛哀摧。其赠豫章郡君，别立庙于京都。

薨，《说文·死部》："薨，公侯卒也。"殂，《说文·歺部》："殂，往死也。"《玉篇·歺部》："殂，死也。今作'徂'。"薨，专指诸侯之死；殂的使用范围则较广。二字并列即指王侯之死。三国魏曹植《任城王诔》："凡夫爱命，达者徇名；王虽薨殂，功著丹青。"

情礼 《孝武文李太后列传》P982：朝议疑其服制，左仆射何澄，右仆射王雅，尚书车胤、孔安国，祠部郎徐广等议曰："太皇太后名位允正，体同皇极，理制备尽，情礼兼申。"

情礼，指感情与礼仪。晋袁宏《三国名臣序赞》："君亲自然，匪由名教，敬授既同，情礼兼到。"唐元稹《姚文寿右监门卫将军知内侍省事诰》："朕方藉良能，夺其情礼，起自哀疚，命为监临。"

穹壤 《后妃列传序》947：故能母仪天宇，助宣王化，德均载物，比大坤维，宗庙歆其荐羞，穹壤俟其交泰。

穹，《尔雅·释天》："穹，苍苍，天也。"郭璞注："天形穹窿，其色苍苍，因名云。"壤，《庄子·应帝王》："乡吾示之以天壤，名实不入，而机发于踵。"成玄英疏："壤，地也。"穹壤指天地。《文选·沈约〈齐故安陆昭王碑文〉》："思所以克播遗尘，敝之穹壤。"张铣注："言使遗尘之声，与天地同敝。"《周书·晋荡公护列传》："若斯人者，固以功与山岳争其高，名与穹壤齐其久矣。"

类义组合的并列式合成词还有很多，如：

凶暴 《惠贾皇后列传》P964：模知后凶暴，恐祸及己，乃与裴頠、王衍谋废之，衍悔而谋寝。

第二章 《晋书》复音词研究概述

凶暴,凶狠残暴。在魏晋时期已成词,《三国志·吴志·贺邵传》:"皓凶暴骄矜,政事日弊。"《北齐书·阳州公永乐列传》:"时有天恩道人,至凶暴,横行闾肆,后入长猇党,专以斗为事。"仅《晋书》中共计出现13次。

休宠 《文明王皇后列传》P951:母仪之教,光于邦族,诞启圣明,祚流万国,而早世殂陨,不遇休宠。

休宠:荣耀与恩宠。休,《尔雅·释言》:"休,庆也。"邢昺疏:"谓嘉庆也。"《拾雅·释训中》:"休,福禄也。"《三国志·魏志·管辂传》:"明府道德高妙,自天佑之,愿安百禄,以光休宠。"《梁书·张缅列传附张缵》:"蒙三栾之休宠,荷通家之渥惠。"

宇宙 《郑冲列传》P992:泰始六年,诏曰:"昔汉祖以知人善任,克平宇宙,推述勋劳,归美三俊。"

宇,《庄子·庚桑楚》:"有实而无乎处者宇也,有长而无本剽者宙也。"郭象注:"宇者,有四方上下,而四方上下未有穷处。"《说文解字注》:"上下四方曰宇,往古来今曰宙。"宇是无限空间的总称,宙是无限时间的总称。后犹言天下、国家。南朝梁沈约《游沈道士馆》诗:"秦皇御宇宙,汉帝恢武功。"《隋书·炀帝纪上》:"方今宇宙平一,文轨攸同,十步之内,必有芳草,四海之中,岂无奇秀!"

允正 《孝武文李太后列传》P982:朝议疑其服制,左仆射何澄,右仆射王雅,尚书车胤、孔安国,祠部郎徐广等议曰:"太皇太后名位允正,体同皇极,理制备尽,情礼兼申。"

允,公平、恰当。《玉篇·儿部》:"允,当也。"允、正二字义类似,即允当平正。南朝梁慧皎《高僧传·译经上·安世高》:"(世高)先后所出经论,凡三十九部,义理明析,文字允正。"

(四)偏正组合

偏正组合是两个成分结合后,其中一个成分处于被修饰成分的主要地位,另一成分则处于修饰成分的次要地位,两者之间构成"定语+中心语"或"状语+谓语"等关系,这样的组合我们称为偏正组合,这种偏正组合与汉语的句法结构在形式上是完全等同的,词与非词的界限很难确定,意义标准是第一位的,出现的频率也是重要的参照。例如:

秽行 《石苞列传》P1004:苞遂废之,终身不听仕。又以有秽行,徙顿丘,与弟崇同被害。

秽行即丑恶的行为、放荡的行为。南朝宋刘义庆《世说新语·品藻》:"孙兴公、许玄度皆一时名流,或重许高情,则鄙孙秽行,或爱孙才藻,而无取于许。"刘孝标注引檀道鸾《续晋阳秋》曰:"绰虽有文才,而诞纵多秽行,时人鄙之。"《晋书》中即有 3 例。

  潜谋　《武悼杨皇后列传》P956：尚书令、下邳王晃等议曰："皇太后与骏潜谋，欲危社稷，不可复奉承宗庙，配合先帝。"

  潜，暗中、秘密地。潜谋即暗中谋划。晋干宝《晋纪总论》："潜谋虽密，而在几必兆。"唐刘禹锡《贺德音》："贵使下情尽达，宁虞厚貌潜谋？"

  曲事　《安平献王孚列传附竟陵王楙》P1089：楙善谄谀，曲事杨骏。

  曲事即曲意奉承。《北史·高聪列传》："修死，甄琛、李凭皆被黜落，聪深用危虑，而先以疏宗之情，曲事高肇，竟获自免，肇之力也。"《太平广记》卷四九八杂录六引五代范资《玉堂闲话·冯宿》："冯宿，文宗朝扬历中外，甚有美誉，垂入相者数矣。又能曲事北司权贵，咸得其欢心焉。"

  先志　《明穆庾皇后列传》P972：是以追述先志，不替旧命，使使持节兼太尉授皇后玺绶。

  先志即先人的遗志。《魏书·高祖纪上》："朕猥承前绪，纂戎洪烈，思隆先志，缉熙政道。"仅《晋书》共有 7 例。

  再看以下几例：

  谗间　《王濬列传》P1213：昔乐毅伐齐，下城七十，而卒被谗间，脱身出奔。

  亦作"谗闲"。用谗言离间他人。

  鸱张　《戴若思列传》P1848：自项国遭无妄之祸，社稷有缀旒之危，寇羯饮马于长江，凶狡鸱张于万里，遂使神州萧条，鞠为茂草，四海之内，人迹不交。

  亦作"鵄张"。像鸱鸟张翼一样。比喻嚣张、凶暴。

  鸱视　《王鉴列传》P1889：而百越鸱视于五岭，蛮蜀狼顾于湘汉，江州萧条，白骨涂地，豫章一郡，十残其八。

  如鸱鸟昂首举视。形容凶狠贪戾的眼光。

  鼎峙　《刘毅列传附刘暾》P1282：且将军可无帝王之意，东王本州，以观时势，上可以混一天下，下可以成鼎峙之事，岂失孙刘乎！

  亦作"鼎跱"。谓如鼎足并峙。

  蜂起　《刘伶列传》P1376：有贵介公子、搢绅处士，闻吾风声，议其所以，乃奋袂攘襟，怒目切齿，陈说礼法，是非蜂起。

  亦作"蠭起"。像群蜂飞舞，纷然并起。《史记·项羽本纪》："夫秦失其政，陈涉首难，豪杰蠭起，相与并争，不可胜数。"《后汉书·谢弼传》："今边境日蹙，兵革蜂起，自非孝道，何以济之！"

  货赂　《华表列传》P1261：又中书监荀勖先为中子求廙女，廙不许，为恨，因密启帝，以哀毅货赂者多，不可尽罪，宜责最所亲者一人，因指廙当之。

第二章 《晋书》复音词研究概述

用财物买通他人。

<u>鸠合</u> 《陆机列传》P1478:虽复时有鸠合同志以谋王室,然上非奥主,下皆市人,师旅无先定之班,君臣无相保之志,是以义兵云合,无救劫杀之祸,众望未改,而已见大汉之灭矣。

聚集,纠合。《三国志·吴志·朱桓传》:"鸠合遗散,期年之闲,得万余人。"《旧唐书·突厥传上·默啜》:"骨咄禄之子阙特勤鸠合旧部,杀默啜子小可汗及诸弟并亲信略尽。"

<u>雷骇</u> 《武悼杨皇后列传附左贵嫔》P960:奔者填衢,赴者塞庭,哀恸雷骇,流泪雨零。嘘唏不已,若丧所生。

如雷鸣般惊骇。

<u>隼击</u> 《王导列传附史臣语》P1761:于是王敦内侮,凭天邑而狼顾;苏峻连兵,指宸居而隼击。

比喻疾速而猛烈地攻击。

<u>血诚</u> 《齐王冏列传》P1608:况惠受恩,偏蒙识养,虽复暂违,情隆二臣,是以披露血诚,冒昧干迕。

犹赤诚。谓极其真诚的心意。

<u>资蓄</u> 《温峤列传》P1795:复以京邑荒残,资用不给,峤借资蓄,具器用,而后旋于武昌,至牛渚矶,水深不可测,世云其下多怪物,峤遂毁犀角而照之。

积蓄的资财。

上述词条从语法角度分析,前面的名词并不是做主语,而是做谓语的修饰成分,是状语,只是前置了而已。这类词语是状中结构,而非主谓结构。

(五)述宾组合

述宾组合与句法结构相似,词与非词的界限,在古汉语中更为模糊,要结合出现频率和该组合在剧中所起的作用来确定。张寿康在《构词法与构形法》中对述宾式是词还是词组进行了分析,认为支配式合成的是名词,则一定是词;支配式可以带宾语的,是词;支配式是吸收的文言词,其间结合紧的,也是词;支配式构成的形容词,是词;支配式中一类离合动词,如"洗澡""革命"等,合用是词,拆开来是动宾词组。这样的判断方法对古汉语中述宾式复音词的识别有一定的参考价值。例如:

<u>背世</u> 《文明王皇后列传》P952:咨余不造,大罚荐臻。皇考背世,始逾三年。

"背世"一词在《晋书》中共出现 3 例,即离开人世,是死亡的婉辞。晋陆云《与戴季甫书》:"勋业有究,早尔背世。"晋潘岳《杨仲武诔》:"望子朝阴,如何短

折,背世湮沉。"《宋书·后妃列传·孝懿萧皇后》:"孝皇背世五十余年,古不祔葬。"

定策 《裴秀列传》P1038:常道乡公立,以豫议定策,进爵县侯,增邑七百户,迁尚书仆射。

定策即决定方略或策略。晋陆机《汉高祖功臣颂》:"运筹固陵,定策东袭。"《续资治通鉴·宋纪一百六》:"庚午,帝还越州,遂定策航海,乃移四明。"

含辞 《后妃列传》P948:淫荒挺性,蔑西郊之礼容;婉娈含辞,作南国之奇态。

含辞是表示有话要说而未说。三国魏曹植《洛神赋》:"含辞未吐,气若幽兰。"晋左思《赠妹九嫔悼离诗》:"含辞满胸,郁烦不舒。"《艺文类聚》卷九一引南朝宋颜延之《白鹦鹉赋》:"思受命于黄发,独含辞而采言。"

募兵 《石苞列传》P1004:超于荥阳募兵,右将军王阐与典兵中郎赵则并受超节度,为豫州刺史刘乔继援。

募兵即招募兵丁。《三国志·魏志·曹洪传》:"洪将家兵千余人,就温募兵,得庐江上甲二千人。"

守约 《侯史光列传》P1290:及葬,又诏曰:"光厉志守约,有清忠之节。家极贫俭,其赐钱五十万。"

守约是指保持俭朴的品德。约,节俭。《尔雅·释言》:"约,俭也。"《三国志·吴志·蒋钦传》:"权尝入其堂内,母疏帐缥被,妻妾布裙。权叹其在贵守约,即敕御府为母作锦被,改易帷帐,妻妾衣服悉皆锦绣。"

(六) 主谓组合

主谓组合是两个成分结合后,前一成分多是名词,后一成分多是动词或形容词,前一成分的名词多是后一动作的实施者,后一成分的形容词是陈述前一成分的名词。

才异 《谯刚王逊列传附忠王尚之》P1108:尚之入朝,正色谓元显曰:"张法顺驱走小人,有何才异,而暴被拔擢。"

才能出众之义。

才颖 《潘岳列传》P1500:岳少以才颖见称,乡邑号为奇童,谓终贾之俦也。
才能出众。

风衍 《陆机列传》P1469:庶尹尽规于上,黎元展业于下,化协殊裔,风衍遐圻。

谓风教普及。

魂归 《武悼杨皇后列传附左贵嫔》P958:惨怆愁悲,梦想魂归,见所思兮。

第二章 《晋书》复音词研究概述

灵魂归家,喻思乡情深。

<u>气绝</u> 《王祥列传》P989:气绝但洗手足,不须沐浴,勿缠尸,皆浣故衣,随时所服。

即断气。

<u>庆深</u> 《孝武文李太后列传》P981:但殿下德厚庆深,宜隆奕世之绪,当从崖谦之言,以存广接之道。

福运深长之义。

<u>鱼悬</u> 《段灼列传》P1340:臣闻鱼悬由于甘饵,勇夫死于重报。

谓鱼上钩被钓起。

<u>政隆</u> 《孝武定王皇后列传》P982:帝后之德,必相协而政隆。

政治兴隆。

(七) 附加组合

某合成词中两个结合的成分,其中一个是没有具体词汇意义的附加成分,也就是说,其中一个是黏着语素,而且是一个附加的构词成分,那么这个组合无疑应看作是复音词。这种复音词在先秦就已经出现。

"复"是中古常见词尾,比如"虽复",意思是即使。"脱复",意思是假如。"自"是中古常见词尾,比如"正自",即只不过。"当""复""自"在中古时期特别活跃,构词能力相当强。

<u>虽复</u> 《孔愉列传附坦》P2058:今六军诫严,水陆齐举,熊罴踊跃,龁噬争先,锋镝一交,玉石同碎,虽复后悔,何嗟及矣!

《良吏列传》P2328:莅职者为身择利,铨综者为人择官,下僚多英俊之才,势位必高门之胄,遂使良能之绩仅有存焉。虽复茂弘以明允赞经纶,安石以时宗镇雅俗,然外虞孔炽,内难方殷,而匡救弥缝,方免倾覆,弘风革弊,彼则未遑。

《王敦列传》P2556:臣一宗误陛下,倾覆亦将寻至;虽复灰身剖心,陛下追悔将何所及!

"虽复"一词在《晋书》中共出现 73 例。

<u>正自</u> 《王廙列传附王彪之》P2008:浩曰:"决大事正自难,顷日来欲使人闷,闻卿此谋,意始得了。"温亦奉帝旨,果不进。

《谢安列传》P2073:安从容就席,坐定,谓温曰:"安闻诸侯有道,守在四邻,明公何须壁后置人邪?"温笑曰:"正自不能不尔耳。"遂笑语移日。

"正自"一词在《晋书》中共出现 16 例。

<u>正复</u> 《武悼杨皇后列传》P955 后言于帝曰:"贾公闾有勋社稷,犹当数世宥之,贾妃亲是其女,正复妒忌之间,不足以一眚掩其大德。"

"正复"一词在《晋书》中共出现 5 例。

"阿"是中古新生词头,作词头,无义。如"阿子""阿母""阿翁""阿公""阿尼""阿堵""阿堵物""阿谁"等。

<u>阿子</u> 《五行志中》P846:"穆帝升平中,童儿辈忽歌于道曰《阿子闻》,曲终辄云:'阿子汝闻不?'无几而帝崩,太后哭之曰:'阿子汝闻不?'"

<u>阿母</u> 《潘岳列传》P1506:俄而秀遂诬岳及石崇、欧阳建谋奉淮南王允、齐王冏为乱,诛之,夷三族。岳将诣市,与母别曰:"负阿母!"

《周顗母李氏列传》P2514:嵩起曰:"恐不如尊旨。伯仁志大而才短,名重而识暗,好乘人之弊,此非自全之道。嵩性抗直,亦不容于世。唯阿奴碌碌,当在阿母目下耳。"阿奴,谟小字也。后果如其言。

<u>阿翁</u> 《张凭列传》P1992:张凭,字长宗。祖镇,苍梧太守。凭年数岁。镇谓其父曰:"我不如汝有佳儿。"凭曰:"阿翁岂宜以子戏父邪!"

<u>阿公</u> 《五行志中》P842:景初初,童谣曰:"阿公阿公驾马车,不意阿公东渡河,阿公来还当奈何!"及宣帝辽东归,至白屋,当还镇长安。会帝疾笃,急召之,乃乘追锋车东渡河,终如童谣之言。

<u>阿堵</u> 《顾恺之列传》P2405:人问其故,答曰:"四体妍蚩,本无阙少于妙处,传神写照,正在阿堵中。"

<u>阿堵物</u> 《王戎列传附王衍》P1237:衍晨起见钱,谓婢曰:"举阿堵物却!"其措意如此。

<u>阿尼</u> 《简文三子列传》P1733:臣闻佛者清远玄虚之神,以五诫为教,绝酒不淫。而今之奉者,秽慢阿尼,酒色是耽,其违二矣。

<u>阿弥</u> 《佛图澄列传》P2488:季龙太子邃有二子,在襄国,澄语邃曰:"小阿弥比当得疾,可往看之。"

<u>阿谁</u> 《沈充列传》P2567:初,敦参军熊甫见敦委任凤,将有异图,因酒酣谓敦曰:"开国承家,小人勿用,佞幸在位,鲜不败业。"敦作色曰:"小人阿谁?"甫无惧容,因此告归。

《苻坚载记下》P2928:坚之分氐户于诸镇也,赵整因侍,援琴而歌曰:"阿得脂,阿得脂,博劳旧父是仇绥,尾长翼短不能飞,远徙种人留鲜卑,一旦缓急语阿谁!"坚笑而不纳。至是,整言验矣。

(八)虚义组合

两个虚义成分组合(或者虚义加实义组合,一律称为虚义组合)在一起,以一个整体出现在句子中,这种组合带有明显的固定性。

<u>忽而</u> 《傅玄列传》P1319:夫儒学者,王教之首也。尊其道,贵其业,重其

选,犹恐化之不崇;忽而不以为急,臣惧日有陵迟而不觉也。

"忽而"是"忽若"的一声之转,同义副词,表假使、假如之义。

孰若 《王廙列传附王彬》P2006:彬曰:"有脚疾已来,见天子尚欲不拜,何跪之有! 此复何所谢!"敦曰:"脚痛孰若颈痛?"彬意气自若,殊无惧容。

孰若,犹何如、怎么比得上。表示反诘语气。《后汉书·庞公列传》:"夫保全一身,孰若保全天下乎?"

洎乎 《后妃列传》P948:晋承其末,与世污隆,宣皇创基,功弘而道屈;穆后一善,绩侔于十乱。洎乎世祖,始亲选良家,既而帝掩纨扇,躬行请托。

洎乎表示等到、待及之义。唐杨炯《〈王勃集〉序》:"洎乎潘陆奋发,孙许相因,继之以颜谢,申之以江鲍。"唐骆宾王《代李敬业讨武氏檄》:"伪临朝武氏者,性非和顺,地实寒微。昔充太宗下陈,曾以更衣入侍,洎乎晚节,秽乱春宫。"《晋书·王接列传》:"洎乎《笃终》立论,薄葬昭俭,既戒奢于季氏,亦无取于王孙,可谓达存亡之机矣。"

一皆 《范阳康王绥列传附子司马虓》P1100:臣愚以为宜委太宰以关右之任,一方事重,及自州郡已下,选举授任,一皆仰成。

一,清王引之《经传释词》卷三:"一,犹皆也。"表示全部之义。

咸皆 《刘寔列传》P1191:在朝之士相让于上,草庐之人咸皆化之,推贤让能之风从此生矣。

咸,《尔雅·释诂下》:"咸,皆也。"二字同义,表示范围,相当于"都",即全部之义。在唐代佛经经典中已经大量出现,《法苑珠林·利害篇·述意部》:"时诸世人却后七日闻其儿死,咸皆叹言:'真是智者,所言不错。'"《法苑珠林·背恩篇·述意部》:"时彼国人率尔敬服,咸皆赞叹。"《敦煌变文集·佛说阿弥陀经讲经文》:"各各解谈微妙教,闻者咸皆发道心。"

咸共 《阮籍列传》P1352:时人多谓之痴,惟族兄文业每叹服之,以为胜己,由是咸共称异。

共,《礼记·内则》:"少事长,贱事贵,共帅时。"郑玄注:"共,犹皆也。帅,循也。时,是也。礼皆如此也。"咸、共二字同义,表示范围。《后汉书·梁统列传》:"初以位次,咸共推统,统固辞曰:'昔陈婴不受王者,以有老母也。今统内有尊亲,又德薄能寡,诚不足以当之。'"

(九)其他组合

1. 修辞组合

因采用夸张、比喻、借代等修辞手段构成的复音组合,在整体上具备比喻义、特指义,应看作复音词。

草苗 《武悼杨皇后附左贵嫔》P957:既愚陋而寡识兮,谬忝厕于紫庐。非草苗之所处兮,恒怵惕以忧惧。

草苗,犹草茅,在这里比喻鄙野微贱的人。

节目 《傅玄列传附傅咸》P1327:内外之任,出处随宜,中间选用,惟内是隆;外举既颇,复多节目,竞内薄外,遂成风俗。

节目,犹枝节,麻烦。晋车永《与陆士龙书》:"具说此县既有短狐之疾,又有沙虱害人。闻此消息,倍益忧虑。如其不行,恐有节目,良为愁愤。"《三国志·魏志·公孙度传》:"(公孙渊)诱致其使,悉斩送弥晏等首。"裴松之注引三国魏鱼豢《魏略》载渊表曰:"而后爱憎之人,缘事加诬,伪生节目。"

磥砢 《和峤列传》P1283:太傅从事中郎庾顗见而叹曰:"峤森森如千丈松,虽磥砢多节目,施之大厦,有栋梁之用。"

磥砢,竹木多节貌。唐施肩吾《壮士行》:"一斗之胆撑脏腑,如磥之筋碍臂骨。"形容植物多节,亦喻人有奇特的才能。晋戴凯之《竹谱》:"竹之堪杖,莫尚于笻,磥砢不凡,状若人功。"南朝宋刘义庆《世说新语·赏誉》:"庾子嵩目和峤:'森森如千丈松,虽磊砢有节目,施之大厦,有栋梁之用。'"

领袖 《魏舒列传》P1186:文帝深器重之,每朝会坐罢,目送之曰:"魏舒堂堂,人之领袖也。"

谓为人仪则,为他人作表率。《文选·任昉〈为萧扬州作荐士表〉》:"故以辉映先达,领袖后进。"吕向注:"领袖,可为人之仪则。"宋杨万里《题益公丞相天香堂》诗:"君不见君王殿后春第一,领袖众芳捧尧日。"

2. 重叠组合

重叠的复音组合,如果组合后不是原义的简单重复,而是在原义的基础上增加了某种附加意义,这样的重叠式是合成词,与作为单纯词的叠音词有着本质的区别。中古时期,除了单音节形容词重叠形式外,还出现了动词重叠、名词重叠的形式,例如:

处处 《惠羊皇后列传》P967:而兵缠不解,处处互起,岂非善者不至,人情猜隔故耶!

处处,即到处。

惙惙 《谢安列传附谢玄》P2084:而所患沈顿,有增无损。今者惙惙,救命朝夕。

惙,疲乏、衰弱。晋王献之《阿姑帖》:"献之遂不堪暑,气力恒惙。"惙惙,衰疲貌。宋沈括《梦溪笔谈·技艺》:"其子疾亟,瞑而不食,惙惙欲逾宿矣。"《大词典》首例过晚。

<u>年年</u> 《苻生列传》P2877：天岂不子爱群生，而年年降罚，正以百姓犯罪不已，将助朕专杀而施刑教故耳。

年年，指每年。"年年"一词在《晋书》中共出现3例，均表示每年之义。《礼志中》："盖由耆同友执，率情而举，非洛京之旧也。成帝时，中宫亦年年拜陵，议者以为非礼，于是遂止，以为永制。"《苻坚载记下》："车师前部王弥窴、鄯善王休密驮朝于坚，坚赐以朝服，引见西堂。窴等观其宫宇壮丽，仪卫严肃，甚惧，因请年年贡献。"

<u>日日</u> 《魏舒列传》P1188：司空卫瓘与舒书曰："每与足下共论此事，日日未果，可谓瞻之在前，忽焉在后矣。"

日日，指每日。

<u>森森</u> 《裴秀列传附裴頠》P1283：楷有知人之鉴，初在河南，乐广侨居郡界，未知名，楷见而奇之，致之于宰府。尝目夏侯玄云"肃肃如入宗庙中，但见礼乐器"，钟会"如观武库森森，但见矛戟在前"，傅嘏"汪翔靡所不见"，山涛"若登山临下，幽然深远"。

森，树木高耸繁密貌。森森，后引申为威严可畏貌。《大词典》首例出清施润章《重刻〈何大复诗集〉序》："李空同虎视鹰扬，望之森森。"曹禺《王昭君》第二幕："仿佛这威严森森的单于，时常在悲哀地沉思着什么。"

<u>岁岁</u> 《五行志中·草妖》P861：自后岁岁征讨，百姓劳苦，是买苦也。十余年中，姚泓灭，兵始戢，是苦荬之应也。

岁岁，指每年。

3. 专名组合

由于特定的历史条件所形成的复音组合，或与特定的历史事件相联系，产生了特殊的内涵，或引申出泛指义，这样的组合是专名组合。例如：

<u>寒食散</u> 《裴秀列传》P1040：服寒食散，当饮热酒而饮冷酒，泰始七年薨，时年四十八。

古代药名。服后宜吃冷食，故名。配剂中主要有紫石英、白石英、赤石脂、钟乳石、硫黄五种矿石，因又称五石散。相传其方始于汉代，魏晋南北朝名士服用此散，成为一时的风气，往往有服后残废致死的。《世说新语·言语》："何平叔云服五石散，非唯治病，亦觉神明开朗。"刘孝标注引秦丞相《寒食散论》："寒食散之方，虽出汉代，而用之者寡，靡有传焉。魏尚书何晏首获神效，由是大行于世，服者相寻也。"

<u>侨旧</u> 《桓宣列传》P1110："宣久在襄阳，绥抚侨旧，甚有称绩。"

东晋南朝时，北方徙居江南的侨人与当地人合称侨旧。《宋书·刘康祖列

传》:"东海人徐道期流寓广州,无士行,为侨旧所陵侮。"

南服 《宗室列传附史臣语》P1114:谯闵沈雄壮勇,作镇南服。

古代王畿以外地区分为五服,故称南方为"南服"。《文选·谢瞻〈王抚军庾西阳集别时为豫章太守庾被征还东〉诗》:"祗召旋北京,守官反南服。"李善注:"南服,南方五服也。"《刘弘列传》:"弘专督江汉,威行南服。"

芜菁子 《裴秀列传附裴楷》P1050:初,楷家炊黍在甑,或变如拳,或作血,或作芜菁子。

植物名。又名"蔓菁"。块根肉质,花黄色。块根可做蔬菜。俗称大头菜。《东观汉记·威宗孝桓皇帝纪》:"令所伤郡国,皆种芜菁,以助民食。"唐韩愈《感春》诗之二:"黄黄芜菁花,桃李事已退。"

宪司 《裴秀列传》P1038:魏咸熙初,厘革宪司。

魏晋以来御史的别称。《宋书·刘穆之列传》:"明年,迁御史中丞。瑀使气尚人,为宪司甚得志。"唐封演《封氏闻见记·风宪》:"唐兴,宰辅多自宪司登钧轴,故谓御史为宰相。"

獯虏 《冯紞列传附史臣语》P1163:而乘间伺隙,潜图不轨,放肆獯虏,迁播乘舆。

魏晋时期对北方少数民族的蔑称。《文选·王粲〈从军诗〉》:"一举灭獯虏,再举服羌夷。"李善注引服虔曰:"獯鬻,尧时匈奴号也。"南朝宋颜延年《阳给事诔》:"獯虏闲衅,蒯剥司兖。"

牙门 《杜预列传》P1030:又遣牙门管定、周旨、伍巢等率奇兵八百,泛舟夜渡,以袭乐乡,多张旗帜,起火巴山,出于要害之地,以夺贼心。

指武将。《三国志·魏志·钟会传》:"斯须,门外倚梯登城,或烧城屋,蚁附乱进,矢下如雨,牙门、郡守各缘屋出,与其卒兵相得。"《资治通鉴·汉纪·孝献皇帝巳》:"孙权闻乱,从椒丘还。至丹阳,悉族诛览、员余党,擢高,婴为牙门,其余赏赐有差。"胡三省注:"牙门,将也。"

漳滏 《冯紞列传附史臣语》P1163:遂使漳滏萧然,黎元涂地。

漳水、滏水的并称。三国魏曹植《节游赋》:"仰西岳之崧岑,临漳滏之清渠。"晋左思《魏都赋》:"南瞻淇澳,则绿竹纯茂;北临漳滏,则冬夏异沼。"

第三章 《晋书》复音词的结构

第一节 《晋书》复音词的结构类型

王力先生认为,汉语构词法的发展史是循着由单音词向复音词发展的道路前进的,历代复音词都有增加。汉语复音化有两个主要的因素:第一是语音的简化,第二是对外语的吸收。单音词的情况如果不改变,同音词大量增加,势必大大妨碍语言作为交际工具的作用。汉语的词逐步复音化,成为语音简化的平衡锤。这样的了解,并不等于承认语言的发展是由于人为的结果,与此相反,语言的本质(交际工具)决定了语言的发展规律,汉语中词的复音化正是语音简化的逻辑结果。另一因素是对外语的吸收。如果是音译,外语里原来是复音词,译出来自然也是复音词;如果是意译,就更非复音词不可了。汉语新词产生的重要手段之一,本来就是靠短语的凝固化。至于吸收外语,在绝大多数情况下,就是靠着主从短语来对译单词。既然是短语,至少有两个音节。①

汉语复音词的构成,可以分为三大类:联绵词;词根加词头、词根加词尾;短语的凝固化。就汉语发展的情况来说,联绵词变化最少,因为有关联绵词的变化只是词汇形式方面的变化,而不是语法的变化。词头、词尾的变化比较多。上古汉语的词头、词尾(如果有的话),大部分并没有沿用下来,而中古以后出现了一些新兴的词尾。但是,词头、词尾在汉语中是不多的,在构词法上不处于很重要的位置。至于短语的凝固化,就是说,短语在发展过程中凝固起来,成为单词。对译外语的新词,也常常经过这条道路:短语—复合词—复音词。②

与上古汉语相比,中古汉语构词法有下列特点:从复音词的发展趋势看,中

---

① 王力.汉语史稿·构词法的发展[M].北京:中华书局,2004:396-397.
② 王力.汉语史稿·构词法的发展[M].北京:中华书局,2004:396-401.

古汉语复音词的数量继续增长,并且复音词的使用频率、义项的丰富程度都比上古汉语有所提高,构词方式基本完备;在复合词构词法中,中古汉语与上古汉语最大的不同就是中古汉语的联合式构词法最为能产,这是汉语史上的一大特色。①

人们对汉语复音词的结构类型和构造方式的研究源于20世纪,刘复《中国文法通论》(1919)把汉语的构词法分为四种:合音字、合义字、分体字、复合字。

黎锦熙在《词类连书条例》中把汉语复合名词分为六类:合成的、并行的、联属的、对待的、叠用的、带语尾的。

吕叔湘、朱德熙《语法修辞讲话》一书中把汉语双音词分为三类:联合式、主从式、动宾式。

张寿康《关于汉语构词法》把汉语的词分为单纯词和合成词,把词素划分为实词素和虚词素,不含辅助成分的合成词(即复合式合成词)包括联合式、偏正式、主谓式和动宾式。

陆志韦等《汉语的构词法》把对汉语构词法的讨论引向深入,把合成词分为向心(偏正)格、后补格、动宾格、主谓格、并列格、重叠格等。

周祖谟《汉语词汇讲话》对汉语合成词的类型进行了细致的分析,具有一定的影响。此后,随着"造词法"概念、构形法与构词法、语素与词素等概念的讨论和提出,人们对词的结构类型的分析越来越细致和深入,这些成果逐渐被引入对古代汉语复音词结构的研究中。

马真《先秦复音词初探》一书将先秦复音词从结构上分成单纯词与合成词两大类,单纯词又分为叠音、双声、叠韵、双声兼叠韵、非双声叠韵五类;合成词又分为复合式、附加式、重叠式三种,复合式合成词又细分为联合式、偏正式、动宾式三类。

程湘清《〈世说新语〉复音词研究》一书将《世说》中的复音词的结构分成联合式、偏正式、补充式、支配式、表述式、附加式、重叠式、非重叠式单纯词、综合式九类。

钱宗武在《今文〈尚书〉语言研究》(1996)一书"今文《尚书》词汇研究"一章中,讨论到重言词、附音词以及复合词等,并将复合词细分为联合式、偏正式、动宾式、动补式四种结构方式。

颜洽茂《佛教语言阐释》(1997)将译经复音词的结构模式分为单纯词与合成词两大类,单纯词又分成完全重叠式、部分重叠式两种;合成词又分成重叠

---

① 李仕春.从复音词数据看中古汉语构词法的发展[J].宁夏大学学报(人文社会科学版),2007(5).

式、附缀式、句法式、综合式四种。其中,句法式合成词又细分为并列式、偏正式、动宾式、动补式、主谓式五种;而综合式合成词则主要是针对多音节词的。

周日健《〈颜氏家训〉词汇语法研究》(1988)一书将《颜氏家训》中复音词的构词法分成并列式、偏正式、述宾式、主谓式、附加式、重叠式、联绵词七种。

顾之川《明代汉语词汇研究》(2000)一书从词法学构词法、句法学构词法、修辞学构词法、语音学构词法四个角度把复音词分成 16 个类型,分别是:附加式、重叠式;主谓式、动宾式、并列式、补充式、偏正式、变序式;比喻式、借代式、夸张式、敬称式、谦称式;双声式、叠韵式、拟音式。

讨论复音词的结构类型首先需要弄清汉语词复音化的途径有两条,第一条途径是在音变造词方式的基础上开始的。上古汉语中的复音词基本上采用音变造词方式。第二条途径是整个汉语词复音化最主要的途径,就是结构造词方式。通过音变造词方式构成的复音词都是单纯词,通过结构造词方式构成的复音词则都是合成词。因而根据汉语词复音化的途径可以将复音词分为单纯词和合成词两大类别,这是根据单一语素与多语素来区别的。

单纯词只包含一个语素,不存在内部结构关系,我们根据其外在结构形式将其分为叠音词、联绵词、音译词三种结构类型。

合成词的内部可以依据合成的方式分成复合式、附加式、重叠式三种类型。然后根据合成的内部语法的结构方式将其中的复合式合成词再细分成联合式、主谓式、动宾式、偏正式、补充式等类型。

对《晋书》复音词的研究以双音词为主,相关的数据统计和论述暂不包含三音节以上的复音词和成语,人名、地名等特殊双音节词也不包含在内。

关于《晋书》复音词结构类型的几点说明:

① 重言词分为叠音词和重叠式合成词两类,其中,叠音词是一个语素,而重叠式合成词是由两个语素重叠而成。在做复音词统计中,这两类词应该分开计算。

②《晋书》中的人名、地名、官职名等专有名词暂不列入本书的研究范畴,根据本书研究的重点,我们将目光更多地集中在具有讨论价值的基本词汇上。

③ 有一些割裂式或其他特殊形式的虚词,列入复合词中的"其他"类型。

第二节 《晋书》复音单纯词的类型

复音单纯词是由一个语素构成的,该语素内部的两个语素成分之间一般具有语音上的联系。主要包括叠音词、联绵词和音译词三种,其中叠音词共计 46 例,联绵词共 101 例。

一、叠音词

叠音词是指两个相同的音节相叠,属于单纯词。这一类词以模拟事物的容状声音为主,单字的本身或是无意义,或是另有意义,而用在此处却纯是标音的作用。① 汉语叠音词可分两类。一类是拟声词,是语言中产生最早的一种复音单纯词。一般认为,远古的人们在社会实践活动中认识了自然界或人类社会常有的各种声音,比如雷鸣、风啸、水泻、鸟叫、猿啼、人欢笑等,出于表达的需要,加以模仿,便产生了拟声词。而不少声音是重复发出或连续发出的,于是"单不足以喻则兼",一个个拟声叠音词就这样产生了。一类是摹态词,是继拟声词之后产生的复音单纯词。远古的人们随着社会实践的逐渐广泛和深入,认识也在发展,当人们发现自然界或人类社会一些事物的模糊状态,出于描摹的需要,便相应地创造出一个个摹态叠音词。②

单纯词中的叠音词和重叠式合成词在形式上是一样的,两者区分的主要依据是看各自语素的构成情况。重叠式合成词是同一词根语素的重叠,属于两个语素的合成;而单纯词中的叠音词是由一个语素构成的,判断时需要考查先秦及当时的典籍,如果没有该字单用的情况,也不作构词语素出现,或是重叠后的意义与该字的字义无关,只有重叠后才有这个意义,这样的话,我们将其看作是单纯叠音词。③ 杨振兰认为:单纯词中的叠音词是两个不表义的音节重叠构成的词。这有两种情形:第一,单个音节确实没有意义,词典中只有条目,没有释义。这表明该音节有音无义,不符合语素的定义,只有重叠起来才是一个最小的音义结合体,这种最小的音义结合体一定是单纯词中的叠音词。第二,单个音节孤立存在时确实有意义,词典中也有释义,但与重叠形式所表示的整体意

---

① 吕叔湘.吕叔湘文集[M].北京:商务印书馆,1990:9.
② 沈怀兴.复音单纯词、重叠词、派生词的产生和发展——汉语词汇复音化发展续探[J].汉字文化,2001(1).
③ 陶家俊.《说苑》复音词研究[D].苏州:苏州大学硕士学位论文,2003:13.

第三章 《晋书》复音词的结构

义全然不同,毫无联系,其实等同于在重叠形式中没有意义,那么,只有重叠后的形式才是音义结合的语素,自然也是单纯词中的叠音词。① 单纯词中的叠音词是两个语素的音节相重叠,从听觉上给人带来美感;同时,含义朦胧,适于描绘事物声音态貌,是可谓音义兼长。在文学作品中,为了表情达意、语言顺畅、文体排偶等修辞手法运用的需要,叠音词大量出现。因此,《晋书》中叠音词大多出现在策文、赋文、民谣中。

关于叠音词和重叠词的理论界定,学界没有太大异议,但在认识和例证上,分歧较多。对单音节与其重叠形式意义关系的看法,主要有两种:其一,单个音节的意义和重叠之后的意义一致。吕叔湘先生②就持这种观点,而《现代汉语》③等著作也体现了这一主张。其二,一部分重叠词,单音节的意义和重叠后的意义有一定的联系。持这种观点的有葛本仪先生④,何九盈、蒋绍愚两位先生也认为:"另一些叠音词情况有所不同,如《荀子·劝学》中的'无冥冥之志者,无昭昭之明',这里面的'冥冥'、'昭昭'和'冥'、'昭'的词义是有关系的,这些叠音词应该是合成的复音词。"⑤

《晋书》中叠音词大多是对前代文献的沿用,也出现了一些新叠音词,共计74个。一般为形容词,也有名词,动词的比例较小。

(一) 拟声词

濞濞 《五行志下》P909:三年十二月,尚书骆谢平妻生女,堕地濞濞有声,须臾便死。

濞濞,魏晋时期新产生的象声词。

咄咄 《殷浩列传》P2047:但终日书空,作"咄咄怪事"四字而已。

咄咄,感叹声。表示责备或惊诧。宋无名氏《异闻总录》卷一:"(其姊)咄咄责妹曰:'何处无婚姻,必欲与我共一壻?'"《大词典》此处首例过晚。

呵呵 《石季龙载记下》P2784:宣乘素车,从千人,临韬丧,不哭,直言呵呵,使举衾看尸,大笑而去。

呵呵是笑声。

锽锽 《乐志下》P706:鼓殷殷,钟锽锽。

喤喤 《乐志上》P689:晢晢庭燎,喤喤鼓钟。

---

① 杨振兰.现代汉语 AA 式叠音词、重叠词对比研究[J].齐鲁学刊,2003(4).
② 吕叔湘.吕叔湘文集[C].北京:商务印书馆,1990:9.
③ 北京大学中文系现代汉语教研室.现代汉语[M].北京:商务印书馆,1993:202.
④ 葛本仪.现代汉语词汇学[M].济南:山东人民出版社,2001:94.
⑤ 何九盈,蒋绍愚.古汉语词汇讲话[M].北京:中华书局,1980:27-28.

"殷殷""锽锽""喤喤"都是拟声词,形容钟鼓之声。

翙翙 《乐志下》P708:龙飞何蜿蜿,凤翔何翙翙。

翙翙,鸟飞声。《诗·大雅·卷阿》:"凤凰于飞,翙翙其羽。"郑玄笺:"翙翙,羽声也。"宋叶适《鹿鸣宴诗》:"朝阳羽翙翙,春梧绿蓁蓁。"

力力 《五行志中》P846:明帝太宁初,童谣曰:"恻恻力力,放马山侧。大马死,小马饿。高山崩,石自破。"

力力,叹息声。

烈烈 《惠贾皇后列传》P965:时洛中谣曰:"南风烈烈吹黄沙,遥望鲁国郁嵯峨,前至三月灭汝家。"

拟声词。三国魏曹植《七哀诗》:"北风行萧萧,烈烈入吾耳。"南朝宋谢惠连《捣衣》诗:"肃肃莎鸡羽,烈烈寒螀啼。"

锵锵 《乐志上》P685:济济锵锵,金声玉振。

拟声词,乐声。魏晋时期新形成的拟声词。三国魏曹丕《于谯作》诗:"献酬纷交错,雅舞何锵锵。"唐宋若宪《奉和御制麟德殿宴百官》:"御筵多济济,盛乐复锵锵。"

唯唯 《段灼列传》P1343:故朝有谔谔尽规之臣,无不昌也;任用阿谀唯唯之士,无不亡也。

唯唯,恭敬的应答声,多用于臣子对上应答。战国楚宋玉《〈高唐赋〉并序》:"王曰:'试为寡人赋之。'玉曰:'唯唯。'"《汉书·司马相如传》:"齐王曰:'虽然,略以子之所闻见言之。'仆对曰:'唯唯。'"颜师古注:"唯唯,恭应之辞也。"

隐隐 《五行志下》P893:魏明帝青龙二年十一月,京都地震,从东来,隐隐有声,摇屋瓦。

拟声词,多指雷声或地震之声。《后汉书·天文志上》:"须臾有声,隐隐如雷。"

邕邕 《潘岳列传》P1510:谦光之美弥劭,阙里之教克崇,穆穆焉,邕邕焉,真先王之徽典,不刊之美业,允不可替已。

"邕"通"雍"。"邕邕"是群鸟和鸣声。《文选·枚乘〈七发〉》:"螭龙德牧,邕邕群鸣。"李善注:"《尔雅》曰:'邕邕,鸣声和也。'"吕向注:"邕邕,声也。"

咋咋 《五行志中》P865:吴戍将邓喜杀猪祠神,治毕悬之,忽见一人头往食肉,喜引弓射中之,咋咋作声,绕屋三日,近赤祥也。

咋咋,魏晋时期新产生的拟声词。形容呼叫声、咬牙声等。晋干宝《搜神记》卷十六:"鬼大呼,声咋咋然。"

伥伥　《潘岳列传》P1505：若乃背冬涉春，阴谢阳施，天子有事于柴燎，以郊祖而展义，张钧天之广乐，备千乘之万骑，服伥伥以齐玄，管啾啾而并吹，煌煌乎，隐隐乎，兹礼容之壮观，而王制之巨丽也。

"伥伥""啾啾"都是魏晋时期的新拟声词。"伥伥"是拨拉弦乐声，"啾啾"是吹奏管乐声。唐李贺《秦王饮酒》诗："龙头泻酒邀酒星，金槽琵琶夜伥伥。"唐王叡《祠渔山神女歌》之二："伥伥山响答琵琶，酒湿青莎肉饲鸦。"

（二）摹态词

孛孛　《天文志中》P323：孛者，孛孛然非常，恶气之所生也。

"孛"，盛貌。"孛孛"即"勃勃"，旺盛貌。《释名·释天》："孛星，星旁气孛孛然也。"《汉书·文帝纪》："有长星出于东方。"颜师古注引汉文颖曰："孛星，光芒短，其光四出，蓬蓬孛孛也。"

蚩蚩　《乐志上》P692：大明垂曜，旁烛无疆。蚩蚩庶类，风德永康。皇道惟清，礼乐斯经。

敦厚貌。一说，无知貌。《诗·卫风·氓》："氓之蚩蚩，抱布贸丝。"毛传："蚩蚩者，敦厚之貌。"朱熹集传："蚩蚩，无知之貌。"

蠢蠢　《天文志上》P289：庶物蠢蠢，咸得系命。

众多而杂乱貌，魏晋新词。晋郭璞《蜜蜂赋》："嗟品物之蠢蠢，惟贞虫之明族。"唐寒山《诗》之三〇三："三界人蠢蠢，六道人茫茫。"

喋喋　《孝愍帝纪附史臣语》P132：樊阳寂寥，兵车靡会，岂力不足而情有余乎？喋喋遗萌，苟存其主，譬彼诗人，爱其棠树。

"喋喋"形容众多。"喋"多言，言语烦琐。《魏书·羊深传》："苟经明行修，宜擢以不次，抑斗筲喋喋之才，进大雅汪汪之德。"《南史·范云列传》："喋喋黔黎，命悬晷刻。"

耿耿　《武悼杨皇后列传附左贵嫔》P958：夜耿耿而不寐兮，魂憧憧而至曙。

"耿耿"即烦躁不安、心事重重。《诗·邶风·柏舟》："耿耿不寐，如有隐忧。"《楚辞·远游》："夜耿耿而不寐兮，魂茕茕而至曙。"洪兴祖补注："耿耿，不安也。"

嘿嘿　《范弘之列传》P2364：在三者臣子，情岂或异！凡厥黔首，谁独无心！举朝嘿嘿，未有唱言者，是以顿笔按气，不敢多云。

"嘿嘿"即不说话、沉默。《文选·屈原〈卜居〉》："于嗟嘿嘿兮，谁知吾之廉贞。"刘良注："嘿嘿，不言貌。"《楚辞·卜居》作"默默"。

矫矫　《王导列传》P1761：赞曰：虎啸焱驰，龙升云映。武冈矫矫，匡时缉政。懿绩克宣，忠规靡竞。

勇武貌。《诗·鲁颂·泮水》："矫矫虎臣,在泮献馘。"郑玄笺："矫矫,武貌。"

戋戋 《皇甫谧列传》P1416:谧闻而叹曰："亡国之大夫不可与图存,而以革历代之制,其可乎！夫'束帛戋戋',《易》之明义,玄纁之贽,自古之旧也。"

"戋戋"即浅少。《易·贲》："六五,贲于丘园,束帛戋戋。"朱熹本义："戋戋,浅小之意。"

斤斤 《孔愉列传附孔严》P2060:圣怀所以日昃匪懈,临朝斤斤,每欲深根固本,静边宁国耳,亦岂至私哉！

"斤斤"即拘谨；谨慎。《后汉书·吴汉传》："及在朝廷,斤斤谨质,形于体貌。"《晋书·孔愉列传附孔严》："临朝斤斤,每欲深根固本,静边宁国耳。"

兢兢 《武帝纪》P50:诏曰："朕以不德,托于四海之上,兢兢祗畏,惧无以康济寓内,思与天下式明王度,正本清源,于置胤树嫡,非所先务。"

九九 《刘聪载记附陈元达》P2680:臣诚愚暗无可采也,幸邀陛下垂齐桓纳九九之义,故使微臣得尽愚忠。

泛指极多数。《平山冷燕》第六回："曲径透迤,三三不已；穿廊曲折,九九还多。"《大词典》首例过晚。

硁硁 《范弘之列传》P2364:后人用舍,参差不同,各信所见,率应而至,或荣名显赫,或祸败系踵,此皆不量时趣,以身尝祸,虽有硁硁之称,而非大雅之致,此亦下官所不为也。

"硁硁"形容浅陋固执。《论语·子路》："言必信,行必果,硁硁然小人哉！"晋葛洪《抱朴子·逸民》："昔夷齐不食周粟,鲍焦死于桥上,彼之硁硁,何足师表哉！"

琅琅 《庾阐列传》P2385:飞荣洛汭,擢颖山东,质清浮磬,声若孤桐,琅琅其璞,岩岩其峰,信道居正,而以天下为公,方驾逸步,不以曲路期通。

形容人品坚贞,高洁。《文选·潘岳〈马汧督诔〉》："慨慨马生,琅琅高致,发愤图圄,没而犹视。"李善注："《广雅》曰:'琅琅,坚也。'"

瞢瞢 《天文志中》P330:六曰瞢,谓瞢瞢不光明也。

"瞢瞢"亦作"瞢瞢"。昏昧；糊涂。《吕氏春秋·介立》："吾义不食子之食也。"汉高诱注："昔者齐饥,黔敖为食于路,有人戢其履,瞢瞢而求。"

便便 《董京列传》P2427:京答之以诗曰："周道敩兮颂声没,夏政衰兮五常汩。便便君子,顾望而逝,洋洋乎满目,而作者七。"

魏晋新词,形容巧言利口,擅长辞令。唐孙樵《逐痁鬼文》："愉愉便便,阿意奉欢,死而有灵,是为谄鬼。"

第三章 《晋书》复音词的结构

栖栖 《董京列传》P2427:无娱我以为欢,清流可饮,至道可餐,何为栖栖,自使疲单?

"栖栖"指忙碌不安貌。《诗·小雅·六月》:"六月栖栖,戎车既饬。"朱熹集传:"栖栖,犹皇皇不安之貌。"

若若 《五行志中》P843:吴孙亮初,童谣曰:"吁汝恪,何若若,芦苇单衣篾钩络,于何相求常子阁。"

若若,长而下垂的样子。《汉书·佞幸传·石显》:"牢邪石邪,五鹿客邪!印何累累,绶若若邪!"颜师古注:"若若,长貌。"

诜诜 《凉武昭王列传》P2266:赫赫谦光,崇明奕奕,岌岌王居,诜诜百辟,君希虞夏,臣庶夔益。

魏晋新词,和集貌。《艺文类聚》卷四引晋闾丘冲《三月三日应诏诗》:"光光华辇,诜诜从臣。"

师师 《陆机列传》P1474:是以君奭快快,不悦公旦之举;高平师师,侧目博陆之势。

庄严恭敬貌。汉贾谊《新书·容经》:"朝廷之容,师师然,翼翼然,整以敬。"

属属 《孝友列传》P2273:属属如在,哀哀罔极,聚薪流恸,衔索兴嗟,晒风树以陨心,俯寒泉而沫泣,追远之情也……是以闵曾翼翼,遵六教而缉贞规;蔡董烝烝,弘七体而垂令迹。

专心谨慎貌。《礼记·礼器》:"洞洞乎其敬也,属属乎其忠也。"孔颖达疏:"属属,专一之貌。"

琐琐 《殷仲堪列传》P2197:于时天下新定,权由上制,高祖分王子弟,有磐石之固,社稷深谋之臣,森然比肩,岂琐琐之禄产所能倾夺之哉!

形容人品卑微、平庸、渺小。《诗·小雅·节南山》:"琐琐姻亚,则无膴仕。"郑玄笺:"琐琐姻亚,妻党之小人。"高亨注:"琐琐,卑微渺小貌。"

晢晢 《乐志上》P689:晢晢庭燎,喤喤鼓钟。

"晢晢"同"晰晰",光亮貌,魏晋时期新词。唐权德舆《祗役江西路上以诗代书寄内》:"晰晰窥晓星,涂涂践朝露。"

研研 《沮渠蒙逊载记》P3198:门下校郎刘祥言事于蒙逊,蒙逊曰:"汝闻刘裕入关,敢研研然也!"遂杀之。

魏晋新词,扬扬自得貌。《魏书》本传作"妍妍"。

忻忻 《刘聪载记附陈元达》P2679:少面孤贫,常躬耕兼诵书,乐道行咏,忻忻如也。

欣喜得意貌。《淮南子·览冥训》："斩艾百姓,殚尽大半,而忻忻然常自以为治。"高诱注："忻忻,犹自喜得意之貌也。"

颙颙　《景帝纪》P28:虽礼仪周备,犹宜加之以祇恪,以副四海颙颙式仰。

颙颙,肃敬貌。《后汉书·皇甫嵩朱俊列传》："将军君侯,既文且武,应运而出,凡百君子,靡不颙颙。"

喁喁　《孝怀帝纪》P115:今乘舆播越,二宫久旷,常恐氐羌饮马于泾川,蚁众控弦于霸水。宜及吉辰,时登储副,上翼大驾,早宁东京,下允黔首喁喁之望。

喁喁,仰望期待貌。汉赵晔《吴越春秋·越王无余外传》："恶无细而不诛,功无微而不赏,天下喁喁,若儿思母、子归父而留越。"

彧彧　《乐志上》P685:百辟朝三朝,彧彧明仪形。

彧彧,茂盛貌。《诗·小雅·信南山》："疆场翼翼,黍稷彧彧。"毛传："彧彧,茂盛貌。"

战战兢兢　《惠帝纪》P90:诏曰:"朕凤遭不造,淹恤在疚。赖祖宗遗灵,宰辅忠贤,得以眇身托于群后之上,昧于大道,不明于训,战战兢兢,夕惕若厉。"

战战,戒慎貌、畏惧貌。兢兢,小心谨慎貌。《诗·小雅·小旻》："战战兢兢,如临深渊,如履薄冰。"毛传："兢兢,戒也。"

湛湛　《挚虞列传》P1422:俯游光逸景倏烁徽霍兮,仰流旌垂旄焱攸襚绩缡。前湛湛而摄进兮,后傫傫而方驰。

聚集貌。《楚辞·九辩》："乘精气之抟抟兮,骛诸神之湛湛。"朱熹集注："湛湛,厚集貌。"《汉书·司马相如传》："纷湛湛其差错兮,杂沓胶輵以方驰。"

蒸蒸　《礼志中》P615:陛下至孝蒸蒸,哀思罔极。

蒸蒸指孝顺。《文选·张衡〈东京赋〉》："蒸蒸之心,感物曾思。"薛综注："《广雅》曰:蒸蒸,孝也。"唐柳宗元《饶娥碑》："纤葛绤纮,克供以修,蒸蒸在家,其父世渔。"

烝烝　《夏侯湛列传》P1497:我惟烝烝是虔,罔不克承厥海,用增茂我敦笃,以播休美于一世,厥乃可不遵。

"烝烝"谓孝德之厚美。《书·尧典》："父顽、母嚚、象傲,克谐,以孝烝烝,乂不格奸。"王引之《经义述闻·尚书上》："谓之烝烝者,言孝德之厚美也。"

孳孳　《夏侯湛列传》P1497:敦《诗》《书》《礼》《乐》,孳孳弗倦。

"孳孳"同"孜孜",勤勉;努力不懈。《礼记·表记》："俛焉日有孳孳,毙而后已。"陈澔集说："孳孳,勤勉之貌。"

二、联绵词

联绵词是指语义不可拆分的双音节单纯词,组成联绵词的两个语素之间往往有语音上的联系。根据组成联绵词的两个语素之间的语音关系，可以将联绵词分为双声、叠韵、双声叠韵、无语音关系四类。《晋书》全文中联绵词共计101个。①

（一）双声联绵词

庵蔼　《武悼杨皇后列传附左贵嫔》P959：济济南阳，为屏为藩。本支庵蔼，四海荫焉。

茂盛貌，并为影母。

鞞鞴　《桓温列传》P2575：臣违离宫省二十余载，鞞鞴戎务，役勤思苦，若得解带逍遥，鸣玉阙廷，参赞无为之契，豫闻曲成之化，虽实不敏，岂不是愿！

又作"鞞琫"，指佩刀鞘上饰物，后引申为佩刀从戎。并为帮母。按，《大词典》该词条首例出明唐寅《出塞》诗，过晚。

踌躇　《向秀列传》P1375：惟追昔以怀今兮，心徘徊以踌躇。

徘徊不进。并为澄母。

刺促　《潘岳列传》P1502：阁道东，有大牛。王济鞅，裴楷鞧，和峤刺促不得休。

忙碌急迫，劳碌不休。并为清母。考其源头，当出《楚辞》。②

髣髴　《卫瓘列传附卫恒》P1061：案敬侯所书，犹有髣髴。

约略的形迹。并为敷母。

颉颃　《应詹列传》P1861：疾笃，与陶侃书曰："每忆密计，自沔入湘，颉颃缱绻，齐好断金。"

谓不相上下，相抗衡。并为匣母。

慷忾　《陆机列传》P1470：高张公之德，而省游田之娱；贤诸葛之言，而割情欲之欢；感陆公之规，而除刑法之烦；奇刘基之议，而作三爵之誓；屏气局踧，以伺子明之疾；分滋损甘，以育凌统之孤；登坛慷忾，归鲁子之功；削投怨言，信子瑜之节。

"慷忾"即"慷慨"，情绪激昂。并为溪母。

礧砢　《庾峻列传附庾敳》P1396：都官从事温峤奏之，敳更器峤，目峤森森如千丈松，虽礧砢多节，施之大厦，有栋梁之用。

---

① 郭锡良的《汉字古音手册》拟音准确，体例完备，拟音兼备上古音和中古音，而且收字较为丰富。中古音不仅标注了《广韵》的反切上下字，还注明了声韵、开合、等、声调和摄。因此，本书选用该册子对联绵词的拟音为读音，进行判断。

② 方一新.中古近代汉语词汇学（上）[M].北京：商务印书馆，2010：660.

树木多节。亦喻人才卓越。并为来母。

零落 《郭象列传》P1397：秀子幼，其义零落，然颇有别本迁流。

零落即散乱、散失之义。并为来母。

流离 《张辅列传》P1640：又迁为苏秦、张仪、范雎、蔡泽作传，逞辞流离，亦足以明其大才。

流利而富文采。并为来母。

磊落 《潘岳列传》P1506：三桃表樱胡之别，二奈耀丹白之色，石榴蒲桃之珍，磊落蔓延乎其侧。

众多貌。并为来母。

历落 《桓彝列传》P1939：顗尝叹曰："茂伦崟崎历落，固可笑人也。"

磊落，洒脱不拘。并为来母。

琳琅 《慕容俊载记》P2839：若斯之流，抱琳琅而无申，怀英才而不齿，诚可痛也。

美好的事物。借指优秀人才。并为来母。

昧冒 《卞壸列传》P1868：于公无效如彼，私情艰苦如此，实无情颜昧冒荣进。

犹冒昧；冒犯。并为明母。

曚昧 《纪瞻列传》P1819：太极者，盖谓混沌之时曚昧未分，日月含其辉，八卦隐其神，天地混其体，圣人藏其身。

昏暗模糊。并为明母。

绵昧 《颜含列传》P2286：或问其故，答曰："病者绵昧，生理未全，既不能进啖，又未识人惠，若当谬留，岂施者之意也！"

衰弱而神志不清。并为明母。

缅邈 《范汪列传》P1984：王何蔑弃典文，不遵礼度，游辞浮说，波荡后生，饰华言以翳实，骋繁文以惑世。

久远、遥远。并为明母。

杪莽 《凉武昭王列传》P2266：张王颓岩，梁后坠壑。淳风杪莽以永丧，搢绅沦胥而覆溺。

又作"渺茫"等。并为明母。

契阔 《祖逖列传附史臣语》P1700：赞曰：越石才雄，临危效忠。枕戈长息，投袂徽功。崎岖汾晋，契阔獯戎。

相交；相约。并为溪母。

崟崎 《桓彝列传》P1939：顗尝叹曰："茂伦崟崎历落，固可笑人也。"

比喻品格卓异。并为溪母。

<u>荏苒</u> 《李势列传》P3048：势以闇弱，复统末绪，偷安荏苒，未能改图。

蹉跎，拖延时间。并为日母。

<u>饕餮</u> 《王导列传》P1748：使帝典阙而复补，皇纲弛而更张，兽心革面，饕餮检情，揖让而服四夷，缓带而天下从。

比喻贪得无厌者，贪残者。并为透母。

<u>炜晔</u> 《张载列传附张协》P1523：斯人神之所歆羡，观听之所炜晔也，子岂能强起而御之乎？

美盛貌。并为云母。

<u>蓊蔼</u> 《潘岳列传》P1505：爱定我居，筑室穿池，长杨映沼，芳枳树樆，游鳞瀺灂，菡萏敷披，竹木蓊蔼，灵果参差。

形容草木郁茂。并为影母。

<u>翕赫</u> 《陆机列传》P1468：诛叛柔服，而江外底定；饬法修师，则威德翕赫。

即显赫。并为晓母。

<u>熏赫</u> 《傅玄列传附傅咸》P1326：此之熏赫，震动天地，自古以来，封赏未有若此者也。

形容气势显盛。并为晓母。

<u>茵蔼</u> 《徐广列传附史臣语》P2159：史臣曰：……若夫原始要终，纪情括性，其言微而显，其义皎而明，然后可以茵蔼缇油，作程遐世者也。

获得殊荣之义，并为影母。

<u>踊跃</u> 《刘琨列传》P1684：含气之类，莫不引领，况臣之心，能无踊跃。

形容情绪高涨、热烈，争先恐后。并为以母。

<u>啁哳</u> 《潘岳列传》P1501：箫管啁哳以啾嘈兮，鼓鼙硡磤以砰盖，笙虞巍以轩鬻兮，洪钟越乎区外。

形容乐器声或歌声嘈杂。并为知母。

<u>鬿駐</u> 《卫瓘列传附卫恒》P1066：或鬿駐黜黜，状似连珠，绝而不离；畜怒怫郁，放逸生奇。

鬿駐，并为知母。

<u>迍邅</u> 《张轨列传附张茂》P2232：今事未靖，不可以拘系常言，以太平之理责人于迍邅之世。

处境不利；困顿。并为知母。

<u>趑雎</u> 《华谭列传》P1450：蜀人服化，无携贰之心；而吴人趑雎，屡作妖寇。

亦作"趑趄""趑趣""趑趄"。犹"恣睢"。狂妄、凶暴；放纵肆扰。并为

清母。

(二)叠韵联绵词

淹婪 《王沈列传》P2382:淹婪者以博纳为通济,眠眠者以难入为凝清。

犹"浮泛"。同为覃韵。

苯䔿 《卫瓘列传附卫恒》P1062:日处君而盈其度,月执臣而亏其旁;云委蛇而上布,星离离以舒光;禾卉苯䔿以垂颖,山岳峨嵯而连冈;虫跂跂其若动,鸟似飞而未扬。

茂盛貌。同为混韵。

睥睨 《孟嘉列传》2581:挟震主之威,蓄无君之志,企景文而慨息,想处仲而思齐,睥睨汉廷,窥觎周鼎。

即窥视;侦伺。同为霁韵。

勃窣 《张凭列传》P1992:帝召与语,叹曰:"张凭勃窣为理窟。"

犹"婆娑"。南朝宋刘义庆《世说新语·文学》:"刘前进谓抚军曰:'下官今日为公得一太常博士妙选。'既前,抚军与之话言,咨嗟称善曰:'张凭勃窣为理窟。'即用为太常博士。"徐震堮校笺:"勃窣即婆娑之声转。"形容才气横溢,词彩缤纷。同为没韵。

嘲哮 《王沈列传》P2382:嘲哮者以粗发为高亮,韫蠢者以色厚为笃诚。

犹"咆哮"。形容人粗暴急躁。同为肴韵。

蹉跎 《周处列传》P1569:时机不在,见云,具以情告,曰:"欲自修而年已蹉跎,恐将无及。"

失意;虚度光阴。同为歌韵。

错落 《卫瓘列传附卫恒》P1065:纤波浓点,错落其间。若钟虡设张,庭燎飞烟。崱岩巉嵯,高下属连。

杂乱貌。同为铎韵。

纷纭 《安平献王孚列传附河间平王洪》P1088:元帝诏曰:"滔虽出养,自有所生母。新蔡太妃相待甚薄,滔执意如此。如其不听,终当纷纭,更为不可。"

纷争、混乱。同为文韵。

拉答 《王沈列传》P2382:拉答者有沉重之誉,嗛闪者得清剿之声。

迟钝不灵活貌。同为合韵。

狼抗 《周顗列传》P1852:处仲刚愎强忍,狼抗无上,其意宁有限邪!

亦作"狼伉""狼亢"。傲慢,暴戾。狼,唐韵;抗,宕韵。方一新先生考辨其源流演变,见解精湛。

寥萧 《庾亮列传附庾翼》P1932:自顷以来,奉公更退,私累日滋,亦不稍以此寥萧之也。

冷落;冷清。同为萧韵。

陵嶒 《夏侯湛列传》P1494:今子见仆入朝暂对,便欲坐望高位,吐言数百,谓陵嶒一世,何吾子之失评也!

犹"崚嶒"。不平貌。喻坎坷。同为蒸韵。

徘徊 《向秀列传》P1375:惟追昔以怀今兮,心徘徊以踌躇。

犹"彷徨"。游移不定貌。同为灰韵。

骈阗 《夏统列传》P2429:会三月上巳,洛中王公已下并至浮桥,士女骈阗,车服烛路。

犹"骈田"。同为先韵。

飘飖 《纪瞻列传》P1817:是以化厚物感,神祇来应,翔凤飘飖,甘露丰坠,醴泉吐液,朱草自生,万物滋茂,日月重光,和气四塞,大道以成。

飞翔貌。同为宵韵。

呛哼 《王沈列传》P2383:呛哼怯畏于谦让,阗茸勇敢于饕诤。

愚怯貌。同为阳韵。

嶔岑 《张载列传》P1518:若夫魁梧俊杰,卓跞俶傥之徒,直将伏死嶔岑之下,安能与步骤共争道里乎!

高险的山峰。同为侵韵。

穹隆 《卫瓘列传附卫恒》P1065:或穹隆恢廓,或栉比针列,或砥平绳直,或蜿蜒胶戾,或长邪角趣,或规旋矩折。

高大貌。同为东韵。

凭陵 《慕容云载记》P3110:赞曰:戎狄凭陵,山川沸腾。天未悔祸,人非与能。疾走而捷,先鸣则兴。

横行,猖獗之义。同为蒸韵。

拓落 《刘曜载记》P2683:(刘曜)性拓落高亮,与众不群。读书志于广览,不精思章句,善属文,工草隶。

放荡旷达之义。同为铎韵。

萧条 《向秀列传》P1375:瞻旷野之萧条兮,息余驾乎城隅。

寂寞冷落;凋零。同为萧韵。

伛偻 《庾亮列传附庾翼》P1932:大较江东政,以伛偻豪强,以为民蠹,时有行法,辄施之寒劣。

袒护。伛,通"妪"。同为麌韵。

卓荦 《王羲之列传附王徽之》P2103:徽之字子猷。性卓荦不羁,为大司马桓温参军,蓬首散带,不综府事。

谓卓越超群,不甘受拘束。同为觉韵。

(三)双声叠韵联绵词

埃塂 《光逸列传附史臣语》P1385:是以帝尧纵许由于埃塂之表,光武舍子陵于潺湲之濑,松萝低举,用以优贤;岩水澄华,兹焉赐隐;臣行厥志,主有嘉名。

埃,咍韵;塂,泰韵。同为影母。

缱绻 《应詹列传》P1861:疾笃,与陶侃书曰:"每忆密计,自沔入湘,颉颃缱绻,齐好断金。"

纠缠萦绕、固结不解之义。缱,狝韵;绻,阮韵。同为溪母。

沔,沔水,在陕西。

湘,湘江,发源于广西,流入湖南。

颉颃,原指鸟上下翻飞,引申为不相上下,互相抗衡。

逡巡 《刘颂列传》P1305:然逡巡至今,积年未改,百姓虽身丁其困,而私怨不生,诚以三方未悉荡并,知时未可以求安息故也。

拖延,迁延之义。逡,清母;巡,邪母。同为谆韵。

委蛇 《卫瓘列传附卫恒》P1062:其文乃耀,粲矣其章,因声会意,类物有方:日处君而盈其度,月执臣而亏其旁;云委蛇而上布,星离离以舒光;禾卉苯䔿以垂颖,山岳峨嵯而连冈;虫跂跂其若动,鸟似飞而未扬。

绵延屈曲貌。委,纸韵,影母;蛇,支韵,以母。

(四)无语音关系

躃踊 《慕容熙载记》P3106:苻氏死,熙悲号躃踊,若丧考妣,拥其尸而抚之曰:"体已就冷,命遂断矣!"

亦作"擗踊"。捶胸顿足,哀痛貌。

槎枒 《许迈列传》P2107:其枯树也,虽槎枒而无屈伸;其饿隶也,则羁羸而不放纵。

树的权枝,后引申为参差错落,尖耸突出。亦作"权桠""权枒""查牙""差牙"。[①]

颠狈 《王羲之列传》P2100:尝以章草答庾亮,而翼深叹伏,因与羲之书云:"吾昔有伯英章草十纸,过江颠狈,遂乃亡失,常叹妙迹永绝。"

犹颠沛。

---

① 方一新.中古近代汉语词汇学(上)[M].北京:商务印书馆,2010:661.

惚恫 《齐王冏列传》P1609:张伟惚恫,拥停诏可;葛旟小竖,维持国命。
亦作"惚恫"。鲁莽、无知之义。

孔翠 《张华列传》P1069:雕鹗介其觜距,鹄鹭轶于云际,鹂鸡窜于幽险,孔翠生乎遐裔,彼晨凫与归雁,又矫翼而增逝,咸美羽而丰肌,故无罪而皆毙;徒衔芦以避缴,终为戮于此世。
即孔雀。

腜胎 《王沈列传》P2382:空器者以泓噌为雅量,琐慧者以浅利为鎗鎗,腜胎者以无检为弘旷,偻垢者以守意为坚贞。
放诞。

忸忕 《江统列传》P1531:马贤忸忕,终于覆败。
亦作"忸忕"。骄纵之义。

齠齔 《刘元海载记》P2645:自是十三月而生元海,左手文有其名,遂以名焉。齠齔英慧,七岁遭母忧,擗踊号叫,哀感旁邻,宗族部落咸共叹赏。
指童年。齠,通"髫"。

屯窭 《刘毅列传》P2211:毅时甚屯窭,先就府借东堂与亲故出射。
贫困。

齷齪 《张轨列传附张茂》P2232:遐方异境窥我之齷齪也,必有乘人之规。尝愿止役省劳,与下休息。
拘谨局狭。

睚眦 《羊曼列传》P1383:(聃)刚克粗暴,恃国威,纵恣尤甚,睚眦之嫌辄加刑杀。
瞋目怒视;瞪眼看人。借指微小的怨恨。

韫韣 《阮种列传》P1444:子大夫韫韣道术,俨然而进,朕甚嘉焉。
亦作"韫韣"。怀藏之义。

宎隆 《索靖列传》P1649:骐骥暴怒逼其辔,海水宎隆扬其波。
凹凸、高低不平貌。《文选·马融〈长笛赋〉》:"波澜鳞沦,宎隆诡戾。"李善注:"宎隆,高下貌。"张铣注:"宎隆诡戾,谓水流下上奇势、回戾不常之貌。"

灼怛 《王敦列传》P2564:大兵一奋,导以为灼怛也。
焦虑貌。

嘽嗜 《潘岳列传附潘尼》P1508:至于爱恶相攻,与夺交战,诽谤嘽嗜,毁誉纵横,君子务能,小人伐技,风颓于上,俗弊于下。
又作"嘽咨",议论纷纷之义。按:《大词典》出明李东阳《上元后一日亨父席上得合字》诗句"街衢儿女喧,老稚相嘽咨"作为首例,过晚。

第三节 《晋书》合成复音词的结构

合成复音词具有两个或两个以上的语素,其中有些为词根语素与词根语素的组合,属于复合式;有些为词根语素与构词虚义语素的组合,属于附加式;还有些为同一词根语素的重叠,属于重叠式。对复合式词语的统计,因囿于《晋书》篇幅较长,词语数量庞大,为确保数据统计和分析的准确性,本节所选词语集中于《晋书·列传》第一至第十卷部分中所出的魏晋南北朝至初唐时期的新词。对《晋书》中的附加式和重叠式复音词,本书尽可能做穷尽式统计和分析。①

一、复合式

(一) 联合式

两个词根语素之间为并列关系,大多由两个同义、近义、类义成分组合而成。这种结构的复音词,两个语素往往在语义上可以起到互相补足、彼此说明的作用,在形式上可以起到相互衬托的作用。联合式复音词主要包含名词、动词、形容词、副词等四个词类。

1. 名词

《晋书·列传》第一至第十卷,其中联合式名词共 168 个。

穹壤 《后妃列传序》P947:故能母仪天宇,助宣王化,德均载物,比大坤维,宗庙歆其荐羞,穹壤俟其交泰。

指天地。穹,天也;壤,地也。

弦望 《后妃列传序》P948:至若俪极亏闲,凭天作孽,倒裳衣于衽席,感胅侧于弦望。

借指时日、岁月。

椒掖 《后妃列传序》P948:诐谒由斯外入,秽德于是内宣。椒掖播晨牝之风,兰殿绝河雎之响。

指后妃所居的宫室。椒,椒房;掖,掖庭。

绨缃 《后妃列传上》P948:得失遗迹,焕在绨缃,兴灭所由,义同画一。故列其本事,以为后妃传云。

---

① 本节中所列举的词条均按其在原著中出现的页码排序。

第三章 《晋书》复音词的结构

书的外套。古常用浅黄色的丝质物做书卷函套,故称。亦指书卷。

风痹 《宣穆张皇后列传》P948:宣帝初辞魏武之命,托以风痹,尝暴书,遇暴雨,不觉自起收之。

中医学指因风寒湿气侵袭而引起的肢节疼痛或麻木的病症。

识度 《景怀夏侯皇后列传》P949:后雅有识度,帝每有所为,必豫筹画。

识见与器度。

休宠 《文明王皇后列传》P951:母仪之教,光于邦族,诞启圣明,祚流万国。而早世殂陨,不遇休宠。

荣耀与恩宠。

穹昊 《文明王皇后列传》P951:沈哀罔诉,如何穹昊。呜呼哀哉!

犹"穹苍"。

孤遗 《文明王皇后列传》P952:尚或有闻,顾予孤遗。呜呼哀哉!

指无父母的子女。

陵兆 《武元杨皇后列传》P954:陵兆既窆,将迁幽都,宵陈凤驾,元妃其徂。

墓域,坟地。兆,同"垗"。

祸衅 《武悼杨皇后列传》P955:皇太后内为唇齿,协同逆谋,祸衅既彰,背捍诏命,阻兵负众,血刃宫省,而复流书募众,以奖凶党,上背祖宗之灵,下绝亿兆之望。

犹祸隙。

草苗 《武悼杨皇后列传》P957:非草苗之所处兮,恒怵惕以忧惧。

犹草茅。比喻鄙野微贱的人。

伉俪 《武悼杨皇后列传》P958:伉俪圣皇,比踪往古。遭命不永,背阳即阴。

谓女子嫁人为妻。

闺阃 《武悼杨皇后列传》P959:乃娉乃纳,聿嫔圣皇。正位闺阃,唯德是将。

指内宫。

旌旐 《武悼杨皇后列传》P960:方相仡仡,旌旐翻翻。挽童引歌,白骥鸣辕。

指铭旌,导引灵柩的魂幡。

词藻 《武悼杨皇后列传》P962:帝重芬词藻,每有方物异宝,必诏为赋颂,以是屡获恩赐焉。

诗文中的藻饰,即用作修辞的典故或工巧有文采的词语。

才望 《惠贾皇后列传》P964：侍中贾模，后之族兄，右卫郭彰，后之从舅，并以才望居位，与楚王玮、东安公繇分掌朝政。

才能，声望。

京辇 《惠羊皇后列传》P967：臣忝司京辇，观察众心，实以深忧，宜当含忍。

指国都。

平昔 《元敬虞皇后列传附豫章君荀氏》P972：一旦薨殂，实思报复，永惟平昔，感痛哀摧。其赠豫章郡君，别立庙于京都。

往昔，往常。

姿仪 《明穆庾皇后列传》P972：后性仁慈，美姿仪。元帝闻之，聘为太子妃，以德行见重。

容貌，仪表。

祸福 《明穆庾皇后列传》P973：鉴于六列，考之篇籍，祸福无门，盛衰由人，虽休勿休。

指灾祸。

姿色 《成恭杜皇后列传》P973：后少有姿色，然长犹无齿，有来求婚者辄中止。

指美貌。

荣庆 《成恭杜皇后列传》P974：遐随东海王越遇害，无子，唯穆渡江，遂享荣庆，立第南掖门外，世所谓杜姥宅云。

荣华幸福。

器识 《康献褚皇后列传》P975：后聪明有器识，少以名家入为琅琊王妃。

器局与见识。

平素 《简文宣郑太后列传》P980：帝以问太子前率徐邈，邈曰："臣案《阳秋》之义，母以子贵。鲁隐尊桓母，别考仲子之宫而不配食于惠庙。又平素之时，不伉俪于先帝，至于子孙，岂可为祖考立配？"

平时；向来。

情礼 《孝武文李太后列传》P982：朝议疑其服制，左仆射何澄，右仆射王雅，尚书车胤、孔安国，祠部郎徐广等议曰："太皇太后名位允正，体同皇极，理制备尽，情礼兼申。"

感情与礼仪。

容德 《孝武定王皇后列传》P982：既而访蕴女，容德淑令，乃举以应选。

容貌品德。

艰虞 《后妃列传附史臣语》P984：取譬贤淑，作伉文思，灵根式固，实资于此。宣穆阅礼,偶德潜鳞,翊天造之艰虞,嗣涂山之逸响,宝运归其后胤,盖有母仪之助焉。

艰难忧患。

后胤,后嗣、后代。

床榻 《王祥列传》P989:勿作前堂、布几筵、置书箱镜奁之具,棺前但可施床榻而已。

家具。似椅而长大,可坐可躺。

理致 《王祥列传》P990:又称:"祥在正始,不在能言之流。及与之言,理致清远,将非以德掩其言乎!"

义理情致。

干局 《郑冲列传》P991:冲以儒雅为德,莅职无干局之誉,箪食缊袍,不营资产,世以此重之。

谓办事的才干器局。

训注 《郑冲列传》P993:初,冲与孙邕、曹羲、荀顗、何晏共集《论语》诸家训注之善者,记其姓名,因从其义,有不安者辄改易之,名曰《论语集解》。

训释注解。

变急 《何曾列传》P995:今北军诸将及太尉所督,皆为僚属,名位不殊,素无定分统御之尊,卒有变急,不相镇摄。

变故和急难。

辞理 《何曾列传》P996:曾重引据,辞理甚切。帝虽不从,时人敬惮之。

指文章的内容和表现形式。

章表 《何曾列传》P997:朕以寡德,凭赖保佑,省览章表,实用怃然。

奏章,奏表。

干能 《何曾列传》P999:遵字思祖,劭庶兄也。少有干能。

犹才能。

翰札 《何曾列传》P1000:绥字伯蔚,位至侍中尚书。自以继世名贵,奢侈过度,性既轻物,翰札简傲。

书札,翰牍。

智局 《石苞列传》P1000:(石苞)雅旷有智局,容仪伟丽,不修小节。

明智与器量。

威惠 《石苞列传》P1001:历东莱、琅琊太守,所在皆有威惠。

犹"威恩"。声威和恩泽。

勋德 《石苞列传》P1005:幸赖陛下天听四达,灵鉴昭远,存先父勋德之重,察臣等勉励之志。

亦作"勋德"。功勋与德行。

讪辱　《石苞列传》P1005:伏度奏御之日,暂经天听。此月二十日,忽被兰台禁止符,以统蒙宥,恩出非常,臣晏然私门,曾不陈谢,复见弹奏,讪辱理尽。

讥毁羞辱。

行检　《石苞列传》P1006:崇颖悟有才气,而任侠无行检。

操行,品行。

庖膳　《石苞列传》P1007:丝竹尽当时之选,庖膳穷水陆之珍。

膳食。

水陆,指水中和陆地所产的食物。

声色　《石苞列传》P1007:恺既惋惜,又以为嫉己之宝,声色方厉。

泛指说话声音和脸色。

条干　《石苞列传》P1007:乃命左右悉取珊瑚树,有高三四尺者六七株,条干绝俗,光彩曜日,如恺比者甚众。

即枝干。

理思　《石苞列传》P1009:欧阳建字坚石,世为冀方右族。雅有理思,才藻美赡,擅名北州。

思辨力;合理的思考。

才藻,即才思文采。

品章　《石苞列传附史臣语》P1009:史臣曰:……夏禹恭俭,殷因损益。牲牢服用,各有品章,诸侯不恒牛,命士不恒豕。

谓规格章法。

内外　《羊祜列传》P1014:迁中领军,悉统宿卫,入直殿中,执兵之要,事兼内外。

指朝廷和地方。

名望　《羊祜列传》P1014:时王佑、贾充、裴秀皆前朝名望,祜每让,不处其右。

指有名望的人。

运会　《羊祜列传》P1015:今臣身托外戚,事连运会,诚在过宠,不患见遗。

时运际会;时势。

终始　《羊祜列传》P1016:光禄大夫李胤清亮简素,立身在朝,皆服事华发,以礼终始。

引申为有始有终。

险要 《羊祜列传》P1016：祜以孟献营武牢而郑人惧，晏弱城东阳而莱子服，乃进据险要，开建五城，收膏腴之地，夺吴人之资，石城以西，尽为晋有。

地势险峻而处于要冲的地位。

德量 《羊祜列传》P1017：祜与陆抗相对，使命交通，抗称祜之德量，虽乐毅、诸葛孔明不能过也。

道德涵养和气量。

信义 《羊祜列传》P1017：抗曰："一邑一乡，不可以无信义，况大国乎！臣不如此，正是彰其德，于祜无伤也。"

信用和道义。

冲退 《羊祜列传》P1019：祜每被登进，常守冲退，至心素著，故特见申于分列之外。

谦让。

风景 《羊祜列传》P1020：祜乐山水，每风景，必造岘山，置酒言咏，终日不倦。

风光景色。

操尚 《羊祜列传》P1022：祜执德冲虚，操尚清远，德高而体卑，位优而行恭。

德操志尚。

计数 《羊祜列传》P1025：秘孙亮，字长玄，有才能，多计数。

谋略权术。

名例 《杜预列传》P1026：使用之者执名例以审趣舍，伸绳墨之直，去析薪之理也。

旧时律书的首篇，犹今之总则，包括刑名与体例。

算课 《杜预列传》P1026：昔汉之刺史，亦岁终奏事，不制算课，而清浊粗举。

谓预算计划。

筹略 《杜预列传》P1027：是时朝廷皆以预明于筹略，会匈奴帅刘猛举兵反，自并州西及河东、平阳，诏预以散侯定计省闼，俄拜度支尚书。

谋略。

人祇 《杜预列传附史臣语》P1033：史臣曰：泰始之际，人祇呈贶，羊公起平吴之策，其见天地之心焉。

人与神。

意色 《陈骞列传》P1035：骞尚少，为夏侯玄所侮，意色自若，玄以此异之。

神情,神色。

风操　《裴秀列传》P1037:秀少好学,有风操,八岁能属文。
指人的志行品德。

领袖　《裴秀列传》P1038:时人为之语曰:"后进领袖有裴秀。"
比喻同类人或物中之突出者。

勋德　《裴秀列传》P1039:朕受明命,光佐大业,勋德茂著,配踪元凯。宜正位居体,以康庶绩。
功勋与德行。

元凯　《裴秀列传》P1039:朕受明命,光佐大业,勋德茂著,配踪元凯。宜正位居体,以康庶绩。
亦作"元恺"。为"八元八凯"的省称。传说高辛氏有才子八人,称为"八元";高阳氏有才子八人,称为"八恺"。此十六人之后裔,世济其美,不陨其名。舜举之于尧,皆以政教称美。见《左传·文公十八年》。《三国志·蜀志·郤正传》:"济济伟彦,元凯之伦也。"南朝宋刘孝标《辩命论》:"重华立而元凯升,辛受生而飞廉进。"

分率　《裴秀列传》P1039:各不设分率,又不考正准望,亦不备载名山大川。
图纸上的长度跟它所表示的实际长度之比。即比例尺。

图记　《裴秀列传》P1040:蜀土既定,六军所经,地域远近,山川险易,征路迂直,校验图记,罔或有差。
方志。

原隰　《裴秀列传》P1040:今上考《禹贡》山海川流,原隰陂泽,古之九州,及今之十六州,郡国县邑,疆界乡陬,及古国盟会旧名,水陆径路,为地图十八篇。
泛指原野。

图象　《裴秀列传》P1040:有图象而无分率,则无以审远近之差。
同"图像"。

径路　《裴秀列传》P1040:有道里而无高下、方邪、迂直之校,则径路之数必与远近之实相违,失准望之正矣,故以此六者参而考之。
泛指道路。

勋业　《裴秀列传》P1040:诏曰:"司空经德履哲,体蹈儒雅,佐命翼世,勋业弘茂。"
功业。

辞论　《裴秀列传附裴頠》P1042:乐广尝与頠清言,欲以理服之,而頠辞论丰博,广笑而不言。

言谈议论。

<u>形器</u> 《裴秀列传附裴頠》P1045:形器之故有征,空无之义难检,辩巧之文可悦,似象之言足惑,众听眩焉,溺其成说。

物质;物体。与精神相对。

<u>异同</u> 《裴秀列传崇有论》P1046:然去圣久远,异同纷纠,苟少有仿佛,可以崇济先典,扶明大业,有益于时,则惟患言之不能,焉得静默,及未举一隅,略示所存而已哉!

反对意见;异议。

<u>识量</u> 《裴秀列传附裴楷》P1047:楷明悟有识量,弱冠知名,尤精《老》《易》,少与王戎齐名。

识见与度量。

<u>风神</u> 《裴秀列传附裴楷》P1048:楷风神高迈,容仪俊爽,博涉群书,特精理义,时人谓之"玉人",又称"见裴叔则如近玉山,映照人也"。

风采;神态。

<u>志趣</u> 《裴秀列传附裴楷》P1048:石崇以功臣子有才气,与楷志趣各异,不与之交。

意向;志向和情趣。

<u>爵土</u> 《裴秀列传附裴楷》P1049:太保卫瓘、太宰亮称楷贞正不阿附,宜蒙爵土,乃封临海侯,食邑二千户。

官爵和封地。

<u>神色</u> 《裴秀列传附裴宪》P1051:宪神色侃然,泣而对曰:"臣等世荷晋荣,恩遇隆重。"

神情面色。

<u>音辞</u> 《裴秀列传附裴宪》P1052:绰子遐,善言玄理,音辞清畅,泠然若琴瑟。

言谈;辞令。

<u>名理</u> 《卫瓘列传》P1055:(卫瓘)性贞静有名理,以明识清允称。

特指魏晋及其后清谈家辨析事物名和理的是非同异。《三国志·魏志·钟会传》:"及壮,有才数技艺,而博学精练名理。"

<u>法理</u> 《卫瓘列传》P1055:瓘明法理,每至听讼,小大以情。

法律;法律原理。

<u>嫌隙</u> 《卫瓘列传》P1057:瓘离间二房,遂致嫌隙,于是务桓降而力微以

忧死。

亦作"嫌隟""嫌郄"。因猜疑或不满而产生的恶感、仇怨。《三国志·魏志·胡质传》:"今以睚眦之恨,乃成嫌隙。"

神志 《卫瓘列传》P1059:乃下诏曰:"司空瓘年未致仕,而逊让历年,欲及神志未衰,以果本情,至真之风,实感吾心。"

知觉和理智。

修短 《卫瓘列传附卫恒》P1065:修短相副,异体同势。

长短。指物的长度。

姿容 《卫瓘列传附卫玠》P1068:京师人士闻其姿容,观者如堵。

外貌;仪容。

辞藻 《张华列传》P1068:华学业优博,辞藻温丽,朗赡多通,图纬方伎之书莫不详览。

诗文的辞采。常指用以藻饰文辞的典故或古人著作中的现成词句。

觜距 《张华列传》P1069:雕鹗介其觜距,鹄鹭轶于云际,鸥鸡窜于幽险,孔翠生乎遐裔,彼晨凫与归雁,又矫翼而增逝,咸美羽而丰肌,故无罪而皆毙;徒衔芦以避缴,终为戮于此世。

禽鸟的嘴和爪甲。

权略 《张华列传》P1070:及吴灭,诏曰:"尚书、关内侯张华,前与故太傅羊祜共创大计,遂典掌军事,部分诸方,算定权略,运筹决胜,有谋谟之勋。"

即权谋,谋略。

筹略 《张华列传》P1072:贾谧与后共谋,以华庶族,儒雅有筹略,进无逼上之嫌,退为众望所依,欲倚以朝纲,访以政事。

即谋略。

奸逆 《张华列传》P1077:后封既非国体,又不宜以小功踰前大赏。华之见害,俱以奸逆图乱,滥被枉贼。

指叛逆不忠的人。

冠冕 《张华列传附史臣语》P1078:史臣曰:夫忠为令德,学乃国华,譬众星之有礼义,人伦之有冠冕也。

比喻首位。

支计 《安平献王孚列传》P1082:初,魏文帝置度支尚书,专掌军国支计,朝议以征讨未息,动须节量。

收支会计之事;财用。

智器 《安平献王孚列传附太原烈王瑰》P1091:(太原烈王瑰)十年薨,诏曰:"瑰乃心忠笃,智器雅亮。"
犹才具。

思谋 《安平献王孚列传附太原烈王瑰》P1091:出临封土,夷夏怀附,镇守许都,思谋可纪。
才思谋略。

风尘 《安平献王孚列传附彭城穆王权》P1093:而顷游行烦数,冒履风尘。
即宦途,官场。

宗盟 《安平献王孚列传附范阳康王绥》P1100:既惜所在兴异,又以太宰惇德允元,著于具瞻,每当义节,辄为社稷宗盟之先。
同宗;同姓。

表疏 《谯刚王逊列传附闵王承》P1104:王敦有无君之心,表疏轻慢。
泛指奏章。

豺狼 《谯刚王逊列传附闵王承》P1106:豺狼易惊,遂肆丑毒,闻知骇踊,神气冲越。
比喻凶残的恶人。

志力 《谯刚王逊列传附闵王承》P1106:然迫于仓卒,舟楫未备,魏乂、李恒,寻见围逼,是故事与意违,志力未展。
心智才力。

干局 《谯刚王逊列传附敬王恬》P1107:恬忠正有干局,在朝惮之。
谓办事的才干器局。

勋望 《谯刚王逊列传附敬王恬》P1107:恬既宗室勋望,有才用,孝武帝时深杖之,以为都督兖、青、冀、幽并扬州之晋陵、徐州之南北郡军事,领镇北将军、兖青二州刺史、假节。
有功勋与名望的人。

风度 《宗室列传附史臣语》P1114:安平风度宏邈,器宇高雅,内弘道义,外阐忠贞。
气概,器量。
器宇,即度量、胸怀。

风监 《宗室列传附史臣语》P1114:高密风监清远,简素寡欲,孝以承亲,忠以奉上,方诸枝庶,实谓国桢。
即风鉴。指风度和鉴识。

祸淫 《宗室列传附史臣语》P1115:天道祸淫,应时荡定。
谓淫逸过度,则天降之以祸。语出《书·汤诰》:"天道福善祸淫。"蔡沈集

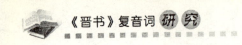

传:"天之道,善者福之,淫者祸之。"

威望 《宣五王列传附东安王繇》P1123:(东安王繇)美须髯,性刚毅,有威望,博学多才,事亲孝,居丧尽礼。

声威和名望。

藩屏 《宣五王列传附新野庄王歆》P1127:公荷藩屏之任,居推毂之重,拜表辄行,有何不可!

比喻卫国的重臣。

奸凶 《宣五王列传附新野庄王歆》P1127:而使奸凶滋蔓,祸衅不测,岂维翰王室,镇静方夏之谓乎!

奸诈凶恶。代指奸诈凶恶之人。

祸衅 《宣五王列传附新野庄王歆》P1127:而使奸凶滋蔓,祸衅不测,岂维翰王室,镇静方夏之谓乎!

犹"祸隙"。

尺牍 《文六王列传附齐王攸》P1130:及长,清和平允,亲贤好施,爱经籍,能属文,善尺牍,为世所楷。

即文辞。

余羡 《文六王列传附齐王攸》P1132:计今地有余羡,而不农者众,加附业之人复有虚假,通天下谋之,则饥者必不少矣。

即盈余。

饥馁 《文六王列传附齐王攸》P1132:则天下之谷可复古政,岂患于暂一水旱,便忧饥馁哉!

饥饿。

举止 《文六王列传附齐王攸》P1135:攸自强入辞,素持容仪,疾虽困,尚自整厉,举止如常,帝益疑无疾。

行动、举动。

质任 《文六王列传附齐王攸》P1135:逮乎战国,及至秦汉,明恕之道寝,猜嫌之情用,乃立质任以御众,设从罪以发奸。其所由来,盖三代之弊法耳。

人质和任子。

情怀 《文六王列传附城阳王兆》P1137:先后欲绍立其后,而竟未遂,每追遗意,情怀感伤。

即心情。

性理 《文六王列传附史臣语》P1138:史臣曰:平原性理不恒,世莫之测。

情绪和理智。

台衡 《文六王列传附史臣语》P1138:齐王以两献之亲,弘二南之化,道光雅俗,望重台衡,百辟具瞻,万方属意。

喻宰辅大臣。台,三台星;衡,玉衡,北斗杓三星。皆位于紫微宫帝座前。

冥兆 《文六王列传附史臣语》P1139:若使天假之年而除其害,奉缀衣之命,膺负图之托,光辅嗣君,允厘邦政,求诸冥兆,或废兴之有期,征之人事,庶胜残之可及。何八王之敢力争,五胡之能竞逐哉!

指天意神旨注定之初却又尚未明白显示的时候。《文选·刘孝标〈辩命论〉》:"命也者,自天之命也,定于冥兆,终然不变。"李善注:"祖台之论命曰:存亡寿夭,咸定冥初。"刘良注:"冥,昧也;兆,始也。言命定之于冥昧之始。"

才识 《王沈列传》P1145:故散骑常侍、骠骑将军、博陵元公沈蹈礼居正,执心清粹,经纶坟典,才识通洽。

才能与识见。

棺榇 《王沈列传附浚》P1147:后沈夫人荀氏卒,将合葬,沈棺榇已毁,更赐东园秘器,咸宁中复追封沈为郡公。

泛指棺材。

黔庶 《王沈列传附浚》P1147:黔庶荼毒,自此始也。

黔首庶民。指百姓。

音韵 《荀勖列传》P1153:及掌乐,音韵未调,乃曰:"得赵之牛铎则谐矣。"

抑扬顿挫的和谐声音。

识悟 《冯紞列传》P1162:紞少博涉经史,识悟机辩。

对事物的认识和领悟。

凶孽 《冯紞列传赞》P1164:赞曰:……彭祖凶孽,自贻伊戚。

指叛逆者。

规略 《贾充列传》P1166:观其规略,为反必也。

规划谋略。

机密 《贾充列传》P1166:时军国多事,朝廷机密,皆与筹之。

重要而秘密的事。

刀笔 《贾充列传》P1166:充有刀笔才,能观察上旨。

借指文章。

丑逆 《贾充列传》P1168:诚由所任不足以内抚夷夏,外镇丑逆,轻用其众而不能尽其力。

指叛逆的人。

才质 《贾充列传》P1168:俄而侍宴,论太子婚姻事,勖因言充女才质令淑,宜配储宫。

即资质。

位遇 《贾充列传》P1169：及是，帝闻之，徙和光禄勋，乃夺充兵权，而位遇无替。

官位和待遇。

宾僚 《贾充列传附贾谧》P1172：充每宴宾僚，其女辄于青璅中窥之，见寿而悦焉。

宾客幕僚。

器望 《贾充列传附贾谧》P1174：韩寿少弟蔚有器望，及寿兄巩令保、弟散骑侍郎预、吴王友鉴、谧母贾午皆伏诛。

才气与名望。

声色 《贾充列传附贾谧》P1175：府公南面坐，声色甚厉，谓充曰："将乱吾家事，必尔与荀勖，既惑吾子，又乱吾孙。"

泛指说话声音和脸色。

志尚 《贾充列传附贾模》P1176：模字思范，少有志尚。

即志向；理想。

情性 《杨骏列传》P1178：骏知贾后情性难制，甚畏惮之。

指性格。

2. 动词

娉纳 《后妃列传序》P947：若乃娉纳有方，防闲有礼，肃尊仪而修四德，体柔范而弘六义，阴教洽于宫闱，淑誉腾于区域。

借指娶妻。《说文·女部》："娉，问也。"段玉裁注："凡娉女及聘问之礼，古皆用此字……而经传概以'聘'代之。"纳，《国语·晋语六》："杀三郤而尸诸朝，纳其室以分妇人。"韦昭注："纳，取也。室，妻妾货财。"

覆亡 《后妃列传序》P948：后采长白，实彰妒忌之情；贾纳短青，竟践覆亡之辙。

灭亡。

爱异 《文明王皇后列传》P950：祖朗甚爱异之，曰："兴吾家者，必此女也，惜不为男矣！"

爱护器重。

陨丧 《文明王皇后列传》P951：日没《明夷》，中年陨丧。

死亡、去世。

诫厉 《武悼杨皇后列传》P955：后又数诫厉妃，妃不知后之助己，因以致恨,谓后构之于帝,忿怨弥深。

亦作"诫励"。告诫勉励。

要募 《武悼杨皇后列传》P955:贾后讽群公有司奏曰:"皇太后阴渐奸谋,图危社稷,飞箭系书,要募将士,同恶相济,自绝于天。"

犹招募。

号叫 《武悼杨皇后列传》P956:庞临刑,太后抱持号叫,截发稽颡,上表诣贾后称妾,请全母命,不见省。

呼叫、大声哭喊。

肆逆 《武悼杨皇后列传》P956:卫将军虞潭议曰:"世祖武皇帝光有四海,元皇后应干作配。元后既崩,悼后继作,至杨骏肆逆,祸延天母。"

横行不法,背叛作乱。

瞻睹 《武悼杨皇后列传附左贵嫔》P958:何宫禁之清切兮,欲瞻睹而莫因。

亦作"瞻觌"。观看、看见。

纪述 《武悼杨皇后列传附左贵嫔》P959:何用存思,不忘德音。何用纪述?托辞翰林。

记载叙述。纪,通"记"。

奉迎 《武悼杨皇后列传附左贵嫔》P961:咨嗟通夜,东方云曙。百祇奉迎,我后安厝。

恭迎、接待。

晖暎 《武悼杨皇后列传附左贵嫔》P961:周生归韩,诗人是咏。我后戾止,车服晖暎。

亦作"晖映"。光彩照耀映射。

宴会 《惠贾皇后列传》P963:尽召东宫大小官属,为设宴会,而密封疑事,使太子决之,停信待反。

会聚宴饮。

干预 《惠贾皇后列传》P964:后母广城君养孙贾谧干预国事,权侔人主。

亦作"干与""干豫"。过问或参预。

彰著 《惠贾皇后列传》P965:更与粲、午专为奸谋,诬害太子,众恶彰著。

暴露、败露。

喧骇 《惠羊皇后列传》P967:今上官已犯阙称兵,焚烧宫省,百姓喧骇,宜镇之以静。

哗变惊骇。

薨殂 《元敬虞皇后列传附豫章君》P972:一旦薨殂,实思报复,永惟平昔,感痛哀摧。其赠豫章郡君,别立庙于京都。

指王侯、贵族、后妃之死。

逼辱 《明穆庚皇后列传》P973:及苏峻作逆,京都倾覆,后见逼辱,遂以忧崩,时年三十二。

逼迫凌辱。

临御 《康献褚皇后列传》P976:仰凭七庙之灵,俯仗群后之力,帝加元服,礼成德备,当阳亲览,临御万国。

谓君临天下,治国理政。

思量 《康献褚皇后列传》P976:愿诸君子思量远算,勠力一心,辅翼幼主,匡救不逮。

考虑;揣度。

感念 《康献褚皇后列传》P976:尚倚户前视奏数行,乃曰"我本自疑此",至半便止,索笔答奏云:"未亡人罹此百忧,感念存没,心焉如割。"

即思念。

存没,同"存殁"。

诞纵 《康献褚皇后列传》P976:主上虽圣资奇茂,固天诞纵。而春秋尚富,如在谅闇,蒸蒸之思,未遑庶事。

赋予,禀赋。

厘和 《康献褚皇后列传》P977:伏愿陛下抚综万机,厘和政道,以慰祖宗,以安兆庶。不胜忧国喁喁至诚。

治理协和。

训诫 《孝武定王皇后列传》P983:后性嗜酒骄妒,帝深患之。乃召蕴于东堂,具说后过状,令加训诫。

亦作"训戒"。教导和劝诫。

毗倚 《王祥列传》P988:诏曰:"太保元老高行,朕所毗倚以隆政道者也。"

亲近倚重。多指皇帝对大臣的信赖。

搜扬 《郑冲列传》P991:及魏文帝为太子,搜扬侧陋,命冲为文学,累迁尚书郎,出补陈留太守。

亦作"搜敭"。访求举拔。

耽玩 《郑冲列传》P991:郑冲,字文和,荥阳开封人也。起自寒微,卓尔立操,清恬寡欲,耽玩经史,遂博究儒术及百家之言。

亦作"耽翫",指专心研习;深切玩赏。耽,《诗·卫风·氓》:"于嗟女兮,无与士耽。"毛传:"耽,乐也。"

第三章 《晋书》复音词的结构

藩翼 《郑冲列传》P992：遂与功臣剖符作誓，藏之宗庙，副在有司，所以明德庸勋，藩翼王室者也。
捍卫。

翼亮 《郑冲列传》P992：太傅寿光公郑冲、太保郎陵公何曾、太尉临淮公荀顗各尚德依仁，明允笃诚，翼亮先皇，光济帝业。
辅佐。

光济，广益、光大。

艾服 《郑冲列传》P992：诏曰："太傅韫德深粹，履行高洁，恬远清虚，确然绝世。艾服王事，六十余载，忠肃在公，虑不及私。"
泛指从政。

凭赖 《郑冲列传》P993：岂必遂朕凭赖之心，以枉大雅进止之度哉！
倚仗、依靠。

保卫 《郑冲列传》P993：公宜颐精养神，保卫太和，以究遐福。
保护使不受侵犯或损害。

恤养 《何曾列传》P994：今海内虚耗，事役众多，诚宜恤养黎元，悦以使人。
抚养。

诎免 《何曾列传》P994：然于考课之限，罪亦不至诎免。
贬斥罢免。

参访 《何曾列传》P994：臣愚以为可密诏主者，使隐核参访郡守，其有老病不隐亲人物，及宰牧少恩，好修人事，烦挠百姓者，皆可征还，为更选代。
访查；访问。

烦挠，烦扰、干扰。

陨缺 《何曾列传》P995：是以在险当难，则权足相济；陨缺不豫，则才足相代。
指死亡。

镇摄 《何曾列传》P995：今北军诸将及太尉所督，皆为僚属，名位不殊，素无定分统御之尊，卒有变急，不相镇摄。
犹"统摄"。指统领、总辖。

盈积 《何曾列传》P995：抚军校事尹模凭宠作威，奸利盈积，朝野畏惮，莫敢言者。
充塞；堆满。

放诞 《何曾列传》P995：时步兵校尉阮籍负才放诞，居丧无礼。
放纵不羁。

崇重　《何曾列传》P996：曾见崇重如此。

尊重；重视。

翼佐　《何曾列传》P996：侍中、太尉何曾，立德高峻，执心忠亮，博物洽闻，明识弘达，翼佐先皇，勋庸显著。

辅佐。

侍直　《何曾列传附何劭》P998：劭雅有姿望，远客朝见，必以劭侍直。

在宫廷内伺候听命或宿夜值班。

陈说　《何曾列传附何劭》P999：劭博学，善属文，陈说近代事，若指诸掌。

陈述叙说。

陵驾　《何曾列传附何劭》P1000：羡为离狐令。既骄且吝，陵驾人物，乡间疾之如雠。

超越；高出其上。

经济　《石苞列传》P1001：帝答曰："苞虽细行不足，而有经国才略。夫贞廉之士，未必能经济世务。"

经世济民。

越逸　《石苞列传》P1002：故疆场之事，但欲完固守备，使不得越逸而已。

逃跑；逃窜。

诬谤　《石苞列传》P1005：近为扶风王骏横所诬谤，司隶中丞等飞笔重奏，劾案深文，累尘天听。臣兄弟局蹐，忧心如悸。

诬蔑诽谤。

逆违　《石苞列传》P1005：古人称"荣华于顺旨，枯槁于逆违"，诚哉斯言，于今信矣。

犹"违逆"。

申料　《石苞列传》P1005：中诏申料，罪谴澄雪。臣等刻肌碎首，未足上报。

犹审理。

弹奏　《石苞列传》P1005：伏度奏御之日，暂经天听。此月二十日，忽被兰台禁止符，以统蒙宥，恩出非常，臣晏然私门，曾不陈谢，复见弹奏，讪辱理尽。

犹弹劾奏闻。

咄嗟　《石苞列传》P1007：崇为客作豆粥，咄嗟便办。

犹呼吸之间。谓时间仓促；迅速。

悼惜　《石苞列传附欧阳建》P1009：及遇祸，莫不悼惜之，年三十余。临命作诗，文甚哀楚。

哀伤惋惜。多用以对死者。

第三章 《晋书》复音词的结构

知赏　《石苞列传附孙石铄》P1009：司隶校尉刘讷甚知赏之。
赏识。

凝冱　《石苞列传附史臣语》P1010：春畦蠹靡，列于凝冱之晨；锦障逶迤，亘以山川之外。
结冰；冻结。

流宕　《石苞列传史臣语》1010：撞钟舞女，流宕忘归，至于金谷含悲，吹楼将坠，所谓高蝉处乎轻阴，不知螳螂袭其后也。
谓远游。《文选·张协〈七命〉》："羁旅怀土之徒，流宕百罹之畴。"吕向注："流宕，谓远游。"

毁慕　《羊祜列传》P1014：寻遭母忧，长兄发又卒，毁慕寝顿十余年，以道素自居，恂恂若儒者。
指居丧因思念其亲而形容憔悴。
寝顿，即衰颓、废止。

委任　《羊祜列传》P1014：泰始初，诏曰："夫总齐机衡，允厘六职，朝政之本也。祜执德清劭，忠亮纯茂，经纬文武，謇謇正直，虽处腹心之任，而不总枢机之重，非垂拱无为委任责成之意也。"
付托；交托。

绥怀　《羊祜列传》P1014：祜率营兵出镇南夏，开设庠序，绥怀远近，甚得江汉之心。
安抚关切。

挫衄　《羊祜列传》P1016：有司奏："祜所统八万余人，贼众不过三万，祜顿兵江陵，使贼备得设。乃遣杨肇偏军入险，兵少粮悬，军人挫衄。背违诏命，无大臣节。"
挫折，失败。
背违，背逆违反。

吞并　《羊祜列传》P1016：自是前后降者不绝，乃增修德信，以怀柔初附，慨然有吞并之心。
亦作"吞并"，并吞，兼并。

遣送　《羊祜列传》P1016：将帅有欲进谲诈之策者，辄饮以醇酒，使不得言。人有略吴二儿为俘者，祜遣送还其家。
派人护送。

震荡　《羊祜列传》P1018：巴汉奇兵出其空虚，一处倾坏，则上下震荡。
动荡不安。

85

关与　《羊祜列传》P1019：祜历职二朝,任典枢要,政事损益,皆咨访焉,势利之求,无所关与。

参与。

营置　《羊祜列传》P1020：祜女夫尝劝祜:"有所营置,令有归戴者,可不美乎?"

谋划安排。

归戴,归心拥戴。

申谕　《羊祜列传》P1020：中诏申谕,扶疾引见,命乘辇入殿,无下拜,其见优礼。

谕知;晓谕。

付授　《羊祜列传》P1021：帝欲使祜卧护诸将,祜曰:"……功名之际,臣所不敢居。若事了,当有所付授,愿审择其人。"

嘱托授予。

号恸　《羊祜列传》P1021：南州人征市日闻祜丧,莫不号恸,罢市,巷哭者声相接。

号哭哀痛。

游憩　《羊祜列传》P1022：襄阳百姓于岘山祜平生游憩之所建碑立庙,岁时飨祭焉。

游玩和休息。

规摹　《羊祜列传》P1022：自镇此境,政化被乎江汉,潜谋远计,辟国开疆,诸所规摹,皆有轨量。

规划;筹谋;计划。

覆没　《杜预列传》P1028：预又以孟津渡险,有覆没之患,请建河桥于富平津。

倾覆沉没。多指舟船。

倾荡　《杜预列传》P1028：故大军临至,使其将帅移易,以成倾荡之势。

分崩离析;沦亡。

处分　《杜预列传》P1028：预处分既定,乃启请伐吴之期。

调度;指挥。

倾败　《杜预列传》P1029：陛下宿议,分命臣等随界分进,其所禁持,东西同符,万安之举,未有倾败之虑。

失败,大败。

错置　《杜预列传》P1031：攻破山夷,错置屯营,分据要害之地,以固维持之势。

处置;安排。错,通"措"。

嗟悼 《杜预列传》P1032:帝甚嗟悼,追赠征南大将军、开府仪同三司,谥曰"成"。

哀伤悲叹。

丧没 《陈骞列传》P1036:二人后果失羌戎之和,皆被寇丧没,征讨连岁,仅而得定,帝乃悔之。

灭亡;死亡。

弼佐 《裴秀列传》P1038:诚宜弼佐谟明,助和鼎味,毗赞大府,光昭盛化。

辅佐。

毗赞,亦作"毘赞"。辅佐;襄助。

信纳 《裴秀列传》P1038:顷之,为廷尉正,历文帝安东及卫将军司马,军国之政,多见信纳。

相信和采纳。

厘革 《裴秀列传》P1038:魏咸熙初,厘革宪司。

改革。

甄摘 《裴秀列传》P1039:后世说者或强牵引,渐以闇昧。于是甄摘旧文,疑者则阙,古有名而今无者,皆随事注列,作《禹贡地域图》十八篇,奏之,藏于秘府。

选录。

校验 《裴秀列传》P1040:蜀土既定,六军所经,地域远近,山川险易,征路迂直,校验图记,罔或有差。

核对查考;比较验证。

乖互 《裴秀列传附裴頠》P1042:药物轻重,分两乖互,所可伤夭,为害尤深。

差错。

光阐 《裴秀列传附裴頠》P1043:东宫实体凤成之表,而今有童子侍从之声,未是光阐遐风之弘理也。

发扬光大。

化感 《裴秀列传附裴頠》P1044:化感错综,理迹之原也。

感化;教化。

混漫 《裴秀列传附裴頠》P1045:放者因斯,或悖吉凶之礼,而忽容止之表,渎弃长幼之序,混漫贵贱之级。

杂乱。

甄举 《裴秀列传附裴頠》P1045：老子既著五千之文，表摭秽杂之弊，甄举静一之义，有以令人释然自夷，合于《易》之《损》《谦》《艮》《节》之旨。

犹阐扬、阐明。

宣吐 《裴秀列传附裴楷》P1047：楷善宣吐，左右瞩目，听者忘倦。

宣读，当众朗读。

淡退 《裴秀列传附裴楷》P1049：及转东宫，班在时类之下，安于淡退，有识有以见其心也。

淡泊退让。谓淡泊名利。

嗟怨 《裴秀列传附裴楷》P1052：在任三年，百姓嗟怨。

嗟叹怨恨。

骚动 《卫瓘列传》P1056：于是士卒思归，内外骚动，人情忧惧。

特指动乱、变乱。

渐染 《卫瓘列传》P1058：中间渐染，遂计资定品，使天下观望，唯以居位为贵，人弃德而忽道业，争多少于锥刀之末，伤损风俗，其弊不细。

犹"渐冉"，指延续。

精尽 《卫瓘列传》P1060：臣惧有司未详事实，或有纵漏，不加精尽，使公父子雠贼不灭，冤魂永恨，诉于穹苍，酷痛之臣，悲于明世。

明察详尽。

斩斫 《卫瓘列传》P1060：晦按次录瓘家口及其子孙，皆兵仗将送，着东亭道北围守，一时之间，便皆斩斫。

杀戮；砍杀。

推服 《卫瓘列传附卫玠》P1067：琅邪王澄有高名，少所推服，每闻玠言，辄叹息绝倒。

推许佩服。

钦重 《卫瓘列传附卫玠》P1067：征南将军山简见之，甚相钦重。

敬重。

禽集 《张华列传鹪鹩赋》P1069：飞不飘扬，翔不禽集。

聚集。

量计 《张华列传》P1070：及将大举，以华为度支尚书，乃量计运漕，决定庙算。

计量，筹划。

典掌 《张华列传》P1070：及吴灭，诏曰："尚书、关内侯张华，前与故太傅羊祜共创大计，遂典掌军事，部分诸方，算定权略，运筹决胜，有谋谟之勋。"

主管,掌管。

部分,指裁决、处理。

算定,确定。

谋谟,谋划、制定谋略。

控带 《张华列传》P1071:纯曰:"臣以为善御者必识六辔盈缩之势,善政者必审官方控带之宜,故仲由以兼人被抑,冉求以退弱被进,汉高八王以宠过夷灭,光武诸将由抑损克终。"

即"萦带"。指环绕。《文选·任昉〈为范尚书让吏部封侯第一表〉》:"闭门荒郊,再离寒暑。兼以东皋数亩,控带朝夕。"刘良注:"控,引也。带,绕也。朝夕,谓海也。"

信遇 《张华列传》P1072:及贾后谋废太子,左卫率刘卞甚为太子所信遇,每会宴,卞必预焉。

信任重用。

称咏 《张华列传》P1074:华性好人物,诱进不倦,至于穷贱候门之士有一介之善者,便咨嗟称咏,为之延誉。

称赞。

蟠萦 《张华列传》P1076:焕卒,子华为州从事,持剑行经延平津,剑忽于腰间跃出坠水。使人没水取之,不见剑,但见两龙各长数丈,蟠萦有文章,没者惧而反。

盘绕。

泯灭 《张华列传》P1076:孙秀逆乱,灭佐命之国,诛骨鲠之臣,以斯丧王室;肆其虐戾,功臣之后,多见泯灭。

灭绝;消失。

嫌疑 《安平献王孚列传》P1082:不可以嫌疑责让,恐伤怀远之义。

怀疑;猜疑。

镇静 《安平献王孚列传》P1084:诏曰:"太傅勋德弘茂,朕所瞻仰,以光导弘训,镇静宇内,愿奉以不臣之礼。"

安定。

哀慕 《安平献王孚列传》P1085:庶永百龄,咨仰训导,奄忽殂陨,哀慕感切。

因父母、君上之死而哀伤思慕。

盈溢 《安平献王孚列传》P1087:望性俭吝而好聚敛,身亡之后,金帛盈溢,以此获讥。

充裕;满盈。

游行 《彭城穆王权列传附纮》P1093:而顷游行烦数,冒履风尘。

游览;漫游。

参审 《高密文献王泰列传》P1094:且夜中仓卒,宜遣人参审定问。

参与审理。

指教 《范阳康王绥列传附司马虓》P1100:张方受其指教,为国效节。

指点教导。

选举 《范阳康王绥列传附司马虓》P1100:臣愚以为宜委太宰以关右之任,一方事重,及自州郡已下,选举授任,一皆仰成。

古代指选拔举用贤能之士。

授任,指授官任命。

崇重 《范阳康王绥列传附司马虓》P1100:浚宜特崇重之,以副群望,遂抚幽朔,长为北藩。

尊重;重视。

枭斩 《济南惠王遂列传》P1102:为政暴酷,至于治中别驾及州之豪右,言语忤意,即于坐枭斩之,或引弓自射。

斩首;枭首。

驱驰 《谯刚王逊列传附闵王承》P1104:承曰:"臣幸托末属,身当宿卫,未有驱驰之劳,频受过厚之遇,夙夜自厉,思报天德。"

喻奔走效力。

奏劾 《谯刚王逊列传附敬王恬》P1107:值海西废,简文帝登阼,未解严,大司马桓温屯中堂,吹警角,恬奏劾温大不敬,请科罪。

上奏章以检举。

训厉 《谯刚王逊列传附忠王尚之》P1109:刘裕闻之,诛其党与,送文思付父休之,令自训厉。

教诲勉励。

震惶 《谯刚王逊列传附休之》P1110:以子文思为乱,上疏谢曰:"文思不能聿修,自贻罪戾,忧惧震惶,惋愧交集。"

亦作"震遑"。震惊、惊惶。

驱逼 《谯刚王逊列传附休之》P1110:彼土侨旧,为之驱逼,一无所问。

亦作"驱偪"。驱使、逼迫。

杂揉 《谯刚王逊列传附休之》P1110:若大军相临,交锋接刃,兰艾杂揉,或恐不分。

杂糅。

询仰 《谯刚王逊列传附休之》P1111：以君有匡复之勋，家国蒙赖，推德委诚，每事询仰。

咨询和仰赖。

申白 《谯刚王逊列传附休之》P1111：但康之前言，有所不尽，故重使胡道，申白所怀。道未及反，已表奏废之，所不尽者命耳。

申明表白。

推寄 《谯刚王逊列传附休之》P1111：推寄相与，正当如此，有何不可，便及兵戈。

犹言推心置腹。

诈冒 《高阳王睦列传》P1113：咸宁三年，睦遣使募徙国内八县受逋逃、私占及变易姓名、诈冒复除者七百余户，冀州刺史杜友奏睦招诱逋亡，不宜君国。

假冒、冒充。

沦亡 《宗室列传附史臣语》P1114：于时丑类实繁，凶威日逞，势悬众寡，相继沦亡，悲夫！

灭亡；丧亡。

苞藏 《宗室列传附史臣语》P1115：凭庸蜀之饶，苞藏不逞；恃江山之固，奸谋日深。

同"包藏"。裹藏；隐藏。苞，通"包"。

镇御 《宣五王列传附琅琊武王伷》P1121：伷镇御有方，得将士死力，吴人惮之。

镇守治理。

督率 《宣五王列传附琅琊武王伷》P1121：平吴之役，率众数万出涂中，孙皓奉笺送玺绶，诣伷请降。诏曰："琅琊王伷督率所统，连据涂中，使贼不得相救。"

监督领导；督促率领。

怀化 《宣五王列传附琅琊武王伷》P1121：伷既戚属尊重，加有平吴之功，克己恭俭，无矜满之色，僚吏尽力，百姓怀化。

归服向化。

陈诉 《宣五王列传附武陵庄王澹》P1123：陈诉历年，太妃薨，繇被害，然后得还。

亦作"陈愬"。同前文"陈说"，指陈述诉说。

维翰 《宣五王列传附新野庄王歆》P1127：而使奸凶滋蔓，祸衅不测，岂维翰王室,镇静方夏之谓乎!

《诗·大雅·文王有声》:"四方攸同,王后维翰。"毛传:"翰,干也。"郑玄笺:"王后为之干者,正其政教,定其法度。"后人以"维翰"喻捍卫。

镇静,安定。

举荐　《宣五王列传附梁王肜》P1128:铨答曰:"朝野望公举荐贤才,使不仁者远。"

亦作"荐举"。指向朝廷、皇帝推荐人才。

勉喻　《文六王列传附齐王攸》P1130:太后自往勉喻曰:"若万一加以他疾,将复如何! 宜远虑深计,不可专守一志。"

亦作"勉谕"。晓喻;劝说。

树建　《文六王列传附齐王攸》P1131:伏惟陛下应期创业,树建亲戚,听使藩国自除长吏。

建立;树立。

染化　《文六王列传附齐王攸》P1132:又都邑之内,游食滋多,巧伎末业,服饰奢丽,富人兼美,犹有魏之遗弊,染化日浅,靡财害谷,动复万计。

熏陶教化。

薨陨　《文六王列传附齐王攸》P1135:今自薨陨,社稷之福也,陛下何哀之过!

亦作"薨殒",同前文"薨殂",即王侯、贵族、后妃之死。

猜嫌　《文六王列传附齐王攸附蕤》P1135:逮乎战国,及至秦汉,明恕之道寝,猜嫌之情用,乃立质任以御众,设从罪以发奸。其所由来,盖三代之弊法耳。

猜忌嫌怨。

感叹　《王沈列传》P1143:主簿陈廞、褚䂮曰:"奉省教旨,伏用感叹。劳谦日昃,思闻苦言。"

有所感触而叹息。

贪赇　《王沈列传》P1143:今使教命班下,示以赏劝,将恐拘介之士,或惮赏而不言;贪赇之人,将慕利而妄举。

贪污受贿。

探寻　《王沈列传》P1145:沈探寻善政,案贾逵以来法制禁令,诸所施行,择善者而从之。

探索寻求。

镇御　《王沈列传》P1145:平蜀之役,吴人大出,声为救蜀,振荡边境。沈镇御有方,寇闻而退。

镇守治理。

征伐 《王沈列传》P1147：使者未及发，会洛京倾覆，浚大树威令，专征伐，遣督护王昌、中山太守阮豹等，率诸军及务勿尘世子疾陆眷，并弟文鸯、从弟末柸，攻石勒于襄国。

讨伐。

删改 《荀顗列传》P1151：顗上请羊祜、任恺、庚峻、应贞、孔颢共删改旧文，撰定晋礼。

删除改动。

弼导 《荀顗列传》P1151：侍中、司空顗，明允笃诚，思心通远，翼亮先皇，遂辅朕躬，实有佐命弼导之勋。

犹辅导。

违贰 《荀勖列传》P1152：时官骑路遗求为刺客入蜀，勖言于帝曰："明公以至公宰天下，宜杖正义以伐违贰。"

背离；有二心。

整理 《荀勖列传》P1154：俄领秘书监，与中书令张华依刘向《别录》，整理记籍。

整顿，使有条理。

损夺 《荀勖列传》P1154：若于事不得不时有所转封，而不至分割土域，有所损夺者，可随宜节度。

削减。

营置 《荀勖列传》P1157：其婿武统亦说勖"宜有所营置，令有归戴者"。
谋划安排。
归戴，归心拥戴。

收葬 《荀勖列传附荀闿》P1159：闿败，暴尸已三日，莫敢收葬。
收殓埋葬。

迁播 《冯紞列传附史臣语》P1163：而乘间伺隙，潜图不轨，放肆獯虏，迁播乘舆。

迁徙流离。

删革 《贾充列传》P1167：故自元成之世，及建安、嘉平之间，咸欲辩章旧典，删革刑书。

删改；革除。

感想 《贾充列传》P1172：女大感想，发于寤寐。
相思，思念。

诬陷 《贾充列传》P1174:及迁侍中,专掌禁内,遂与后成谋,诬陷太子。
诬告陷害。

悛慎 《贾充列传》P1175:若不悛慎,当旦夕加罪。
悔改戒慎。

毗翼 《杨骏列传》P1177:侍中、车骑将军、行太子太保,领前将军杨骏,经德履喆,鉴识明远,毗翼二宫,忠肃茂著,宜正位上台,拟迹阿衡。
辅助。

辑和 《杨骏列传》P1178:骏自知素无美望,惧不能辑和远近,乃依魏明帝即位故事,遂大开封赏,欲以悦众。为政严碎,愎谏自用,不允众心。
团结和睦。

陨坠 《杨骏列传》P1180:永宁初,诏曰:"舅氏失道,宗族陨坠,渭阳之思,孔怀感伤。"
崩溃;覆灭。

叹恨 《杨骏列传附杨济》P1181:济已入宫,莫不叹恨。
叹息怨恨。

3. 形容词

谦冲 《文明王皇后列传》P950:后事舅姑尽妇道,谦冲接下,嫔御有序。
亦作"谦冲"。犹谦虚。

谧静 《文明王皇后列传》P951:谧静隆化,帝业以创。内叙嫔御,外协时望。
宁静。

洽畅 《文明王皇后列传》P952:履信居顺,德行洽畅。密勿无荒,劬劳克让。
和畅美好;协和通达。

冲素 《文明王皇后列传》P952:崇俭抑华,冲素是放。虽享崇高,欢嘉未飨。
清淡纯朴。

冽清 《武悼杨皇后列传附左贵嫔》P958:日晻暧而无光兮,气懰栗以冽清。
清澈。《文选·张衡〈东京赋〉》:"永安离宫,修竹冬青。阴池幽流,玄泉冽清。"薛综注:"冽,清澄貌。"

清华 《武悼杨皇后列传附左贵嫔》P958:言及文义,辞对清华,左右侍听,莫不称美。

清丽华美,多指文章。

和畅 《武悼杨皇后列传附左贵嫔》P959:含灵握文,异于庶姜。和畅春日,操厉秋霜。

温和舒畅。

昭晰 《武悼杨皇后列传附左贵嫔》P960:潜辉梓宫,永背昭晰。臣妾哀号,同此断绝。

光亮,光耀。

倏忽 《武悼杨皇后列传附左贵嫔》P961:自我衔恤,倏忽一周。衣服将变,痛心若抽。

形容时间迅速流逝。

狂戾 《武悼杨皇后列传附左贵嫔》P962:翼翼圣皇,睿喆孔纯。愍兹狂戾,阐惠播仁。

狂妄暴戾。

朗烈 《武悼杨皇后列传附左贵嫔》P962:和气烟煴(今作"氤氲"),三光朗烈。既获嘉时,寻播甘雪。

明亮。

柔润 《武悼杨皇后列传附左贵嫔》P962:矒昒沾濡,柔润中畿。长享丰年,福禄永绥。

柔和润泽;轻柔圆润。

方雅 《武悼杨皇后列传附胡贵嫔》P962:帝每有顾问,不饰言辞,率尔而答,进退方雅。

雅正。

凶暴 《惠贾皇后列传》P964:模知后凶暴,恐祸及己,乃与裴颜、王衍谋废之,衍悔而谋寝。

凶狠残暴。

切至 《惠贾皇后列传》P965:宜城临终执后手,令尽意于太子,言甚切至,又曰:"赵粲及午必乱汝事,我死后,勿复听入,深忆吾言。"

恳切周至。

清惠 《惠羊皇后列传附谢夫人》P968:谢夫人,名玖。家本贫贱,父以屠羊为业。玖清惠贞正而有淑姿,选入后庭为才人。

清廉仁惠。

隆厚 《元敬虞皇后列传附豫章君》P972:太宁元年,帝迎还台内,供奉隆厚。

优厚、丰厚。

冲虚 《康献褚皇后列传》P975：今社稷危急，兆庶悬命，臣等章惶，一日万机，事运之期，天禄所钟，非复冲虚高让之日。

亦作"冲虚"。恬淡虚静。

悲怖 《康献褚皇后列传》P975：汉和熹、顺烈，并亦临朝，近明穆故事，以为先制。臣等不胜悲怖，谨伏地上请。

哀痛惶恐。

谦抑 《康献褚皇后列传》P975：先后允恭谦抑，思顺坤道，所以不距群情，固为国计。

犹谦逊。

冲闇 《康献褚皇后列传》P975：岂敢执守冲闇，以违先旨。辄敬从所奏。
年幼蒙昧。

光大 《康献褚皇后列传》P976：光大之美，化洽在昔，讴歌流咏，播溢无外。
光明正大。

艰屯 《康献褚皇后列传》P977：太后诏曰："王室不幸，仍有艰屯。览省启事，感增悲叹。"

艰难。

冲富 《康献褚皇后列传》P977：内外诸君，并以主上春秋冲富，加蒸蒸之慕，未能亲览，号令宜有所由。

谓幼小年富。

丰靡 《穆章何皇后列传》P978：及刘裕建义，殷仲文奉后还京都，下令曰："戎车屡警，黎元阻饥。而膳御丰靡，岂与百姓同其俭约。"

丰盛奢靡。

允正 《孝武文李太后列传》P982：朝议疑其服制，左仆射何澄，右仆射王雅，尚书车胤、孔安国，祠部郎徐广等议曰："太皇太后名位允正，体同皇极，理制备尽，情礼兼申。"

允当平正。

允备 《孝武定王皇后列传》P983：伏闻试守晋陵太守王蕴女，天性柔顺，四业允备。

允当而完备。

冲眇 《恭思褚皇后列传》P984：成王冲眇，托万机于上公。太后御宸，谅知非古。

幼小。

第三章 《晋书》复音词的结构

殷忧 《恭思褚皇后列传》P985:契阔终罹,殷忧以毙。
忧伤。
坚贞 《王祥列传》P989:西芒上土自坚贞,勿用甓石,勿起坟陇。
谓质地坚硬纯正,经久不变。
贫俭 《王祥列传》P990:咸宁初,以祥家甚贫俭,赐绢三百匹,拜馥上洛太守,卒谥曰孝。
贫穷俭约。
贞素 《王祥列传附王览》P991:咸宁初,诏曰:"览少笃至行,服仁履义,贞素之操,长而弥固。其以览为宗正卿。"
贞纯素朴。
寒微 《郑冲列传》P991:(郑冲)起自寒微,卓尔立操,清恬寡欲,耽玩经史,遂博究儒术及百家之言。
指出身贫贱,家世低微。《晋书·吾彦传》:"(吾彦)出自寒微,有文武才干。"
清恬,即清静恬适。
深粹 《郑冲列传》P992:诏曰:"太傅韫德深粹,履行高洁,恬远清虚,确然绝世。艾服王事,六十余载,忠肃在公,虑不及私。"
深厚纯粹。
威重 《何曾列传》P995:臣愚以为宜选大臣名将威重宿著者,成其礼秩,遣诣北军,进同谋略,退为副佐。
指威严持重的人。
明朗 《何曾列传》P997:诏曰:"太傅明朗高亮,执心弘毅,可谓旧德老成,国之宗臣者也。"
光明磊落;乐观,开朗。
高亮,即高尚忠正。
奢豪 《何曾列传》P998:然性奢豪,务在华侈。帷帐车服,穷极绮丽,厨膳滋味,过于王者。
奢侈阔绰。
绮丽,华美艳丽;鲜明美丽。
侈忲 《何曾列传》P998:刘毅等数劾奏曾侈忲无度,帝以其重臣,一无所问。
同"侈泰",奢侈无度。
奢忲 《何曾列传附何遵》P999:性亦奢忲,役使御府工匠作禁物,又鬻行器,为司隶刘毅所奏,免官。

奢泰。指奢侈无度。

简贵 《何曾列传附何遵》P999:而骄奢简贵,亦有父风。

简傲高贵。

简傲 《何曾列传附何绥》P1000:绥字伯蔚,位至侍中尚书。自以继世名贵,奢侈过度,性既轻物,翰札简傲。

亦作"简慠",高傲;傲慢。

矜豪 《何曾列传附何绥》P1000:城阳王尼见绥书疏,谓人曰:"伯蔚居乱而矜豪乃尔,岂其免乎!"

倨傲豪纵。

矜傲 《何曾列传附何机》P1000:机为邹平令。性亦矜傲,责乡里谢鲲等拜。或戒之曰:"礼敬年爵,以德为主。令鲲拜势,惧伤风俗。"

"矜傲"犹"倨傲"。

雅旷 《石苞列传》P1000:(石苞)雅旷有智局,容仪伟丽,不修小节。

儒雅豁达。

弘厚 《石苞列传》P1002:有司奏:"苞前有折挠,不堪其任。以公还第,已为弘厚,不宜擢用。"

优厚。

轻脆 《石苞列传》P1002:诏曰:"吴人轻脆,终无能为。"

形容软弱。

显重 《石苞列传附石崇》P1005:臣以凡才,累荷显重,不能负载析薪,以答万分。

位高势重。

颖悟 《石苞列传附石崇》P1006:崇颖悟有才气,而任侠无行检。

亦作"颕悟",聪明;理解力强。

卑佞 《石苞列传附石崇》P1007:广城君每出,崇降车路左,望尘而拜,其卑佞如此。

卑鄙谄媚。

惋惜 《石苞列传附石崇》P1007:恺既惋惜,又以为嫉己之宝,声色方厉。

可惜;引以为憾。

美赡 《石苞列列传附欧阳建》P1009:欧阳建字坚石,世为冀方右族。雅有理思,才藻美赡,擅名北州。

优美丰富。

哀楚 《石苞列传附欧阳建》P1009：及遇祸，莫不悼惜之，年三十余。临命作诗，文甚哀楚。
悲伤凄楚。
流靡 《石苞列传附史臣语》P1010：帝风流靡，崇心载驰。
谓过分华美；萎靡不振。
矜奢 《石苞列传附史臣语》P1010：矜奢不极，寇害成衅。
骄矜奢侈。
亲疏 《羊祜列传》P1014：时高贵乡公好属文，在位者多献诗赋，汝南和逌以忤意见斥，祜在其间，不得而亲疏，有识尚焉。
亲近或疏远。
清亮 《羊祜列传》P1016：光禄大夫李胤清亮简素，立身在朝，皆服事华发，以礼终始。
纯正；清明。
简素，指简约朴素。
寒贱 《羊祜列传》P1016：虽历位外内之宠，不异寒贱之家，而犹未蒙此选，臣更越之，何以塞天下之望，少益日月！
微贱，谓门第卑下。
宁静 《羊祜列传》P1018：故尧有丹水之伐，舜有三苗之征，咸以宁静宇宙，戢兵和众者也。
安定。
清远 《羊祜列传》P1021：诏曰："征南大将军南城侯祜，蹈德冲素，思心清远。"
清明高远。《易·渐》："鸿渐于陆，其羽可用为仪。"三国魏王弼注："进处高洁，不累于位；无物可以屈其心而乱其志，峩峩清远，仪可贵也。"
悲惋 《羊祜列传》P1023：乳母具言之，李氏悲惋。
悲伤叹惜。
清慎 《羊祜列传》P1024：篇历官清慎，有私牛于官舍产犊，及迁而留之。
清廉谨慎。
简直 《杜预列传》P1026：刑之本在于简直，故必审名分。
简朴质直；直截了当。
悬乏 《杜预列传》P1027：预以虏乘胜马肥，而官军悬乏，宜并力大运，须春进讨，陈"五不可""四不须"。
空乏。

清晏 《杜预列传》P1029:华推枰敛手曰:"陛下圣明神武,朝野清晏,国富兵强,号令如一,吴主荒淫骄虐,诛杀贤能,当今讨之,可不劳而定。"

亦作"清宴"。清平安宁。

忠烈 《杜预列传附杜锡》P1033:(锡)性亮直忠烈,屡谏愍怀太子,言辞恳切,太子患之。

忠义壮烈。

沈厚 《陈骞列传》P1035:骞沈厚有智谋。

亦作"沉厚",朴实稳重。

弘博 《裴秀列传》P1039:尚书令、左光禄大夫裴秀,雅量弘博,思心通远,先帝登庸,赞事前朝。

犹博大。

通远,指通达高远。

牵引 《裴秀列传》P1039:后世说者或强牵引,渐以闇昧。于是甄擿旧文,疑者则阙,古有名而今无者,皆随事注列,作《禹贡地域图》十八篇,奏之,藏于秘府。

犹牵强。唐刘知几《史通·五行志错误》:"斯岂非乌有成说,扣寂为辞者哉?此所谓影响不接,牵引相会。"

精审 《裴秀列传》P1039:虽有粗形,皆不精审,不可依据。

精密确实。

迂直 《裴秀列传》P1040:蜀土既定,六军所经,地域远近,山川险易,征路迂直,校验图记,罔或有差。

曲和直。

夷险,平坦与险阻。

儒雅 《裴秀列传》P1040:诏曰:"司空经德履哲,体蹈儒雅,佐命翼世,勋业弘茂……"

谓风度温文尔雅。

稚弱 《裴秀列传附裴頠》P1041:贾充即頠从母夫也,表"秀有佐命之勋,不幸嫡长丧亡,遗孤稚弱"。

亦作"穉弱"。幼弱;幼小;弱小。

英茂 《裴秀列传附裴頠》P1041:頠才德英茂,足以兴隆国嗣。

才智超群出众。

兴隆,兴旺隆盛。

通博 《裴秀列传附裴頠》P1042:頠通博德闻,兼明医术。

通达渊博。

丰博 《裴秀列传附裴頠》P1042：乐广尝与頠清言，欲以理服之，而頠辞论丰博，广笑而不言。

丰富而博大。

浮游 《裴秀列传附裴頠》P1045：唱而有和，多往弗反，遂薄综世之务，贱功烈之用，高浮游之业，埤经实之贤。

虚浮不实。

经实，指经世实用。

雅远 《裴秀列传附裴頠》P1045：处官不亲所司，谓之雅远。

雅正超俗。

旷达 《裴秀列传附裴頠》P1045：奉身散其廉操，谓之旷达。

开朗，豁达。多形容人的心胸、性格。

秽杂 《裴秀列传附裴頠》P1045：老子既著五千之文，表摭秽杂之弊，甄举静一之义，有以令人释然自夷，合于《易》之《损》《谦》《艮》《节》之旨。

杂乱。

清通 《裴秀列传附裴楷》P1047：会曰："裴楷清通，王戎简要，皆其选也。"

清明通达。

高迈 《裴秀列传附裴頠》P1048：楷风神高迈，容仪俊爽，博涉群书，特精理义，时人谓之"玉人"，又称"见裴叔则如近玉山，映照人也"。

高超；超逸。

俊爽，指英俊清朗。

俭素 《裴秀列传附裴頠》P1048：安于毁誉，其行己任率，皆此类也。

俭省朴素。

任率，任性率真而不做作。

委顿 《裴秀列传附裴頠》P1049：楷今委顿，臣深忧之。

衰弱；病困。

俊郎 《裴秀列传附裴宪》P1050：陈郡谢鲲、颍川庾敳皆俊郎士也，见而奇之，相谓曰："裴宪鲠亮宏达，通机识命，不知其何如父；至于深弘保素，不以世物婴心者，其殆过之。"

才华出众，性格爽朗；英俊爽朗。

隆重 《裴秀列传附裴宪》P1051：宪神色侃然，泣而对曰："臣等世荷晋荣，恩遇隆重。"

优厚。

虚和　《裴秀列传附裴宪》P1052：遐徐起还坐,颜色不变,复棋如故。其性虚和如此。

犹平和。

机神　《裴秀列传附史臣语》P1053：楷则机神幼发,目以清通。俱为晋氏名臣,良有以也。

机微玄妙。

清通,指清明通达。

贞静　《卫瓘列传》P1055：(卫瓘)性贞静有名理,以明识清允称。

坚贞沉静。

清允,谓清正而处事允当。

严整　《卫瓘列传》P1057：性严整,以法御下,视尚书若参佐,尚书郎若掾属。

严肃,严格。

纯质　《卫瓘列传》P1058：惠帝之为太子也,朝臣咸谓纯质,不能亲政事。

用为鲁钝暗昧的婉辞。

轻险　《卫瓘列传》P1059：黄门赍诏授玮,玮性轻险,欲骋私怨,夜使清河王遐收瓘。

轻躁奸险。

华艳　《卫瓘列传附卫恒》P1064：摘华艳于纨素,为学艺之范先。

花艳,艳丽。

砥平　《卫瓘列传附卫恒》P1065：或穹隆恢廓,或栉比针列,或砥平绳直,或蜿蜒胶戾,或长邪角趣,或规旋矩折。

平直;平坦。

荒芜　《卫瓘列传附卫恒》P1066：官事荒芜,剿其墨翰。

荒疏;废弛。

俊爽　《卫瓘列传附卫玠》P1067：骠骑将军王济,玠之舅也,俊爽有风姿,每见玠,辄叹曰："珠玉在侧,觉我形秽。"

英俊清朗。

豪爽　《卫瓘列传附卫玠》P1068：以王敦豪爽不群,而好居物上,恐非国之忠臣,求向建邺。

犹言豪放爽直。

优博　《张华列传》P1068：华学业优博,辞藻温丽,朗赡多通,图纬方伎之书莫不详览。

犹"博洽"。指学识广博。

朗赡,指颖悟赡详。

修谨　《张华列传》P1068:少自修谨,造次必以礼度。

谓行事或处世谨慎,恪守礼法。

弘旷　《张华列传》P1068:器识弘旷,时人罕能测之。

谓心胸宽阔。

翳荟　《张华列传》P1069:翳荟蒙笼,是焉游集。

草木茂盛,可为障蔽。

愚智　《张华列传》P1071:非上有仁暴之殊,下有愚智之异,盖抑扬与夺使之然耳。

愚笨与聪明。

儒雅　《张华列传》P1072:贾谧与后共谋,以华庶族,儒雅有筹略,进无逼上之嫌,退为众望所依,欲倚以朝纲,访以政事。

谓学问渊博。

寒悴　《张华列传》P1073:卞曰:"下以寒悴,自须昌小吏受公成拔,以至今日。"

犹寒微;微贱。

高爽　《张华列传》P1077:初,陆机兄弟志气高爽,自以吴之名家,初入洛,不推中国人士,见华一面如旧,钦华德范,如师资之礼焉。

高洁豪爽。

儒博　《张华列传附张廷》P1077:廷儒博,晓天文,散骑侍郎。

谓学问渊博。

疏简　《张华列传附刘卞》P1078:令即召为门下史,百事疏简,不能周密。

粗疏简略。

通恕　《安平献王孚列传》P1081:(孚)性通恕,以贞白自立,未尝有怨于人。

豁达宽厚。

俭吝　《安平献王孚列传附义阳成王望》P1087:望性俭吝而好聚敛,身亡之后,金帛盈溢,以此获讥。

亦作"俭悋"。悭吝,吝啬。

清亮　《安平献王孚列传附下邳献王晃》P1090:九年,诏曰:"南中郎将、下邳王晃清亮中正,体行明洁,才周政理,有文武策识。"

纯正;清明。

明洁,亦作"明絜"。清白;高洁。

忠笃 《安平献王孚列传附太原烈王瓌》P1091:(瓌)十年薨,诏曰:"瓌乃心忠笃,智器雅亮。"

忠厚笃实。

雅亮,指正直诚信。

廉静 《高密文献王泰列传》P1095:泰性廉静,不近声色。

谓秉性谦逊沉静。

丰伟 《高密文献王泰列传附南阳王模子保》P1099:保体质丰伟,尝自称重八百斤。

形容人身体丰满魁梧。

凶虐 《济南惠王遂列传》P1102:西土患其凶虐。

凶恶暴虐。

贞素 《闵王承列传》P1104:散骑常侍、左将军、谯王承贞素款亮,志存忠恪,便蕃左右,恭肃弥著。

贞纯素朴。

雅素 《谯刚王逊列传附闵王承》P1104:敦与之宴,欲观其意,谓承曰:"大王雅素佳士,恐非将帅才也。"

高雅恬淡;高雅质朴。

困弊 《谯刚王逊列传附闵王承》P1105:时湘土荒残,公私困弊,承躬自俭约,乘苇茭车,而倾心绥抚,甚有能名。

困顿疲惫。

闇短 《谯刚王逊列传附闵王承》P1106:吾以闇短,托宗皇属。

谓不明事理,见识浅陋。

丑毒 《谯刚王逊列传附闵王承》P1106:豺狼易惊,遂肆丑毒,闻知骇踊,神气冲越。

犹狠毒。

怅惋 《谯刚王逊列传附闵王承》P1106:城内知朝廷不守,莫不怅惋。

惆怅惋惜。

凶暴 《谯刚王逊列传附忠王尚之》P1109:文思性凶暴,每违轨度,多杀弗辜。

凶狠残暴。

贞审 《谯刚王逊列传附忠王尚之弟休之》P1109:大将军武陵王令曰:"前龙骧将军休之,才干贞审,功业既成。"

清高而审慎。

机捷　《谯刚王逊列传附忠王尚之弟休之》P1109：历阳之战,事在机捷。

机智敏捷。

虚怀　《谯刚王逊列传附忠王尚之弟休之》P1110：吾虚怀期物,自有由来,今在近路,是诸贤济身之日。

谦逊虚心。

恇骇　《谯刚王逊列传附忠王尚之弟休之》P1111：延之报曰："闻亲率戎马,远履西畿,阖境士庶,莫不恇骇。"

惊慌。

鄙劣　《谯刚王逊列传附忠王尚之弟休之》P1111："吾诚鄙劣,尝闻道于君子。"

浅陋低劣。

浑浊　《谯刚王逊列传附忠王尚之弟休之》P1111：假令天长丧乱,九流浑浊,当与臧洪游于地下耳。

(水、空气等)含有杂质,不清洁,不明澈。

险远　《谯刚王逊列传附高阳王睦》P1113：江阳险远,其以高阳郡封之。

谓道路险阻遥远。

宏邈　《宗室列传附史臣语》P1114：安平风度宏邈,器宇高雅,内弘道义,外阐忠贞。

谓气度恢宏,识见深远。

高雅,指高超雅正。与"平庸邪恶"相对。

简素　《宗室列传附史臣语》P1114：高密风监清远,简素寡欲,孝以承亲,忠以奉上,方诸枝庶,实谓国桢。

简约朴素。

芜梗　《宗室列传附史臣语》P1114：值王室多难,中原芜梗,表义甄节,效绩艰危。

荒芜阻塞。

艰危,指艰难危急。

矜满　《宣五王列传附琅琊王伷》P1121：伷既戚属尊重,加有平吴之功,克己恭俭,无矜满之色,僚吏尽力,百姓怀化。

骄傲自满。

严刻　《宣五王列传附新野庄王歆》P1126：歆为政严刻,蛮夷并怨。

严厉苛刻。

恭慎 《宣五王列传附梁王肜》P1127：梁孝王肜，字子徽。清修恭慎，无他才能，以公子封平乐亭侯。

谦恭谨慎。

平允 《文六王列传附齐王攸》P1130：及长，清和平允，亲贤好施，爱经籍，能属文，善尺牍，为世所楷。

谓性情平易。

逋慢 《文六王列传附齐王攸》P1131：常叹公府不案吏，然以董御戎政，复有威克之宜，乃下教曰："夫先王驭世，明罚敕法，鞭扑作教，以正逋慢。"

怠慢不敬；不遵法令。

危笃 《文六王列传附齐王攸》P1133：先是太后有疾，既瘳，帝与攸奉觞上寿，攸以太后前疾危笃，因歔欷流涕，帝有愧焉。

谓病势危急。

忠允 《文六王列传附齐王攸》P1134：侍中、司空、齐王攸，明德清畅，忠允笃诚。

忠诚公允。

拘介 《王沈列传》P1144：今使教命班下，示以赏劝，将恐拘介之士，或惮赏而不言；贪赇之人，将慕利而妄举。

守正耿介。

冷热 《王沈列传》P1144：冰炭不言，而冷热之质自明者，以其有实也。

冷和热。

优闲 《王沈列传》P1145：将吏子弟，优闲家门，若不教之，必致游戏，伤毁风俗矣。

亦作"优闲"。闲逸，安闲。

清粹 《王沈列传》P1145：故散骑常侍、骠骑将军、博陵元公沈蹈礼居正，执心清粹，经纶坟典，才识通洽。

清高纯正。

殷烦 《王沈列传附王浚》P1148：浚为政苛暴，将吏又贪残，并广占山泽，引水灌田，溃陷冢墓，调发殷烦，下不堪命，多叛入鲜卑。

繁杂。

矜豪 《王沈列传附王浚》P1149：（浚）以矜豪日甚，不亲为政，所任多苛刻；加亢旱灾蝗，士卒衰弱。

倨傲豪纵。

清纯 《荀顗列传》P1151：诏曰："侍中、太尉、行太子太傅、临淮公顗，清纯

第三章 《晋书》复音词的结构

体道,忠允立朝,历司外内,茂绩既崇,训傅东宫,徽猷弘著,可谓行归于周,有始有卒者矣。"

清正纯洁。

<u>壅否</u> 《荀顗列传》P1155:凡发号施令,典而当则安,傥有驳者,或致壅否。

阻塞不通。三国蜀诸葛亮《为后帝伐魏诏》:"六合壅否,社稷不建。"晋荀勖《省官议》:"凡发号施令典而当则安,倘有驳者,或致壅否。"

<u>真粹</u> 《荀勖列传附荀闿》P1159:帝以语庾亮,亮曰:"邃真粹之地,亦闿所不及。"

谓品行高超。

<u>夷雅</u> 《荀勖列传附荀组》P1159:(组)弱冠,太尉王衍见而称之曰:"夷雅有才识。"

平和娴雅。

<u>清重</u> 《荀勖列传附荀组》P1160:循曰:"组旧望清重,忠勤显著,迁训五品,实允众望。"

犹清贵。

<u>明远</u> 《贾充列传》P1168:侍中、守尚书令、车骑将军贾充,雅量弘高,达见明远,武有折冲之威,文怀经国之虑,信结人心,名震域外。

透彻而深刻。

<u>令淑</u> 《贾充列传》P1168:俄而侍宴,论太子婚姻事,勖因言充女才质令淑,宜配储宫。

谓德行善美。

<u>愧愕</u> 《贾充列传》P1172:充甚愧愕,遣黄门将宫人扶去。

羞惭惊愕。

<u>劲捷</u> 《贾充列传》P1173:寿劲捷过人,踰垣而至,家中莫知,惟充觉其女悦畅异于常日。

敏捷有力。

悦畅,和畅;欢畅。

<u>昏丧</u> 《贾充列传》P1175:充忽然得还营,颜色憔悴,性理昏丧,经日乃复。

昏乱而丧生。

<u>明远</u> 《杨骏列传》P1177:侍中、车骑将军、行太子太保,领前将军杨骏,经德履喆,鉴识明远,毗翼二宫,忠肃茂著,宜正位上台,拟迹阿衡。

透彻而深刻。

<u>雅正</u> 《杨骏列传》P1182:赞曰:公闾便佞,心乖雅正。

方正。

4. 副词

中古汉语词汇中,副词发展、增量十分明显,新生的复音副词中,总括副词就有很多,比如"都""悉""咸""皆""一"组合。

<u>都总</u> 《刑法志》P924:是以后人稍增,更与本体相离。今制新律,宜都总事类,多其篇条。

"都总"本为动词,囊括、包罗之义。

<u>仍臻</u> 《康献褚皇后列传》P976:群臣启曰:"王室多故,祸艰仍臻,国忧始周,复丧元辅,天下惘然,若无攸济。"

即频频、一再;接连不断。《墨子·尚同中》:"飘风苦雨,荐臻而至者,此天之降罚也。"孙诒让间诂:"荐、臻同。《毛诗·大雅·节南山》传云:'荐,重也。'《尔雅·释诂》云:'臻、仍,乃也。''仍'与'重'义亦同。《易·坎》:'象:水荐至。'《释文》引京房'荐'作'臻'。"

<u>咸总</u> 《郭璞列传》P1905:龙德时乘,群才云骇,蔼若邓林之会逸翰,烂若溟海之纳奔涛,不烦咨嗟之访,不假蒲帛之招,羁九有之奇骏,咸总之于一朝,岂惟丰沛之英,南阳之豪!

<u>皆悉</u> 《石苞列传附石崇》P1006:窃谓泰始之初,及平吴论功,制度名牒,皆悉具存。

<u>尽皆</u> 《诸葛长民列传》P2213:明旦,长民闻之,惊而至门,裕伏壮士丁旿于幕中,引长民进语,素所未尽皆说焉。

<u>咸皆</u> 《刘寔列传》P1191:在朝之士相让于上,草庐之人咸皆化之,推贤让能之风从此生矣。

<u>一皆</u> 《范阳康王绥列传附司马虓》P1100:臣愚以为宜委太宰以关右之任,一方事重,及自州郡而下,选举授任,一皆仰成。

<u>悉皆</u> 《吕纂载记》P3065:众素惮纂,悉皆溃散。

(二) 偏正式

偏正式是两个词根语素之间具有修饰和被修饰的关系,可分为定心关系和状谓关系两种,主要有名词、动词和形容词。

1. 名词

<u>皇极</u> 《后妃列传序》P947:若乃作配皇极,齐体紫宸,象玉床之连后星,喻金波之合羲璧。

指皇室。

紫宸,借指帝王、帝位。

金波,借指月亮。

履端　《后妃列传序》P947:后烛流景,所以裁其宴私,房乐希声,是用节其容止。履端正本,抑斯之谓欤!

泛指事物的开始。

柔范　《后妃列传序》P948:若乃娉纳有方,防闲有礼,肃尊仪而修四德,体柔范而弘六义,阴教洽于宫闱,淑誉腾于区域。

犹阃范、闺范。

淑誉,指美好的声誉。

鼎祚　《后妃列传序》P948:则玄云入户,上帝锡母萌之符;黄神降征,坤灵赞寿丘之道,终能鼎祚惟永,胤嗣克昌。

犹国祚,国运。

肜史　《后妃列传序》P948:永言肜史,大练之范逾微;缅视青蒲,脱珥之猷替矣。

指记载宫闱生活的宫史。

老物　《宣穆张皇后列传》P949:帝尝卧疾,后往省病。帝曰:"老物可憎,何烦出也!"

詈词。用于称老人。

事端　《文明王皇后列传》P950:时钟会以才能见任,后每言于帝曰:"会见利忘义,好为事端,宠过必乱,不可大任。"

纠纷;乱子。

素业　《文明王皇后列传》P950:后虽处尊位,不忘素业,躬执纺绩,器服无文,御浣濯之衣,食不参味。

清白的操守。

世胄　《文明王皇后列传》P951:帝以后母羊氏未崇谥号,泰始三年下诏曰:"……故卫将军、兰陵景侯夫人羊氏,含章体顺,仁德醇备,内承世胄,出嫔大国,三从之行,率礼无违。"

世家子弟;贵族后裔。

家道　《文明王皇后列传》P951:仍遭不造,频丧统嗣,抚育众胤,克成家道。

家业;家境。

时望　《文明王皇后列传》P951:内叙嫔御,外协时望。

当时的声望。

灵晖　《文明王皇后列传》P952:哀哀皇妣,永潜灵晖。进攀梓宫,顾援素旗。

指灵秀之气,精英之气。

遗旨 《文明王皇后列传》P952:其后帝追慕不已,复下诏曰:"外曾祖母故司徒王郎夫人杨氏,舅氏尊属,郑、刘二从母,先后至爱。每惟圣善,敦睦遗旨,渭阳之感,永怀靡及。"

遗言;遗嘱。

德声 《武元杨皇后列传》P954:缉熙阴教,德声显扬。昔我先妣,晖曜休光。

指美好的声誉。

遗芳 《武元杨皇后列传》P954:后承前训,奉述遗芳。宜嗣徽音,继序无荒。

比喻前人留下的盛德美名。

阶庭 《武元杨皇后列传》P954:宫闱邈密,阶庭空虚。设祖布绋,告驾启涂。

台阶前的庭院。

哀感 《武元杨皇后列传》P954:祁祁同轨,岌岌烝徒。孰不云怀,哀感万夫。

悲伤的感情。

旧耆 《武悼杨皇后列传》P956:时博咨旧耆,以定昭穆,与故骠骑将军华恒、尚书荀崧、侍中荀邃因旧谱参论撰次,尊号之重,一无改替。

耆旧;老臣,旧臣。

往代 《武悼杨皇后列传》P957:和帝以奉事十年,义不可违,臣子之道,务从丰厚,仁明之称,表于往代。

犹往古。

妙像 《武悼杨皇后列传附左贵嫔》P957:不见图画之妙像兮,不闻先哲之典谟。

亦作"妙象",微妙的景象。

哀感 《武悼杨皇后列传附左贵嫔》P958:惟屈原之哀感兮,嗟悲伤于离别。

悲伤的感情。

中闱 《武悼杨皇后列传附左贵嫔》P958:昔有莘适殷,姜姒归周,宣德中闱,徽音永流。

后妃所居的内宫。

翰林 《武悼杨皇后列传附左贵嫔》P959:何用存思,不忘德音。何用纪述?托辞翰林。

谓文翰荟萃之所,犹词坛文苑。

<u>幽室</u> 《武悼杨皇后列传附左贵嫔》P960:庭宇遏密,幽室增阴。空设帏帐,虚置衣衾。

墓穴。

<u>精爽</u> 《武悼杨皇后列传附左贵嫔》P960:人亦有言,神道难寻。悠悠精爽,岂浮岂沈。

魂魄。

<u>灵舆</u> 《武悼杨皇后列传附左贵嫔》P960:仲秋之晨,启明始出。星陈凤驾,灵舆结驷。

即灵车。

<u>方相</u> 《武悼杨皇后列传附左贵嫔》P960:方相仡仡,旌旐翻翻。挽童引歌,白骥鸣辕。

上古传说中驱除疫鬼和山川精怪的神灵。《晋书·庾翼传》:"翼如厕,见一物如方相,俄而疽发背。"古代民间多以人扮演或以竹纸扎制"方相",用于某种场合以驱疫避邪。为上古方相氏之遗制。

<u>灵丘</u> 《武悼杨皇后列传附左贵嫔》P961:逼彼礼制,惟以增忧。去此素衣,结恋灵丘。

对祖墓的敬称。丘,丘墓。

<u>中畿</u> 《武悼杨皇后列传附左贵嫔》P962:瞵䁓沾濡,柔润中畿。长享丰年,福禄永绥。

王畿,京都管辖的地区。《晋书·桓温列传》:"廓清中畿,光复旧业。"《资治通鉴·晋哀帝隆和元年》引此文,胡三省注:"中畿,王畿也。《周礼》九畿,王畿方千里,其外侯、甸、男、采、卫、蛮、夷、镇、蕃,皆以五百里言之。王畿在九畿之中,故曰中畿。"

<u>宿憾</u> 《惠贾皇后列传》P964:繇密欲废后,贾氏惮之。及太宰亮、卫瓘等表繇徙带方,夺楚王中候,后知玮怨之,乃使帝作密诏令玮诛瓘、亮,以报宿憾。

旧日结下的仇恨。

<u>香汤</u> 《惠贾皇后列传》P965:问此是何处,云是天上,即以香汤见浴,好衣美食将入。

调有香料的热水。

<u>宽令</u> 《惠贾皇后列传》P965:及河东公主有疾,师巫以为宜施宽令,乃称诏大赦天下。

宽厚的法令。

门禁　《惠羊皇后列传》P967：羊庶人门户残破，废放空宫，门禁峻密，若绝天地，无缘得与奸人构乱。

门口的戒备防范。

暗夫　《惠羊皇后列传》P967：后曰："胡可并言？陛下开基之圣主，彼亡国之暗夫，有一妇一子及身三耳，不能庇之，贵为帝王，而妻子辱于凡庶之手。"

昏庸愚昧的人。

淑姿　《惠羊皇后列传附谢夫人》P967：谢夫人，名玖。家本贫贱，父以屠羊为业。玖清惠贞正而有淑姿，选入后庭为才人。

优美的体态；美好的姿容。

华宗　《元夏侯太妃列传》P967：（元夏侯太妃）妃生自华宗，幼而明慧。

犹贵族。

悯凶　《元敬虞皇后列传附豫章君》P972：诏曰："朕少遭悯凶，慈训无禀，抚育之勤，建安君之仁也。"

指父母之丧。

慈训，母或父的教诲。

闺房　《明穆庾皇后列传》P972：履信思顺，以成肃雝之道；正位闺房，以著协德之美。

借指妇女、妻室。

先志　《明穆庾皇后列传》P972：是以追述先志，不替旧命，使使持节兼太尉授皇后玺绶。

先人的遗志。

素柰　《成恭杜皇后列传》P974：先是，三吴女子相与簪白花，望之如素柰，传言天公织女死，为之着服，至是而后崩。

后因以簪素柰花为哀悼皇后的典故。

诞哲　《康献褚皇后列传》P975：领司徒蔡谟等上奏曰："嗣皇诞哲岐嶷，继承天统，率土宅心，兆庶蒙赖。"

犹大圣、大智。

群情　《康献褚皇后列传》P975：先后允恭谦抑，思顺坤道，所以不距群情，固为国计。

群众的情绪、民意。

前母　《康献褚皇后列传》P975：有司奏，谢夫人既封，荀、下二夫人亦应追赠，皆后之前母也。

继室所生的子女对父亲前妻的称呼。

第三章 《晋书》复音词的结构

余齿 《康献褚皇后列传》P976：未亡人永归别宫，以终余齿。仰惟家国，故以一言托怀。
余年。

元辅 《康献褚皇后列传》P976：群臣启曰："王室多故，祸艰仍臻，国忧始周，复丧元辅，天下惘然，若无攸济。"
重臣。

混元 《穆章何皇后列传》P977：升平元年八月，下玺书曰："皇帝咨前太尉参军何琦：混元资始，肇经人伦，爰及夫妇，以奉天地宗庙社稷。"
谓开天辟地之时，形容极古远的时代。

陋族 《康献褚皇后列传》P978：琦答曰："前太尉参军、都乡侯粪土臣何琦稽首顿首再拜。皇帝嘉命，访婚陋族，备数采择。"
门望低微的家族。

常理 《康献褚皇后列传》P978：玄闻而怒曰："天下禅代常理，何预何氏女子事耶！"
通常的道理。

佳对 《简文宣郑太后列传》P979：帝因从容谓刘隗曰："郑氏二妹，卿可为求佳对，使不失旧。"
佳偶，美好的配偶。

圣明 《简文宣郑太后列传》P980：太元十九年，孝武帝下诏曰："会稽太妃文母之德，徽音有融，诞载圣明，光延于晋。"
皇帝的代称。

朝议 《简文宣郑太后列传》P980：先帝追尊圣善，朝议不一，道以疑屈。
指朝廷的评议、决议。

侪类 《孝武文李太后列传》P981：后数梦两龙枕膝，日月入怀，意以为吉祥，向侪类说之，帝闻而异焉，遂生孝武帝及会稽文孝王、鄱阳长公主。
同辈；同类的人。

嘉祚 《孝武文李太后列传》P981：十九年，会稽王道子启："母以子贵，庆厚礼崇。伏惟皇太妃纯德光大，休佑攸钟，启嘉祚于圣明，嗣徽音于上列。"
谓王业之福。

凶仪 《孝武文李太后列传》P982：于是设庐于西堂，凶仪施于神兽门，葬修平陵，神主祔于宣太后庙。
丧葬礼仪。

淑令 《孝武定王皇后列传》P982：既而访蕴女，容德淑令，乃举以应选。

美丽。

灵根 《孝武定王皇后列传》P982：然后品物流形,彝伦攸叙,灵根长固,本枝百世。

对祖先的敬称。

乾元 《孝武定王皇后列传》P983：且盛德之胄,美善先积。臣等参议,可以配德乾元,恭承宗庙,徽音六宫,母仪天下。

指帝王。

圆舒 《后妃列传下附史臣语》P984：史臣曰：方祇体安,俪干仪而合德；圆舒循晷,配羲曜以齐明。

圆月。舒,望舒,为月神驾车之神,用为月亮的代称。

阴沴 《后妃列传下附史臣语》P984：武元杨氏预闻朝政,明不逮远,爱溺私情,深杜卫瓘之言,不晓张泓之诈,运其阴沴,韬映干明,晋道中微,基于是矣。

指天地四时阴气不和而产生的灾害。

枭心 《后妃列传下附史臣语》P984：南风肆狡,扇祸稽天。初践椒宫,逞枭心于长乐。

凶心；野心。

鸩羽 《后妃列传下附史臣语》P984：方观梓树,颁鸩羽于离明。

鸩鸟的羽毛。浸酒有毒,饮之立死。借指毒酒。

孝感 《王祥列传》P987：乡里惊叹,以为孝感所致焉。

旧谓孝行的感应。

故吏 《王祥列传》P990：祥之薨,奔赴者非朝廷之贤,则亲亲故吏而已,门无杂吊之宾。

原来的属吏。

至行 《王祥列传》P991：咸宁初,诏曰："览少笃至行,服仁履义,贞素之操,长而弥固。其以览为宗正卿。"

卓绝的品行。

耆训 《郑冲列传》P993：朕昧于政道,庶事未康,挹仰耆训,导扬厥蒙,庶赖显德,缉熙有成。

耆宿的教诲。

太和 《郑冲列传》P993：公宜颐精养神,保卫太和,以究遐福。

人的精神、元气；平和的心理状态。

老年 《何曾列传》P997：曾以老年,屡乞逊位。

老迈之年。

第三章 《晋书》复音词的结构

雅志 《何曾列传》P997：虽欲成人之美，岂得遂其雅志，而忘翼佐之益哉！
平素的意愿。

姿望 《何曾列传附何劭》P998：劭雅有姿望，远客朝见，必以劭侍直。
优美的风度。

禁物 《何曾列传附何遵》P999：性亦奢忲，役使御府工匠作禁物，又鬻行器，为司隶刘毅所奏，免官。
禁止使用的器服装饰等物品。

清官 《何曾列传附何崇》P1000：少历清官，领著作郎。
清贵的官职。

御隶 《石苞列传》P1000：苞曰："御隶也，何卿相乎？"
皇帝的近侍。

远量 《石苞列传》P1000：叹苞远量，当至公辅，由是知名，见吏部郎许允，求为小县。
远大的器量。

妙算 《石苞列传》P1001：是以齐桓忘管仲之奢僣，而录其匡合之大谋；汉高舍陈平之污行，而取其六奇之妙算。
神妙的谋划。

秽行 《石苞列传》P1004：苞遂废之，终身不听仕。又以有秽行，徙顿丘，与弟崇同被害。
丑恶的行为；放荡的行为。

清显 《石苞列传附石崇》P1005：崇自表曰："臣兄统以先父之恩，早被优遇，出入清显，历位尽勤。"
清要显达的官位。

天听 《石苞列传附石崇》P1005：近为扶风王骏横所诬谤，司隶中丞等飞笔重奏，劾案深文，累尘天听。臣兄弟局蹐，忧心如悸。
帝王的听闻。

灵鉴 《石苞列传附石崇》P1005：幸赖陛下天听四达，灵鉴昭远，存先父勋德之重，察臣等勉励之志。
英明的识见。

凡才 《石苞列传附石崇》P1005：臣以凡才，累荷显重，不能负载析薪，以答万分。
平庸的才能。

皇灵 《石苞列传附石崇》P1006：崇与散骑郎蜀郡何攀共立议，奏于惠帝曰:"陛下圣德光被,皇灵启祚,正位东宫,二十余年,道化宣流,万国归心。"

指天帝。

后房　《石苞列传附石崇》P1007:后房百数,皆曳纨绣,珥金翠。

姬妾的代称。

熟末　《石苞列传附石崇》P1007:答云:"豆至难煮,豫作熟末,客来,但作白粥以投之耳。韭萍齑是捣韭根杂以麦苗耳。牛奔不迟,良由驭者逐不及反制之,可听蹁辕则駃矣。"

指煮得烂熟的食物。

右族　《石苞列传附欧阳建》P1009:欧阳建字坚石,世为冀方右族。雅有理思,才藻美赡,擅名北州。

豪门大族。

道素　《羊祜列传》P1014:寻遭母忧,长兄发又卒,毁慕寝顿十余年,以道素自居,恂恂若儒者。

指纯朴的德行。

诡计　《羊祜列传》P1015:吴石城守去襄阳七百余里,每为边害,祜患之,竟以诡计令吴罢守。

奇计。

恩诏　《羊祜列传》P1015:祜上表固让曰:"臣伏闻恩诏,拔臣使同台司。臣自出身以来,适十数年,受任外内,每极显重之任。"

帝王降恩的诏书。

谠议　《羊祜列传》P1019:其嘉谋谠议,皆焚其草,故世莫闻。

刚直的议论;直言不讳的议论。

白士　《羊祜列传》P1020:以白士而居重位,何能不以盛满受责乎!疏广是吾师也。

犹寒士。清贫的读书人。

胜士　《羊祜列传》P1020:尝慨然叹息,顾谓从事中郎邹湛等曰:"自有宇宙,便有此山。由来贤达胜士,登此远望,如我与卿者多矣!"

佳士、才识过人者。

盛轨　《羊祜列传》P1021:混一六合,以兴文教,则主齐尧舜,臣同稷契,为百代之盛轨。

美好的典范。

显烈　《羊祜列传》P1021:当终显烈,永辅朕躬,而奄忽殂陨,悼之伤怀。

昭著的功业。

庙略　《羊祜列传》P1023：策曰："……祜受任南夏，思静其难，外扬王化，内经庙略，著德推诚，江汉归心，举有成资，谋有全策。"

朝廷的谋略。

成资，指现成的基业。

全策，指完善的计策方略。

物理　《杜预列传》P1026：夫宜尽物理，神而明之，存乎其人。去人而任法，则以伤理。

事物的道理、规律。

清议　《杜预列传》P1027：监司将亦随而弹之。若令上下公相容过，此为清议大颓，亦无取于黜陟也。

对时政的议论；社会舆论。

宿憾　《杜预列传》P1027：司隶校尉石鉴以宿憾奏预，免职。

旧日结下的仇恨。

盐运　《杜预列传》P1027：又作人排新器，兴常平仓，定谷价，较盐运，制课调，内以利国外以救边者五十余条，皆纳焉。

食盐的运输。

农要　《杜预列传》P1028：预上疏多陈农要，事在《食货志》。

农业生产的要务。

异端　《杜预列传》P1029：昔汉宣帝议赵充国所上，事效之后，诘责诸议者，皆叩头而谢，以塞异端也。

犹异志，离心。

谱第　《杜预列传》P1031：又参考众家谱第，谓之《释例》。

记述宗族世系或同类事物历代系统的书。

儒风　《杜预列传附史臣语》P1033：杜预不有生知，用之则习，振长策而攻取，兼儒风而转战。

儒家的传统、风尚。

称绩　《陈骞列传》P1035：起家尚书郎，迁中山、安平太守，并著称绩。

可称颂的政绩。

元勋　《陈骞列传》P1036：赐衮冕之服，诏曰："骞元勋旧德，统乂东夏，方弘远绩，以一吴会，而所苦未除，每表恳切。"

有极大功绩的人。

勋旧　《陈骞列传》P1037：帝以其勋旧耆老，礼之甚重。又以骞有疾，听乘舆上殿。

亦作"勋旧"。有功勋的旧臣。

检正 《陈骞列传附陈舆》P1037：舆虽无检正，而有力致。

端正的操行。

鼎味 《裴秀列传》P1038：诚宜弼佐谟明，助和鼎味，毗赞大府，光昭盛化。

相传商武丁问傅说如何治理国家，傅以如何调鼎中之味对。后以"鼎味"指国政。

天表 《裴秀列传》P1038：秀后言于文帝曰："中抚军人望既茂，天表如此，固非人臣之相也。"

指天子的仪容。

明命 《裴秀列传》P1039：朕受明命，光佐大业，勋德茂著，配踪元凯。宜正位居体，以康庶绩。

特指帝王的命令，诏旨。

蜀土 《裴秀列传》P1040：蜀土既定，六军所经，地域远近，山川险易，征路迂直，校验图记，罔或有差。

旧称今之四川。

征路 例句同上。

征途；行程。

他方 《裴秀列传》P1040：有分率而无准望，虽得之于一隅，必失之于他方。

别处；他乡。

绝域 《裴秀列传》P1040：故虽有峻山钜海之隔，绝域殊方之迥，登降诡曲之因，皆可得举而定者。

与外界隔绝之地。

遗孤 《裴秀列传附裴頠》P1041：贾充即頠从母夫也，表"秀有佐命之勋，不幸嫡长丧亡，遗孤稚弱"。

死者遗留下来的孤儿。

国嗣 《裴秀列传附裴頠》P1041：頠才德英茂，足以兴隆国嗣。

皇位继承人。

医术 《裴秀列传附裴頠》P1042：頠通博德闻，兼明医术。

医疗技术。

清言 《裴秀列传附裴頠》P1042：乐广尝与頠清言，欲以理服之，而頠辞论丰博，广笑而不言。

指魏晋时期何晏、王衍等崇尚《老》《庄》，摈弃世务，竞谈玄理的风气。

雅望 《裴秀列传附裴頠》P1043：頠虽后之亲属，然雅望素隆，四海不谓之以亲戚进也,惟恐其不居位。

清高的名望。

皇极 《裴秀列传附裴頠》P1043:时以陈准子匡、韩蔚子嵩并侍东宫,頠谏曰:"东宫之建,以储皇极。"

指皇位。

遐风 《裴秀列传附裴頠》P1043:东宫实体凤成之表,而今有童子侍从之声,未是光阐遐风之弘理也。

影响深远之教化。指仁义道德之类。

物务 《裴秀列传附裴頠》P1044:至王衍之徒,声誉太盛,位高势重,不以物务自婴,遂相仿效,风教陵迟,乃著崇有之论以释其蔽。

事务。

宗极 《裴秀列传附裴頠》P1044:夫总混群本,宗极之道也。

引申指至理,根源。

玄妙 《裴秀列传附裴頠》P1045:是以立言藉于虚无,谓之玄妙;

指魏晋时代清谈的玄理。

廉操 《裴秀列传附裴頠》P1045:奉身散其廉操,谓之旷达。

清廉的节操。

精义 《裴秀列传附裴頠》P1047:王衍之徒攻难交至,并莫能屈。又著《辩才论》,古今精义皆辨释焉,未成而遇祸。

精深微妙的义理。

朝望 《裴秀列传附裴頠》P1047:伦又潜怀篡逆,欲先除朝望,因废贾后之际遂诛之,时年三十四。

指朝廷中有威望的大臣。

时类 《裴秀列传附裴楷》P1049:及转东宫,班在时类之下,安于淡退,有识有以见其心也。

时人。

世物 《裴秀列传附裴宪》P1050:陈郡谢鲲、颍川庾敳皆俊郎士也,见而奇之,相谓曰:"裴宪鲠亮宏达,通机识命,不知其何如父;至于深弘保素,不以世物婴心者,其殆过之。"

犹言世事。

干绩 《裴秀列传附裴宪》P1051:宪历官无干绩之称,然在朝玄默,未尝以物务经怀。

优异的业绩。

物务,事务。

深交 《裴秀列传附裴宪》P1052:元帝为安东将军,以邵为长史,王导为司马,二人相与为深交。

犹挚友。

玄理 《裴秀列传附裴宪》P1052:绰子遐,善言玄理,音辞清畅,泠然若琴瑟。
精微的义理;深奥的道理。

清规 《裴秀列传附史臣语》P1053:颇有清规,承家来媚。
谓供人遵循的规范。

官军 《卫瓘列传》P1056:若来赴官军,爵赏如先;敢有不出,诛及三族。
旧称政府的军队。

解舍 《卫瓘列传》P1056:俄而会至,乃悉请诸将胡烈等,因执之,囚益州解舍,遂发兵反。
官府,官舍。

道业 《卫瓘列传》P1058:中间渐染,遂计资定品,使天下观望,唯以居位为贵,人弃德而忽道业,争多少于锥刀之末,伤损风俗,其弊不细。
谓善行、美德。因其可以化导他人,故称。

九域 《卫瓘列传》P1058:今九域同规,大化方始,臣等以为宜皆荡除末法,一拟古制,以土断,定自公卿以下,皆以所居为正,无复悬客远属异土者。
九州。《文选·潘勖〈册魏公九锡文〉》:"绥爰九域,罔不率俾。"李善注:"薛君曰:九域,九州也。"

遗迹 《卫瓘列传附卫恒》P1062:信黄唐之遗迹,为六艺之范先。
犹遗墨。

范先　例句同上
规模格局的开创。

物象 《卫瓘列传附卫恒》P1062:睹物象以致思,非言辞之可宣。
物体的形象;事物的现象。

作者 《卫瓘列传附卫恒》P1064:喜文德之弘懿,愠作者之莫刊。
指从事文章撰述或艺术创作的人。

笔势 《卫瓘列传附卫恒》P1065:崔氏甚得笔势,而结字小疏。
书画文章的意态和气势。

令望 《卫瓘列传附卫恒》P1067:简曰:"昔戴叔鸾嫁女,唯贤是与,不问贵贱,况卫氏权贵门户令望之人乎!"
引申指美好的名声。

第三章 《晋书》复音词的结构

云际 《张华列传》P1069：雕鹗介其觜距，鹄鹭轶于云际，鹞鸡窜于幽险，孔翠生乎遐裔，彼晨凫与归雁，又矫翼而增逝，咸美羽而丰肌，故无罪而皆毙；徒衔芦以避缴，终为戮于此世。

云中。言其高远。《文选·曹植〈七启〉》："游心无方，抗志云际。"李周翰注："云际，言高也。"

精芒 《张华列传》P1075：大盆盛水，置剑其上，视之者精芒炫目。

光芒。

辞义 《张华列传》P1077：前以华弼济之功，宜同封建，而华固让至于八九，深陈大制不可得尔，终有颠败危辱之虑，辞义恳诚，足劝远近。

偏指文义。

重望 《安平献王孚列传附竟陵王楙》P1089：长史王修说曰："东海宗室重望，今将兴义，公宜举徐州以授之，此克让之美也。"

崇高的声望。

丑言 《彭城穆王权列传附司马纮》P1093：后疾甚，驰骋无度，或攻劫军寺，或扦伤官属，丑言悖詈，诽谤上下。

恶语，难听的话。

茂亲 《彭城穆王权列传附司马纮》P1093：成帝诏曰："王以明德茂亲，居宗师之重，宜敷道养德，静一其操。"

古时多指皇室宗亲。茂，言其美盛。

定问 《高密文献王泰列传》P1094：且夜中仓卒，宜遣人参审定问。

确切的消息。问，消息音信。

文义 《高密文献王泰列传附司马保》P1098：保字景度，少有文义，好述作。

文辞。

体质 《范阳康王绥列传》P1100：保体质丰伟，尝自称重八百斤。

指形体。

皇家 《范阳康王绥列传》P1101：臣等竭力扞城，藩屏皇家，陛下垂拱，而四海自正。

皇室。亦指王朝。

上流 《谯刚王逊列传附闵王承》P1104：帝欲树藩屏，会敦表以宣城内史沈充为湘州，帝谓承曰："湘州南楚险固，在上流之要，控三州之会，是用武之国也。"

指河流的上游地区。

歧路 《谯刚王逊列传附闵王承》P1106：伯仁诸贤，扼腕歧路，至止尚浅，凡

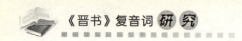

百茫然。

从大路上分出来的小路；岔路。

英算 《谯刚王逊列传附闵王承》P1106：猥辱来使，深同大趣；嘉谋英算，发自深衷。

英明的谋划。

深衷，内心；衷情。

款怀 《谯刚王逊列传附司马休之》P1111：司马平西体国忠贞，款怀待物。

诚意。

藩翰 《宗室列传附史臣语》P1114：史臣曰：泰始之初，天下少事，革魏余弊，遵周旧典，并建宗室，以为藩翰。

喻指藩国。

历纪 《宗室列传附史臣语》P1114：诸父同虞虢之尊，兄弟受鲁卫之祉，以为历纪长久，本支百世。

经历的世代。《文选·史岑〈出师颂〉》："历纪十二，天命中易。"李善注："《汉书》曰：'汉起元高祖，终于孝平王莽之诛，十有二世也。'"

清徽 《宗室列传附史臣语》P1114：故能位班上列，享年眉寿，清徽至范，为晋宗英，子孙遵业，世笃其庆。

犹清操。

国桢 《宗室列传附史臣语》P1114：高密风监清远，简素寡欲，孝以承亲，忠以奉上，方诸枝庶，实谓国桢。

国家的支柱，喻能负国家重任的人才。

朝寄 《宗室列传附史臣语》P1115：仍荷朝寄，推毂梁岷，遂弃亲背主，负恩放命。

朝廷的委托。

凶渠 《宗室列传附史臣语》P1115：昔汲黯犹在，淮南寝谋，周抚若存，凶渠未发，以邪忌正，异代同规。

凶徒的首领；元凶。

弘规 《宗室列传史臣语》P1115：习阳凭庆枝叶，守约怀逸，栖情尘外，希踪物表，顾匹夫之独善，贵达节之弘规，言出身播，犹为幸也。

宏谟。

俊望 《宣五王列传附扶风王骏》P1124：及长，清贞守道，宗室之中最为俊望。

美好的声望。谓才智出众，使人敬仰。

第三章 《晋书》复音词的结构

遗弊 《文六王列传附齐王攸》P1132：又都邑之内，游食滋多，巧伎末业，服饰奢丽，富人兼美，犹有魏之遗弊，染化日浅，靡财害谷，动复万计。
前朝遗留的弊病。

谀言 《文六王列传附齐王攸》P1133：谀言乱真，潛润离亲，骊姬之谗，晋侯疑申。
谄媚的话。

朝望 《文六王列传附齐王攸》P1133：勖等以朝望在攸，恐其为嗣，祸必及己，乃从容言于帝曰："陛下万岁之后，太子不得立也。"
朝廷的人望；在朝廷的威望。

废痼 《文六王列传附乐平王延祚》P1138：幼得笃疾，日冀其差，今遂废痼，无复后望，意甚伤之。
不治之疾。

雅俗 《文六王列传附乐平王延祚》P1138：齐王以两献之亲，弘二南之化，道光雅俗，望重台衡，百辟具瞻，万方属意。
指雅正的风气。

凶魁 《文六王列传赞》P1139：澹诒凶魁，肜参衅始。
元凶。

明识 《荀勖列传》P1153：举世伏其明识。
高明的见识。

异说 《荀勖列传》P1155：去奇技，抑异说，好变旧以徼非常之利者必加其诛，则官业有常，人心不迁矣。
邪说；非正统的言论。

愚怀 《荀勖列传》P1155：然施行历代，世之所习，是以久抱愚怀而不敢言。
谦指己见。

天序 《荀勖列传》P1156：太康中诏曰："勖明哲聪达，经识天序，有佐命之功，兼博洽之才。"
上天安排的顺序；自然的顺序。

悦色 《冯紞列传》P1162：承颜悦色，宠爱日隆，贾充、荀勖并与之亲善。
显示着令人愉悦的颜色。

藏户 《冯紞列传史臣语》P1163：纵贪夫于藏户，戮高士于燕垂，阻越石之内难，邀世龙之外府。
仓库的出入口。

达见 《贾充列传》P1168：侍中、守尚书令、车骑将军贾充，雅量弘高，达见明远,武有折冲之威,文怀经国之虑,信结人心,名震域外。

见识通达。

<u>国嗣</u>　《贾充列传》P1175:荀勖亦宜同,然其先德小浓,故在汝后,数世之外,国嗣亦替。

皇位继承人。

<u>清望</u>　《杨骏列传附杨济》P1181:帝重兵官,多授贵戚清望,济以武艺号为称职。

指有清白名望的人或清白的望族。

<u>陋质</u>　《杨骏列传史臣语》P1182:史臣曰:贾充以谄谀陋质,刀笔常材,幸属昌辰,滥叨非据。

平庸的才能。

<u>余基</u>　《杨骏列传史臣语》P1182:逮乎贻厥,乃乞丐之徒,嗣恶稔之余基,纵奸邪之凶德。

旧址残基。

2. 动词

<u>痛悼</u>　《武元杨皇后列传》P953:泰始十年,崩于明光殿,绝于帝膝,时年三十七。诏曰:"皇后逮事先后,常冀能终始永奉宗庙,一旦殂陨,痛悼伤怀。"

沉痛哀悼。

<u>同轨</u>　《武元杨皇后列传》P954:祁祁同轨,烝烝丞徒。孰不云怀,哀感万夫。

谓同路而行。

<u>潜谋</u>　《武悼杨皇后列传》P956:尚书令、下邳王晃等议曰:"皇太后与骏潜谋,欲危社稷,不可复奉承宗庙,配合先帝。"

暗中谋划。

<u>厌劾</u>　《武悼杨皇后列传》P956:贾后又信妖巫,谓太后必诉冤先帝,乃覆而殡之,施诸厌劾符书药物。

谓用迷信的方法消灾除邪。

<u>万虑</u>　《武悼杨皇后列传附左贵嫔》P958:怀思慕之忉怛兮,兼始终之万虑。

思绪万端。

<u>多感</u>　《武悼杨皇后列传附左贵嫔》P958:怀愁戚之多感兮,患涕泪之自零。

谓易伤感;多感触。

<u>彩衣</u>　《武悼杨皇后列传附左贵嫔》P958:昔伯瑜之婉娈兮,每彩衣以娱亲。

谓孝敬、赡养父母。

第三章 《晋书》复音词的结构

流射 《武悼杨皇后列传附左贵嫔》P958：仰行云以嘘唏兮，涕流射而沾巾。
迅速流出貌。

惊寤 《武悼杨皇后列传附左贵嫔》P958：惊寤号咷，心不自聊，泣涟洏兮。
受惊动而醒来。

祇奉 《武悼杨皇后列传附左贵嫔》P959：祇奉宗庙，永言孝思。于彼六行，靡不蹈之。
敬奉。

哀号 《武悼杨皇后列传附左贵嫔》P960：潜辉梓宫，永背昭晰。臣妾哀号，同此断绝。
因悲伤而呼号痛哭。

密封 《惠贾皇后列传》P963：尽召东宫大小官属，为设宴会，而密封疑事，使太子决之，停信待反。
严密地封闭。

深忧 《惠羊皇后列传》P967：臣忝司京辇，观察众心，实以深忧，宜当含忍。
十分担忧。

祇顺 《元敬虞皇后列传》P971：太兴三年，册曰："皇帝咨前琅琊王妃虞氏：朕祇顺昊天成命，用陟帝位，悼妃夙徂，徽音潜翳，御于家邦，靡所仪刑，阴教有亏，用伤于怀。"
敬顺。

高让 《康献褚皇后列传》P975：今社稷危急，兆庶悬命，臣等章惶，一日万机，事运之期，天禄所钟，非复冲虚高让之日。
拱手相让。旧时表示推让、辞让，往往高拱其手，故称。

执守 《康献褚皇后列传》P975：岂敢执守冲闇，以违先旨。辄敬从所奏。
持守；坚持。

沈忧 《康献褚皇后列传》P976：于是居崇德宫，手诏群公曰："昔以皇帝幼冲，从群后之议，既以闇弱，又频丁极艰，衔恤历祀，沈忧在疚。"
亦作"沉忧"。深忧。

恸哭 《穆章何皇后列传》P978：路经太庙，后停舆恸哭，哀感路人。
痛哭。

出继 《简文宣郑太后列传》P979：咸和元年薨，简文帝时为琅琊王，制服重。有司以王出继，宜降所生，国臣不能匡正，奏免国相诸葛颐。
过继给别人做儿子。

诞载 《简文宣郑太后列传》P980：太元十九年，孝武帝下诏曰："会稽太妃文母之德,徽音有融,诞载圣明,光延于晋。"

诞生、出生。

惊叹 《王祥列传》P987:乡里惊叹,以为孝感所致焉。

惊讶感叹。

博究 《郑冲列传》P991:(郑冲)起自寒微,卓尔立操,清恬寡欲,耽玩经史,遂博究儒术及百家之言。

广泛深入地查考研究。

潜遁 《何曾列传》P995:虽假天威,有征无战,寇或潜遁,消引日月。

暗逃。

综核 《何曾列传》P995:曾面质籍于文帝座曰:"卿纵情背礼,败俗之人,今忠贤执政,综核名实,若卿之曹,不可长也。"

谓聚总而考核之。

豫严 《何曾列传》P996:帝既出,又过其子劭。曾先敕劭曰:"客必过汝,汝当豫严。"

预先端正仪容,以示严肃恭敬。

自足 《何曾列传附何劭》P999:然优游自足,不贪权势。

自觉满意,不苛求。

恸哭 《石苞列传》P1001:苞时奔丧,恸哭曰:"基业如此,而以人臣终乎!"

痛哭。

优遇 《石苞列传附石崇》P1005:崇自表曰:"臣兄统以先父之恩,早被优遇,出入清显,历位尽勤。"

优待。

垂察 《石苞列传附石崇》P1005:伏度圣心,有以垂察。

俯察,赐予审察。

罪黜 《石苞列传附石崇》P1005:所怀具经圣听,伏待罪黜,无所多言。

因罪被黜。

逋寇 《石苞列传附石崇》P1006:先帝决独断之聪,奋神武之略,荡灭逋寇,易于摧枯。

逃寇、流寇。

委质 《羊祜列传》P1013:沈劝就征,祜曰:"委质事人,复何容易。"

引申为臣服、归附。

忝窃 《羊祜列传》P1015:臣忝窃虽久,未若今日兼文武之极宠,等宰辅之高位也。

第三章 《晋书》复音词的结构

谦言辱居其位或愧得其名。

<u>俊辨</u> 《羊祜列传》P1017：从甥王衍尝诣祜陈事，辞甚俊辨。

亦作"俊辩"。雄辩，辩才杰出。

<u>自信</u> 《羊祜列传》P1019：孙皓恣情任意，与下多忌，名臣重将不复自信，是以孙秀之徒皆畏逼而至。

自表诚信。

<u>巧饰</u> 《杜预列传》P1026：简书愈繁，官方愈伪，法令滋章，巧饰弥多。

诈伪粉饰。

<u>嘉叹</u> 《杜预列传》P1028：预创意造成，奏上之，帝甚嘉叹焉。

赞叹。

<u>备载</u> 《裴秀列传》P1039：各不设分率，又不考正准望，亦不备载名山大川。

详细记载。

<u>痛悼</u> 《裴秀列传》P1041：诏报曰："司空薨，痛悼不能去心。又得表草，虽在危困，不忘王室，尽忠忧国。省益伤切，辄当与诸贤共论也。"

沉痛哀悼。

表草，表文的草稿。

伤切，伤得愈加剧烈。

<u>差违</u> 《裴秀列传附裴頠》P1042：此若差违，遂失神农、岐伯之正。

略违，稍违。

<u>明扬</u> 《裴秀列传附裴頠》P1043：或明扬侧陋，或起自庶族，岂非尚德之举，以臻斯美哉！

举用；选拔。

<u>静拱</u> 《裴秀列传附裴頠》P1047：陨高墉之禽，非静拱之所能捷也。

静静地拱手而坐。

<u>交至</u> 《裴秀列传附裴頠》P1047：王衍之徒攻难交至，并莫能屈。又著《辩才论》，古今精义皆辨释焉，未成而遇祸。

一齐来到。

<u>虚构</u> 《卫瓘列传》P1059：帝后知黄门虚构，欲还复主，而宣疾亡。

凭空捏造。

<u>规旋</u> 《卫瓘列传附卫恒》P1062：或守正循检，矩折规旋。

犹回旋。

<u>雅爱</u> 《张华列传》P1074：雅爱书籍，身死之日，家无余财，惟有文史溢于机箧。

127

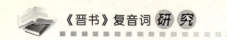

素来爱好。

机箧,指放书的箱子。引申为经书、史书。

妙达 《张华列传》P1075:华闻豫章人雷焕妙达纬象,乃要焕宿,屏人曰:"可共寻天文,知将来吉凶。"

犹精通。

枉贼 《张华列传》P1077:华之见害,俱以奸逆图乱,滥被枉贼。

无辜被害。

委离 《安平献王孚列传附河间平王洪》P1088:谓滔今未得便委离所后也。

死亡的婉辞。

曲事 《竟陵王楙列传》P1089:楙善谄谀,曲事杨骏。

曲意奉事。

罪戮 《范阳康王绥列传附司马虓》P1101:且先帝遗体,陛下群弟,自元康以来,罪戮相寻,实海内所为匈匈,而臣等所以痛心。

罪诛。

猥辱 《谯刚王逊列传附闵王承》P1106:猥辱来使,深同大趣;嘉谋英算,发自深衷。

谦辞。犹言承蒙。

流恸 《宗室列传附史臣语》P1114:洎高贵甍殂,则枕尸流恸;陈留就国,则拜辞陨涕。

悲痛地大哭。

潜害 《文六王列传附齐王攸》P1136:东莱王蕤潜怀忌妒,包藏祸心,与王舆密谋,图欲潜害。

谓进谗言伤害。

统摄 《荀勖列传附荀组》P1160:太兴初,自许昌率其属数百人渡江,给千兵百骑,组先所领仍皆统摄。

统领;总辖。

干没 《冯紞列传》P1162:及妃之将废,紞、勖干没救请,故得不废。

冒险侥幸。

克当 《贾充列传》P1167:今法律既成,始班天下,刑宽禁简,足以克当先旨。

能承当;敢当。

忠规 《贾充列传》P1168:朝之贤良欲进忠规献替者,皆幸充此举,望隆惟新之化。

128

尽心规划；忠心谋划。

谗间　《贾充列传附贾模》P1176：于是委任之情日衰，而谗间之徒遂进。

亦作"谗闲"。用谗言离间他人。

亲遇　《贾充列传附郭彰》P1176：与贾充素相亲遇，充妻待彰若同生。

指皇帝的恩遇。

相昵　《杨骏列传》P1178：弘训少府蒯钦，骏之姑子，少而相昵，直亮不回，屡以正言犯骏，珧、济为之寒心。

彼此亲昵。

3. 形容词

可憎　《宣穆张皇后列传》P949：帝尝卧疾，后往省病。帝曰："老物可憎，何烦出也！"

可恶；令人厌恶恼恨。

干明　《后妃列传下附史臣语》P984：武元杨氏预闻朝政，明不逮远，爱溺私情，深杜卫瓘之言，不晓张泓之诈，运其阴诊，韬映干明，晋道中微，基于是矣。

圣明。封建时代称颂皇帝的套语，言其英明无所不知。

直绳　《石苞列传附石崇》P1005：是以虽董司直绳，不能不深其文，抱枉含谤，不得不输其理。

正直如绳墨。

万安　《裴秀列传》P1041：时有否泰，非万安之势也。

万全。

不惠　《裴秀列传》P1041：浚庶子憬不惠，别封高阳亭侯，以浚少弟颜嗣。

不聪明，愚笨。惠，通"慧"。

神俊　《裴秀列传附裴楷》P1050：及疾笃，诏遣黄门郎王衍省疾，楷回眸瞩之曰："竟未相识。"衍深叹其神俊。

形容人才智卓越超群。

酷痛　《卫瓘列传》P1060：臣惧有司未详事实，或有纵漏，不加精尽，使公父子雠贼不灭，冤魂永恨，诉于穹苍，酷痛之臣，悲于明世。

极悲痛。

（三）动宾式

由两个词根语素组成，前一语素为动词性的，整体上与句法结构上的动宾结构相同，包括名词、动词和形容词三类。

1. 名词

通夜　《谯刚王逊列传附左贵嫔》P961：咨嗟通夜，东方云曙。百祇奉迎，我后安厝。

犹通宵。

摴蒱　《武悼杨皇后列传附胡贵嫔》P962：帝尝与之摴蒱，争矢，遂伤上指。帝怒曰："此固将种也！"

亦作"樗蒲"，古代博戏名。汉代即有之，晋时尤盛行。以掷骰决胜负，得采有卢、雉、犊、白等称，视掷出的骰色而定。其术久废。后为掷骰的泛称。

启事　《康献褚皇后列传》P977：太后诏曰："王室不幸，仍有艰屯。览省启事，感增悲叹。"

陈述事情的奏章；函件。

累载　《郑冲列传》P993：譬彼涉川，罔知攸济。是用未许，迄于累载。

累年。

积稔　《羊祜列传》P1023：中道而废，亦台辅之私恨也。履谦积稔，晚节不遂，此远近所以为之感痛者也。

犹积年。

笃终　《羊祜列传》P1023：夫笃终追远，人德归厚，汉祖不惜四千户之封，以慰赵子弟心。请议之。

古代送葬的礼制。《晋书·皇甫谧列传》："著论为葬送之制，名曰《笃终》。"

积愤　《宗室列传附史臣语》P1115：是以搢绅切齿，摅积愤之志；义士思奋，厉忘身之节。

郁积已久的悲愤或愤恨。

2. 动词

造舟　《后妃列传序》P947：是以哲王垂宪，尤重造舟之礼；诗人立言，先奖《葛覃》之训。

特指帝王迎婚。杨树达《积微居小学述林·诗造舟为梁解》："注家说'造舟'为'比舟'，其义诚是，然'造'训为'比'，古书训诂未见。余谓'造'当读为'聚'，'造舟'谓'聚合其舟'也。古音'聚'在侯部，'造'在幽部，二部音近，故'造''聚'可通作。"

挺灾　《后妃列传序》P948：则龙漦结衅，宗周鞠为黍苗。燕尾挺灾，隆汉坠其枌社矣。

招引祸殃。唐李白《鄂州刺史韦公德政碑》："孽胡挺灾，大人有作。雷霆发扬，欃枪有落。"

含辞　《后妃列传序》P948：淫荒挺性，蔑西郊之礼容；婉娈含辞，作南国之奇态。

有话要说而未说。

<u>创基</u> 《后妃列传序》P948：晋承其末,与世污隆,宣皇创基,功弘而道屈;穆后一善,绩侔于十乱。洎乎世祖,始亲选良家,既而帝掩纨扇,躬行请托。

创立基业。

<u>卧疾</u> 《宣穆张皇后列传》P949：帝尝卧疾,后往省病。帝曰:"老物可憎,何烦出也!"

卧病在床。

<u>致谢</u> 《宣穆张皇后列传》P949：后惭恚不食,将自杀,诸子亦不食。帝惊而致谢,后乃止。

表示谢罪。与今义不同。

<u>登阼</u> 《景怀夏侯皇后列传》P949：武帝登阼,初未追崇,弘训太后每以为言,泰始二年始加号谥。

即位;登上皇位。

追崇,对死者追加封号。

<u>率礼</u> 《文明王皇后列传》P951：帝以后母羊氏未崇谥号,泰始三年下诏曰:"……故卫将军、兰陵景侯夫人羊氏,含章体顺,仁德醇备,内承世胄,出嫔大国,三从之行,率礼无违。"

遵循礼法。

<u>隆化</u> 《文明王皇后列传》P951：谧静隆化,帝业以创。内叙嫔御,外协时望。

使社会风气敦厚。

<u>背世</u> 《文明王皇后列传》P952：咨余不造,大罚荐臻。皇考背世,始逾三年。
离开人世。死亡的婉辞。

<u>寄象</u> 《武元杨皇后列传》P954：服翚褕狄,寄象容车。金路晻蔼,裳帐不舒。
寄托物象。

<u>造乱</u> 《武悼杨皇后列传》P956：又奏:"杨骏造乱,家属应诛,诏原其妻庞命,以慰太后之心。今太后废为庶人,请以庞付廷尉行刑。"

作乱;制造祸乱。

<u>追服</u> 《武悼杨皇后列传》P957：又见故尚书仆射裴頠议悼后故事,称继母虽出,追服无改。

丧期过后补行服丧。

<u>缀文</u> 《武悼杨皇后列传附左贵嫔》P957：芬少好学,善缀文,名亚于思,武

帝闻而纳之。

犹作文。谓连缀词句以成文章。

比踪 《武悼杨皇后列传附左贵嫔》P958：伉俪圣皇，比踪往古。遭命不永，背阳即阴。

比迹。

痛心 《武悼杨皇后列传附左贵嫔》P961：自我衔恤，倏忽一周。衣服将变，痛心若抽。

犹伤心。

登位 《武悼杨皇后列传附左贵嫔》P961：登位太微，明德日盛。群黎欣戴，函夏同庆。

即位；登上皇位。

进幸 《惠贾皇后列传》P963：妒忌多权诈，太子畏而惑之，嫔御罕有进幸者。

特指为帝王侍寝。

解意 《惠贾皇后列传》P965：听者闻其形状，知是贾后，惭笑而去，尉亦解意。

理解意思。

犯阙 《惠羊皇后列传》P967：今上官已犯阙称兵，焚烧宫省，百姓誼骇，宜镇之以静。

指举兵入犯朝廷。

构乱 《惠羊皇后列传》P967：羊庶人门户残破，废放空宫，门禁峻密，若绝天地，无缘得与奸人构乱。

作乱。

含忍 《惠羊皇后列传》P967：臣忝司京辇，观察众心，实以深忧，宜当含忍。

犹容忍。

遇酷 《惠羊皇后列传》P967：及愍怀遇酷，玢亦被害焉。

犹遇害。

作逆 《明穆庾皇后列传》P973：及苏峻作逆，京都倾覆，后见逼辱，遂以忧崩，时年三十二。

作乱、造反。

礼贤 《康献褚皇后列传》P975：太后诏曰："帝幼冲，当赖群公卿士将顺匡救，以酬先帝礼贤之意，且是旧德世济之美，则莫重之命不坠，祖宗之基有奉，是其所以欲正位于内而已。"

礼遇贤者。

费役 《康献褚皇后列传》P976:帝既备兹冠礼,而四海未一,五胡叛逆,豺狼当路,费役日兴,百姓困苦。

谓耗费民力的劳役。

悬心 《康献褚皇后列传》P977:虽有莘熙殷,妊姒隆周,未足以喻。是以五谋克从,人鬼同心,仰望来苏,悬心日月。

挂念;担心。

配德 《孝武定王皇后列传》P983:且盛德之胄,美善先积。臣等参议,可以配德乾元,恭承宗庙,徽音六宫,母仪天下。

谓德行堪与……匹配,尊称别人之妻。

任真 《郑冲列传》P991:(郑冲)有姿望,动必循礼,任真自守,不要乡曲之誉,由是州郡久不加礼。

听其自然。率真任情,不加修饰。

莅职 《郑冲列传》P991:冲以儒雅为德,莅职无干局之誉,箪食缊袍,不营资产,世以此重之。

到任;就职。

负才 《何曾列传》P995:时步兵校尉阮籍负才放诞,居丧无礼。

仗恃才学。

离婚 《何曾列传》P996:诏听离婚,荀所生女芝为颍川太守刘子元妻,亦坐死,以怀妊系狱。

解除婚姻关系。后专指通过法律手续解除夫妻关系。

劝进 《何曾列传》P996:与裴秀、王沈等劝进。

指劝登帝位。

募兵 《石苞列传》P1004:超于荥阳募兵,右将军王阐与典兵中郎赵则并受超节度,为豫州刺史刘乔继援。

招募兵丁。

陈谢 《石苞列传附石崇》P1005:伏度奏御之日,暂经天听。此月二十日,忽被兰台禁止符,以统蒙宥,恩出非常,臣晏然私门,曾不陈谢,复见弹奏,讪辱理尽。

表示谢意。

竞爽 《石苞列传附史臣语》P1010:石崇学乃多闻,情乖寡悔,超四豪而取富,喻五侯而竞爽。

媲美;争胜。

含素 《石苞列传》P1010:赞曰:郑冲含素,王祥迟暮。

谓禀性质朴。

执节 《羊祜列传》P1016：且臣虽所见者狭,据今光禄大夫李憙执节高亮,在公正色。

坚守节操。

誓心 《羊祜列传》P1016：是以誓心守节,无苟进之志。

心中发誓；立定心愿。

背信 《羊祜列传》P1018：而吴复背信,使边事更兴。

背弃信用。

恣情 《羊祜列传》P1019：孙皓恣情任意,与下多忌,名臣重将不复自信,是以孙秀之徒皆畏逼而至。

纵情。

分疆 《杜预列传》P1031：又修邵信臣遗迹,激用滍淯诸水以浸原田万余顷,分疆刊石,使有定分,公私同利。

区分疆界。

绥边 《陈骞列传》P1036：骞因入朝,言于帝曰："胡烈、牵弘皆勇而无谋,强于自用,非绥边之材,将为国耻。愿陛下详之。"

安定边区。

定策 《裴秀列传》P1038：常道乡公立,以豫议定策,进爵县侯,增邑七百户,迁尚书仆射。

决定方略或策略。

训物 《裴秀列传附裴頠》P1044：故大建厥极,绥理群生,训物垂范,于是乎在,斯则圣人为政之由也。

谓教诲民众。

垂范,垂示范例。

登阼 《裴秀列传附裴楷》P1048：武帝初登阼,探策以卜世数多少,而得一,帝不悦。

即位；登上皇位。

婴心 《裴秀列传附裴宪》P1050：陈郡谢鲲、颍川庾敳皆俊郎士也,见而奇之,相谓曰："裴宪鲠亮宏达,通机识命,不知其何如父；至于深弘保素,不以世物婴心者,其殆过之。"

犹关心；挂心。

耽酒 《裴秀列传附裴宪》P1051：挹、毅俱豪侠耽酒,好臧否人物。

谓极好饮酒。

经怀　《裴秀列传附裴宪》P1051：宪历官无干绩之称，然在朝玄默，未尝以物务经怀。

犹经心。

循检　《卫瓘列传附卫恒》P1062：或守正循检，矩折规旋。

遵照规矩。

韬翰　《卫瓘列传附卫恒》P1064：研桑不能数其诘屈，离娄不能觌其郄间，般倕揖让而辞巧，籀诵拱手而韬翰。

犹韬笔。谓不写作。

赴义　《张华列传》P1068：勇于赴义，笃于周急。

犹仗义。

摄事　《张华列传》P1070：遭母忧，哀毁过礼，中诏勉励，逼令摄事。

治事，理事。

承绪　《安平献王孚列传》P1082：陛下承绪，远人率贡。

承继皇统。

垂训　《安平献王孚列传》P1084：乖经典之大义，异乎圣人之明制，非所以垂训将来，为万世不易之式者也。

垂示教训。

树教　《安平献王孚列传》P1084：帝以孚明德属尊，当宣化树教，为群后作则，遂备置官属焉。

树立教化。

驰誉　《范阳康王绥列传附司马虓》P1100：虓字武会，少好学，驰誉，研考经记，清辩能言论。

犹驰名。

效节　《范阳康王绥列传附司马虓》P1100：张方受其指教，为国效节。

尽忠。

负恩　《宗室列传附史臣语》P1115：仍荷朝寄，推毂梁岷，遂弃亲背主，负恩放命。

忘恩；背恩。

守约　《宗室列传附史臣语》P1115：习阳凭庆枝叶，守约怀逸，栖情尘外，希踪物表，顾匹夫之独善，贵达节之弘规，言出身播，犹为幸也。

保持俭朴的品德。

徇义　《宗室列传》P1115：谯闵徇义，力屈志扬。

谓不惜身以维护正义；舍生而取义。徇，通"殉"。

顺轨 《文六王列传·齐王攸》P1131：而今草创，制度初立，虽庸蜀顺轨，吴犹未宾，宜俟清泰，乃议复古之制。

遵从礼制法度，归顺正道。

驭世 《文六王列传·齐王攸》P1131：常叹公府不案吏，然以董御戎政，复有威克之宜，乃下教曰："夫先王驭世，明罚敕法，鞭扑作教，以正逋慢。"

犹驭宇。

赴义 《王沈列传》P1147：及赵王伦篡位，三王起义兵，浚拥众挟两端，遏绝檄书，使其境内士庶不得赴义，成都王颖欲讨之而未暇也。

参加义举；参加义师。

昧宠 《荀勖列传》P1155：笃义行，崇敦睦，使昧宠忘本者不得容，而伪行自息，浮华者惧矣。

有负恩宠。

豫闻 《荀勖列传》P1157：然性慎密，每有诏令大事，虽已宣布，然终不言，不欲使人知己豫闻也。

参与闻知。豫，通"与"。

执权 《荀勖列传附荀邃》P1158：邃与刁协婚亲，时协执权，欲以邃为吏部尚书，邃深距之。

掌握权柄。

露板 《荀勖列传附荀闿》P1159：闿与闿故吏李述、嵇含等露板请葬，朝议听之，论者称焉。

亦作"露版"。指奏章，因其不缄封，故称。

率职 《荀勖列传附荀奕》P1161：奕重驳，以为："《阳秋》之末，文武之道将坠于地，新有子朝之乱，于时诸侯遹替，莫肯率职。"

奉行职事；尽职。

3. 形容词

痛心 《武悼杨皇后列传附左贵嫔》P961：自我衔恤，倏忽一周。衣服将变，痛心若抽。

犹伤心。

任真 《郑冲列传》P991：（郑冲）有姿望，动必循礼，任真自守，不要乡曲之誉，由是州郡久不加礼。

听其自然。率真任情，不加修饰。

绝俗 《石苞列传附石崇》P1007：乃命左右悉取珊瑚树，有高三四尺者六七株，条干绝俗，光彩曜日，如恺比者甚众。

超过寻常。

含素 《石苞列传》P1010:赞曰:郑冲含素,王祥迟暮。

谓禀性质朴。

明识 《卫瓘列传》P1055:(卫瓘)性贞静有名理,以明识清允称。

明理,有见识。

(四) 主谓式

1. 名词

芬馥 《贾充列传》P1173:其女密盗以遗寿,充僚属与寿燕处,闻其芬馥,称之于充。

香气浓郁。

限断 《贾充列传》P1174:先是,朝廷议立晋书限断,中书监荀勖谓宜以魏正始起年,著作郎王瓒欲引嘉平已下朝臣尽入晋史,于时依违未有所决。

犹断限。

恶稔 《杨骏列传史臣语》P1182:逮乎贻厥,乃乞丐之徒,嗣恶稔之余基,纵奸邪之凶德。

犹言恶贯满盈。

2. 动词

涕涟 《武悼杨皇后列传附左贵嫔》P960:观者夹涂,士女涕涟。千乘万骑,迄彼峻山。

泪流不断貌。

世济 《康献褚皇后列传》P975:太后诏曰:"帝幼冲,当赖群公卿士将顺匡救,以酬先帝礼贤之意,且是旧德世济之美,则莫重之命不坠,祖宗之基有奉,是其所以欲正位于内而已。"

世代继承。

哀感 《穆章何皇后列传》P978:路经太庙,后停舆恸哭,哀感路人。

谓悲伤感动他人。

冰冻 《王祥列传》P987:母常欲生鱼,时天寒冰冻,祥解衣将剖冰求之,冰忽自解,双鲤跃出,持之而归。

结冰;使之冷冻。

姻通 《何曾列传》P996:毌丘俭诛,子甸、妻荀应坐死。其族兄顗、族父虞并景帝姻通,共表魏帝以丐其命。

谓有姻亲之谊。

道光 《文六王传附史臣语》P1138:齐王以两献之亲,弘二南之化,道光雅俗,望重台衡,百辟具瞻,万方属意。

高尚的道德或正确的主张得到发扬和传颂。

(五) 补充式

1. 名词

名词+量词。这种构词方式是中古新生的,六朝时期越来越多,出现在《宋书》中的就有"家口""女口""米粒""袍段""车两""船乘""舫乘""舟乘"等。①《晋书》中亦有出现,如:

生口 《高祖宣帝纪》P8:会有长星坠亮之垒,帝知其必败,遣奇兵掎亮之后,斩五百余级,获生口千余,降者六百余人。

民口 《地理上》P411:于时治致太平,政称刑措,民口千三百七十一万四千九百三十三,盖周之盛者也。

家口 《五行志下》P881:是年春,发江州兵营甲士二千人,家口六七千,配护军及东宫,后寻散亡殆尽。

人口 《江统列传》P1534:今五部之众,户至数万,人口之盛,过于西戎。

船乘 《闵王承》P1105:敦恐其为己患,诈称北伐,悉召承境内船乘。

枝条 《索靖草书状》P1649:举而察之,又似乎和风吹林,偃草扇树。枝条顺气,转相比附,窈娆廉苦,随体散布。

律条 《慕容超载记》P3177:至如不忠不孝若封嵩之辈,枭斩不足以痛之,宜致烹轘之法,亦可附之律条,纳以大辟之科。

2. 动词

参详 《惠羊皇后列传》P967:愿陛下更深与太宰参详,勿令远近疑惑,取谤天下。

参酌详审。

悚动 《康献褚皇后列传》P976:温始呈诏草,虑太后意异,悚动流汗,见于颜色。

犹震动。

克平 《郑冲列传》P992:泰始六年,诏曰:"昔汉祖以知人善任,克平宇宙,推述勋劳,归美三俊。"

制伏,平定。

禁断 《羊祜列传》P1014:时长吏丧官,后人恶之,多毁坏旧府,祜以死生有命,非由居室,书下征镇,普加禁断。

---

① 万久富.《宋书》复音词研究[M].南京:凤凰出版社,2006:89.

第三章　《晋书》复音词的结构

禁止,使不再发生;禁绝。

　　遣还　《羊祜列传》P1016:景、尚子弟迎丧,祜以礼遣还。

犹"遣返"。谓遣送回原来的地方。

　　扫灭　《羊祜列传》P1018:夫期运虽天所授,而功业必由人而成,不一大举扫灭,则众役无时得安。

消灭。

　　削除　《羊祜列传》P1024:今王道维新,岂可不大判臧否,谓广陵国宜在削除。

撤销;革除。

　　裁当　《裴秀列传》P1039:秀儒学洽闻,且留心政事,当禅代之际,总纳言之要,其所裁当,礼无违者。

谓处断其罪。

　　考正　《裴秀列传》P1039:各不设分率,又不考正准望,亦不备载名山大川。
考查核实。

　　归高　《范阳康王绥列传附司马虓》P1100:如今日之大举,实有定社稷之勋,此是臣等所以叹息归高也。

犹推崇。

　　驱走　《谯刚王逊列传附尚之》P1108:尚之入朝,正色谓元显曰:"张法顺驱走小人,有何才异,而暴被拔擢。"

犹役使。驱遣奔走。

　　经远　《文六王列传·齐王攸》P1131:是以先帝深览经远之统,思复先哲之轨,分土画疆,建爵五等,或以进德,或以酬功。

做长远谋划。

　　撰次　《文六王列传·齐王攸》P1131:前欲撰次其事,使粗有常。

写作;记述。

　　伤毁　《王沈列传》P1145:将吏子弟,优闲家门,若不教之,必致游戏,伤毁风俗矣。

损坏。

　　翼亮　《王沈列传附浚》P1147:建国设官,首登公辅,兼统中朝,出纳大命,实有翼亮佐世之勋。

辅佐。

　　澄正　《荀𫖮列传》P1150:𫖮承泰后,加之淑慎,综核名实,风俗澄正。

犹清正。

厘正　《贾充列传》P1167：先帝愍元元之命陷于密网，亲发德音，厘正名实。
考据订正；整治改正。

称美　《贾充列传附贾谧》P1173：或著文章称美谧，以方贾谊。
称赞，赞美。

二、附加式

　　附加式双音词是由实语素加虚语素构成；实语素是词义的核心部分，虚语素是附加部分，虚语素只表词性。至于虚语素表示感情色彩，周日健研究《颜氏家训》后认为，附加式双音词中表示感情色彩的虚语素还未曾出现。

　　程湘清先生曾详细分析了《论衡》中的附加式复音词，指出其"共有63个，占复音词总数的2.74%"，其中主要是由后缀"然"构成的形容词、副词，以及由"子"等构成的名词。①

　　柳士镇先生在《魏晋南北朝历史语法》一书中比较集中地谈到了中古一段的词缀。读书第八章名词部分谈到前缀"阿"、后缀"子""头""儿"；第十一章谈到后缀"的""地""馨"；在量词部分把"牲口""马匹""书本""荆株"等看作派生式合成词，认为"口""匹""本""株"是量词转为名词后缀；在副词部分指出"自""复""尔""然"等为副词后缀。②

　　王云路先生给"词缀"正名：词缀是与中心词（或曰"词根"，或曰"实语素"）结合紧密的构形成分，构成一个合成词，一般为双音节，这些词缀有较强的黏附力和活跃性（指的是这样两个条件：① 二者合成一词而不能分开；② 能与某类词语广泛结合），其本义较为虚化。③ 如果我们排除英语词头、词尾模式的束缚，认真从汉语词汇本身探究，就可以发现，汉语的词缀很有规律，且不仅仅局限于名词、形容词，在动词、副词中也均很活跃，从而成为汉语双音化进程中的一个重要手段。名词中不仅有"老""阿""子"等表人与物的词缀，也有表示时间、方位等的词缀，例如"今来"即今；"昔来"即昔，谓过去、以往；"朝来"即朝，谓清晨。古汉语中的许多动词语素，其含义逐渐虚化，已基本不表义，只作为一个活跃的双音节动词的构形成分而存在，例如"取"，在"取乐""取决""取闹"等双音节词中含义已经很虚弱。"取"还可附于动词性语素之后，构成双音节动词，是诗词中习见的构词方式。"得"与"取"有相同的作用，常与动词性语素相结合，

---

① 程湘清.两汉汉语研究[M].济南：山东教育出版社，1984：324.
② 柳士镇.魏晋南北朝历史语法[M].南京：南京大学出版社，1992：98－110、136－147.
③ 王云路.谈谈词缀在古汉语构词法中的地位[A]//朱庆之.中古汉语研究（二）.北京：商务印书馆，2005：289.

第三章 《晋书》复音词的结构

构成双音节动词,两者的不同之处是"得"一般只附于动词性语素之后。

（一）词根+词尾

《晋书》中所出现的词尾主要有"自""复""然""当""子""来""得"等。关于词缀"家",王云路先生在《试说古汉语中的词缀"家"》一文中指出,真正意义上的词缀"家"在上古汉语中已出现,但文献用例很少,到了东汉后期,从医书材料来看,词缀"家"得到了较快的发展,魏晋以后,"家"作为后缀的现象变得更加广泛。① 但从《晋书》来看,此说是值得商榷的。

《晋书》中"家"构成的词语主要有：

臣家 《康帝纪史臣语》P187:古之侯服,不幸臣家,天子宣游,则避宫北面,闻诸遗策,用为恒范。

大家 《石季龙载记下》P2784:韬死夜,宿东宫长上杨杯家,杯夜与五人从外来,相与语曰:"大事已定,但愿大家老寿,吾等何患不富贵。"

道家 《宣帝纪》P14:恒戒子弟曰:"盛满者道家之所忌,四时犹有推移,吾何德以堪之。损之又损之,庶可以免乎？"

笛家 《律历志上》P481:和乃辞曰:"自和父祖汉世以来,笛家相传,不知此法,而令调均与律相应,实非所及也。"

夫家 《阮籍列传附阮咸》P1362:素幸姑之婢,姑当归于夫家,初云留婢,既而自从去。

晋家 《周访列传》P1584:属元会,威仪甚整,坚因谓虓曰:"晋家元会何如此？"

"朝代名称+家",这种用法出现很早,上古就有"夏家"。"晋家"就是晋朝的家,含有天下属于自家的意味,还不能说"家"毫无意义,由于在"晋家"这样的名词结构中,前面的语素已经可以独立表示朝代名称,"家"的含义就被忽略,进而会被误读为是无意义的词缀。

军家 《宣帝纪》P9:帝曰:"军家所重,军书密计、兵马粮谷,今皆弃之,岂有人捐其五藏而可以生乎？宜急追之。"

律家 《律历志上》P480:试宣十二律,其二中,其四不中,其六不知何律,宣遂罢。自此律家莫能为准。

人家 《孝友传·何琦》P2293:乡里遭乱,姊没人家,琦惟有一婢,便为购赎。

儒家 《隐逸传·戴逵》P2458:且儒家尚誉者,本以兴贤也,既失其本,则有

---

① 王云路.中古汉语论稿[M].北京:中华书局,2011:309.

141

色取之行。

  <u>术家</u> 《天文志上》P286：三光之行，不必有常，术家以算求之，各有同异，故诸家历法参差不齐。

  <u>私家</u> 《元帝纪史臣语》P158：古首私家不蓄甲兵，大臣不为威福，王之常制，以训股肱。

  <u>学家</u> 《列女传·韦逞母宋氏》P2521：寿每叹曰："学家多士大夫，得无是乎！"

  <u>音家</u> 《律历志上》P483：依案古典及今音家所用，六十律者无施于乐。

  <u>医家</u> 《卫瓘列传》P1059：恒二子璪、玠，时在医家得免。

  "家"用于名词、动词之后，表示从事某种职业或具有某种技能者的"家"，"家"与动词相结合，表示实施动作的人，则不应看作词缀。"笛家"指吹笛之人；"音家"指乐人、谱曲唱歌之人；"医家"指从医之人，《卫瓘列传》中"医家"一词中，"家"更是实义，指医生的家里。

  上述几例中的"家"都有实义，而词缀最大的特点是本身没有实义，所以从《晋书》中的"家"构成的词语来看，魏晋时期的词缀"家"尚不广泛，在医家之书中出现较多，如《金匮要略》《伤寒论》中"胃家""脾家""呕家""喘家""风家""亡血家""冒家""汗家""衄家"等，表示"……病""……症"。①

  作为一个组合能力很强的构词成分，"自"往往具有副词性，可用于名词之后、动词之前，这一用法早见于先秦，比如"躬自""亲自""身自""理自"等。就多数用例而言，这些用于名词后面的"自"有自己、自身的意思，并未虚化为词尾。②"自"还可以用于副词词尾，比如"必自""颇自""犹自"等，与"自"结合构成的双音节副词，其含义均在前一语素上，比如"本自"即本，犹本来；"至自"即至、到；"理自"即按理，理应。"自"作为后附加成分，基本不表义。

  <u>本自</u> 《康献褚皇后列传》P976：尚倚户前视奏数行，乃曰"我本自疑此"，至半便止，索笔答奏云："未亡人罹此百忧，感念存没，心焉如割。"

  本来就，一向是。

  <u>必自</u> 《桓伊列传》P2118：伊又云："御府人于臣必自不合，臣有一奴，善相便串。"帝弥赏其放率，乃许召之。

  必然。

  <u>此自</u> 《曹志列传》P1391：秦、魏欲独擅其威，而财得没其身；周、汉能分其

---

① 王云路.中古汉语论稿[M].北京：中华书局.2011：300－304.
② [日]太田辰夫.汉语史通考(中译本)[M].江蓝生,白维国,译.重庆：重庆出版社,1991：16－17.

利,而亲疏为之用。此自圣主之深虑,日月之所照。

即此。

躬自 《闵王承列传》P1105:时湘土荒残,公私困弊,承躬自俭约,乘苇茭车,而倾心绥抚,甚有能名。

自己、亲自。

理自 《苏峻列传》P2629:"往者国危累卵,非我不济,狡兔既死,猎犬理自应烹,但当死报造谋者耳。"于是遣参军徐会结祖约,谋为乱,而以讨亮为名。

按理、理应。

颇自 《张轨列传附张寔》P2230:寔自恃险远,颇自骄恣。

十分、非常。

身自 《五行志上》P820:司马道子于府园内列肆,使姬人酤鬻,身自贸易。

亲身、亲自。

至自 《宣帝纪》P15:五年春正月,帝至自淮南,天子使持节劳军。

至、到。

另外,"复"常与副词语素相结合,构成双音节副词,如"犹复""行复""方复""况复""非复""无复""当复""且复""殊复"等。①

方复 《段灼列传》P1346:而莽犹不知觉悟,方复重行不顺时之令,竟连伍之刑,佞媚者亲幸,忠谏者诛夷。

非复 《康献褚皇后列传》P975:今社稷危急,兆庶悬命,臣等章惶,一日万机,事运之期,天禄所钟,非复冲虚高让之日。

无复 《楚王玮列传》P1597:玮左右无复一人,窘迫不知所为,惟一奴年十四,驾牛车将赴秦王柬。

犹复 《庾纯列传附庾旉》P1403:秦秀、傅珍前者虚妄,幸而得免,复不以为惧,当加罪戮,以彰凶慝。犹复不忍,皆丐其死命。

欲得 《刘聪载记》P2673:刘敷屡泣言之,聪不纳,怒曰:"尔欲得使汝公死乎?朝朝夕夕生来哭人!"敷忧忿发病而死。

欲、希望。

"名词+来"也是较早使用的词根+词尾的用法。

朝来 《王羲之列传附王徽之》P2103:徽之初不酬答,直高视,以手版柱颊云:"西山朝来致有爽气耳。"

---

① 王云路.谈谈词缀在古汉语构词法中的地位[A]//朱庆之.中古汉语研究(二).北京:商务印书馆,2005:286-298.

即朝。

附加式中词尾用"尔""如""然"构成形容词或副词,用"尔""如"较少,大量的是用"然",所构成的形容词或副词,极其形象生动。

澹如　《王导列传》P1749:及刘隗用事,导渐见疏远,任真推分,澹如也。

恬淡貌。

俄尔　《五行志下》P906:石季龙在邺,有一马尾有烧状,入其中阳门,出显阳门,东宫皆不得入,走向东北,俄尔不见。

短暂的时间,不久;突然间。

忽尔　《礼志中》P615:诏曰:"孤茕忽尔,日月已周,痛慕摧感,永无逮及。欲瞻奉山陵,以叙哀愤,体气自佳耳。又已凉,便当行,不得如所奏也。主者便具行备。"

忽然、突然。

怃然　《石苞列传附石崇》P1007:恺怃然自失矣。

失意貌;惆怅貌。

廓然　《惠羊皇后列传》P967:陛下迁幸,旧京廓然,众庶悠悠,罔所依倚。

空旷貌。

泠然　《裴秀传附裴宪》P1052:绰子遐,善言玄理,音辞清畅,泠然若琴瑟。

形容清越激扬的声音。

蔑如　《丁绍列传》P2337:是时王浚盛于幽州,苟晞盛于青州,然绍视二人蔑如也。

微小;没什么了不起。

默如　《裴秀列传附裴楷》P1049:骏既执政,乃转为卫尉,迁太子少师,优游无事,默如也。

默默无闻貌。

乃尔　《宣帝纪》P16:胜曰:"众情谓明公旧风发动,何意尊体乃尔!"

犹言如此。

慊如　《陆机列传》P1471:宫室舆服,盖慊如也。

犹慊然。不足貌。

率尔　《武悼皇后列传附左贵嫔》P962:帝每有顾问,不饰言辞,率尔而答,进退方雅。

直率貌。

释然　《裴秀列传附裴頠》P1045:老子既著五千之文,表摭秽杂之弊,甄举静一之义,有以令人释然自夷,合于《易》之《损》《谦》《艮》《节》之旨。

第三章 《晋书》复音词的结构

疑虑消除貌。

肃然 《卫瓘列传》P1056：瓘于是部分诸将，群情肃然。

指安定平静，秩序良好。

肃如 《范粲列传》P2431：范粲字承明，陈留外黄人，汉莱芜长丹之孙也。粲高亮贞正，有丹风，而博涉强记，学皆可师，远近请益者甚众，性不矜庄，而见之皆肃如也。

索然 《羊祜列传》P1018：至刘禅降服，诸营堡者索然俱散。

离散零落貌。

恬如 《庾亮列传》P1924：温峤尝隐暗恒之，彬神色恬如也，乃徐跪谓峤曰："君侯何至于此！"论者谓不减于亮。

安然，泰然。

惘然 《康献褚皇后列传》P976：群臣启曰："王室多故，祸艰仍臻，国忧始周，复丧元辅，天下惘然，若无攸济。"

失意貌；忧思貌。

炜如 《元帝纪》P143：及长，白豪生于日角之左，隆准龙颜，目有精曜，顾眄炜如也。

有光彩貌。

萧然 《冯紞列传附史臣语》P1163：遂使漳滏萧然，黎元涂地。

空寂；萧条。

奄然 《文明王皇后列传》P951：庶资复顾，永享难老。奄然登遐，弃我何早！

忽然。

晏如 《桓彝列传》P1939：彝少孤贫，虽箪瓢，处之晏如。

安定；安宁；恬适。

怡如 《王欢列传》P2366：王欢字君厚，乐陵人也。安贫乐道，专精耽学，不营产业，常丐食诵《诗》，虽家无斗储，意怡如也。

刚刚好。

湛如 《简文帝纪》P223：帝少有风仪，善容止，留心典籍，不以居处为意，凝尘满席，湛如也。

安然。

灼如 《习凿齿列传》P2155：景文继之，灵武冠世，克伐贰违，以定厥庸，席卷梁益，奄征西极，功格皇天，勋侔古烈，丰规显祚，故以灼如也。

昭明显赫貌。

"子"在六朝时期，已经固定成为词缀，如"男子""女子"等。

男子 《宣帝纪》P12：男子年十五以上七千余人，皆杀之，以为京观。

女子 《食货志》P790：男子一人占田七十亩，女子三十亩。

"头"字在六朝时期，开始有虚化倾向。

东头 《隗炤列传》P2481：金有五百斤，盛以青瓮，覆以铜柈，埋在堂屋东头，去壁一丈，入地九尺。

眉头 《郭舒传》P1242：因遣掐其鼻，灸其眉头，舒跪而受之。

陌头 《幸灵列传》P2484：灵于陌头望其屋，谓恒曰："此君之家邪？"

（二）词头＋词根

词头主要有"阿""老""式""惟""相""有""攸""爰""聿"等。

1. 阿＋词根

王云路先生指出：作为名词前缀的"阿"大约产生于汉代，顾炎武《日知录》卷三十二"阿"条即云："《隶释·汉殽坑碑阴》云：其间四十人，皆字其名而系以'阿'字，如刘兴——阿兴、潘京——阿京之类。"六朝时期则兴盛起来，用途十分广泛，这些称谓中的"阿"字，多含有亲切、随便或者轻蔑的意味。①

用于人名的有：

阿坚 《五行志中》P849：苻坚初，童谣云："阿坚连牵三十年，后若欲败时，当在江湖边。"

阿童 《五行志中》P843：孙皓天纪中，童谣曰："阿童复阿童，衔刀游渡江。不畏岸上兽，但畏水中龙。""阿童"是王濬的小名。

阿春 《简文宣郑太后列传》P979：简文宣郑太后讳阿春，河南荥阳人也。

阿童 《羊祜列传》P1017：会益州刺史王濬征为大司农，祜知其可任，濬又小字阿童，因表留濬监益州诸军事，加龙骧将军，密令修舟楫，为顺流之计。

阿皮 《河间平王洪列传》P1088：伦败，惠帝反正，曰："阿皮捩吾指，夺吾玺绶，不可不杀。"阿皮，威小名也。于是诛威。

阿鄘 《高崧列传》P1896：万遂起坐，呼崧小字曰："阿鄘！故有才具邪！"

阿太 《王蕴列传》P2421：蕴问其故，恭曰："与阿太语，蝉连不得归。"蕴曰："恐阿太非尔之友。"阿太，忱小名也。

阿奴 《周顗母李氏列传》P2514：高起曰："恐不如尊旨。伯仁志大而才短，名重而识暗，好乘人之弊，此非自全之道。嵩性抗直，亦不容于世。唯阿奴碌碌，当在阿母目下耳。"阿奴，谟小名也。

---

① 王云路.谈谈词缀在古汉语构词法中的地位[A]//朱庆之.中古汉语研究（二）.北京：商务印书馆，2005：288.

第三章 《晋书》复音词的结构

阿法 《苻生载记》P2879：生夜对侍婢曰："阿法兄弟亦不可信，明当除之。"

阿大 《王凝之妻谢氏列传》P2516：初适凝之，还，甚不乐。安曰："王郎，逸少子，不恶，汝何恨也？"答曰："一门叔父则有阿大、中郎，群从兄弟复有封、胡、羯、末，不意天壤之中乃有王郎！"

对王忱的昵称。王忱，小名王大，故称。

阿蒙 《慕容德载记》P3161：垂谓之曰："汝器识长进，非复吴下阿蒙也。"

用于表示亲属关系的人称代词之前的有"阿公""阿翁""阿公""阿母"等。

阿子 《乐志下》P717：《阿子》及《欢闻歌》者，穆帝升平初，歌毕辄呼"阿子，汝闻不？"

即儿子。

阿公 《五行志中》P842：景初初，童谣曰："阿公阿公驾马车，不意阿公东渡河，阿公来还当奈何！"

阿母 《潘岳列传》P1506：岳将诣市，与母别曰："负阿母！"

即母亲。

阿奴 《周顗列传》P1851：顗神色无忤，徐曰："阿奴火攻，固出下策耳。"

尊长对卑幼者的昵称，此处是兄称弟。

阿翁 《张凭列传》P1992：张凭字长宗。祖镇，苍梧太守。凭年数岁，镇谓其父曰："我不如汝有佳儿。"凭曰："阿翁岂宜以子戏父邪！"

即祖父。

阿堵 《顾恺之列传》P2405：人问其故，答曰："四体妍蚩，本无阙少于妙处，传神写照，正在阿堵中。"

六朝时期常见的口语。犹这、这个。

阿弥 《佛图澄列传》P2488：季龙太子邃有二子，在襄国，澄语邃曰："小阿弥比当得疾，可往看之。"

即和尚。

阿谁 《王敦列传附沈充》P2567：敦作色曰："小人阿谁？"甫无惧容，因此告归。

即谁。

阿后 《贾充列传附贾谧》P1174：及赵王伦废后，以诏召谧于殿前，将戮之。走入西钟下，呼曰："阿后救我！"乃就斩之。

阿后即皇后。

阿尼 《会稽文孝王道子列传》P1733：而今之奉者，秽慢阿尼，酒色是耽，其

147

违二矣。

即尼姑。

2. 老+词根

王力先生认为,词头"老"字来源于形容词"老"字,最初是表示年老或年长的意思,后来由这种形容词"老"字逐渐虚化成词头。王云路先生则进一步提出,"老"字本为形容词,表示年长、辈尊义,如果与人或动物名词相结合而不表此义,似乎就可以看作词缀了。六朝时期,"老"作词头,如自称"老夫"含有随意、无拘束之义。此外,还可以表示轻蔑、辱骂之语义。

<u>老夫</u> 《索𬘡列传》P2494:策曰:"老夫耄矣,不为媒也。"
自称。

<u>老兄</u> 《刘毅列传》P2210:裕恶之,因授五木久之,曰:"老兄试为卿答。"
男性相互间的尊称。

<u>老奴</u> P964:充密遣语妃云:"卫瓘老奴,几破汝家。"
詈词。

<u>老婢</u> 《顾恺之列传》P2405:又为吟咏,自谓得先贤风制。或请其作洛生咏,答曰:"何至作老婢声!"
亦称"老婢子",蔑视他人之词,詈词。

<u>老胡</u> 《佛图澄列传》P2489:澄谬曰:"老胡为道,不能山居无言,重茵美服,岂非洛度乎!"
即胡人。

<u>老臣</u> 《石勒载记下》P2748:勒将营邺宫,廷尉续咸上书切谏。勒大怒,曰:"不斩此老臣,朕宫不得成也!"敕御史收之。
詈词。

<u>老氐</u> 《苻坚载记上》P2886:猛言之于坚,坚怒曰:"必须杀此老氐,然后百僚可整。"俄而世入言事,坚谓猛曰:"吾欲以杨璧尚主,璧何如人也?"
指氐族之人,詈词。

<u>老羌</u> 《姚弋仲载记》P2960:犊等因思归之心,共为奸盗,所行残贼,此成擒耳。老羌请效死前锋,使一举而了。
自称是羌族之人。

3. 式+词根

词头"式"多用于动词前。

<u>式叙</u> 《会稽文孝王列传》P1740:今皇祚反正,幽显式叙,宜崇明国体,以述旧典。

式叙亦作"式序",按次第;顺序。《诗·周颂·时迈》:"明昭有周,式序在位。"郑玄笺:"用次第处位。"

式遏　《卞壸列传》P1874:时石勒侵逼淮泗,帝备求良将可以式遏边境者,公卿举敦,除征虏将军、徐州刺史,镇泗口。

《诗·大雅·民劳》:"式遏寇虐,无俾民忧。"郑玄笺:"式,用;遏,止也。"后以"式遏"表遏制、制止。

4. 有 + 词根

有夏　《武帝纪》P50:我皇祖有虞氏诞膺灵运,受终于陶唐,亦以命于有夏。

有魏　《武帝纪》P54:大晋继三皇之踪,蹈舜禹之迹,应天顺时,受禅有魏,宜一用前代正朔服色,皆如虞遵唐故事。

有若　《孝愍帝纪附史臣语》P133:性深阻有若城府,而能宽绰以容纳;行任数以御物,而知人善采拔。

有顷　《元帝纪》P143:有顷,云雾晦暝,雷雨暴至,微者皆驰,因得潜出。

有虞　《元帝纪》P146:伏惟高祖宣皇帝肇基景命,世祖武皇帝遂造区夏,三叶重光,四圣继轨,惠泽侔于有虞,卜世过于周氏。

有晋　《恭帝纪》P268:唯我有晋,诞膺明命,业隆九有,光宅四海。朕以不德,属当多难,幸赖宰辅,拯厥颠覆。

5. 爰 + 词根

爰自　《地理志上》P412:民受田,上田夫百亩,中田夫二百亩,下田夫三百亩,岁受耕之,爰自其处。

爰及　《律历志中》P498:爰及武帝,始诏司马迁等议造《汉历》,乃行夏正。

爰逮　《礼志下》P658:爰逮孝章,不上贾贵人以尊号,而厚其金宝币帛,非子道之不至也,盖圣典不可逾也。

爰初　《文明王皇后哀策列传》P951:爰初在室,竭力致养。

爰暨　《卫瓘列传附卫恒》P1062:爰暨暴秦,滔天作戾,大道既泯,古文亦灭。

6. 载 + 词根

词头"载"加词根是由上古汉语中的虚词转化而来的。"载",助词,用在句首或句中,起加强语气的作用。《诗·鄘风·载驰》:"载驰载驱,归唁卫侯。"毛传:"载,辞也。"高亨注:"载,犹乃也,发语词。"

载奔、载赴　《张载列传》P1522:尔乃巾云轩,践朝雾,赴春衢,整秋御,虬踊螭腾,麟超龙骧,望山载奔,视林载赴。

载郁　《张载列传》P1524:群萌反素,时文载郁,耕父推畔,渔竖让陆,樵夫耻危冠之饰,舆台笑短后之服。

载崇 《东海王越传附史臣语》P1626：有晋郁兴，载崇籓翰，分茅锡瑞，道光恒典；仪台饰衮，礼备彝章。

载悦 《祖逖列传赞》P1700：邻丑景附，遗萌载悦。

载育 《郭璞列传》P1907：今皇孙载育，天固灵基，黔首颙颙，实望惠润。

三、重叠式

重叠式合成词一般是"单字原来有意义，重叠起来还是这个意义"①。重叠式合成词在单字重叠后具有了"加强""持续""逐一"等附加意义，这类词大多出现在诗歌和文艺性较强的文艺作品中。②《晋书》中共44个重叠式合成词，主要包括数词重叠、名词重叠、形容词重叠和动词重叠类。

（一）数词重叠

数词重叠表示多个，或数目之大，多数之义。

九九 《刘聪载记附陈元达》P2680：臣诚愚闇无可采也，幸邀陛下垂齐桓纳九九之义，故使微臣得尽愚忠。

泛指极多数。

两两 《天文志上》P293：三台六星，两两而居，起文昌，列抵太微。

成双成对。

三三 《天文志上》P304：旁十五星三三而聚者，柱也。

即每三个。

十十五五 《天文志中》P333：凡降人气，如人十十五五，皆叉手低头；

即每三五个。

万万 《文帝纪》P42：禽阖闾之将，虏轻锐之卒以万万计，威加南海，名慑三越，宇内康宁，苟慝不作。

指极大的数目。

（二）名词重叠

处处 《惠羊皇后列传》P967：而兵缠不解，处处互起，岂非善者不至，人情猜隔故耶！

到处。

各各 《礼志下》P650：漏未尽五刻，谒者、仆射、大鸿胪各各奏群臣就位定。

即个个。

---

① 吕叔湘.中国文法要略[M].北京：商务印书馆，1956：9.
② 万久富.《宋书》复音词研究[M].南京：凤凰出版社，2006：98.

第三章 《晋书》复音词的结构

家家 《食货志》P784：又广开水田，募贫民佃之，家家丰足，仓库盈溢。
每家每户。

骙骙 《挚虞列传》P1424：龙马骙骙，风于华阳。弓矢橐服，干戈戢藏。
马行雄壮貌。

年年 《礼志中》P634：成帝时，中宫亦年年拜陵，议者以为非礼，于是遂止，以为永制。
每年。

人人 《五行志中》P836：自淮泗遂及京都，数日之间，百姓惊扰，人人皆自云已得虫病。
人们。

时时 《嵇康列传》P1372：今但欲守陋巷，教养子孙，时时与亲旧叙离阔，陈说平生，浊酒一杯，弹琴一曲，志意毕矣，岂可见黄门而称贞哉！
时常、经常之义。

事事 《礼志下》P653：朕在位累载，如临深川，夙兴夕惕，明发不寐，坐而待旦，思四方水旱灾眚，为之怛然。勤躬约己，欲令事事当宜。
每件事情。

世世 《段灼列传》P1349：将谓大晋世世贤圣，而诸侯之胤常不肖邪，则放勋钦明而有丹朱，瞽瞍顽凶面虞舜。
每一世代。

岁岁 《五行志中》P861：自后岁岁征讨，百姓劳苦，是买苦也。十余年中，姚泓灭，兵始戢，是苦荚之应也。
每年。

索索 《皇甫谧列传》P1413：欲索索而条解，不欲契契而绳结也；
即每条绳索。

丸丸 《戴洋列传》P2472：约府内地忽赤如丹，洋曰："案《河图征》云：'地赤如丹血丸丸，当有下反上者。'"
一团团。

行行、字字 《王羲之列传御制》P2108：子云近出，擅名江表，然仅得成书，无丈夫之气，行行若萦春蚓，字字如绾秋蛇。

寸寸 《郗鉴列传附郗超》P1803：超取视，寸寸毁裂，乃更作笺，自陈老病，甚不堪人间，乞闲地自养。

（三）形容词重叠

匆匆 《卫瓘列传附卫恒》P1065：下笔必为楷则，号匆匆不暇草书，寸纸不见遗,至今世尤宝其书,韦仲将谓之草圣。

急急忙忙的样子。

混混 《傅玄列传附傅咸》P1326:骏弟济素与咸善,与咸书曰:"江海之流混混,故能成其深广也。"

水流不绝之意。

空空 《傅玄列传附傅咸》P1326:安有空空为忠益,而当见疾乎!

诚实貌;憨厚无知貌。

恨恨 《嵇康列传》P1372:女年十三,男年八岁,未及成人,况复多疾,顾此恨恨,如何可言。

惆怅,悲伤。

了了 《刘寔列传》P1195:上世之化也,君子尚能而让其下,小人力农以事其上,上下有礼,谗慝远黜,由不争也。及其乱也,国家之弊,恒必由之。笃论了了如此。

明白;清楚。

勤勤 《文帝纪》P43:至公至平,谁与为邻,何必勤勤小让也哉?

勤苦,努力不倦。《汉书·王莽传上》:"晨夜屑屑,寒暑勤勤,无时休息,孳孳不已者,凡以为天下,厚刘氏也。"

罔罔 《荀勖列传》P1157:勖久在中书,专管机事。及失之,甚罔罔怅恨。

犹惘惘、惶惶。心神不定貌。

小小 《庾亮传附庾翼》P1932:既雅敬洪远,又与浩亲善,其父兄得失,岂以小小计之。

最小;很小。

雅雅 《刘惔列传》P1990:时人语曰:"洛中雅雅有三嘏。"

文雅之士众多貌。

(四)动词重叠

嘿嘿 《范弘之列传》P2364:举朝嘿嘿,未有唱言者,是以顿笔按气,不敢多云。

即不说话,沉默。《文选·屈原〈卜居〉》:"于嗟嘿嘿兮,谁知吾之廉贞。"刘良注:"嘿嘿,不言貌。"《楚辞·卜居》作"默默"。

礌礌落落 《石勒载记下》P2749:大丈夫行事当礌礌落落,如日月皎然,终不能如曹孟德、司马仲达父子,欺他孤儿寡妇,狐媚以取天下也。

即光明磊落。

历历 《刘寔列传》P1195:时让则贤智显出,能否之美历历相次,不可得而乱也。

逐一,一一。

便便 《董京列传》P2427:京答之以诗曰:"周道敷兮颂声没,夏政衰兮五常泪。便便君子,顾望而逝,洋洋乎满目,而作者七。"

形容巧言利口,擅长辞令。

<u>去去</u> 《周处列传》P1571:处知必败,赋诗曰:"去去世事已,策马观西戎。藜藿甘粱黍,期之克令终。"

谓远去。

<u>已已</u> 《礼志中》P614:伏读圣诏,感以悲怀,辄思仲尼所以抑宰我之问,圣思所以不能已已,甚深甚笃。

"已",休止。叠用以加重语气。

<u>往往</u> 《庾峻列传》P1394:退让不可以刑罚使,莫若听朝士时时从志,山林往往间出。无使入者不能复出,往者不能复反。

<u>云云</u> 《孔愉列传附孔严》P2060:所志不同,所见各异,人口云云,无所不至。

犹纭纭、纷纷,多用于形容言语、议论多而杂。

<u>斫斫剌剌</u> 《杨骏列传》P1180:登截被于门,大呼曰:"斫斫剌剌!"

连续相剌,表示剌这一动作连续进行。

只是这类重叠形式中,还有一类较为特殊的词条,多为动宾结构,如"下下"等。

<u>下下</u> 《潘岳列传》P1500:百僚先置,位以职分,自上下下,具惟命臣。袭春服之婪婪兮,接游车之鳞鳞。

自上而下。

<u>枕枕</u> 《苻坚载记下附苻融》P2934:还之夜,复梦如初,问之筮者,筮者云:"忧狱讼,远三枕,避三沐。"既至,妻为具沐,夜授丰枕。丰记筮者之言,皆不从之。妻乃自沐,枕枕而寝。

头靠着枕头。

<u>尊尊</u> 《礼志上》P604:于是乃更定制,还复豫章、颍川于昭穆之位,以同惠帝嗣武故事,而惠、怀、愍三帝自从《春秋》尊尊之义,在庙不替也。

尊敬尊者。

四、特殊形式

从构词法的角度对魏晋至初唐时期产生的新词进行划分,还有一类区别于上述的复合式、附加式和重叠式三类,学者对此类词语有不同分类和定义。

王云路先生将之归为修辞造词,指出中古时期,修辞造词得到了较快的发展,出现了许多新的成词方式,并列举了截取、用典、比喻、借代、委婉、避讳、熟语等共八类。截取是截取一句话的一部分来表示另一部分的意思,这样产生的新词,两个语素本来不在一个语义平面上,在不该停顿的地方停顿了。截取这一造词方法,赵克勤先生称之为"割裂法"。① 冯胜利先生从韵律角度进行了研究,认为这一类新词的产生,都与韵律有关,也就是说,它们开始产生,是韵律表达上的需要,这时候,句法需要服从韵律,它们是韵律词;使用多了,约定俗成,就变成了语法词了。② 截取手法的运用,形成了一批复音词,如"友于",魏晋人从《论语·为政》"惟孝友于兄弟"中截取,用来指代兄弟之间的情谊,后约定俗成,产生了一个新词。再如"烹鲜",从《老子》"治大国若烹小鲜"中凝固成词,喻指治理国家。

<u>友于</u> 《齐王攸列传附司马蕤》P1135:蕤恚曰:"吾坐尔殆死,曾无友于之情!"

指兄弟之情。

<u>翘楚</u> 《庾亮列传附史臣语》P1936:然其笔敷华藻,吻纵涛波,方驾搢绅,足为翘楚。

"翘楚"本出自《诗·周南·汉广》:"翘翘错薪,言刈其楚。"郑玄笺:"楚,杂薪之中尤翘翘者。"本指高出杂树丛的荆树,后用以比喻杰出的人才或突出的事物。唐孔颖达《〈春秋正义〉序》:"刘炫于数君之内,实为翘楚。"宋辛弃疾《贺新郎》词:"王郎健笔夸翘楚,到如今,落霞孤鹜,竞传佳句。"

用典是古已有之的修辞造词法,比如"渭阳"表示外甥对舅舅的情谊、"在陈"表示处于饥困的境地,"我庾"指仓库,"阿堵""阿堵物"指钱。

<u>晨牝</u> 《后妃列传序》P948:诐谒由斯外入,秽德于是内宣。椒掖播晨牝之风,兰殿绝河雎之响。

谓牝鸡司晨。喻妇人专权。牝鸡司晨,指母鸡报晓。旧时贬喻女性掌权,所谓阴阳倒置,将导致家破国亡。语本出自《书·牧誓》:"牝鸡无晨,牝鸡之晨,惟家之索。"孔传:"喻妇人知外事。雌代雄鸣则家尽,妇夺夫政则国亡。"

<u>渭阳</u> 《杨骏列传》P1180:永宁初,诏曰:"舅氏失道,宗族陨坠,渭阳之思,孔怀感伤。其以亭侯杨超为奉朝请、骑都尉,以慰《蓼莪》之思焉。"

外甥对舅舅的情意。

<u>我仓、我庾</u> 《潘岳列传》P1502:我仓如陵,我庾如坻。念兹在兹,永言孝思。

指仓库。

---

① 赵克勤.古代汉语词汇学[M].北京:商务印书馆,1994:70.
② 冯胜利.汉语的韵律、词法与句法[M].北京:北京大学出版社,1997:6-7.

第四节 《晋书》复音词结构的特点

一、《晋书》复音词结构分析

笔者通过统计发现,《晋书》复音词结构类型、《晋书》同时期语料中复音词结构类型共时对照情况以及《晋书》同时期语料合成词类型共时对照情况分别见表3-1、3-2、3-3所示。

表3-1 《晋书》复音词结构类型统计（一）

《晋书·列传》《晋书·载记》复音词 （合计：6 544 个）								
单纯词 （《晋书》全书）		合成词 （以《晋书·列传》第一至第十所出现的新词为调查对象）						
叠音词	联绵词	复合式					附加式 （全书）	重叠式 （全书）
		联合式	偏正式	动宾式	主谓式	补充式		
46个	103个	484个	253个	83个	10个	18个	92个	39个

表3-2 《晋书》同时期语料中复音词结构类型共时对照表①

类型	文献			
	《今文尚书》	《宋书》	《世说》	《敦煌变文》
单纯词	41个 占3.08%	224个 占2%	129个 占6.07%	404个 占9.29%
叠音词	37个 占2.78%	52个 占0.46%	71个 占3.34%	241个 占5.54%
联绵词	4个 占0.3%	151个 占1.32%	58个 占2.73%	163个 占3.75%
音译词	—	21个 占0.18%		
合成词	1 290个 占96.92%	11 177个 占97.9%	1 784个 占83.91%	3 633个 占83.57%
附加式	8个 占0.6%	270个 占2.4%	98个 占4.6%	316个 占7.27%

---

① 万久富.《宋书》复音词研究[M].南京:凤凰出版社,2006:101.

续表

类型	文献			
	《今文尚书》	《宋书》	《世说》	《敦煌变文》
重叠式	—	49个 占0.4%	—	—
其他	6个 占0.45%	93个 占0.7%	213个 占10.02%	310个 占7.13%

表3-3 《晋书》同时期语料合成词类型共时对照表[①]

类型	文献			
	《今文尚书》	《宋书》	《世说》	《敦煌变文》
合成词	1 290个 占96.92%	11 177个 占97.9%	1 784个 占83.91%	3 633个 占83.57%
复合式	1 282个 占96.32%	10 780个 占94.8%	1 686个 占79.3%	3 317个 占76.31%
联合式	345个 占25.92%	7 730个 占67.8%	926个 占43.56%	2113个 占48.61%
偏正式	663个 占49.81%	2 241个 占19.6%	573个 占26.95%	800个 占18.48%
动宾式	212个 占15.93%	583个 占5.1%	77个 占3.62%	170个 占3.91%
主谓式	27个 占2.03%	81个 占0.7%	17个 占0.8%	40个 占0.92%
补充式	4个 占0.3%	67个 占0.59%	93个 占4.37%	194个 占4.46%
附加式	8个 占0.6%	270个 占2.4%	98个 占4.6%	316个 占7.27%
重叠式	—	49个 占0.4%	—	—
其他	6个 占0.45%	93个 占0.7%	213个 占10.02%	310个 占7.13%

备注：表3-1、3-2里数据中上一行数字是词语的数量，下一行数字是其占复音词总数的百分比。

[①] 万久富.《宋书》复音词研究[M].南京:凤凰出版社,2006:101.

二、《晋书》复音词结构特点分析

李仕春通过分析中土文献、以汉译佛经为主的佛经类语料,包括《五十二病方》《列女传》《论衡》《焦氏易林》《吴越春秋》《三国志》《撰集百缘经》《大庄严论经》《世说新语》《洛阳伽蓝记》《根本说一切有部毗奈耶破僧事》中的各类复音词数量及其各占词汇总数的百分比,得出结论:与上古汉语相比,中古汉语构词法有下两大特点。一是从复音词的发展趋势看,中古汉语复音词的数量继续增长,并且复音词的使用频率、义项的丰富程度都比上古汉语有所提高,构词方式基本完备;二是在复合词构词法中,中古汉语时期与上古汉语时期最大的不同就是联合式构词法最为能产,这是汉语史上的一大特色。①

在对《晋书》复音词做全尽式统计的基础上,结合对《晋书·列传》第一至第十部分的魏晋至初唐时期新词的典型性分析,我们从中来看中古时期的汉语复音词的发展变化特点,可以发现其最主要的一点是,中古汉语时期的各类构词法已经齐备。上古汉语中出现频率不高的重叠式和补充式在中古汉语中出现了,构词能力相对较强。随着口语化的趋势,附加式、重叠式合成词出现了,且数量逐渐增多。

表 3-4 《晋书》复音词结构类型统计(二)

单纯词（《晋书》全文）		合成词(合计 865 个)（以《晋书·列传》第一至第十所出现的新词为调查对象）						
		复合式					附加式	重叠式
叠音词	联绵词	联合式	偏正式	动宾式	主谓式	补充式		
46 个	103 个	484 个 占 55.95%	253 个 占 29.25%	83 个 占 9.59%	10 个 占 1.15%	18 个 占 2.08%	13 个 占 1.50	4 个 占 0.46%

(一) 联合式复合词

① 联合式构词法在中古时期汉语中是最能产的,超过偏正式、动宾式、主谓式等其他构词法构词数量的总和。李仕春有专文《联合式构词法在中古时期最能产的原因》(《云南师范大学学报》,2006 年第 4 期)统计,中古时期联合式合成词的平均百分比是 48.7%,比上古汉语的总平均 38.4% 多 10.3 个百分点,也

---

① 李仕春. 从复音词数据看中古汉语构词法的发展[J]. 宁夏大学学报(人文社会科学版),2007(5).

就是说,中古汉语联合式合成词的能产性要比上古汉语时期高10.3%。[①] 这在《晋书》中有明显体现,为确保统计百分比数据的精确性,本章主要针对《晋书·列传》第一至第十的新词进行分析,统计结果显示,联合式复合词占55.95%。

② 同义、近义、类义和反义的单音节语素联合并用,构成双音节联合式合成词,同时在这一时期,并列的语素也相对固定,即凝固性比较高,同素异序的现象相比上古汉语与中古汉语早期则少很多。

③《晋书》中联合式复合词词性呈现多样化,有名词、动词、形容词和副词,并且名词、动词、形容词各自所占比例接近。《晋书·列传》第一至第十部分的联合式复合新词共484个,其中名词占29.55%,动词占34.71%,形容词占35.54%,且联合式复合词的词性一般与其构成成分词性基本相同。

表3-5 《晋书》中联合式复合词性类型统计

词性	名词	动词	形容词	副词
数量统计	143个	168个	172个	1个
所占百分比	29.55%	34.71%	35.54%	2.07%

(二) 偏正式复合词

① 偏正式复合词在中古汉语中的平均百分比是36.4%,比上古汉语的总平均47.0%少10.6个百分点,也就是说,中古汉语偏正式复合词的能产性要比上古汉语时期低10.6%。[②] 从对《晋书·列传》第一至第十部分的新词所进行的分析来看,偏正式复合词共计253个,占复合词总数的29.25%。

② 偏正式复合词是中古汉语高度发展中的构词方式,偏正式复合词与并列式复合词构成了《晋书》复音词的主体,偏正式复合词的高度发展与其结构特点有关,偏正式复合词的前、后语素间有修饰与被修饰、限制与被限制的关系,而整个复合词在词义构成上通常以后语素为主。既然前语素可以从不同的角度修饰或限制后语素,那么,在后语素相同的情况下,靠前语素的不同就可以构成一组不同的词。[③]

③《晋书》中偏正式复合词以名词为主,动词次之,形容词较少。《晋书·列传》第一至第十部分的偏正式复合新词共计253个,其中名词占72.72%,动词占24.50%,形容词占2.77%。一些基本构词语素如"人""士""子""夫"等非常活跃,构成了许多偏正式复合词。

---

① 李仕春.从复音词数据看中古汉语构词法的发展[J].宁夏大学学报(人文社会科学版),2007(5).
② 李仕春.从复音词数据看中古汉语构词法的发展[J].宁夏大学学报(人文社会科学版),2007(5).
③ 韩惠言.《世说新语》复音词构词方式初探[J].固原师专学报,1990(1).

第三章 《晋书》复音词的结构

表 3-6 《晋书》中偏正式复合词词性类型统计

项目	名词	动词	形容词
数量统计	184 个	62 个	7 个
所占百分比	72.72%	24.50%	2.77%

（三）动宾式复合词

① 动宾式复合词在中古时期中土文献中的平均百分比是 5.1%，佛教类语料是 6.3%，动宾式复合词在中古时期总的平均百分比是 5.4%。《晋书·列传》第一至第十部分的动宾式复合新词共 83 个，占比 9.59%，可以发现，与上古汉语相比，动宾式复合词的能产性在中古汉语中有所提高。

② 动宾式复合词因其结构特点，词性多为动词，名词、形容词较少。

表 3-7 《晋书》中动宾式复合词词性类型统计

项目	名词	动词	形容词
数量统计	7 个	71 个	5 个
所占百分比	8.43%	85.54%	6.02%

（四）主谓式复合词

中古时期中土文献中主谓式复合词的平均百分比是 1.2%，佛教类语料是 1.1%，两者的能产性相近。主谓式复合词的能产性在中古时期没有表现出明显的增强趋势，补充式复合词的平均百分比是 1.1%，比上古汉语的 0.9% 多 0.2 个百分点。《晋书·列传》第一至第十部分的主谓式复合新词共 10 个，占比 1.15%，可以发现，与上古汉语相比，主谓式复合词的能产性在中古时期有所提高。

（五）补充式复合词

中古时期中土文献中补充式复合词的平均百分比是 1.8%，佛教类语料是 2.2%。补充式复合词在中古时期已经产生，其能产性不是很高，补充式复合词的平均百分比是 1.9%。《晋书·列传》第一至第十部分的补充式复合新词共 18 个，占比 2.08%，可以发现，与上古汉语相比，补充式复合词的能产性在中古时期有所提高。

（六）附加式复合词

中古时期名词词缀有：儿、头、子、老、伊、来；副词词缀有：复、当、自、应；形容词词缀有：然、如、而、于、有、如、尔；动词词缀有：为、试、取、相等。其中"然""尔""而""如"等是沿用上古汉语已有的，其他是新兴的。词头有：阿、老、式、惟、有、爱、载等，其他的是词尾。中古时期中土文献中附加式复合词的平均百分比是3.8%,佛教类语料是2.7%。与上古汉语相比,附加式复合词的能产性在中古时期持续降低,中古时期附加式复合词的平均百分比是3.5%,比上古汉语的5.5%少2.0个百分点。①

（七）重叠式复合词

和叠音单纯词一样,重叠式合成词多出现在诗歌和文艺性较强的作品中,在《晋书》中则多出现在哀策、诔文及文学作品中,表达情感和适应句式变化。中古时期中土文献中重叠式复合词的平均百分比是0.7%,《晋书·列传》第一至第十部分的重叠式复合词共4个,占比0.46%。

但关于重叠式复合词是否应该被纳入专书复音词研究的范畴,胡运飚有不同的看法,他认为:根据某部著作的复音词占其词汇总数的百分比推测这部著作产生的时期词汇复音化的程度,应该从复音词中排斥掉词的重叠式。否则,这部著作的复音词对词汇复音化程度的反映,就会丧失或缺乏客观真实性。在绝大多数情况下,词重叠是表达语法意义的一种语法手段②,不是词汇学的构词手段。朱德熙先生认为,形容词重叠式跟原式词汇意义是一样的③,动词重叠式、量词重叠式也是如此,形容词重叠后注意增加主观性即形容程度加深和形象性的语法意义④,动词重叠增加表时量和动量的语法意义⑤,量词重叠增加"每"即周遍的语法意义⑥。在绝大多数情况下,词重叠后其词汇意义并没有发生变化,仅仅增加一些原来所没有的语法意义。所以词重叠一般不构成一个新的合成词,仅仅造成表示某些语法意义的词形变化,或者说仅仅构成原词的语法变体。⑦

词是最小的能自由运用(或称独立活动)的语言单位,但词的重叠式(指重叠后词汇意义没有变化的,下同)却只能出现在特定的语法位置上,不能像词那样在造句时可以自由运用。这充分说明词的重叠式不是能自由运用的词。词是语言单位,是词汇的成员。词的重叠式是言语单位,它不是词汇成员,而是词汇成员构成的句子片段。形容词、动词、量词根据表达需要常常可以重叠,所以它们的重叠式数量十分巨大。这些重叠式在某部著作中出现数量的多寡,决定

---

① 李仕春.从复音词数据看中古汉语构词法的发展[J].宁夏大学学报(人文社会科学版),2007(5).
② 伍铁平.普通语言学概要[M].北京:高等教育出版社,1993:92-94.
③ 朱德熙.现代汉语语法研究[M].北京:商务印书馆,1980:35.
④ 刘丹青.苏州方言重叠式研究[J].语言研究,1986(1).
⑤ 朱德熙.语法讲义[M].北京:商务印书馆,1982:66.
⑥ 朱德熙.语法讲义[M].北京:商务印书馆,1982:26.
⑦ 邢公畹,仲哲明.语言学概论[M].北京:语文出版社,1992:155.

于这部著作描状性和口语性的强弱。描述性和口语性越强的作品,其重叠式出现得越多。如果根据某部著作的复音词占其词汇总数的百分比来推测这部著作产生的时代词汇复音化的程度,把这些重叠式也算作复音词,那就可能会在事实上形成这样一种推理:某部著作的描述性和口语性强,该著作所产生的时期词汇复音化程度就高;某部著作的描述性和口语性弱,该著作所产生的时期词汇复音化程度就低。显然这样的逻辑是不能成立的。①

就《晋书》而言,从《列传》第一至第十部分的复合新词中的重叠式数量极少,仅4个,占比0.46%。中土文献中,尤其是正史文献,其中所记载的文学作品和骈体式文章并不多见。重叠式的统计并不影响整个复合词分析的数据精确性。

---

① 胡运飙.从复音词数据看词汇复音化和构词法的发展[J].贵州文史丛刊,1997(2).

第四章 《晋书》复音词中的新词新义

第一节 中古汉语新词新义研究

一、新词新义研究概述

（一）新词新义

关于新词新义，诸多学者都曾做过解释，如张永言《词汇学简论》、张振德《佛经语言阐释》、李宗江《汉语常用词演变研究》等论著中均有阐释。

张振德结合专书研究提出，我们讨论的《世说新语》中的新词，或者是先秦两汉文献典籍从未出现过，而是第一次出现在《世说新语》中的词；或者是较《世说新语》稍前不久的书籍偶有用例，在《世说新语》中才普遍使用的词语。① 颜洽茂结合中古佛经词汇专题研究，从外延上给新词下了定义：新词是从历时角度来说的。这包括两种情况：一是词性、意义先秦两汉都未出现过……二是借用先秦两汉的词形灌注别义而成的新词。张能甫认为新词新义是"根据书面文献记载，反映出来的某个时代最早使用的词语和意义"②，同时又指出："新词新义没有天然的界线，绝大多数的新词，都同时具有新义。也有少数是旧瓶装新酒，即在早已有之的词中，再赋予一个新义。故在我们的研究中也笼而统之，不作过细的划分。"③ 颜洽茂、张振德提议将词义引申和新词的产出区别对待，而李宗江则将新义位的产生等同于新词的出现。对此，蒋绍愚《古汉语词汇纲要》则

---

① 张振德.《世说新语》语言研究[M].成都：巴蜀书社，1995：11.
② 张能甫.从郑玄笺注看东汉时代的新词新义[A]//汉语史研究集刊（二）.成都：巴蜀书社，2000：373.
③ 张能甫.从郑玄笺注看东汉时代的新词新义[A]//汉语史研究集刊（二）.成都：巴蜀书社，2000：367.

第四章 《晋书》复音词中的新词新义

提出,从历史角度看,同一个词在语音的不同历史时期音和义都会有变化。只要读音变化符合语音发展的规律,古今意义有历史的联系,就是同一个词。①

王铁昆提出,新词语是一个新创作的或从其他语言中,从本民族语言的方言词、古语词和行业语中新借用过来的词语,也指一个产生了新语义、新用法的固有词语。②

李建国指出,所谓新词新语,就是新出现的,符合民族语言构词法则的,表义明确而能进行交际的词语。这个含义包括三个内容:一是新词语必须合乎民族语言的构词规律,而不是个人任意拼合和玩弄字词的结果;二是新词语必须有明确的意义,而不是含义模糊的词语;三是新词语必须以不影响交际为基准,否则歧义纷呈,失去了语言的社会性,只能是个人的胡言乱语。③

阎玉文的博士学位论文《〈三国志〉复音词专题研究》中给新词、新义进行如此定义:新词指的是在一定的历史时期内新产生的、反映了当时人们认识变化的、稳定性较强的词语;新义指的是在一定的历史时期内,某个已经存在的词语在所包容的某一义位基础上,通过引申或其他方式滋生出的、与原义位直接有着明显意义联系的新的意义。首先,这两个定义对新词和新义两个概念做了明确区分,两者属于不同的范畴,既有区别又有联系、应该区分而且可以区分。新词在形式和意义上都是新的,新义在意义是新的,但在形式上是旧的,而且与已有意义之间的联系是显然的。其次,这两个定义突出了历时性,两者都是"在一定的历史时期内新产生的",这是新词、新义成立的基本前提;明确了新词、新义的内涵,指出新词是"反映了当时人们认识变化的、稳定性较强的词语",新义是"已经产生存在的词语在所包容的某一义位基础上,通过引申或其他方式滋生出的,与原义位之间有着明显意义联系的新的意义",这是新词和新义的本质属性。再次,这两个定义具有普遍意义,适用于衡量判断任何专书、任何时代中的新词新义,而不仅仅局限于某一专书或时代。④

阎玉文关于新词新义的定义较为精准,适用性较强,对于魏晋时期新词新义的判断和系统研究有一定的指导意义。

(二)新词新义的界定

学界确定新词新义一般坚持两条标准:① 历史语料;② 大型辞书例证。判

---

① 蒋绍愚.古汉语词汇纲要[M].北京:北京大学出版社,1989:34.
② 王铁昆.新词语的判定标准与新词新语词典编纂的原则[J].语言文字应用,1992(4).
③ 王建国.新词新语研究与辞书编纂[J].辞书研究,1996(3).
④ 阎玉文.《三国志》复音词专题研究[D].上海:复旦大学博士学位论文,2003:87-88.

断一个词是新词新义,其依据是,首先,这个新词新义在以往历史语料中没有出现,至少没有频繁出现;其次,根据《大词典》《辞源》等大型工具书的词语例证,判断其"新"。

殷正林(1984)参照《说文》《尔雅》《辞源》《联绵字典》《中华大字典》《中文大字典》等诸种工具书,继而检阅了《诗经》《论语》《孟子》《春秋三传》《荀子》《墨子》几部先秦要籍和《汉书》《论衡》等几部东汉著作以及汉乐府诗,来确定新词新义。

王小莘《〈颜氏家训〉实词及其时代特色的研究》一文以《辞源》《大词典》《大字典》《史记》《论衡》《淮南子》及汉代一些笔记文的词和义例,作为界定新词新义的主要标准。① 此后其专著《〈颜氏家训〉词汇语法研究》更强调辞书的重要性,以《大词典》《辞源》所收录的词和词例作为主要依据,并以《近代汉语词典》《宋元语言词典》及《史记》《论衡》《淮南子》等著作做参考。②

张显成《论简帛文献的新词新义研究价值》则以体现当前语文辞书编纂最新成果的《大字典》《大词典》两种工具书中最早书证和个别权威性的汉语史著作为主要参照系。③

张能甫(2000)判断郑玄注释中的所谓东汉时代的新词新义,基本依据是《大词典》,同时参考利用了先秦至汉晋的几十种索引,认为《大词典》在汉语语源的推究上,当之无愧地处于第一位。针对《三国志》新词新义的研究,我们把《大词典》《辞源》《三国志辞典》等辞书所收词例作为标准,并以代表性的先秦两汉的40多种、六朝时期的近20种文献作为主要参照系进行计算机检索,凡是《三国志》中有,而在这些先秦两汉语料中未出现、在六朝文献中出现不止一次(考虑到稳定性)的词和词义,就暂定为《三国志》中的新词新义。通过对《三国志》里的复音词进行比较全面的调查,尽可能找出其中的新词新义,以反映中古汉语词汇面貌之一斑。④

针对《晋书》新词新义的研究,我们把《大词典》《辞源》等大型辞书所收词例作为标准,并以代表性的先秦两汉至六朝时期的各类典型文献作为主要参照系进行检索,凡是《晋书》中有,而在先秦两汉语料中未出现、在六朝文献中出现不止一次的词和词义,就暂定为《晋书》中的新词新义。

---

① 王小莘.颜氏家训实词及其时代特色的研究[J].中国语言学报,1995(7).
② 王小莘.《颜氏家训》词汇语法研究[M].广州:广东人民出版社,1998:6.
③ 张显成.论简帛文献的新词新义研究价值[A]//汉语史研究集刊(二).成都:巴蜀书社,2000:195.
④ 张能甫.郑玄注释语言词汇研究[M].成都:巴蜀书社,2000:260-264.

在对新词新义进行判定的过程中,再次涉及语料时代的判定问题。我们说某个词在魏晋时期产生,鉴于《晋书》语料时代的复杂性,我们无法确切地认定《晋书》中所出现的某个词就是新词新义,正如汪维辉在讨论常用词演变研究的材料和方法时,对史书语料的时代性问题提出看法:一般来说,史书中的对话部分也是比较接近当时人的语言的,因为史家在描述人物时往往有意识地注意到语言的个性化和真实性,裴松之就说过这样的话:'凡记言之体,当使若出其口。'此其一。唐朝史臣跟六朝史家及文学家相比,在用语上往往反而显得拘谨和求雅,所以唐修正史中,'改俗为雅'的多,'改雅为俗'的少。所以就一般情况而言,史书中出现的那些俗语俗词,大多是保存前代的原貌,较少出自后人的改写。我们可以拿来作为所记时代的语料使用,至少作为旁证材料是没有什么问题的。此其二。其三,如上文已经提到的,各部史书之间也存在着差异,比如沈约的《宋书》就比魏收的《魏书》语料价值高得多,不宜以同一个标准和尺度去刻板地对待。① 因此,笔者在对《晋书》中新词新义的考察过程中还利用并检索了大量各类文献,主要包括三类:①《晋书》之前的文献有:十三经及汉魏晋注、先秦诸子和魏晋诸子著作,史书主要有《战国策》《史记》《汉书》《后汉书》《三国志》等;②《晋书》同时期的文献主要有:《三国志》裴注、《后汉书》部分语料、《宋书》《南齐书》《梁书》《陈书》《魏书》《北齐书》部分原始语料、《周书》《南史》《北史》《隋书》部分语料、《世说》《颜氏家训》《搜神记》《全晋文》等;③《晋书》之后的文献主要有经史子集各类。

(三) 中古汉语新词新义研究现状

方一新《东汉语料与词汇史研究刍议》(1995)就利用早期东汉语料进行词汇史研究,认为东汉语料的重要性不容低估,其中就包括揭示新词新义。王小莘《从汉魏六朝笔记小说看中古汉语词汇新旧质素的共融和更替》(2003)从词义、同义词方面探讨中古汉语新旧质素的共融和更替,揭示一些新质素萌发的迹象。王云路《试说翻译佛经新词新义的产生理据》(2005)总结出汉译佛经中新词新义的三种不同来源,指出译经新词新义的产生与中土文献息息相关。此外还有王小莘《〈颜氏家训〉中反映魏晋南北朝时代色彩的新词》(1998),黄英《从〈风俗通义〉看汉代新生的复音词》(2000),张能甫《从郑玄注看东汉时代的新词新义》(2000),化振红《〈洛阳伽蓝记〉中反映魏晋南北朝时代特色的新词》(2004),季琴《支谦译经所反映的东汉三国时期的新词》(2006)等文章,亦反映

---

① 汪维辉.东汉—隋常用词演变研究[M].南京:南京大学出版社,2000:19.

出中古时期新词新义多方面的特点。①

近五年来,有诸多硕士、博士学位论文从专书新词新义的角度研究中古汉语词汇的演变,如2011年山东大学宋琳博士学位论文《基于〈汉语大词典〉语料库的魏晋新词语研究》,2012年山东大学胡宪丽博士学位论文《基于〈汉语大词典〉语料库的唐代新词语研究》,2009年西北大学赵利霞硕士学位论文《〈肘后备急方〉中的新词新义》,2012年渤海大学张依硕士学位论文《〈世说新语〉中的新词新义研究》,2010年安徽大学许昌秀硕士学位论文《〈观世音应验记三种〉新词新义研究》等文章。

二、中古汉语新词新义大量产生

语言既有继承,又有发展,表现在词义上就是,旧义的延续和新义的诞生共存于同一历史平面。魏晋六朝由于处在上古汉语和中古汉语的衔接轴上,这种现象尤为突出。② 作为反映魏晋时期历史更迭、社会现状的一部正史,但又成书于初唐,人们既能通过《晋书》复杂的语言系统考察魏晋时期的语言风貌,又能通过《晋书》描述性语言考察初唐时期的语言风格,其词汇面貌必然能折射出当时新旧交替、不断变化的发展线路,对于研究中古汉语词汇史有着极高的价值。从《晋书》列传、载记共计一百卷的综合考虑,由于其受魏晋时期各种因素的影响,必然产生和使用了大量的新词新义。

从《晋书》复杂的语料系统来看魏晋六朝至初唐时期的新词新义。根据方一新(1997)的提法,史书的语料分为原始材料和其他材料。原始材料是指正文中原文引录的当朝文献,它虽然也还有史书作者加工润饰、以意剪裁的可能性,但原则上应该认定为当朝人的作品。其他材料包括记事和记言两大类。史书中的叙事评赞语属于记事成分,理应看作是史书作者年代的语料。本书吸纳方一新的提法,从原始材料和其他材料两部分考察《晋书》中出现的新词新义。

(一) 原始材料

原始材料包括正文中原文引录的当朝文献,如诏令、奏疏、书札、文章等,以及文中所引的各类典籍,包括辞赋、文策、诔文等。后者讲究骈俪押韵,辞藻华丽雅正,词汇研究的价值不高。而口语词汇较多、研究价值较大的一般有以下几类文体:

---

① 方一新.近十年中古汉语词汇研究的回顾与展望[J].古汉语研究,2010(3).
② 王小莘.从魏晋六朝笔记小说看中古汉语词汇新旧质素的共融和更替[J].南京师范大学文学院学报,2003(1):131-139.

1. 奏疏、上表、文书

奏疏多是检举、弹劾官员，或禀告相关事宜的文字，大多是原始实录，不事藻饰。而文书类多是陈述事件，就事论事，言辞较为直白。比如《晋书·羊祜列传》中羊祜上表辞让加封一事的《让开府表》：

祜上表固让曰："臣伏闻恩诏，拔臣使同台司。臣自出身以来，适十数年，受任外内，每极显重之任。常以智力不可顿进，恩宠不可久谬，夙夜战悚，以荣为忧。臣闻古人之言，德未为人所服而受高爵，则使才臣不进；功未为人所归而荷厚禄，则使劳臣不劝。今臣身托外戚，事连运会，诚在过宠，不患见遗。而猥降发中之诏，加非次之荣。臣有何功可以堪之，何心可以安之。身辱高位，倾覆寻至，愿守先人弊庐，岂可得哉！违命诚忤天威，曲从即复若此。盖闻古人申于见知，大臣之节，不可则止。臣虽小人，敢缘所蒙，念存斯义。今天下自服化以来，方渐八年，虽侧席求贤，不遗幽贱，然臣不能推有德，达有功，使圣听知胜臣者多，未达者不少。假令有遗德于版筑之下，有隐才于屠钓之间，而朝议用臣不以为非，臣处之不以为愧，所失岂不大哉！臣忝窃虽久，未若今日兼文武之极宠，等宰辅之高位也。且臣虽所见者狭，据今光禄大夫李憙执节高亮，在公正色；光禄大夫鲁芝洁身寡欲，和而不同；光禄大夫李胤清亮简素，立身在朝，皆服事华发，以礼终始。虽历位外内之宠，不异寒贱之家，而犹未蒙此选，臣更越之，何以塞天下之望，少益日月！是以誓心守节，无苟进之志。今道路行通，方隅多事，乞留前恩，使臣得速还屯。不尔留连，必于外虞有阙。匹夫之志，有不可夺。"

这段表文中，"发中"（出自内廷）、"恩诏"（帝王降恩的诏书）、"显重"（位高势重）、"运会"（时运际会）、"服化"（顺服归化）、"渐"（至、到）、"忝窃"（谦言辱居其位或愧得其名）、"执节"（坚守节操）、"高亮"（高尚忠正）、"清亮"（纯正清明）、"简素"（简约朴素）、"终始"（有始有终）、"寒贱"（地位低微，门第卑下）、"誓心"（心中发誓、立定心愿）、"行通"（畅通）、"方隅"（四方和四隅，借指边疆）大多是魏晋以来的新词新义，且广泛见于六朝时期的史书。

2. 家书、信札类

家书、信札类文体力求通俗易懂，相对而言比较口语化，其中所包含的口语词汇则更多，也更接近当时语言使用情况。如嵇康《与山涛告绝书》：

闻足下欲以吾自代，虽事不行，知足下故不知之也。恐足下羞庖人之独割，引尸祝以自助，故为足下陈其可否。

老子、庄周，吾之师也，亲居贱职；柳下惠、东方朔，达人也，安乎卑位。吾岂敢短之哉！又仲尼兼爱，不羞执鞭；子文无欲卿相，而三为令尹，是乃君子思济物之意也。所谓达能兼善而不渝，穷则自得而无闷。以此观之，故知尧、舜之居世,许由之岩栖,子房之佐汉,接舆之行歌,其揆一也。仰瞻数君,可谓能遂其志者也。故君子百行,殊途同致,循性而动,各附所安。故有"处朝廷而不出,入山林而不反"之论。且延陵高子臧之风,长卿慕相如之节,意气所托,亦不可夺也。

吾每读《尚子平、台孝威传》,慨然慕之,想其为人。加少孤露,母兄骄恣,不涉经学,又读《老》《庄》,重增其放,故使荣进之心日颓,任逸之情转笃。阮嗣宗口不论人过,吾每师之,而未能及。至性过人,与物无伤,惟饮酒过差耳,至为礼法之士所绳,疾之如仇仇,幸赖大将军保持之耳。吾以不如嗣宗之资,而有慢弛之阙;又不识物情,暗于机宜;无万石之慎,而有好尽之累;久与事接,疵衅日兴,虽欲无患,其可得乎!

又闻道士遗言,饵术黄精,令人久寿,意甚信之。游山泽,观鱼鸟,心甚乐之。一行作吏,此事便废,安能舍其所乐,而从其所惧哉!

夫人之相知,贵识其天性,因而济之。禹不逼伯成子高,全其长也;仲尼不假盖于子夏,护其短也。近诸葛孔明不迫元直以入蜀,华子鱼不强幼安以卿相,此可谓能相终始,真相知者也。自卜已审,若道尽途殚则已耳,足下无事冤之令转于沟壑也。

吾新失母兄之欢,意常凄切。女年十三,男年八岁,未及成人,况复多疾,顾此恨恨,如何可言。今但欲守陋巷,教养子孙,时时与亲旧叙离阔,陈说平生,浊酒一杯,弹琴一曲,志意毕矣,岂可见黄门而称贞哉!若趣欲共登王途,期于相致,时为欢益,一旦迫之,必发狂疾。自非重仇,不至此也。既以解足下,并以为别。

魏晋时期,动荡不安的社会生活,儒、道、释思想的巨大碰撞,造成了魏晋名士傲散清高、放荡不拘的个性特征,但其对生命的珍视本性使得他们产生了强烈的人格焦虑,出现了任性放诞以求本真、内服丹药以求长生的多种人生形态。魏晋名士在多种政治势力的夹缝中,失去了对世务的关注热情,努力置身事外,逍遥山水,放诞人群,更多地表现出对个体生命的珍视,对本真精神的守护,对世间生活的诗意艺术化追求。嵇康的"高情远趣,率然玄远"在《与山涛告绝书》中表露无遗。因是给朋友的信件,其口语化色彩较浓,其中不乏诸多魏晋新词。比如"贱职"(卑微的官职)、"仰瞻"(仰望、追慕)、"孤露"(魏晋时期指丧父)、"机宜"(事理、时宜)、"疵衅"(缺点、过失)、"黄精"(药草名,中医以根茎入药,仙家以为仙草之类)、"凄切"(凄凉而悲切)、"教养"(教育培养)等。

3. 诏令等下行文书

诏书多是帝王对臣子的任命、封赏所发的文书,其中有一类是针对皇族内部成员的,则行文俚白,相对口语化。因《晋书》语言追求典雅,这类口语化的诏

第四章 《晋书》复音词中的新词新义

书不多见。如《晋书·庾亮列传》中明帝针对庾亮所上奏疏,下诏:

省告恳恻,执以感叹,诚是仁舅处物宗之责,理亦尽矣。若大义既不开塞,舅所执理胜,何必区区其相易夺!贼峻奸逆,书契所未有也。是天地所不容,人神所不宥。今年不反,明年当反,愚智所见也。舅与诸公勃然而召,正是不忍见无礼于君者也。论情与义,何得谓之不忠乎!若以己总率征讨,事至败丧,有司宜明直绳,以肃国体,诚则然矣。且舅遂上告方伯,席卷来下,舅躬贯甲胄,贼峻枭愚。大事既平,天下开泰,衍得反正,社稷乂安,宗庙有奉,岂非舅二三方伯忘身陈力之勋邪!方当策勋行赏,岂复议既往之咎乎!且天下大弊,死者万计,而与桀寇对岸。舅且当上奉先帝顾托之旨,弘济艰难,使衍冲人永有凭赖,则天下幸甚。

其中,"感叹"(有所感触而叹息)、"区区"(匆忙、急忙)、"奸逆"(叛逆不忠之人)、"开泰"(亨通安泰)、"凭赖"(倚仗、依靠)都是六朝时期产生的词语。

(二) 其他材料

1. 叙事语言

史书记事最常用的写作手法是叙事,史书中的叙事评赞语属于记事成分。作者在记叙史实时肯定参考、采用了许多前代史料,但是这种参考、采用绝非照抄照搬,而是经过一定的整理淘汰、修改加工后才写入史书的,理应看作是史书作者年代的语料。叙事语言能反映作者当时的语言面貌,尽管相对于原始数据而言,叙事语言中的口语成分不多,但其中不乏有价值的方言俗语类的口语词和新词。如《晋书·贾充列传》中:

充为政,务农节用,并官省职,帝善之,又以文武异容,求罢所领兵。及羊祜等出镇,充复上表欲立勋边境,帝并不许。从容任职,褒贬在己,颇好进士,每有所荐达,必终始经纬之,是以士多归焉。帝舅王恂尝毁充,而充更进恂。或有背充以要权贵者,充皆阳以素意待之。而充无公方之操,不能正身率下,专以谄媚取容。

"阳",借指表面上,与"背"相对。魏晋时期新义。

充妇广城君郭槐,性妒忌。初,黎民年三岁,乳母抱之当阁。黎民见充入,喜笑,充就而拊之。槐望见,谓充私乳母,即鞭杀之。黎民恋念,发病而死。后又生男,过期,复为乳母所抱,充以手摩其头。郭疑乳母,又杀之,儿亦思慕而死。充遂无胤嗣。及薨,槐辄以外孙韩谧为黎民子,奉充后。

"恋念",魏晋时期新词,表示怀念、思念之义。

2. 人物对话

史书中除了原始数据外,另一类值得重视的语料就是记言部分的人物对话。史书中的人物对话和言论属于记言成分。史书作者写对话,通常当有所依凭、参考,渊源有自;也可能在前代素材的基础上合理想象,进行再创作。总之,人物对话理应浅近明了,接近口语。如《张华列传》中冯𬘡与皇帝的对话:

朝议欲征华入相,又欲进号仪同。初,华毁征士恢于帝,𬘡即恢之弟也,深有宠于帝。𬘡尝侍帝,从容论魏晋事,因曰:"臣窃谓钟会之衅,颇由太祖。"帝变色曰:"卿何言邪!"𬘡免冠谢曰:"臣愚冗瞽言,罪应万死。然臣微意,犹有可申。"帝曰:"何以言之?"𬘡曰:"臣以为善御者必识六辔盈缩之势,善政者必审官方控带之宜,故仲由以兼人被抑,冉求以退弱被进,汉高八王以宠过夷灭,光武诸将由抑损克终。非上有仁暴之殊,下有愚智之异,盖抑扬与夺使之然耳。钟会才见有限,而太祖夸奖太过,嘉其谋猷,盛其名器,居以重势,委以大兵,故使会自谓算无遗策,功在不赏,辀张跋扈,遂构凶逆耳。向令太祖录其小能,节以大礼,抑之以权势,纳之以轨则,则乱心无由而生,乱事无由而成矣。"帝曰:"然。"𬘡稽首曰:"陛下既已然微臣之言,宜思坚冰之渐,无使如会之徒复致覆丧。"帝曰:"当今岂有如会者乎?"𬘡曰:"东方朔有言'谈何容易',《易》曰:'臣不密则失身。'"帝乃屏左右曰:"卿极言之。"𬘡曰:"陛下谋谟之臣,著大功于天下,海内莫不闻知,据方镇总戎马之任者,皆在陛下圣虑矣。"帝默然。顷之,征华为太常。

文中"退弱"(柔弱貌)、"控带"(严谨松弛)、"仁暴"(仁义暴虐)、"愚智"(愚昧睿智)、"才见"(才能见识)等都是魏晋时期产生的新词。

第二节 《晋书》复音词中的新词例释

一、《大词典》未收的《晋书》新词

<u>安悦</u> 《刘牢之列传》P2191:玄大喜,与敬宣置酒宴集,阴谋诛之,陈法书画图与敬宣共观,以安悦其志。

"安悦",安定悦服之义,《大词典》未收。另《刘毅列传》:"(刘)毅号令严整,所经墟邑,百姓安悦。"上述为《晋书》2例。《宋书》1例,《刘秀之列传》:"秀之为治整肃,以身率下,远近安悦焉。"《魏书》2例,《崔鉴列传》:"(崔鉴)出为奋威将军、东徐州刺史。鉴欲安悦新附,民有年老者,表求假以守、令,诏从之。"《尔朱天光列传》:"贼众安悦,无复走心。"《北史》1例,《刁雍传附刁双传》:"(刁双)为政清简,吏人安悦。"《旧唐书》3例,《李昌传附李复传》:"在容州三

第四章 《晋书》复音词中的新词新义

岁,南人安悦。"《邢君牙传》:"既而(李)晟为凤翔、泾原元帅,数出军巡边,常令(邢)君牙掌知留后,军府安悦。"《奚陟传》:"是岁,江南、淮西大雨为灾,令(奚)陟劳问巡慰,所在人安悦之。"《新唐书》1 例。此词出现频率较高,《大词典》当收录之。

差薄 《何曾列传》P998:太保与毅有累世之交,遵等所取差薄,一皆置之。

这段是说咸宁初年,有司上奏弹劾何劭及其兄何遵等接受袁毅的贿赂,但皇帝诏书宽宥,太保和袁毅有多世的交情往来,何遵等所取略少,一切都可忽略不论罪。在此"差薄"一词义重在"薄"上,"差"在中古时期有两义项,"稍微"和"比较",《大词典》收录有"差违"一词,释义为"略违"。"差"此处作"稍微、略"微解,另《西山先生真文忠公文集》卷四十七:"又言王辛光州之胜,可谓奇功,而行赏差薄。上曰:'赏岂可薄?薄则无以激励后人。'"亦谓对王辛的奖赏略为微薄。《宋史·魏王恺列传》:"王性宽慈,上皇雅爱之,虽以宗社大计出王于外,然心每念文,赐赉不绝。讣闻,帝泫然曰:'向所以越次建储者,正为此子福气差薄耳!'"言之所以越位立其为储君,正是因为他的福气略薄。《天下郡国利病书》:"况本县西北乡高阜多民田,所入差薄,故其税轻。"是说本县西北乡的民田收入略低,故而其税也轻。《大词典》当补此词条。

差近 《石苞列传》P1007:尝与王敦入太学,见颜回、原宪之像,顾而叹曰:"若与之同升孔堂,去人何必有间。"敦曰:"不知余人云何,子贡去卿差近。"

王敦称赞石崇与子贡相差不多。"差近",《大词典》未收,其义为"比较接近"。"差"在此则作"比较"解,另《汉书·西域传·车师后国》:"元始中,车师后王国有新道,出五船北,通玉门关,往来差近,戊己校尉徐普欲开以省道里半,避白龙堆之阨。"《宋书·律历志中》:"汉兴,袭秦正朔,北平侯张苍首言律历之事,以《颛顼历》比于六历,所失差近。"均谓"比较接近"。《魏书·彭成王勰列传附曹劭》:"臣国封徐州,去军差近,谨奉粟九千斛,绢六百匹,国吏二百人,以充军用。"《魏书·田益宗列传》:"且寿春虽平,三国仍梗,镇守之宜,实须豫设。义阳差近淮源,利涉律要,朝廷行师,必由此道。"《水经注》卷二十六:"作者多以丘、陵号同,缘陵又去莱差近。"《北史·尔朱荣传》:"家世奉国,给侍左右,北秀容既在划内,差近京师,岂以沃堉,更迁远地?"宋司马光撰《温国文正司马公文集·为孙太博乞免广南转运判官状》卷十五:"两任滑州,去家差近,迎侍朝夕。"宋刘克庄撰《后村先生大全集》卷一百九十四:"去公所居差近,每一篇成即以见。"指距离上的相近。又可指时间上的接近,《旧唐书·马周列传》:"向使高祖之后,即有武帝,天下必不能全。此于时代差近,事迹可见。"宋晁补之撰《鸡肋集》卷三十六:"陆机陆云有盛名,顾不足于植、粲,摘其义差近者存之。"

指"相似,差不多"。清卢文弨撰《抱经堂文集》卷二十二:"而生死皆讳之说,于理差近,始亦将信之。"以上各例皆表示接近义,不局限于时间、空间,也可指意境、文意主旨等抽象的相近。此词在魏晋后已基本成词,《大词典》当补。

<u>垂制</u> 《陈骞列传》P1039:图书之设,由来尚矣。自古立象垂制,而赖其用。三代置其官,国史掌厥职。

"垂制"一词有制定制度义,《大词典》未收。垂,自上缒下,《易·系辞下》:"尧舜垂衣裳而天下治。"垂有垂示而延续之义,后引申为由上级对下级制定制度之义,多与"立法"等连用。史书中如《三国志》1例。《魏书·刘劭列传》:"然则圣人垂制,不为变(异)豫废朝礼者,或灾削异伏,或推术谬误也。"《晋书》6例,《宋书》4例。晋陆机撰《陆士衡文集·汉高祖功臣颂》卷九:"外济六师,内抚三秦。拔奇夷难,迈德振民。体国垂制,上穆下亲。名盖群后,是谓宗臣。"宋徐铉撰《徐公文集·颂德赋》卷一:"惟先王之建国,体皇极而垂制,仰则察于辰象,俯则察于地义。"宋欧阳修撰《欧阳文忠公文集居士集·问进士策》卷四十八:"夫立法垂制,将以遗后也。"金孙元措撰《孔氏祖庭广记》卷三:"先圣加众儒为先师,永垂制于后昆,革往代之纰缪。"以上各例中的"垂制"都是指上级统治者制定制度、法律法规。《大词典》当补此词条。

<u>籓翼</u> 《郑冲列传》P991:遂与功臣剖符作誓,藏之宗庙,副在有司,所以明德庸勋,籓翼王室者也。

"籓翼"一词从构造上看,属于近义并列,意义甚明,为辅助义,又写作"藩翼",《大词典》失收。"藩",《韵会》:"与蕃同,屏也。"藩由"屏障"的本义发展为保护、庇护义。《诗·大雅》:"价人维藩。""翼",《书·皋陶谟》:"庶明砺翼。"郑云:"以众贤明作辅翼之臣。"《书·益稷》:"予欲左右有民汝翼。"传:"汝翼成我。""藩""翼"二字皆有"辅助、庇护"义,义相近。且《汉书·诸侯王表》:"内无骨肉本根之辅,外无尺土藩翼之卫,陈、吴奋其白梃,刘、项随而毙之。"言在内没有同族、骨肉兄弟的辅佐,在外没有咫尺土地的保护与防卫。《晋书·太祖文帝纪》:"昔先王选建明德,光启诸侯,体国经野,方制五等。所以藩翼王畿,垂祚百世也。"《晋书·齐王攸列传》:"我有晋既受顺天明命,光建群后,越造王国于东土,锡兹青社,用藩翼我邦家。"《大词典》收录有"藩翼"一词,当以《汉书·诸侯王表》中例句补收"籓翼"一词。

<u>方事</u> 《陈骞列传》P1036:骞元勋旧德,统父东夏,方弘远绩,以一吴会,而所苦未除,每表恳切,重劳以方事。

"方事"一词,《大词典》仅收录有一义,指方药医术之事,有失,此处当作"一方之事"解。从文势上看,此外"方事"无方药医术的意思,文中也未曾提到

陈骞懂得医术。故而，《大词典》的解释在此是行不通的，且《大词典》收录有"方任"一词条，是一方的地方长官。二词中"方"都是地方的意思。且词义上与方药艺术之事毫无关联，因此，《大词典》当补这一词条方为妥当。在历代文献中大量出现了"东方事""南方事"等词语，如《后汉书·隗嚣列传》："于是（邓）禹承制遣使持节命（隗）嚣为西州大将军，得专制凉州，朔方事。"《南齐书·谢超宗列传》："在直省常醉，上召见，语及北方事。"《资治通鉴·汉纪三十三世祖光武皇帝上之下》："帝使来歙持节送马，援归陇右。隗嚣与（马）援共卧起，问以东方事。"后指一方之事，《三国志·吴主传》："方事之殷，国家多难，凡在有司，宜各尽节，先公后私，而不恭承，甚非谓也。"《晋书·陶侃列传》："陛下虽圣姿天纵，英奇日新，方事之殷，当赖群俊。"《魏书·高允列传》："仰维先朝每欲宪章昔典，经阐素风，方事尚殷，弗遑克复。"《魏书·高句丽列传》："（李）敖至其所居平壤城，访其方事。"《南史·恩幸传·吕文显》："自此以后，权寄弥隆，典签递互还都，一岁数反，时主辄与闲言，访以方事。"《宋史·王嗣宗列传》："太宗遣武德卒潜察远方事，（王）嗣宗械送京师。"以上各例中的"方事"都是指一方之事。

废惰 《良吏列传·王宏》P2333：虽诏书屡下，敕厉殷勤，犹恐百姓废惰以损生植之功。

"废惰"即为"荒废懒惰"之义，《汉书·五行志中之上》："嘉事不体，何以能久？高仰，骄也。卑俯，替也。骄近乱，替近疾。"颜师古注曰："替，废惰也。"《宋史·真宗二》："诏南宫北宅大将军以下，各勤讲肄，诸子十岁以上并受经学书，勿令废惰。"《大词典》可补收此词条。

忿惧 《桓玄列传》P2598：玄愈忿惧，使桓谦、何澹之屯东陵，卞范之屯覆舟山西，众合二万，以距义军。

"忿惧"，"愤恨恐惧"之义，《大词典》失收。《后汉书》共2例，《吕布列传》："（侯）成忿惧，乃与诸将共执陈宫、高顺，率其众降。"《宦者列传·孙程》："小黄门李闰与帝乳母王圣常共谮太后兄执金吾（邓）悝等，言欲废帝，立平原王翼，帝每忿惧。"《晋书》4例，《魏书》《新唐书》各1例。《大词典》当以《后汉书》中例句补之。

奉策 《郑冲列传》P991：及魏帝告禅，使冲奉策。

"奉策"一词意义甚明，表示奉行皇帝的诏令，是一个动宾结构的复合词。历代文献中出现较多，《汉书》1例，《后汉书》9例，《三国志》8例，《晋书》8例，《梁书》1例，《魏书》5例。"奉策"一词是东汉魏晋时新产生的动宾复合词，《汉书》中例句是首例，《大词典》可补。

弘宣 《谢安列传附谢玄》P2085：臣之平日，率其常矩，加以匪懈，犹不能令政理弘宣，况今内外天隔，永不复接，宁可卧居重任，以招患虑。

"弘宣"，是"宣扬弘大"义，《大词典》未收。《晋书》4例，《宋书》《隋书》各1例，《南齐书》6例，《梁书》2例。"弘宣"一词，成词较早，且使用甚广，《大词典》当补。

荒毁 《马隆列传》P1556：太康初，朝廷以西平荒毁，宜时兴复，以隆为平虏护军、西平太守，将所领精兵，又给牙门一军，屯据西平。

"荒毁"一词《大词典》未收，但于史书中常见，《宋书》4例，《梁书》1例，《魏书》4例，《陈书》1例，《晋书》3例，《旧唐书》3例。各例均表荒弃废用之义，且成词尚早，《大词典》当补此词条。

暨至 《刘颂列传》P1300：周之建侯，长享其国，与王者并，远者仅将千载，近者犹数百年；汉之诸王，传祚暨至曾玄。

"暨至"是同义并列合成词，"暨"，《玉篇·日部》："暨，至也。"《小尔雅·广言》："暨，及也。""暨""至"都有"到"的意思，二字连用。"暨至"在魏晋南北朝时期已经基本成词，《三国志》1例，《宋书》1例，《晋书》3例。《大词典》当补此词条。

结罪 《曹志列传》P1391：于是有司奏收志等结罪，诏惟免志官，以公还第，其余皆付廷尉。

"结罪"，《大词典》未收，当为"治罪，审判定其罪名"之义。最早例句出自《后汉书·列女传·庞淯母》："怨塞身死，妾之明分；结罪理狱，君之常情，何敢苟生，以枉公法！""结罪"与"理狱"是近义词，并列使用，义甚明。《晋书》3例，《旧唐书》2例。从以上各例来看，"结罪"当作为"定罪"解，大致成词于魏晋南北朝时期，为动宾结构复合词。《大词典》当收录之。

接下 《文明王皇后列传》P950：后事舅姑尽妇道，谦冲接下，嫔御有序。及居父丧，身不胜衣，言与泪俱。

文明王皇后是一位重礼重仪的贤淑之后，甚有惠德，对待臣子下人谦虚而不傲慢。接下，即接待下人之义，在《晋书》中共出现有3例，另外2例为：《礼志中》："而躬耕万机，坐而待旦，降心接下，仄不遑食，所以劳力者如斯之甚。"《王雅列传》卷八十三："（王）雅性好接下，敬慎奉公，孝武帝深加礼遇，虽在外职，侍见甚数，朝廷大事多参谋议。"3例中"接下"的意思均是对待下级或身份地位低于自己的人，但《大词典》未收此词条。《尚书》卷四："奉先思孝，接下思恭。"注：以念祖德为孝，以不骄慢为恭。《毛诗·车攻八章》："吉日美宣王田也，能慎微接下，无不自尽以奉其上焉。"其"接下"亦言谨慎谦虚地对待臣子。史书中，《汉书》1

第四章 《晋书》复音词中的新词新义

例,《宋书》2例,《南齐书》6例,《北齐书》1例,《魏书》3例,《周书》2例,《旧唐书》《新唐书》各3例。因之使用甚广,且《大词典》另收录有"奉上"一词,表侍奉君主、上司之义。《大词典》当收录"接下"词条,《尚书》中的例句为初始例。

介副 《何曾列传》P995:臣闻先王制法,必全于慎。故建官受任,则置副佐;陈师命将,则立监贰;宣命遣使,则设介副。

"介副"一词从结构上看是同义并列复合词,"介"和"副"都有辅助之义。"介",《康熙字典》:"又助也。"《诗·豳风》:"为此春酒,以介眉寿。""副",有辅佐之义。《唐韵》《集韵》《韵会》《正韵》:"敷救切,贰也。"《广韵》:"佐也,称也。"《前汉记·功臣记》:"副在有司。"《大词典》收录有"副贰"一词,表辅佐、辅弼重臣、副职,属僚义。另有"介倅""介贰""倅贰""倅介",均表副手,辅佐者,佐贰官。"介""副""贰""倅"四字义同,结合构成并列复合词。另《新唐书》1例,《张荐列传》:"去正月中,(颜)真卿奉使淮西,期不先戒,行无素备。受命之后,不宿于家,亲党不遑告别,介副不及陈请,屑僮单骑,即日载驰。""介副"一词条《大词典》未收,当补。

岨绝 《裴秀列传》P1051:二君齐恶傲威,诚信岨绝,防风之戮,将谁归乎?

岨绝,即"阻绝","岨"与"阻"同音通假,历代文献中多写作"阻绝",指道路、山河的隔阻,后引申为交游的断绝,交通的阻断等。《大词典》未收,当补此词条。《广韵》卷一:"凡有文藻,即须明声韵。屏居山野,交游阻绝,疑惑之所,质问无从亡者,则生死路殊。"《后汉纪》1例,《孝献皇帝纪》卷二十九:"分野殊异,遂用阻绝。不图今日,乃相擒也。"《资治通鉴》共3例,《通鉴纪事本末》1例,《水经注》1例,《焦氏易林》1例。《晋书》中此句当为初始例。

茹食 《苟晞列传》P1669:而滔、邈等劫越出关,矫立行台,逼徙公卿,擅为诏令,纵兵寇抄,茹食居人,交尸塞路,暴骨盈野。

"茹食"一词,"茹",食也。《大词典》未收。《方言》卷七:"茹,食也。吴越之间,凡贪饮食者谓之茹。""茹食"一词当为同义并列合成词,表贪食之义。

涉渡 《谢安列传附谢玄》P2082:于是玄与琰、伊等以精锐八千涉渡肥水。

"涉渡",《大词典》未收。《三国志·吴书·甘宁传》:"(关)羽号有三万人,自择选锐士五千人,投县上流十余里浅濑,云欲夜涉渡。"《魏书》2例。"涉""渡"义同并列。《大词典》可补。

绥穆 《刘胤列传》P2113:且项羽、袁绍非不强也,高祖缟冠,人应如响;曹公奉帝,而诸侯绥穆。

"绥穆"是安定和睦之义。《大词典》未收。另《宋书》1例,《大词典》可补此词条。

通机 《裴秀列传》P1050：裴宪鲠亮宏达，通机识命，不知其何如父；至于深弘保素，不以世物婴心者，其殆过之。

"通机"，"机"同"几"，是事物变化的迹象或征兆。《大词典》未收。五代徐锴《说文系传·木部》："机，《易》曰：'知机其神乎。'机，事之先见也。""通机"指通晓事物的变化天命，唐道宣撰《广弘明集·叙梁武帝舍事道法》卷四："成觉至道，通机德圆。"宋姚铉撰《唐文粹·凤阁王侍郎传论赞》卷二十四："则梁侍中金紫光禄大夫中书令南昌安侯其人也，美干英姿，通机敏艺。"宋道元撰《景德传灯录》卷二十四："呈十方世界廓然明，孤峰顶上通机照。"唐杨炯撰《杨盈川集·晦日药园诗序》卷三："若使适情知足，则玉帛；子女为伐性之源，达变通机，则尊官厚禄。非保全之地，所以列坐羲皇之代，安歌帝尧之力。"所举《晋书》例中"识命"与之同为述宾联合词，意义相近。

殷多 《陆晔列传附陆玩》P2025：而慺慺所守，终于陈诉者，特以端右机要，事务殷多，臣已盈六十之年，智力有限，疾患深重，体气日弊，朝夕自励，非复所堪。

"殷多"一词，《大词典》未收。"殷"，《广雅·释诂》："殷，众也。"《广韵·欣韵》："殷，众也。"《诗·郑风·溱洧》："士与女，殷其盈矣。"毛传："殷，众也。""殷""多"二字同义，构成同义并列复音词。《魏书》中1例。此词在南北朝时产生。《大词典》可补。

游接 《裴秀列传》P1043：时以陈准子匡、韩蔚子嵩并侍东宫，颜谏曰："东宫之建，以储皇极。其所与游接，必简英俊，宜用成德。"

"游接"一词为近义并列复合词，表交游接触义，唐后已基本成词。《大词典》未收。《广弘明集·吊僧正京法师亡书》卷二十四："一旦倾殒，哀恸之至，当何可处，弟子纨绮游接五十余年。"《资治通鉴·齐纪六·高宗明皇帝中》卷一百四十："（魏高祖）好贤乐善，情如饥渴，所与游接，常寄以布素之意，如李冲、李彪、高闾、王萧、郭祚、宋牟、刘芳、崔光、邢峦之徒，皆以文雅见亲，贵显用事。"《宋史·魏丕列传》："（魏）丕好歌诗，颇与士大夫游接，有时称。"《续资治通鉴·宋纪三十四》卷三十四："（马知节）颇涉文艺，每应诏，亦以诗咏，所与游接，必一时名士。"元戴表元撰《剡源戴先生文集·宋氏墓表》卷十七："虽比邻无故，少游接，而乡间姻族岁时，庆吊无缺礼。"上述各例都是说与朋友交游接触。"游接"由两个意义相近的词并列而成，在构词时，两语素处于并列的地位。

甄举 《裴秀列传》P1045：老子既著五千之文，表摭秽杂之弊，甄举静一之义，有以令人释然自夷，合于《易》之《损》《谦》《艮》《节》之旨。

"甄"有"选拔、选择"义。《华阳国志·后贤志》："（文立）甄致二州人士，铨衡平当,为士彦所宗。"隋唐时,"甄"的"选拔"义开始出现,"甄举"的意思即是"选拔推举",为魏晋南北朝时新复合词语。《后汉纪》卷二十五:"秋九月大长秋赵忠为车骑将军、执金吾,甄举为太仆。"《魏书·列传自序》:"辨定名称,随条甄举,又搜采亡遗,缀续后事,备一代史籍,表而上闻。"《旧五代史·梁书·末帝纪下》卷十:"伏见北齐文士魏收著《后魏书》,于时自魏太武之初,至于北齐,书不获就,乃大征百官家传,刊总斟酌,随条甄举,搜访遗亡,数年之间,勒为一代典籍,编在北史,固非虚言。"《清史稿·杨义列传》:"时仪复设巡按,(杨)义奏请甄举才守兼优考试,请简不拘资俸。""甄举"一词出现较为广泛频繁,《大词典》当收录此条。

二、《大词典》首例过晚的《晋书》新词

闇戆 《贾充列传》P1175:"今吴寇当平,汝方表斩张华。汝之暗戆,皆此类也。"

"闇戆"是"愚昧"之义,但《大词典》出宋代《新编分门古今类事·梦兆门上·周勤昼寝》:"(府公)责充曰:'吴寇当平,汝方表斩张华,何暗戆也!'"此句即从《晋书》文中句而来,《大词典》首例当出《晋书》中例句。

暗劣 《列传十九序》P1590:纵令天子暗劣,鼎臣奢放,虽或颠沛,未至土崩。

"暗劣"是"愚昧低劣"之义,《大词典》首出唐无名氏《玉泉子》中例句,稍晚,此词在魏晋时期已较为常用,《三国志》4例,《魏书》1例,《晋书》5例。《大词典》当修改。

罢废 《王廙列传附王彪》P2008:宿卫之重,二卫任之,其次骁骑、左军各有所领,无兵军校皆应罢废。

"罢废"是免职义,《大词典》出宋王安石《谢提刑启》例句,过晚,《晋书》中此句是首例。

褒贬 《周浚传附周崇》P1659:嵩怏怏不悦,临发,与散骑郎张嶷在侍中戴邈坐,褒贬朝士,又诋毁邈,邈密表之。

"褒贬"一词《大词典》释义无误,但出明李贽《复麻城人书》例句,过晚。《后汉书·马援列传附兄子严传》:"言王者代天官人也。故考绩黜陟,以明褒贬。"已基本成词。《三国志》5例,《宋书》1例,《南齐书》3例,《梁书》4例,《陈书》2例,《魏书》6例,《晋书》19例。"褒贬"一词是偏义复合词,汉末至魏晋南北朝时期使用甚广,《大词典》应提前其首例。

捱绝 《范汪列传附范坚》P1990页:且既许宗等,宥广以死,若复有宗比而

不求赎父者,岂得不摈绝人伦,同之禽兽邪!

"摈绝"是"排斥弃绝"之义,《大词典》释义正确,但出明刘若愚《酌中志·内臣职掌纪略》:"极厌憎释教,以为惑世诬民,最宜摈绝者。"过晚,《晋书》中此句当是首例。

参管　《刘琨列传》P1679:秘书监贾谧参管朝政,京师人士无不倾心。

"参管"一词是"参与管理"之义,但《大词典》出《新五代史·郭崇韬传》:"崇韬为副使,中门之职,参管机要。"过晚。《宋书》2 例,《晋书》3 例。《大词典》需补。

惭怒　《庾纯列传》P1398:充左右欲执纯,中护军羊琇、侍中王济佑之,因得出。充惭怒,上表解职。

"惭怒"一词,《大词典》收之,解释为"羞惭愤怒",无误,但出《旧唐书·李宝臣传》例句,但据检索史书所得,初始例当为《三国志·魏书·司马芝附司马岐》:"(司马)扬于是惭怒而退。(岐)终恐久获罪,以疾去官。"此外,《魏书》中共有 3 例,《晋书》3 例。《大词典》首例当补。

残阙　《干宝列传》P2150:夫书赴告之定辞,据国史之方策,犹尚若兹,况仰述千载之前,记殊俗之表,缀片言于残阙,访行事于故老,将使事不二迹,言无异途,然后为信者,固亦前史之所病。

"残阙"是"残缺、缺失"之义,《大词典》出宋吴曾《能改斋漫录·地理》:"《汉志》虽曰高帝置,但年代阔远,文字残阙,无从考见所徙之年月耳。"过晚,《晋书》中此句是首例,《大词典》当补。

沈顿　《谢安列传附谢玄》P2084:而所患沈顿,有增无损。今者惙惙,救命朝夕。

"沈顿"谓疾病沉重,《大词典》出《旧唐书·高适传》例句,《大词典》当以文中句补之。

沈果　《皇甫重列传》P1637:性沈果,有才用,为司空张华所知,稍迁新平太守。

"沈果"一词,《大词典》释义为"沉着果断",无误,但首出《新唐书·李光弼传》例句,过晚,《晋书》中此句当是始例。

澄定　《韦謏列传》P2361:闵志在绥抚,锐于澄定,闻其言,大怒,遂诛之,并杀其子伯阳。

"澄定"是"安定"义,《大词典》出《清史稿·后妃传·世祖孝献皇后》例句,甚晚,《晋书》中此句较早。

酬接　《刘琨列传》P1692:舆既见越,应机辩画,越倾膝酬接,即以为左

第四章 《晋书》复音词中的新词新义

长史。

"酬接"是"应酬接待"之义,《大词典》释义正确,但出元揭傒斯《四友》诗之一:"酬接虽靡监,讲习日见闻。"过晚,《宋书·吴喜传》:"喜将死之日,上召入内殿与共言谑,酬接甚款。"在南北朝时期,此词已出现较为广泛,《大词典》当补。

憽憽 《谢安列传附谢玄》P2084:而所患沈顿,有增无损。今者憽憽,救命朝夕。

"憽憽"是衰疲貌,《大词典》出宋沈括《梦溪笔谈·技艺》中例句,过晚,《宋书·谢庄传》:"利患数年,遂成痼疾,吸吸憽憽,常如行尸。"《大词典》可补之。

黜降 《王育列传》P2309:君辱臣死,自昔而然。我府君以非罪黜降,如日月之蚀耳,小县令敢轻辱吾君!

"黜降"是"斥退、降级"之义,《大词典》出宋苏轼《上神宗皇帝书》例句,过晚。《晋书》中此句较早。

殂背 《谢安列传附谢玄》P2084:臣所以区区家国,实在于此。不谓臣愆咎夙积,罪钟中年,上延亡叔臣安、亡兄臣靖,数月之间,相系殂背,下逮稚子,寻复夭昏。

"殂背"即"去世",《大词典》出宋曾巩《与王介甫第三书》例句,过晚,《晋书》中此句当为首例。

篡窃 《凉武昭王李玄盛列传》P2260:是以共工乱象于黄农之间,秦项篡窃于周汉之际,皆机不转踵,覆餗成凶。

"篡窃"谓"篡夺窃取",《大词典》出宋周辉《清波别志》例句,过晚。《宋书·邓琬传》:"岂图宋未悔祸,弑乱奄臻,遂矫害明茂,篡窃天宝,反道劾尤,蔑我皇德,干我昭穆,寡我兄弟,恣鸱鸮之心,蹈伦、颖之志,覆移鼎祚,诬罔天人。"《宋书·恩幸传·徐爰》:"其伪玄篡窃,同于新莽,虽灵武克殄,自详之晋录。"《大词典》当补。

荡灭 《王隐列传》P2142:当今晋未有书,天下大乱,旧事荡灭,非凡才所能立。

"荡灭"是"毁灭、消灭"之义,《大词典》出宋司马光《河东节度使潞国文公先庙碑》例句,过晚,《汉书·诸侯王表第二》:"因矜其所习,自任私知,姗笑三代,荡灭古法,窃自号为皇帝,而子弟为匹夫,内亡骨肉本根之辅,外亡尺土藩翼之卫。"又《地理志上》:"以为周制微弱,终为诸侯所丧,故不立尺土之封,分天下为郡县,荡灭前圣之苗裔,靡有孑遗者矣。"该词在东汉时期已经成词,《大词典》当以《汉书》中句补其首例。

黩慢　《庾纯列传》P1398：《易》戒濡首，《论》诲酒困，而臣闻义不服，过言盈庭，黩慢台司，违犯宪度，不可以训。

"黩慢"是"轻慢、亵渎不敬"之义，《大词典》收录之，词义解释亦无误，但出清曾国藩《陵庙日时朔祭议》例句，过晚，《晋书》中此句系庾纯上奏自劾之文，出自晋时，《大词典》当补。

犯伤　《凉武昭王李玄盛列传》P2268：入岁已来，阴阳失序，屡有贼风暴雨，犯伤和气。

"犯伤"是"触犯伤害"之义，《大词典》出《水浒传》例句，《晋书》中此句较早。

放免　《隐逸传·翟汤》P2445：汤悉推仆使委之乡吏，吏奉旨一无所受，汤依所调限，放免其仆，使令编户为百姓。

"放免"是"释放、赦免"义，《大词典》出《宋史·太祖纪》例句，过晚。该词在魏晋时期已经成词，《魏书·景穆十二王列传》："其妻崔氏诞一男，丽遂出州狱囚死及徒流案未申台者，一时放免。"另《北齐书》2例。《周书》2例。"放免"的"释放、赦免"义在魏晋南北朝时期使用十分广泛，《大词典》当以《魏书》等补之。

更履　《阎缵列传》P1355：皆可择寒门笃行、学问素士、更履险易、节义足称者，以备群臣，可轻其礼仪，使与古同，于相切磋为益。

"更履"一词系同义并列复合词，"更"，经历、经过，《玉篇·攴部》："更，历也。"《广雅·释诂》："更，过也。"《韩非子·外储说左上》："更日久则涂干而椽燥。""履"也有"经历"义，《大词典》收录之，解释为"经历、遭遇"，无误，但出宋叶适《庄子》中例句，过晚。《晋书》中此句更早。

怪愕　《顾和列传》P2165：案尚蒙亲贤之举，荷文武之任，不能为国惜体，平心听断，内挟私憾，肆其威虐，远近怪愕，莫不解体。

"怪愕"是"惊异、惊奇"之义，《大词典》出《新唐书·吴兢传》例句，稍晚，《宋书·竟陵王诞传》："又中夜闲坐，有赤光照室，见者莫不怪愕。"另《魏书》有3例，此词在魏晋时期已经基本成词，《大词典》当补。

和释　《顾众列传》P2017：是时（何）充与武陵王不平，众会通其间，遂得和释。

"和释"是"和解、消除"义。《大词典》出前蜀杜光庭《马师穆尚书土星醮词》："和释冤仇，销平殃对。"稍晚，《晋书》中共3例，《大词典》可补。

弘贷　《儒林列传·徐邈传》P2358：会稽王虽有酣媟之累，而奉上纯一，宜加弘贷，消散纷议，外为国家之计，内慰太后之心。

第四章 《晋书》复音词中的新词新义

"弘贷"犹"宽恕",《大词典》出《旧唐书·德宗纪上》例句,《晋书》中此句更早。

隳败 《蔡谟列传》P2035:盗贼奔突,王都隳败,而此堂岿然独存,斯诚神灵保祚之征,然未是大晋盛德之形容,歌颂之所先也。

"隳败"是"衰败、败坏"义,但《大词典》出南唐刘崇远《金华子杂编》例句,过晚,《晋书》中此句较早。

惶愧 《王敦列传》P2556:臣窃所自忧虑,未详所由,惶愧踧踖,情如灰土。天下事大,尽理实难,导虽凡近,未有秽浊之累。

"惶愧"是"惊惶羞愧"义,《大词典》出《资治通鉴·汉文帝元年》例句,首例过晚,当补之。

荒恣 《王敦列传》P2566:又尝荒恣于色,体为之弊,左右谏之,敦曰:"此甚易耳。"

"荒恣"谓"放纵恣肆、无所拘束"。《大词典》出《旧唐书·薛廷老传》例句,始例可提前。

饥窘 《索靖列传》P1652:城中饥窘,人相食,死亡逃奔不可制,唯凉州义众千人守死不移。

"饥窘"一词是"饥饿、困窘"之义,《大词典》释义无误,但出《旧五代史·范延光传》例,过晚。《后汉书·西羌传·滇良》:"其余种人不满二千,饥窘不立,入居金城。"《晋书》中共 3 例,《魏书》3 例,《梁书》1 例。《后汉书》中一句当是始例。

羁绁 《滕修列传》P1552:亡父(滕)修羁绁吴壤,为所驱驰;幸逢开通,沐浴圣化,得从俘虏握戎马之要。

"羁绁"一词是"拘禁、系缚"之义,无误,但《大词典》出宋欧阳修《答圣俞白鹦鹉杂言》诗句。此义在魏晋时已有,沈约《郊居赋》:"本忘情于徇物,徒羁绁于天壤。"傅縡《明道论》:"夫水泡生灭,火轮旋转,入牢阱,受羁绁,生忧畏,起烦恼,其失何哉?"《旧唐书·文苑传下·刘蕡传》:"羁绁藩臣,干凌宰辅,隳裂王度,汩乱朝经。"以上各例均在宋代前,《大词典》当补。

检防 《李重列传》P1309:九品始于丧乱,军中之政,诚非经国不刊之法也。且其检防转碎,征刑失实,故朝野之论,佥谓驱动风俗,为弊已甚。

"检防"是并列合成词,表"检点防范"之义,《大词典》收这一词条,但首出例为明唐顺之《与薛畏斋副使》例句,过晚。《晋书》此例是其首例,《大词典》当完善之。

俭狭 《王廙列传附王彪》P2012:方之汉魏,诚为俭狭,复不至陋,殆合丰约之中,今自可随宜增益修补而已。

"俭狭",《大词典》收录之,有两个义项,其一是"俭薄不丰"义,但出《新唐书·刘晏传》例句,《晋书》中此句早之数百年,《大词典》当以此补之。

<u>减杀</u> 《忠敬王遵列传》P1730:凶荒杀礼,经国常典,既减杀而犹过旧,此为国之所厚惜也。

"减杀"为"从简,俭约"之义,《大词典》释义正确,但其出《明史·惠王常润传》例句,过晚,《晋书》之句是始例。

<u>僭擅</u> 《魏咏之列传附史臣语》P2218:非常之业,莫先奇士。当衰晋陵夷之际,逆玄僭擅之秋,外乏桓文,内无平勃,不有雄杰,安能济之哉!

"僭擅"是指"专制独裁"之义,《大词典》出李大钊《黄庞流血记序》句例,太晚,该词在隋唐时期已经成词,《隋书》2例,当以文中此句补之。

<u>交密</u> 《殷仲文列传》P2604:仲文于(桓)玄虽为姻亲,而素不交密,及闻玄平京师,便弃郡投焉。

"交密"是"交往密切"义,《大词典》出清姚鼐《〈食旧堂集〉序》例句,《晋书》中此句较早。

<u>矫异</u> 《儒林传·杜夷传》P2354:吾少不出身,顷虽见羁录,冠舄之饰,未尝加体,其角巾素衣,敛以时服,殡葬之事,务从简俭,亦不须苟取矫异也。

"矫异"是指"故意与众不同,有意立异"。《大词典》出明李东阳《成国庄简公挽诗》例句。《大词典》当补之。

<u>交竞</u> 《郗鉴列传附郗愔》P1801:愔字方回。少不交竞,弱冠,除散骑侍郎,不拜。

"交竞"是"相互争斗"义,但《大词典》出《明史·姜曰广传》例句,过晚。《后汉书·刘陶列传》:"斯岂唐咨禹、稷,益典朕虞,议物赋土蒸民之意哉?又今牧守长吏,上下交竞。"《后汉书》中这句为始例。

<u>剿灭</u> 《毛宝列传附毛安之》P2128:既而左卫将军殷康、领军将军桓秘等至,与安之并力,悚因剿灭。

"剿灭"是"征讨消灭"之义,《大词典》出《红楼梦》例句,甚晚。《陈书·周迪传》:"至于熊昙朗剿灭,丰城克定,盖由仪同法氍之元功,安西周敷之劾力,司勋有典,懋赏斯旧,恶直丑正,自为仇雠,悖礼奸谋,因此滋甚。"《宋史》《金史》皆有用例,《明史》有12例。上述各例均早于清代,《大词典》当补。

<u>嗟味</u> 《阮籍列传附阮裕》P1368:万叙说既毕,裕以傅瑕为长,于是构辞数百言,精义入微,闻者皆嗟味之。

"嗟味"即"感叹、赞叹"义,《大词典》释义为"犹叹赏",无误,出唐张柬之

《将仕郎张敬之墓志》:"王公嗟昧,乃推为举首。"稍晚。《阮籍传》中此句较早。

戒约 《谢安列传附谢玄》P2080:安尝戒约子侄,因曰:"子弟亦何豫人事,而正欲使其佳?"

"戒约"是"告诫约束"义,《大词典》出宋范仲淹《与中舍书》例句,稍晚,《大词典》当补。

旗常 《韩伯列传附史臣语》P1995:虽崇勋懋绩有阙于旗常,素德清规足传于汗简矣。

"旗常"是旗与常,旗画交龙,常画日月,是王侯的旗帜。《大词典》收之,但出明张居正《答应天巡抚孙小溪》例句,过晚,隋唐时期"旗常"已经成词,《隋书·礼仪志五》:"奚仲为夏车正,加以旗常,于是疏就有差,用明尊卑之别也。"当补之。

经涉 《刘寔列传》P1197:"圣诏殷勤,必使寔正位上台,光任鼎实,断章敦喻,经涉二年。"

"经涉"是"经过"之义,《大词典》出唐韩愈《进撰平淮西文表》例句,稍晚。《后汉书·赵岐传》:"岐南到陈留,得笃疾,经涉二年,期者遂不至。"《后汉书》中例句更早,《大词典》可补。

迥绝 《潘岳列传》P1503:又诸劫盗皆起于迥绝,止乎人众。

"迥绝"一词,《大词典》收之,释义为"远远隔绝",无误,但出宋尤袤《全唐诗话·郑云叟》例句,过晚。此句较早,当补。

窘逼 《忠义传·麴允》P2308:久之,城中窘逼,帝将出降,叹曰:"误我事者,麴、索二公也。"

"窘逼"是"穷困、拮据"义,《大词典》出宋苏轼诗词中的例句。"窘逼"在《晋书》中共出现4例,《宋书》1例,《大词典》首例当提前。

拘忌 《贺循列传》P1824:后为武康令,俗多厚葬,及有拘忌回避岁月,停丧不葬者,循皆禁焉。

"拘忌"是"禁忌"之义,但《大词典》出唐柳宗元例句,稍晚。《三国志·魏书·王昶传》:"东平刘公干,博学有高才,诚节有大意,然性行不均,少所拘忌,得失足以相补。"《大词典》当以之补。

局踖 《孔愉列传附孔坦》P2057:而神州振荡,遗氓波散,誓命戎狄之手,局踖豺狼之穴,朝廷每临寐永叹,痛心疾首。

"局踖"是"局限、受拘束"义,《大词典》出宋郑樵《〈通志〉总序》例句,《后汉书》中2例:《陈宠传附子忠传》:"或有局踖比伍,转相赋敛。"《循吏传·秦彭》:"于是奸吏局踖,无所容诈。"《晋书》中另有2例,《大词典》首例当提前。

慨怅　《应詹列传》P1861：岂悟时不我与，长即幽冥，永言莫从，能不慨怅！
　　"慨怅"是"慨叹怅恨"之义，《大词典》出明王守仁《传习录》例句，过晚，于其他史书中未曾见有此词，《晋书》中此句当是始例。
　　酷罚　《王敦列传》P2561：朕以不天，寻丁酷罚，茕茕在疚，哀悼靡寄。
　　"酷罚"即"重罚"，《大词典》出清姚茝《复某公书》例句，"酷罚"一词当成词于魏晋时期，《宋书》《陈书》《魏书》皆有用例，《大词典》当补。
　　匡御　《王戎列传附郭舒》P1242："澄以为乱自京都起，非复一州所能匡御，虽不能从，然重其忠亮。"
　　"匡御"即"匡正抵御"之义，《大词典》出前蜀杜光庭《太子为皇帝醮太一及点金录灯词》例句，过晚，《晋书》中此句较早。
　　窥觎　《桓温列传》P2576：温性俭，每燕惟下七奠柈茶果而已。然以雄武专朝，窥觎非望，或卧对亲僚曰："为尔寂寂，将为文景所笑。"众莫敢对。
　　"窥觎"，是"伺隙图谋"义，《大词典》收录之，亦作"窥窬""窥窳""窥逾"，但《大词典》中收录的"窥觎"出《旧唐书·沈法兴传》例句，略晚。另《大词典》未收录"窥逾"。"窥觎"一词最早出现于《后汉书·章帝八王传·河间孝王开传》："安帝乳母王圣与中常侍江京等谮邓骘兄弟及翼，云与中大夫赵王谋图不轨，窥觎神器，怀大逆心。"《大词典》当以《后汉书》例句补之。
　　愧恨　《庾纯列传》P1401：初，畈与纯俱为大将军所辟，畈整丽车服，纯率素而已，畈以为愧恨。
　　"愧恨"一词是"惭愧悔恨"之义，《大词典》释义无误，但出《太平广记》卷二十六引唐薛用弱《集异传·叶法善》句例："其僧愧恨，赴海而死。"首例略晚，在南北朝修订的史书中已有，《宋书》1 例，《魏书》2 例。《晋书》中 2 例，《大词典》当补。
　　罍洗　《潘岳列传》P1510：设樽篚于两楹之间，陈罍洗于阼阶之左。
　　"罍洗"是古代祭祀或进食前用以洁手的器皿，罍盛清水，用枓取水洁手，下承以洗。但《大词典》出唐白行简《三梦记》中例句，稍晚。北齐《魏书》中已有，《礼志一》："臣等谨案旧章，并采汉魏故事，撰祭服冠屦牲之具，罍洗簠簋俎豆之器，百官助祭位次，乐官节奏之引，升降进退之法，别集为亲拜之仪。"《乐志》："皇帝降南陛，诣罍洗，洗爵讫，升坛，并奏《皇夏》。"
　　料简　《艺术传·佛图澄》P2487：百姓因澄故多奉佛，皆营造寺庙，相竞出家，真伪混淆，多生愆过。季龙下书料简。
　　此处"料简"是"清理检查、清点察看"义，《大词典》的此义项下出《元史·世祖纪十二》例句，过晚。六朝时期"料简"已经成词，《后汉书·宦者传·吕

第四章 《晋书》复音词中的新词新义

强》:"强欲先诛左右贪浊者,大赦党人,料简刺史、二千石能否。"另《三国志》2例。《大词典》当以《后汉书》中例句补之。

陵蔑 《简文三子史臣语》P1741:元显以童丱之年,受栋梁之寄,专制朝廷,陵蔑君亲,奋庸琐之常材,抗奸凶之臣寇,丧师殄国。

"陵蔑"是"凌侮蔑视"义,但《大词典》出《资治通鉴·梁武帝太清三年》例句,过晚。《大词典》需补之。

陵践 《荀晞列传》P1670:自顷宰臣专制,委杖佞邪,内擅朝威,外残兆庶,矫诏专征,遂图不轨,纵兵寇掠,陵践宫寺。

"陵践"即"欺陵践踏"之义,《大词典》收之,但出《资治通鉴·宋文帝元嘉二十七年》例句,过晚。六朝时期"陵践"已成词,《后汉书·肃宗孝章帝纪》:"沙漠之北,葱领之西,冒耏之类,跋涉悬度,陵践阻绝,骏奔郊畤,咸来助祭。"《世说新语·品藻》:"桓公问孔西阳:'安石何如仲文?'孔思未对,反问公曰:'何如?'答曰:'安石居然不可陵践其处,故乃胜也。'"《大词典》当补。

冒履 《彭城王权附司马纮》P1093:"王以明德茂亲,居宗师之重,宜敷道养德,静一其操。而顷游行烦数,冒履风尘。"

"冒履"是"冒着"之义,《大词典》出五代杨夔《创守论》中例句,过晚,《宋书》中已有例句,《宋书·王玄谟传史臣语》:"当少帝失道,多所杀戮,而能冒履不测,倾心辅弼,斯可谓忘身徇国者欤。"《大词典》当以魏晋时期例句补之。

愍救 《王逊列传》P2109:君亡亲丧,幽闭穷城,万里诉哀,不垂愍救。

"愍救"是"怜悯救助"义,《大词典》出宋苏轼《奏浙西灾伤第二状》句例,过晚。《大词典》当以文中句补之。

殴辱 《毛宝列传附毛安之》P2129:遂为游击将军,遁为太傅主簿,桓玄得志,使泰收元显,遂于新亭,泰因宿恨,手加殴辱。

"殴辱"是"殴打凌辱"之义,《大词典》出清黄六鸿《福惠全书·刑名·自尽》句例,甚晚。《隋书》《新唐书》《元史》均有用例,《晋书》中此句最早,《大词典》当以其为首例。

朋援 《会稽文孝王道子》P1737:庐江太守会稽张法顺以刀笔之才,为元显谋主,交结朋援,多树亲党,自桓谦以下,诸贵游皆敛衽请交。

"朋援"一词,《大词典》收之,释义为"勾结引援",正确,但此处作为名词用,表"朋党"之义,且《大词典》出《资治通鉴·魏明帝景初二年》句例,首例过晚,《晋书》中此句是始例。

丕隆 《潘岳列传》P1511:"后帝承哉,丕隆曾构。奄有万方,光宅宇宙。"

"丕隆"是"极其淳厚"义,《大词典》出明方孝孺《杜士贤传》例句,过晚,当

185

出《晋书》中此句为首例。

偏任 《桓温列传》P2577：又陈息熙三年之孤,且年少未宜使居偏任,诏不许。

"偏任"是"副职",《大词典》出明李东阳《送荆庭春之云南按察副使序》例句,过晚。《三国志·蜀书·刘封传》："今足下与汉中王,道路之人耳,亲非骨血而据势权,义非君臣而处上位,征则有偏任之威,居则有副军之号,远近所闻也。"《大词典》当以《三国志》此句为首例。

剽锐 《杨佺期列传》P2202：孜敬为人剽锐,果于行事。

"剽锐"是"强悍勇敢"之义,《大词典》出《资治通鉴·唐高祖武德四年》句例,略晚,《晋书》中另有《慕容宝载记》："魏军多骑,师行剽锐……"

品类 《阮种列传》P1444：在昔哲王,承天之序,光宅宇宙,咸用规矩乾坤,惠康品类,休风流衍,弥于千载。

"品类"一词,《大词典》释义为"万物",无误。但出唐韩愈《皇帝极为降赦贺观察使状》句例,过晚。《后汉书》有2例,《郅恽传》："臣闻天地重其人,惜其物,故运机衡,垂日月,含元包一,甄陶品类,显表纪世,图录豫设。"《崔骃传》："一天下之众异,齐品类之万殊,参差同量,坏冶一陶。"《后汉书》例句较早,《大词典》待补。

扑剪 《桓彝列传附桓冲》P1951：若狂狡送死,则旧郢以北坚壁不战,接会济江,路不云远,乘其疲堕,扑剪为易。

"扑剪"是"扑灭铲除"之义,《大词典》出《明史·流贼传·张献忠传》例句,过晚,《晋书》中此句较早。

萋菲 《桓玄列传》P2586：若陛下忘先臣大造之功,信贝锦萋菲之说,臣等自当奉还三封,受戮市朝,然后下从先臣,归先帝于玄宫耳。

"萋菲",《大词典》收录之,又作"萋斐",指花纹错杂貌,后比喻谗言。但"萋菲"一条,《大词典》出《旧唐书·朱敬则传》句例："去萋菲之牙角,赖奸险之锋芒。"《晋书》此句较早。

跂踵 《惠羊皇后列传》P967："家有跂踵之心,人想銮舆之声。"

《大词典》义项一：踮起脚跟,形容盼望或仰慕之切。《大词典》首出宋苏轼《上执政乞度牒赈济因修廨宇书》例句,略晚。"跂"有踮起义。毛诗曰："谁谓宋远,跂予望之。"郑玄曰："举足,则望见。'企'与'跂'同。"如《文选·郭景纯·江赋》："跂予旅东馆,徒歌属南墉。""跂踵"义为"踮起脚跟",多写成"企踵"。"跂踵"一词在《宋书》中有2例。《乐志一》："曲全者禄厚,艺敏者位优,利以动之,则人思自劝,风以靡之,可不训自革,反本还源,庶可跂踵。"《沈田子

第四章 《晋书》复音词中的新词新义

传》:"(姚)泓丧旗弃众,奔还霸西,咸阳空尽,义徒四合,清荡余烬,势在跂踵。""跂踵"一词《大词典》释义无误,但首例过晚,《宋书》中例句更早。《大词典》可补。

弃忽　《王敦列传》P2559:陛下当全祖宗之业,存神器之重,察臣前后所启,奈何弃忽忠言,遂信奸佞,谁不痛心!

"弃忽"是"遗忘、忽略"义,《大词典》出宋司马光《重微》句例。《大词典》首例当提前。

迁延　《王敦列传》P2555:今自臣以下,宜皆除之,且以塞群小矜功之望,夷狄无怃之求。若复迁延,顾望流俗,使奸狡生心,遂相怨谤,指摘朝廷,谗谀蜂起,臣有以知陛下无以正之。

"迁延"是"拖延,多指时间上的耽误",《大词典》出晚唐李商隐《行次西郊作一百韵》例句,首例稍晚。魏晋时期至初唐时期"迁延"已经成词,《晋书》3例,《梁书》1例,《陈书》2例。《大词典》中的首例可略提前。

潜跃　《外戚传附史臣语》P2422:羊琇托肺腑之亲,处多闻之益,遭逢潜跃之际,预参经始之谋,故得缱绻恩私,便蕃任遇。

"潜跃"是"谓帝王未登基之时"。《大词典》出宋代宋敏求《春明退朝录》例句,过晚,六朝时期已成词,《魏书·太祖道武帝纪》:"太祖显晦安危之中,屈伸潜跃之际,驱率遗黎,奋其灵武,克剪方难,遂启中原,朝拱人神,显登皇极。"《大词典》当以此补之。

潜济　《王浑列传》P1202:"时州兵并放休息,众裁一旅,浮淮潜济,出其不意,莹等不虞晋师之至。"

"潜济"是"偷渡"之义,《大词典》出《资治通鉴·隋文帝仁寿四年》例句,过晚,《晋书》4例,《魏书》1例,《隋书》1例。《大词典》当补。

愆乏　《郗鉴列传附郗超》P1803:若舍此二策而连军西进,进不速决,退必愆乏,贼因此势,日月相引,倾俛秋冬,船道涩滞,且北土早寒,三军裘褐者少,恐不可以涉冬。

"愆乏"是"谓因失误而导致匮竭"。《大词典》出《资治通鉴·晋海西公太和四年》中句,此句是从《晋书》中来,且无一字差漏,《大词典》当出《晋书》中原句为例。

轻鄙　《裴秀列传》P1405:秀性忌谗佞,疾之如仇,素轻鄙贾充,及伐吴之役,闻其为大都督,谓所亲者曰……

"轻鄙"即"轻视、瞧不起"之义,《大词典》释义为"小看,轻视",无误。但出《红楼梦》例句,过晚。《晋书》中有2例,《大词典》当补。

曲宥　《吉挹列传》P2319：挹之忠志，犹在可录。若蒙天地垂曲宥之恩，则荣加枯朽，惠隆泉壤矣。

"曲宥"是"曲意宽宥"，在此处是一种自谦的说法。《大词典》出《明史·焦源溥传》例句，过晚。《宋书》2例，其中1例为《庐陵孝献王义真传》："上考前代兴亡之由，中存武皇缔构之业，下顾苍生颙颙之望，时开曲宥，反王都邑。"《大词典》当补之。

阙乏　《荀晞列传》P1668：宿卫阙乏，天子蒙难，宗庙之危，甚于累卵。

"阙乏"即"缺乏"，《大词典》释义无误，但出韩愈《潮州谢孔大夫状》句例，稍晚。魏晋时期"阙乏"已经成词，《宋书》有3例，《南齐书》《梁书》《魏书》均有用例。《大词典》当补。

忍愧　《陆机列传》P1486：余不自量，感子云之《法言》而作《言道》，觊贾子之美才而作《访论》，观子政《洪范》而作《古今历》，鉴蒋子通《万机》而作《审机》，读《幽通》《思玄》《四愁》而作《娱宾》《九思》，真所谓忍愧者也。

"忍愧"即"忍住羞愧、厚着脸皮"，《大词典》收之，但出《红楼梦》中例句，过晚。汉时已有，如《史记·韦贤传附韦玄成传》："谁能忍愧，寄之我颜。"《后汉书·南匈奴传》："忍愧思难，徒报谢而已。"《三国志·吴书·张纮列传附子张玄、孙张尚》："瞻彼旧宠，顾此顽虚，孰能忍愧，臣实与居。"《宋书·临川烈武王道规传附子义庆》："臣谓此孙忍愧衔悲，不违子义，共天同域，无亏孝道。"因此，《大词典》的首例远远晚于其史书中例句，当补之。

入赞　《庾纯列传附子庾旉》P1402：汉氏诸侯王位尊势重，在丞相三公上。其入赞朝政者，乃有兼官，其出之国，亦不复假台司虚名为隆宠也。

《大词典》收录有"入缵"一词，解释为"入朝继承皇位"，例句出沈德符《野获编·刑部·刘东山》："世宗入缵，张氏失势，东山屡挟之，得赂不赀。"而无"入赞"一词，但"入赞"在中古史书中出现有3例，《晋书》中另有《安平献王孚列传附子邕》："祖考创立，翼佐大命，出典方任，入赞朝政，文德既著，武功宣畅。"《魏书·胡沮渠蒙逊传》："夫功高而爵重，德厚而任重，又加命王入赞百揆，谋谟帷幄，出征不怀，登摄侯伯。""赞"，《广韵》则旰切，去翰精，元部。"缵"，《广韵》作管切，上缓精，元部。二字同属精母元部，是同源字。《大词典》收录"入缵"，则当收录"入赞"，或将二者并为一词条，初始例当出二者的最早例句，《大词典》的收录和首例有待商榷。

睿鉴　《陶侃列传》P1777：过蒙圣朝历世殊恩、陛下睿鉴，宠灵弥泰。有始必终，自古而然。

"睿鉴"一词是"御览、圣览"之义，但《大词典》出唐刘禹锡《夔州谢上表》例句,稍晚。《宋书》已有用例。《江夏文献王义恭传》:"故中书监、太宰、领太尉、录尚书事江夏王道性渊深,睿鉴通远,树声列藩,宣风铉德,位隆姬辅,任属负图,勤劳国家,方熙托付之重,尽心毗导,永融雍穆之化。"

伤惋 《王廙列传附王彬》P2005:伯仁长者,君之亲友,在朝虽无謇谔,亦非阿党,而赦后加以极刑,所以伤惋也。

"伤惋"是"悲伤叹惋"义,《大词典》释义无误,但出明归有光《壬戌纪行》句例,过晚,《宋书》《梁书》各有2例,《宋书·建平宣简王宏传》:"卿情均休戚,重以周旋,乖拆少时,奄成今古,闻问伤惋,当何可言。""伤惋"一词在魏晋南北朝时期使用得较为广泛,《大词典》当出此时例句。

盛满 《颜含传》P2287:桓温求婚于含,含以其盛满,不许。惟与邓攸深交。或问江左群士优劣,答曰:"周伯仁之正,邓伯道之清,卞望之之节,余则吾不知也。"其雅重行实,抑绝浮伪如此。

据文义,"盛满"在此处是"骄傲自满"义,《大词典》收录有两个义项,但此义项的首例出《新唐书·杨收传》:"既益贵,稍为盛满,为夸侈,门吏僮客倚为奸。"《汉书》中已经有之,《楚元王刘交传》:"妻死,大将军光欲以女妻之,德不敢取,畏盛满也。"《后汉书·邓禹传》:"康以太后久临朝政,宗门盛满,数上书长乐宫谏争,宜崇公室,自损私权,言甚切至。"《大词典》当以《汉书》中例句为首例。

生理 《孙楚列传附孙绰》P1544:自丧乱已来六十余年,苍生殄灭,百不遗一,河洛丘、虚,函夏萧条,井堙木刊,阡陌夷灭,生理茫茫,永无依归。

"生理"有"生计"之义,《大词典》收之,但出唐杜甫《春日江村》诗之一例句,稍晚。《晋书》中此句是孙绰上疏之言,且《宋书·毛修之传》:"臣闻在生所以重生,实有生理可保。臣之情地,生途已竭,所以未沦于泉壤,借命于朝露者,以日月贞照,有兼映之辉,庶凭天威,诛夷雠逆。"因此,此词当出现于唐前,《大词典》当补。

疏躁 《会稽思世子道生列传》P1731:(会稽思世子道生)性疏躁,不修行业,多失礼度,竟以幽废而卒,时年二十四,无后。

"疏躁",《大词典》释义为"偏激浮躁",正确,但出《新唐书·萧瑀传》例句,过晚。《晋书》中此句是始例。

夙慕 《陆机列传》P1479:夫进取之情锐,而安人之誉迟,是故侵百姓以利己者,在位所不惮;损实事以养名者,官长所夙慕也。

"夙慕"一词,《大词典》收之,释义为"旧有的慕求、平素的爱慕"。出宋陆游《文章》诗和沈德符《野获编外补遗》中例句,过晚。此词《晋书》中已出现,因此,《晋书》中此句当是其初始例,《大词典》当补。

绥辑 《王廙列传》P2005:石季龙死,朝廷欲绥辑河洛,以胡之为西中郎将、司州刺史、假节,以疾固辞,未行而卒。

"绥辑"是"安抚集聚"之义,《大词典》出《旧唐书·忠义传下·李憕传》例句,过晚。《魏书》已有用例,《郦范传》:"今恕刑罢鞭,止罚五十。卿宜克循,绥辑边服,称朕意也。"《大词典》当以文中句补之。

绥驭 《祖约列传》P2626:而约竟无绥驭之才,不为士卒所附。

"绥驭"是"安抚控制"义,《大词典》出《宋史·兵志二》例句,过晚。此词出现于魏晋时期,《南齐书·裴叔业传》:"顷世以来,绥驭乖术,地惟形势,居之者异姓,国实武用,镇之者无兵,致寇掠充斥,赋税不断。"《大词典》当补始例。

岁稔 《谯纵传附史臣语》P2638:张昌等或鸱张淮浦,或蚁聚荆衡,招乌合之凶徒,逞豺狼之贪暴,凭陵险隘,倔强江湖,未淹岁稔,咸至诛戮,实自取之,非为不幸。

"岁稔"是"年成丰熟",《大词典》出唐白居易《泛渭赋》序例句,过晚。《晋书》中此句略早。

特进 《石鉴列传》P1266:久之,拜光禄勋,复为司隶校尉,稍加特进,迁右光禄大夫、开府,领司徒。

"特进",《大词典》解释为"特予晋升",无误,但出《宋史·选举志》例句,首例过晚,《汉书》中已有6例,《五行志第七中之上》:"其封婕妤父丞相少史王禁为阳平侯,位特进。"为其一。《大词典》当立《汉书》中例句为首例。

腾茂 《列女传序》P2507:振高情而独秀,鲁册于是飞华;挺峻节而孤标,周篇于焉腾茂。

"腾茂"是"远扬"义,《大词典》出明孙柚《琴心记·誓志题桥》一句,过晚,《晋书》中此句是首例。

惕厉 《阮种列传》P1444:惟德弗嗣,不明于政,宵兴惕厉,未烛厥猷。子大夫韫韣道术,俨然而进,朕甚嘉焉。

"惕厉"一词,《大词典》收之,解释为"警惕谨慎、警惧激励",无误。出《旧唐书·文苑传·刘蕡传》例句,《晋书》中此句当早于其例,《大词典》当补。

听任 《齐王冏列传》P1610:赵庶人听任孙秀,移天易日,当时喋喋,莫敢先唱。

"听任"有"听凭,任凭"之义,但《大词典》出一现代汉语之例,过晚,"听任"一词于汉时已有用例,《汉书·薛宣传》:"卖买听任富吏,贾数不可知。"《大词典》首例过晚,须补。

第四章 《晋书》复音词中的新词新义

通门 《外戚传·羊琇》P2410：琇涉学有智算，少与武帝通门，甚相亲狎，每接筵同席，尝谓帝曰："若富贵见用，任领护各十年。"帝戏而许之。

"通门"即"同门"，《大词典》出沈德符《野获编·科场一·荐主同咨》例句，过晚。《晋书》中此句较早。

通虔 《张轨列传附张祚》P2247：先公累执忠节，远宗吴会，持盈守谦，五十作载，苍生所以鹄企西望，四海所以注心大凉，皇天垂赞，士庶效死者，正以先公道高彭昆，忠逾西伯，万里通虔，任节不贰故也。

"通虔"即"通诚"，《大词典》出《三宝太监西洋记通俗演义》例句，过晚，《晋书》中此句较早。

完固 《袁瓌列传附袁乔》P2168：然蜀人自以斗绝一方，恃其完固，不修攻战之具，若以精卒一万，轻军速进，比彼闻之，我已入其险要，李势君臣不过自力一战，擒之必矣。

"完固"是"完好坚固"，《大词典》出宋陆游《老学庵笔记》例句，过晚。《晋书》中此句当为首例，《大词典》当补。

顽疏 《傅玄列传附傅咸》P1324：臣以顽疏，谬忝近职，每见圣诏以百姓饥馑为虑，无能云补，伏用惭恧，敢不自竭，以对天问。

"顽疏"是"愚钝而懒散"，多用于自谦之辞。《大词典》释义是恰当的，但举唐白居易的《常乐里闲居偶题十六韵》例句，其首例过晚。魏嵇康《幽愤诗》中已经出现："匪降自天，实由顽疏，理弊患结，卒致囹圄。"

惋失 《孟昶妻周氏列传》P2518：初，桓玄雅重昶而刘迈毁之，昶知，深自惋失。

"惋失"是"怨恨失意"之义，《大词典》出明冯梦龙《智囊补·闺智·孟昶妻》："初，桓玄尝推重昶，而刘迈毁之，昶深自惋失。"此句是从《晋书》中本段史料中而来，《大词典》当出最早的语料即《晋书》中此句为首例。

我躬 《皇甫谧列传》P1414：求绝编于天录，亮我躬之辛苦，冀微诚之降霜，故俟罪而穷处。

"我躬"即"我自己、我本身"之义，《大词典》收录之，但仅出《诗·小雅·小弁》句例，不够完善，但"我躬"一词在文献中出现不多，南梁张瓒《南征赋》："忘我躬之匪阅，顾社稷而怀忧。"《魏书·任城王云传附澄》："叔父既握国柄，杀生由己，自言天之历数应在我躬，何得复有朝廷也！"《隋书·韦世康传》："况娘春秋已高，温清宜奉，晨昏有阙，罪在我躬。"《大词典》可补其句例。

希企 《潘岳列传·乘舆箴》P1514：盖帝王之事至大，而古今之变至众，文繁而义诡，意局而辞野，将欲希企前贤，仿佛崇轨，譬犹丘垤之望华岱，恒星之系

191

日月也,其不逮明矣。

"希企"是"希望企及"之义,《大词典》释义无误,但出宋王谠《唐语林·补遗一》句例,过晚。《晋书》中已有多例,《大词典》当以潘尼《乘舆箴》补其始例。

陷没 《邵续列传》P1704:功勋未遂,不幸陷没,朕用悼恨于怀。

"陷没"一词是"没于阵、阵亡"之义,《大词典》释义无误,但出宋苏舜钦《乞用刘石子弟》句例,过晚。蔡邕《戍边》上章:"父子一门兼受恩宠,不能输写心力,以效丝发之功,一旦被章,陷没辜戮。"《晋书》中有24例,汉蔡邕之句当是始例。

详明 《陶侃列传》P1777:平西将军亮雅量详明,器用周时,即陛下之周召也。

"详明"一词《大词典》释义正确,但出宋宋祁《赐权知开封府吴育乞解京府不允诏》例句,过晚。《晋书》中此句当是始例。

谐隐 《郭璞列传》P1905:傲岸荣悴之际,颉颃龙鱼之间,进不为谐隐,退不为放言,无沈冥之韵,而希风乎严先,徒费思于错昧,摹《洞林》乎《连山》,尚何名乎!

"谐隐"犹言"微言讽喻",《大词典》出明冯梦龙《智囊补·语智·郑涉》例句,过晚。《晋书》中此句较早。

亵近 《郭璞列传》P1908:若以谷为妖蛊诈妄者,则当投畀裔土,不宜令亵近紫闱。

"亵近"是"亲近宠幸"之义,但《大词典》出《资治通鉴·唐太宗太和二年》例句,过晚。《晋书》中此句较早。

酗虐 《琅琊王伷列传附武陵庄王澹》P1122:澹素与河内郭俶、俶弟偘亲善。酒酣,俶等言张华之冤,澹性酗酒,因并杀之,送首于伦,其酗虐如此。

"酗虐"是"狂暴"义,《大词典》出清魏源《圣武纪》例句,过晚。《晋书》中此句更早。

悬阔 《王浚列传》P1211:"虺臣以十五日至秭陵,而诏书以十六日起洛阳,其间悬阔,不相赴接,则臣之罪责宜蒙察恕。"

"悬阔"是"相距甚远"义,《大词典》出唐方干《寄于少监》诗,稍晚。《魏书·高闾列传》:"兵法:十则围之,倍则攻之。所率既寡,东西悬阔,难以并称。"《魏书》中例句更早。

悬险 《张轨列传附史臣语》P2253:长河外区,流沙作纪,玉关悬险,金城负固,有苗攸窜,帝舜投而不羁。

"悬险"是"险峻"义,《大词典》出金元好问《库城》诗,且是孤证,亦晚。当以《晋书》中句补之。

夷达 《应詹列传》P1858：元康以来，贱经尚道，以玄虚宏放为夷达，以儒术清俭为鄙俗。

"夷达"，《大词典》释义为"旷达"，无误，出《资治通鉴·晋元帝太兴二年》中此句，胡三省注："夷，旷也。"似不妥，当出《晋书》中此句。

庸琐 《简文三子列传附史臣语》P1741：元显以童丱之年，受栋梁之寄，专制朝廷，陵蔑君亲，奋庸琐之常材，抗奸凶之臣寇，丧师殄国。

"庸琐"一词《大词典》的首例亦晚，出宋陈亮《酌古论·桑维翰》例句，过晚。《晋书》中例句当是始例。

用命 《周访列传》P1581：朝廷威灵，将士用命，访何功之有！

"用命"是"效命，奋不顾身地工作或战斗"，《大词典》释义无误，但出唐柳宗元《零陵郡复乳穴记》："诚乎物而信乎道，人乐用命，熙熙然以效其力。"始例亦晚。《后汉书》已有4例，《班彪传附子固传》："《周礼》曰：'群吏听誓于前，斩牲以徇阵，曰不用命者斩之。'"《三国志》有12例，至晚在三国时期，此词已成词。《大词典》当补其始例，以《后汉书》为始例。

庸下 《赵王伦列传》P1600：伦素庸下，无智策，复受制于秀，秀之威权振于朝廷，天下皆事秀而无求于伦。

"庸下"，《大词典》释义为"平庸低下"，无误，但出宋曾巩《谢赐〈六典〉表》例句，过晚。唐前史书已有例，《周书·文帝纪上》："贼臣高欢，器识庸下，出自舆皂，罕闻礼义，直以一介鹰犬，效力戎行，腼冒恩私，遂阶荣宠。"《周书》例较早。

颙颙 《刘琨列传》P1685：豺狼肆毒，荐覆社稷，亿兆颙颙，延首罔击。

"颙颙"是"期待盼望貌"，《大词典》释义正确，但首例为《旧唐书·张廷珪传》例句，过晚。《晋书》中此句较早。

陨越 《蔡谟列传》P2040：幸蒙宽宥，不悟天施复加光饰，非臣陨越所能上报。

"陨越"是封建社会上书皇帝时的套语，谓"犯上而表示死罪"之义。《大词典》出前蜀杜光庭《代人请归姓表》例句，《晋书》中共出现9例。《大词典》当补首例。

责取 《王戎列传》P1234："从子将婚，戎遣其一单衣，婚讫而更责取。"

"责取"是"索取"义，《大词典》出宋苏辙《论发运司以籴籴米代诸路上供状》例句，过晚。《大词典》首例可提前。

增剧 《吴敬王晏列传》P1725：又少有风疾，视瞻不端，后转增剧，不堪朝觐。

"增剧"一词是"增多、加剧"之义，《大词典》出现代叶圣陶《未厌集·苦辛》例句，甚晚。魏晋时期已经成词，《三国志·蜀书·蒋琬传》："疾转增剧，至九年卒，谥曰恭。"《宋书·谢弘微传》："时有一长鬼寄司马文宣家，云受遣杀弘微，弘微疾增剧，辄豫告文宣。"《大词典》出现代之例句，太晚。历代史书中均有之，《三国志》当是其始例。

长育 《应詹列传》P1859：今虽有儒官，教养未备，非所以长育人才，纳之轨物也。

"长育"是"生长"之义，后引申有"培养"义，《大词典》收之，但出宋苏舜钦《上范公参政书并咨目七事·咨目一》例句，过晚。《晋书》中此句是始例。

忠规 《纪瞻列传》P1821：臣闻易失者时，不再者年，故古之志士义人负鼎趣走，商歌于市，诚欲及时效其忠规，名传不朽也。

"忠规"是"忠言规谏"之义，但《大词典》出《旧唐书·儒学传下·邢文伟》例句，过晚。《三国志》裴注："丰知绍将败，败则己必死，甘冒虎口以尽忠规，烈士之于所事，虑不存己。夫诸侯之臣，义有去就，况丰与绍非纯臣乎！"《宋书》4例，《晋书》10例，"忠规"在魏晋南北朝时期使用已较为广泛。《大词典》始例过晚，当补之。

专肆 《刘毅列传》P2210：毅刚猛沈断，而专肆很愎，与刘裕协成大业，而功居其次，深自矜伐，不相推伏。

"专肆"是"专权肆行"之义，《大词典》出宋章如愚《山堂考索·齐人归田辨》例句，过晚，《宋书》用例已固定，2例，《黄回传附王宜兴、庾佩玉、任候伯》："近军次郢镇，劫逼府主，兼挟私计，多所征索，主局咨疑，便加捶楚，专肆暴慢，罔顾彝则。"

资望 《郗鉴列传附郗愔》P1801：愔自以资望少，不宜超莅大郡，朝议嘉之。

"资望"是"资历和声望"之义，《大词典》首例亦晚，出宋秦观《官制上》例句，过晚。"资望"是同类并列合成词，《晋书》中例句较早。

自晦 《山涛列传》P1223："涛早孤，居贫，少有器量，介然不群。性好《庄》《老》，每隐身自晦。"

"自晦"是"隐藏自身才能"之义，《大词典》出《旧唐书·韩滉传》例句，过晚。《晋书》《宋书》《魏书》均有用例。

秽杂 《徐邈列传》P2356：帝宴集酣乐之后，好为手诏诗章以赐侍臣，或文词率尔，所言秽杂，邈每应时收敛，还省刊削，皆使可观，经帝重览，然后出之。

"秽杂"即"杂乱"之义，《大词典》出明袁宏道《范长白》句例，过晚，

第四章 《晋书》复音词中的新词新义

《魏书·安定王休传附子燮传》:"今州之所在,岂唯非旧,至乃居冈饮涧,井谷秽杂,升降劬劳,往还数里。"

三、《大词典》首例出《晋书》或魏晋时期语例的《晋书》新词

魏晋南北朝至初唐时期所出现的新词在《晋书》中不胜枚举,《大词典》收录并以《晋书》或魏晋时期语料为例证的新词甚多,此处仅举《羊祜列传》中新词条,共计68条。

白士 P1020:以白士而居重位,何能不以盛满受责乎! 疏广是吾师也。
白士犹寒士,指清贫的读书人。《大词典》首例举此句。

悲惋 P1023:乳母具言之,李氏悲惋。
即悲伤叹惜。《大词典》首例举南朝宋鲍照《拟行路难》诗之八:"西家思妇见悲惋,零泪沾衣抚心叹。"

背信 P1018:而吴复背信,使边事更兴。
背信即背弃信用。《大词典》首例举南朝陈徐陵《为贞阳侯答王太尉书》:"湛海珍等,前朝旧将,差匪齐人,分给羸兵,即是梁甲,非云背信,岂曰渝盟?"

背违 P1016:即背逆违反。《大词典》首例举三国魏曹丕《禁母后预政诏》:"以此诏传后世,若有背违,天下共诛之。"

操尚 P1022:即德操志尚。《大词典》首例举《三国志·魏志·邴原传》:"少与管宁俱以操尚称,州府辟命皆不就。"

成资 P1023:策曰:"……祜受任南夏,思静其难,外扬王化,内经庙略,著德推诚,江汉归心,举有成资,谋有全策。"
即现成的基业。《大词典》首例举《资治通鉴·晋穆帝永和七年》:"冉闵乘石氏之乱,奄有成资,是宜天下服其强矣,而祸乱方始,固知天命不可力争也。"

冲退 P1019:祜每被登进,常守冲退,至心素著,故特见申于分列之外。
冲退即谦让。《大词典》首例举晋葛洪《抱朴子·行品》:"士有含弘旷齐,虚己受物,藏疾匿瑕,温恭廉洁,劳谦冲退,救危全信。"

冲素 P1021:诏曰:"征南大将军南城侯祜,蹈德冲素,思心清远。"
冲素,亦作"冲素"。冲淡纯朴。《大词典》首例举晋陆机《七征》:"玄虚子耽性冲素,雍容玄泊。"

冲虚 P1022:祜执德冲虚,操尚清远,德高而体卑,位优而行恭。
冲虚亦作"冲虚",即恬淡虚静。《大词典》首例举《三国志·魏志·王粲等传论》:"而粲特处常伯之官,兴一代之制,然其冲虚德宇,未若徐干之粹也。"

挫衄 P1016:有司奏:"……乃遣杨肇偏军入险,兵少粮悬,军人挫衄。背

违诏命,无大臣节。"

挫衄即挫折,失败。《大词典》首例举《宋书·刘敬宣传》:"若忽师行不利,人情波骇,大势挫衄。"

谠议　P1019:其嘉谋谠议,皆焚其草,故世莫闻。

谠议指刚直的议论;直言不讳的议论。《大词典》首例举此句。

道素　P1014:指纯朴的德行。《大词典》首例举晋葛洪《抱朴子·行品》:"履道素而无欲,时虽移而不变者,朴人也。"

德量　P1017:祜与陆抗相对,使命交通,抗称祜之德量,虽乐毅、诸葛孔明不能过也。

德量指道德涵养和气量。《大词典》首例举《世说新语·雅量》:"顾看简文,穆然清恬。"南朝梁刘孝标注:"帝(简文)举止自若,音颜无变,温每以此称其德量。"

笃终　P1023:夫笃终追远,人德归厚,汉祖不惜四千户之封,以慰赵子弟心。请议之。

笃终是古代送葬的礼制。《大词典》首例举《晋书·皇甫谧传》:"著论为葬送之制,名曰《笃终》。"

恩诏　P1015:祜上表固让曰:"臣伏闻恩诏,拔臣使同台司。臣自出身以来,适十数年,受任外内,每极显重之任。"

恩诏即帝王降恩的诏书。《大词典》首例举此句。

风景　P1020:祜乐山水,每风景,必造岘山,置酒言咏,终日不倦。

风景即风光景色。《大词典》首例举南朝宋鲍照《绍古辞》之七:"怨咽对风景,闷瞀守闺闼。"

付授　P1021:帝欲使祜卧护诸将,祜曰:"……功名之际,臣所不敢居。若事了,当有所付授,愿审择其人。"

付授指嘱托授予。《大词典》首例举此句。

高亮　P1016:即高尚忠正。《大词典》首例举此句。

关与　P1019:祜历职二朝,任典枢要,政事损益,皆咨访焉,势利之求,无所关与。

关与指参与。《大词典》首例举此句。

规摹　P1022:自镇此境,政化被乎江汉,潜谋远计,辟国开疆,诸所规摹,皆有轨量。

规划;筹谋;计划。《大词典》首例举《北史·羊深传》:"萧宝夤反,攻围华州,正平薛凤贤等作逆。敕深兼给事黄门侍郎,与大行台、仆射长孙承业共会潼

第四章 《晋书》复音词中的新词新义

关,规模进止。"

归戴 P1020:即归心拥戴。《大词典》首例同上。

诡计 P1015:吴石城守去襄阳七百余里,每为边害,祜患之,竟以诡计令吴罢守。

诡计即奇计。《大词典》首例举此句。

寒贱 P1016:虽历位外内之宠,不异寒贱之家,而犹未蒙此选,臣更越之,何以塞天下之望,少益日月!

寒贱即微贱。谓门第卑下。《大词典》首例举晋袁宏《后汉纪·灵帝纪下》:"初,进寒贱,依诸中官得贵幸。"

号恸 P1021:南州人征市日闻祜丧,莫不号恸,罢市,巷哭者声相接。

号恸即号哭哀痛。《大词典》首例举三国魏曹植《王仲宣诔》:"翩翩孤嗣,号恸崩摧。发轸北魏,远迄南淮。经历山河,泣涕如颓。"

毁慕 P1014:寻遭母忧,长兄发又卒,毁慕寝顿十余年,以道素自居,悒悒若儒者。

毁慕指居丧因慕念其亲而形容憔悴。《大词典》首例即此句。

积稔 P1023:中道而废,亦台辅之私恨也。履谦积稔,晚节不遂,此远近所以为之感痛者也。

积稔犹积年。《大词典》首例举此句。

简素 P1016:光禄大夫李胤清亮简素,立身在朝,皆服事华发,以礼终始。

简约朴素。《大词典》首例举《宋书·裴松之传》:"松之年八岁,学通《论语》《毛诗》,博览坟籍,立身简素。"

禁断 P1014:时长吏丧官,后人恶之,多毁坏旧府,祜以死生有命,非由居室,书下征镇,普加禁断。

禁断即禁止,使不再发生;禁绝。《大词典》首例举《三国志·魏志·武帝纪》:"禁断淫祀,奸宄逃窜,郡界肃然。"

俊辨 P1017:从甥王衍尝诣祜陈事,辞甚俊辨。

俊辩即雄辩,辩才杰出。《大词典》首例举此句。

庙略 P1023:策曰:"……祜受任南夏,思静其难,外扬王化,内经庙略,著德推诚,江汉归心,举有成资,谋有全策。"

庙略即朝廷的谋略。《大词典》首例举晋陆机《晋平西将军孝侯周处碑》:"式扬庙略,克清天步。"

名望 P1014:时王佑、贾充、裴秀皆前朝名望,祜每让,不处其右。

指有名望的人。《大词典》首例举《北齐书·崔瞻传》:"瞻性简傲,以才地

197

自矜,所与周旋,皆一时名望。"

内外 P1014:迁中领军,悉统宿卫,入直殿中,执兵之耍,事兼内外。

指朝廷和地方。《大词典》首例举唐韩愈《答魏博田仆射书》:"仆射公忠贤,德为内外所宗。"

宁静 P1018:故尧有丹水之伐,舜有三苗之征,咸以宁静宇宙,戢兵和众者也。

即安定。《大词典》首例举《三国志·魏志·牵招传》:"曹公允恭明哲,翼戴天子,伐叛柔服,宁静四海。"

潜谋 P1022:自镇此境,政化被乎江汉,潜谋远计,辟国开疆,诸所规摹,皆有轨量。

潜谋指暗中谋划。《大词典》首例举晋干宝《晋纪总论》:"潜谋虽密,而在几必兆。"

遣还 P1016:景、尚子弟迎丧,祜以礼遣还。

遣还犹遣返。谓遣送回原来的地方。《大词典》首例举晋干宝《搜神记》卷十五:"司命一日误召武陵女子李娥,今得遣还。"一本作"遣返"。

亲疏 P1014:时高贵乡公好属文,在位者多献诗赋,汝南和逌以忤意见斥,祜在其间,不得而亲疏,有识尚焉。

即亲近或疏远。《大词典》首例举唐张彪《杂诗》:"行行任天地,无为强亲疏。"首例略晚。

寝顿 P1014:寻遭母忧,长兄发又卒,毁慕寝顿十余年,以道素自居,恂恂若儒者。

衰颓;废止。《大词典》首例举晋皇甫谧《〈三都赋〉序》:"至于战国,王道陵迟,风雅寝顿,于是贤人失志,词赋作焉。"

清亮 P1016:光禄大夫李胤清亮简素,立身在朝,皆服事华发,以礼终始。

纯正;清明。《大词典》首例举《东观汉记·戴凭传》:"(蒋遵)清亮忠孝,学通古今。"

清慎 P1024:篇历官清慎,有私牛于官舍产犊,及迁而留之,位至散骑常侍,早卒。

清慎,清廉谨慎。《大词典》首例举《三国志·魏志·胡质传》:"威,咸熙中官至徐州刺史。"裴松之注引晋孙盛《晋阳秋》:"其父子清慎如此。于是名誉著闻,历位宰牧。"

清远 P1021:诏曰:"征南大将军南城侯祜,蹈德冲素,思心清远。"

清远指清明,高远。《大词典》首例举《易·渐》:"鸿渐于陆,其羽可用为

第四章 《晋书》复音词中的新词新义

仪。"三国魏王弼注:"进处高洁,不累于位;无物可以屈其心而乱其志,峨峨清远,仪可贵也。"

全策 P1023:策曰:"……祜受任南夏,思静其难,外扬王化,内经庙略,著德推诚,江汉归心,举有成资,谋有全策。"

即完善的计策方略。《大词典》首例举《三国志·魏志·诸葛诞传》:"今三叛相聚于孤城之中,天其或者将使同就戮,吾当以全策縻之,可坐而制也。"

扫灭 P1018:夫期运虽天所授,而功业必由人而成,不一大举扫灭,则众役无时得安。

扫灭即消灭。《大词典》首例举《三国志·魏志·陈留王奂传》:"欲擒维,便当东西并进,扫灭巴蜀也。"

申谕 P1020:中诏申谕,扶疾引见,命乘辇入殿,无下拜,甚见优礼。

谕知;晓谕。《大词典》首例举晋江统《徙戎论》:"此等皆可申谕发遣,还其本域。"

胜士 P1020:尝慨然叹息,顾谓从事中郎邹湛等曰:"自有宇宙,便有此山。由来贤达胜士,登此远望,如我与卿者多矣!"

胜士指佳士,才识过人的人士。《大词典》首例举此句。

盛轨 P1021:混一六合,以兴文教,则主齐尧舜,臣同稷契,为百代之盛轨。

盛轨指美好的典范。《大词典》首例举《三国志·蜀志·先主传评》:"其举国托孤于诸葛亮,而心神无贰,诚君臣之至公,古今之盛轨也。"

誓心 P1016:是以誓心守节,无苟进之志。

誓心即心中发誓;立定心愿。《大词典》首例举此句。

搜扬 P1023:夫举贤报国,台辅之远任也;搜扬侧陋,亦台辅之宿心也;

即访求举拔。《大词典》首例举三国魏曹植《文帝诔》:"思良股肱,嘉昔伊吕,搜扬侧陋,举汤代禹。"

绥怀 P1014:祜率营兵出镇南夏,开设庠序,绥怀远近,甚得江汉之心。

绥怀即安抚关切。《大词典》首例举《三国志·魏志·杜袭传》:"太祖还,拜袭驸马都尉,留督汉中军事。绥怀开导,百姓自乐出徙洛邺者,八万余口。"

索然 P1018:至刘禅降服,诸营堡者索然俱散。

离散零落貌。《大词典》首例举此句。

忝窃 P1015:臣忝窃虽久,未若今日兼文武之极宠,等宰辅之高位也。

谦言辱居其位或愧得其名。《大词典》首例举此句。

通贤 P1024:故太傅、钜平侯羊祜明德通贤,国之宗主,勋参佐命,功成平吴,而后嗣阙然,蒸尝莫寄。

199

通贤即通达贤能之人。《大词典》首例举南朝陈徐陵《让散骑常侍表》:"臣闻五十知命,宗师之格言;六百辞满,通贤之高概。"

吞并 P1016:自是前后降者不绝,乃增修德信,以怀柔初附,慨然有吞并之心。

并吞,兼并。《大词典》首例举北魏郦道元《水经注·漕水》:"然地理参差,土无常域。随其强弱,自相吞并。"

畏逼 P1019:孙皓恣情任意,与下多忌,名臣重将不复自信,是以孙秀之徒皆畏逼而至。

亦作"畏偪",即惧怕。《大词典》首例举晋陆机《谢平原内史表》:"畏逼天威,即罪惟谨,钳口结舌,不敢上诉所天。"

委任 P1014:泰始初,诏曰:"夫总齐机衡,允厘六职,朝政之本也。祜执德清劭,忠亮纯茂,经纬文武,謇謇正直,虽处腹心之任,而不总枢机之重,非垂拱无为委任责成之意也。"

即付托;交托。《大词典》首例举《南史·宋纪上·武帝》:"后世若有幼主,朝事一委任宰相,母后不烦临朝。"

委质 P1013:沈劝就征,祜曰:"委质事人,复何容易!"

引申为臣服、归附。《大词典》首例举晋陆云《盛德颂》:"越裳委贽,肃慎来王。"

显重 P1015:祜上表固让曰:"臣伏闻恩诏,拔臣使同台司。臣自出身以来,适十数年,受任外内,每极显重之任。"

即位高势重。《大词典》首例举《三国志·魏志·吕布传》:"卿父劝吾协同曹公,绝婚公路;吾今所求无一获,而卿父子并显重,为卿所卖耳!"

显烈 P1021:当终显烈,永辅朕躬,而奄忽殂陨,悼之伤怀。

显烈指昭著的功业。《大词典》首例举三国魏曹丕《策命孙权九锡文》:"以勖相我国家,永终尔显烈。"

信义 P1017:抗曰:"一邑一乡,不可以无信义,况大国乎!臣不如此,正是彰其德,于祜无伤也。"

信义指信用和道义。《大词典》首例举《三国志·蜀志·诸葛亮传》:"将军既帝室之胄,信义著于四海,总揽英雄,思贤如渴。"

削除 P1024:今王道维新,岂可不大判臧否,谓广陵国宜在削除。

削除即撤销、革除。《大词典》首例举《三国志·吴志·吴范传》:"及后论功行封,以范为都亭侯。诏临当出,权恚其爱道于己也,削除其名。"

营置 P1020:祜女夫尝劝祜"有所营置,令有归戴者,可不美乎?"

第四章 《晋书》复音词中的新词新义

即谋划安排。《大词典》首例举《晋书·荀勖传》:"其壻武统亦说勖'宜有所营置,令有归戴者'。"即此句的另一出处。

<u>游憩</u>　P1022:襄阳百姓于岘山祜平生游憩之所建碑立庙,岁时飨祭焉。

游憩亦作"游憩",指游玩和休息。《大词典》首例举北魏郦道元《水经注·洹水》:"渌水平潭,碧林侧浦,可游憩矣。"

<u>运会</u>　P1015:今臣身托外戚,事连运会,诚在过宠,不患见遗。

运会,时运际会;时势。《大词典》首例举三国魏阮籍《清思赋》:"托精灵之运会兮,浮日月之余晖。"

<u>震荡</u>　P1018:巴汉奇兵出其空虚,一处倾坏,则上下震荡。

即动荡不安。《大词典》首例举《三国志·魏志·武帝纪》:"用终尔显德,对扬我高祖之休命。"裴松之注引晋王沈《魏书》:"且圣上览亡秦无辅之祸,惩曩日震荡之艰。"

<u>执节</u>　P1016:且臣虽所见者狭,据今光禄大夫李意执节高亮,在公正色;

执节即坚守节操。《大词典》首例举北魏郦道元《水经注·河水五》:"宋元嘉中,右将军到彦之,留建威将军朱修之守此城,魏军南伐,修之执节不下。"

<u>终始</u>　P1016:光禄大夫李胤清亮简素,立身在朝,皆服事华发,以礼终始。

引申为有始有终。《大词典》首例举唐贺兰进明《行路难》诗之五:"人生结交在终始,莫以升沉中路分。"

<u>恣情</u>　P1019:孙皓恣情任意,与下多忌,名臣重将不复自信,是以孙秀之徒皆畏逼而至。

恣情即纵情。《大词典》首例举《三国志·魏志·袁术传》:"昔秦末世,肆暴恣情,虐流天下,毒被生民。"

<u>自信</u>　P1019:同上。

即自表诚信。《大词典》首例举三国魏曹操《举贤勿拘品行令》:"吴起贪将,杀妻自信,散金求官,母死不归。"

第三节　《晋书》复音词中的新义例释

一、《大词典》以同时期语料为首例的《晋书》复音词新义

<u>长秋</u>　《明穆庚皇后列传》P972:群公卿士,稽之往代,佥以崇嫡明统,载在典谟,宜建长秋,以奉宗庙。

201

长秋原指长秋宫。《三辅黄图·汉宫》:"(长乐宫)有长信、长秋、永寿、永宁四殿。高帝居此宫,后太后常居之。"后亦用为皇后的代称。《晋书·武帝纪》:"八月,以长秋将建,权停婚姻。"《晋书·孝武定王皇后列传》:"今长秋将建,宜时简择。伏闻试守晋陵太守王蕴女,天性柔顺,四业允备。且盛德之胄,美善先积。"

闺房 《明穆庚皇后列传》P972:履信思顺,以成肃雝之道;正位闺房,以著协德之美。

闺房,本义指小室、内室,后借指妇女、妻室。《宋书·良吏传序》:"左右无幸谒之私,闺房无文绮之饰。"

家道 《文明王皇后列传》P951:仍遭不造,频丧统嗣,抚育众胤,克成家道。

魏晋时期,"家道"一词产生了新义,表家业、家境。《梁书·明山宾传》:"兄仲璋婴痼疾,家道屡空。"宋罗烨《醉翁谈录·红绡密约张生负李氏娘》:"才经三载,家道零替,生计萧然,渐至困窭。"

伉俪 《文明王皇后列传》958:伉俪圣皇,比踪往古。遭命不永,背阳即阴。

伉俪,原义指妻子、配偶。《国语·周语中》:"今陈侯不念胤续之常,弃其伉俪妃嫔,而帅其卿佐以淫于夏氏。"韦昭注:"伉,对也。俪,偶也。"后谓女子嫁人为妻,如南朝宋刘义庆《世说新语·方正》:"王爽与司马太傅饮酒,太傅醉,呼王为小子。王曰:'亡祖长史,与简文皇帝为布衣之交,亡姑亡姊,伉俪二宫,何小子之有!'"刘孝标注引《中兴书》:"王蒙女,讳穆之,为哀帝皇后;王蕴女,讳法惠,为孝武皇后。"

乾元 《孝武定王皇后列传》P983:臣等参议,可以配德乾元,恭承宗庙,徽音六宫,母仪天下。

乾元,《易·干》:"大哉乾元,万物资始,乃统天。"孔颖达疏:"乾是卦名,元是乾德之首。"朱熹本义:"乾元,天德之大始。"后特指帝王。《晋书·孝武定皇后列传》:"德配乾元,恭承宗庙,徽音六宫,母仪天下。"

圣明 《简文宣郑太后列传》P980:会稽太妃文母之德,徽音有融,诞载圣明,光延于晋。

圣明,封建时代称颂帝、后之词,英明圣哲之义。《汉书·晁错列传》:"利施后世,名称圣明。"汉荀悦《汉纪·平帝纪》:"闻太后圣明,安汉公至仁,天下太平。"魏晋时期演变为皇帝的代称。晋刘琨《劝进表》:"或多难以固邦国,或殷忧以启圣明。"唐李翱《再请停率修寺观钱状》:"阁下去年考制策,其论释氏之害于人者,尚列为高等,冀感悟圣明。"

事端 《文明王皇后列传》P950:时钟会以才能见任,后每言于帝曰:"会见利忘义,好为事端,宠过必乱,不可大任。"

事端表示纠纷、乱子之义,魏晋新义。《大词典》出此句为首例。

鸩羽 《后妃传附史臣语》P984:南风肆狡,扇祸稽天。初践椒宫,逞枭心于长乐;方观梓树,颁鸩羽于离明。

鸩羽原指鸩鸟的羽毛,因浸酒有毒,饮之立死,后借指毒酒。《大词典》出此句例。

二、《大词典》未收的《晋书》复音词新义

不行 《谯刚王逊列传附闵王承》P1103:元帝初镇扬州,承归建康,补军咨祭酒。愍帝征为龙骧将军,不行。

"不行"在此处是"不接受官职和征拜,不上任"之义,《大词典》收录有八个义项,缺此义项。但魏晋时期文献中已较为广泛地出现了此义项,《后汉书》8例,《三国志》2例,《宋书》《魏书》等均有大量用例。"不行"的此义项至《后汉书》中已出现甚多,到魏晋南北朝时期例句更多,此重要义项不可缺。《大词典》当补收。

顿绝 《郗鉴列传附郗愔》P1802:后以疾去职,乃筑宅章安,有终焉之志。十许年间,人事顿绝。

"顿绝",《大词典》收之,释义为顿然断绝,出《周书》中一例,无误,但"顿绝"在此处当为全然断绝之义。魏晋时期,"顿"有全部义,表示范围的周遍性。董志翘、蔡镜浩所著《中古虚词语法例释》中有明确解释。① 此言是说人情世故全部断绝,而非顿然、忽然断绝。《大词典》的释义于此处则不合文义。

继袭 《桓温列传》P2574:在昔丧乱,忽涉五纪,戎狄肆暴,继袭凶迹,眷言西顾,慨叹盈怀!

"继袭",《大词典》释其义为承袭封爵,有失。另《宋书·礼志三》:"三王代兴,体业继袭,周道既没,秦氏承之,至于汉、魏,而质文未复。"《旧五代史·唐书·礼志上》:"时右仆射李琪等议曰:'伏睹历代已来,宗庙成制,继袭无异,沿革或殊。马缟所奏,礼有按据,乞下制命,令马缟虔依典册,以述尊名。'""继袭"有继承、承袭之义,不仅局限于承袭封爵。

纪行 《刘毅列传》P1276:所知者以爱憎夺其平,所不知者以人事乱其度;既无乡老纪行之誉,又非朝廷考绩之课。

"纪行"一词,《大词典》解释为记述旅行见闻。义项不足,当另有记录其德

---

① 董志翘,蔡镜浩.中古虚词语法例释[M].长春:吉林教育出版社,1994:157.

行之义。"行"作德行解，此处即是。其余文献亦有例证。《三国志·蜀书五·诸葛亮传五》："朕用伤悼，肝心若裂。夫崇德序功，纪行命谥，所以光昭将来，刊载不朽。"《周书·晋荡公护传》："所以言时计功，昭德纪行。"《南史·武穆裴皇后列传》："石志不出礼典，起宋元嘉中颜延之为王球石志。素族无铭策，故之纪行。"以上各例均作为"记载其德行"解。《大词典》当补此义项。

竞爽 《石苞列传》P1010：石崇学乃多闻，情乖寡悔，超四豪而取富，喻五侯而竞爽。

竞爽，《大词典》释义为精明强干，用于此句，似有不妥，当为竞争豪爽、阔气讲，为动宾结构，与上文"取富"同结构。另《外戚列传附史臣语》："王恺地即渭阳，家承世禄，曾弗闻于恭俭，但崇纵于奢淫，竞爽于秀伦，争先于武子，既尘清论，有黩王猷，虽复议行易名，未足惩恶劝善。"此二处，"竞爽"应是短语而非词语。但"竞爽"一词在文献中出现甚频，大致有"相媲美、差不多、略有差异"等义。《春秋经传集解》卷二十："姜族弱矣，而妫将始昌。注：妫陈氏，妫，九危切。二惠竞爽犹可。注：子雅、子尾皆齐惠公之孙也。竞，强也。爽，明也。"《大词典》根据这一解释来释义，而没有考虑到文献中所有用例，因此不太确切。《经典释文》卷一："承秦焚书，口相传授，一经之学，数家竞爽。"《史通》卷五："而辄欲与五经方驾，三志竞爽，斯亦难矣。"《史通札记》一卷："郑玄王肃述《五经》而各异，何休马融论《三传》而竞爽，欲加商榷。"以上三例当作"有差异"义解释。另《南齐书·高帝本纪上》："公秉钺出关，凝威江甸，正情与曒日同亮，明略与秋云竞爽。"《梁书·文学传上·钟嵘》："自王、杨、枚、马之徒，辞赋竞爽，而吟咏靡闻。"有"相媲美"义。《南齐书·王俭列传》："方今多士盈朝，群才竞爽，选众而授，古亦何人。"《浮溪集·朝请大夫直秘阁致仕吴君墓志铭》："其门有三子，皆授以经，其材竞爽，伯仲同时擢进士第，又同时为县令，以治行闻。"言二人才能相当。《文山先生文集·邹文叔垂芳堂记》："今文叔之庭，二季竞爽，两孙端美，天将昌之。"《东维子文集·明诚斋记》："与之游，不知又有武叔竞爽焉。武叔事父、兄各极其道，事师尤不遗于礼。"以上各例都指"诸者才能相当或智慧相当"。《豫章黄先生文集·祭范叔才文》："万事尽然清明竞爽，窘拘一棺。"《诚斋集·陈养廉墓志铭》："其子自伯虎而下，竞爽有令质，可才可儒，则择明师以迪之。"此类例句中"竞爽"词义与《大词典》解释相合，表"精明能干"之义。"竞爽"一词在先秦文献中未曾出现，汉魏后，使用逐渐频繁，且有多义。作为阅读文言作品工具书的《大词典》，当补此词条为善。

开张 《傅玄列传附傅咸》P1325：戎备位台辅，兼掌选举，不能谧静风俗，以凝庶绩，至令人心倾动，开张浮竞。

第四章 《晋书》复音词中的新词新义

"开张"一词,《大词典》已收录十二个义项,且解释详尽,但笔者以为尚缺一表开启之义项,文中此句中"开张"一词的意思只能解释为"开启、启示"义,其余文献中亦有例。《后汉书·桥玄传》:"凡有劫质,皆并杀之,不得赎以财宝,开张奸路。"《三国志·魏书五·文德郭皇后传》:"若因爱登后,使贱人暴贵,臣恐后世下陵上替,开张非度,乱自上起也。"《三国志·魏书·高柔传》裴注引孙盛曰:"(高)柔不究明此术非盛王之道,宜开张远义,蠲此近制,而陈法内之刑以申一人之命,可谓心存小善,非王者之体。"《三国志·蜀书五·诸葛亮传》:"诚宜开张圣德(又作"听"),以光先帝遗德,恢弘志士之气,不宜妄自菲薄,引喻失义,以塞忠谏之路也。"

空悬　《温峤列传》P1791:江表兴义,以抗其前,强胡外寇,以蹑其后,运漕隔绝,资食空悬,内乏外孤,势何得久!

"空悬"一词,《大词典》释义为"悬在空中",仅出王充《论衡·雷妄》中一例句,于文义有不合,当有喻义,表"无着落"之义。且此喻义在史书中多见。《晋书·贺循列传》:"若当兄弟旁满,辄毁上祖,则祖位空悬,世数不足,何取于三昭三穆与太祖之庙然后成七哉!"《南齐书·孔稚珪传》:"遂使国储空悬,户口减半,好战之功,其利安在?"《大词典》应收录此引申义。

苦役　《羊祜列传》P1018:而大晋兵众,多于前世;资储器械,盛于往时;今不于此平吴,而更阻兵相守,征夫苦役,日寻干戈,经历盛衰,不可长久,宜当时定,以一四海。

"苦役",《大词典》解释为艰苦沉重的劳役,出 4 例。《百喻经·诈称眼盲喻》:"自坏其目,用避苦役。"唐柳宗元《封建论》:"酷刑苦役,而万人侧目。"明陈汝元《金莲记·诗案》:"湖上筑新堤,赤子嗟苦役。"高云览《小城春秋》第一章:"最初一年,他逃跑了两次,都被抓了回去,一场毒打之后,照样被迫从事无休止的苦役。"从文义上看,作"艰苦沉重的劳役"解释行不通,征夫是指"从役之人,出征的士兵"。"役"应为兵役,而非劳役。《晋书》中此句言出征的兵士苦苦作战。"苦役"作艰苦征战、服兵役解释的例句另有《晋书·王浚列传》:"郡邻吴境,兵士苦役,生男多不养。"《晋书·卻诜列传》:"加自顷戎狄内侵。灾害屡作,边氓流离,征夫苦役,岂政刑之谬,将有司非其任欤?"《隋书·炀帝纪上》:"于时辽东战士及馈运者填咽于道,昼夜不绝,苦役者始为群盗。"《资治通鉴·唐纪四十九·德宗神武圣文皇帝八》:"福建观察使吴诜轻其军士脆弱,苦役之。军士作乱,杀诜腹心十余人。"《明史·兵志二·班军志》:"时积弊已久,军士苦役甚,多愆期不至。"查阅《四部丛刊》中用例,多作"艰苦沉重的劳役",但同时也存有"艰苦的兵役、征战"解释的例句,《大词典》义项有缺,须补。

流漂 《张轨列传附张寔》P2227：天步厄运，祸降晋室，京师倾陷，先帝晏驾贼庭。朕流漂宛许，爰暨旧京。群臣以宗庙无主，归之于朕，遂以冲眇之身托于王公之上。

"流漂"，《大词典》释义是随水漂浮，但此处当释为漂泊。另有《晋书·列女传·凉武昭王李玄盛后尹氏列传》："子孙流漂，托身丑虏，老年余命，当死于此，不能作毡裘鬼也。"《刘曜载记》："臣闻人主之兴作也，必仰准干象，俯顺人时，是以卫文承乱亡之后，宗庙社稷流漂无所，而犹上候营室以构楚宫。"《慕容盛载记》："（慕容）盛幼而羁贱流漂，长则遭家多难，夷险安危，备尝之矣。""流漂"的漂泊之义在魏晋南北朝文献中较多，后代文献中则少见。《大词典》当补此义项。

遣送 P1016：将帅有欲进谲诈之策者，辄饮以醇酒，使不得言。人有略吴二儿为俘者，祜遣送还其家。

遣送，《大词典》收录有送嫁、术士以法术驱逐妖邪、发送和送葬四个义项。另有派人护送之义，《后汉书·独行列传·周嘉》："群贼于是两两相视，曰：'此义士也！'给其车马，遣送之。"《宋书》有十多例。

下书 《后妃传·武元杨皇后列传》P953：泰始中，帝博选良家以充后宫，先下书禁天下嫁娶，使宦者乘使车，给驺骑，驰传州郡，召充选者使后拣择。

"下书"，《大词典》收录有两义：投递书信和指致送婚约。此外，有"下诏"之义，而《大词典》失收此义项。《宋书·隐逸·宗炳》："高祖开府辟召，下书曰：'吾忝大宠，思延贤彦，而《兔罝》潜处，《考槃》未臻，侧席丘园，良增虚伫。南阳宗炳、雁门周续之，并植操幽栖，无闷巾褐，可下辟召，以礼屈之。'"《宋书》共4例，《晋书》共68例。

行通 《羊祜列传》P1016：今道路行通，方隅多事，乞留前恩，使臣得速还屯。不尔留连，必于外虞有阙。匹夫之志，有不可夺。

"行通"一词，《大词典》释义为"犹言吃得开，兜得转。"引孙犁《白洋淀纪事》："老牛回来就不吃草，老改到大官亭去请来一位兽医，这位兽医在这一代是很行通的。"作初始例，过晚，且义项有缺。此句中，"行通"即言"通行"、"畅通"义。史书中亦有以"行通"表畅通义的例句。《史记·东方朔列传》："夫张仪，苏秦之时，周室大坏，诸侯不朝，力政争权，相禽以兵，并为十二国，未有雌雄，得士者强，失士者亡。故说听行通，身处尊位，泽及后世，子孙长荣。"《云笈七笺》卷十三："若青丝如不解，闭气炼形，使用元气行通于毛发之间。"言"用元气畅行于毛发之间"。《云笈七笺·存心中赤气去三尸法》："经曰：'常念心中，出赤气上行通喉咙，以意闭之于泥丸，为之不止，三尸自去。'"《徐公文集·大宋凤翔府新建上济太平宫碑铭(有序)》:"或观其道而设教依于人,而后行通其变,而不穷感于物而遂。""行通"即"通行","实施"义。《经进东坡文集事略·中庸论中》:"是何以异于匹夫匹妇之所能行通,而至于圣人之所不及。故凡为此说者,皆以求安。"《象山先生全集·赠刘季蒙与伯兄致政书》:"惟公学本之经,行通于天,渊源之渐,伊孟之传,自本自根,即闻即见,见之躬行,死守不变。""行通"系同义并列,表"通行"义,可指"气的畅通,商业的通行,言论的传行",等等。《大词典》在此词的释义上,初始试例过晚,且义项不完整,当补。

元妃 《郑袤妻曹氏列传》P2511:孙氏元妃,理当从葬,不可使孤魂无所依邪。

"元妃",《大词典》释义为国家或诸侯的嫡妻,但于此处不合,当有前妻,原配之义项。《晋书·礼志中》:"主薄刘卞议:'愍在南为邦族,于北为羁旅,以此名分言之,前妻为元妃,后妇为继室……'"因此,《大词典》当补此义项。

遇酷 《惠羊皇后谢夫人列传》P968:"及愍怀遇酷,玖亦被害焉。永康初,诏改葬太子,因赠玖夫人印绶,葬显平陵。"

遇酷即遇害,不仅是遭受灾害,而且是被杀害。"酷"有"杀害"义,《大词典》义项(7)为"灾难",当补"杀害"义。酷的"杀害"义用例有不少。《后汉书·邓禹列传》:"利口倾险,反乱国家,罪无申证,狱不诉鞫,遂令鹭等罹此酷滥,一门七人并不以命,尸骸流离,怨魂不反,逆天感人,率土丧气。"下文中交代尸体骸骨流离,因此,"酷"当为"杀害"义。《三国志·吴志·陆逊传》裴松之注:"俘馘千人,未足损魏,徒使无辜之民横罹荼酷,与诸葛渭滨之师,何其殊哉!""荼酷"即"荼害、杀害"义。《宋书·前废帝本纪》:"子鸾兄弟,先帝钟爱,含怨既往,枉加屠酷。"《世说新语·仇隟》卷下之下:"王胡之与无忌(司马丞之子)长甚相昵,胡之尝共游,无忌入告母,请为馔。母流涕曰:'王敦昔肆酷汝父,假手世将。'"《弘明集·灭惑论》卷八:"遂令玁狁横行,毒流万世,豺狼当路,而狐狸是诛,沦胥为酷,覆载无闻,商鞅之法未至此。""诛"与"酷"相对,义同。以上各例可作为"杀害"解。所以《大词典》《大字典》仅收录有"灾难"义,尚不完整,待补。《南史·王准之列传附王猛》:"(王猛)五岁而父清遇害……(王猛)以父遇酷,终文帝之世不听音乐,蔬食布衣,以丧礼自处。"此句中"遇酷"与"遇害"义同,且同时使用,此处用"遇酷"是因《晋书》书面语色彩较为浓厚,史官求雅所致。"酷"的"杀害"义,《大字典》《大词典》当补。

第四节 《晋书》新词新义产生的方式及原因分析

一、《晋书》新词新义产生方式

方一新的《中古近代汉语词汇学》一书中就中古近代汉语新词的构成方式有专门论述,他认为,中古近代汉语产生了大量新词,这些新词多数是双音词,它们的构成方式,与前代相比,也有了较大的不同。总体表现为:语音构词的比重下降,而语法构词比重上升;与此同时,通过截取、借代等修辞方式产生的新词数量也在上升,占据了相当的比例。汉语构词方式的特点反映在词汇上,就是词汇复音化进程进一步加快,复音词大量产生;新增复音词中语法造词超过语音造词,语法造词中"附加式"出现并增多;同义词、反义词增多;等等。[①]

李如龙的《汉语词汇衍生的方式及其流变》一文对汉语词汇衍生方式及其流变做了初步研究。他认为,词汇衍生方式主要有以下四种:① 音义相生,在已有的音义组合的基础上用相近或相关的语音来表示一个相近或相关的意义。② 语素合成,语素合成的复音词为汉语词汇的衍生开辟了无限宽广的道路,许多意义相近的语素结合起来往往更加具有表现力。③ 语法类推,指的是运用虚化的语法成分来构成新词。④ 修辞转化,经过修辞加工产生多音词或作为词使用的固定词组。音义相生出现最早,也是上古汉语的主要衍生方式。上古后期兴起的语素合成,到了中古汉语成为主要的词汇衍生方式。而语法类推则酝酿于上古,兴起于中古,发展于近代。至于修辞转化这种方式,从词义的整合说,上古也有了,真可谓源远流长;词形上的加工则历经流变。

从人类思维的发展过程来看,汉语词汇衍生的四种基本方式的更替也是符合逻辑的。有声语言一经形成,词汇的滋生沿着音义辗转相生相承,这是与初民的具体思维和音响感觉相适应的。有了语素的观念和语素合成的理解能力,这是思维发展到了一个新阶段的重要标志。而语缀及虚词的产生,则标志着抽象思维的进一步发展。由语法类推到修辞转化,逻辑思维与形象思维齐头并进,是语言表达水平进一步发展的结果。从汉语语词的结构形式说,由单音到双音、多音,而又由多音紧缩为双音,也是与语词衍生的这种流变过程相适应的。可见,深入研究古今汉语(也包括南北方言)的语词衍生方式及其流变,对

---

① 方一新. 中古近代汉语词汇学[M]. 北京:商务印书馆,2010:657.

于我们了解汉语词汇的结构规律和演变规律都具有十分重要的意义。①

万久富的《〈宋书〉复音词研究》则将《宋书》中的新词新义分成七种类型：① 把原有单音词作为词根语素复合成新词。构成复音词的几个语素之间，具有内在的语义关联。一方面是具有同义、反义或类义等聚合关系，另一方面是其内部具有联合、动宾、主谓或偏正等组合关系。② 改换原有复音词的某一语素以构成新词。改换复音词的某一语素，代之以处于同一语义场中的别的语素，构成新词，新词与旧词词性有别，但在语义上与旧词构成近义、同义关系。③ 新生的双音节音译词和意译词。从东汉以来汉译佛经的数量成倍增加，另一方面随着战争和移民的因素，西北各少数民族与汉民族的交融加强了。大量的音译和意译词加入了汉语词汇的大家族。每一个译词的最早出现，就是汉语词汇中新词或者新义的产生。④ 与新生词头词尾有关的新词新义。中古汉语中随着词头"阿""老"和词尾"当""自""复""子"的逐步成熟，此类新词也不断产生。⑤ 与词根语素语义变化有关的新义。⑥ 与语境义、特指义有关的新义。⑦ 与联绵词语义发展有关的新义。②

二、《晋书》新词新义产生原因分析

（一）语言内部原因

王云路在《中古汉语词汇史》一书中将中古复音词产生的基本原因总结为以下几点：① 减少同音歧义现象。要改变单音词同音现象，使交流顺畅，办法之一是采用复音词，这样可以大大减少同音歧义现象。② 解决难记繁复现象。中古时期随着社会的进步，人的思维发展的抽象化程度不断提高，往往用双音节词使含义变得概况和精简，词语也更趋简明易记。③ 更加精确地表情达意。采用复音词的好处不仅是减少了同音现象，使词语具有规律性，简明易记，还可以更加精确细致地表达感情，描摹事物。这主要指动词或形容词一类。④ 准确命名日益丰富的新事物，主要是名词一类，表示新事物的命名、新的社会关系名称、新的官职名称、新的生活习俗等。⑤ 适应和谐俚偶的表达习惯。⑥ 认知心理促使新词产生。修辞与词汇关系密切，从意义上说，临时的修辞用法上升为词语的固定义项是词义引申的重要途径；从构词上说，运用修辞格创造新词，是新词产生的一个方法，而这一切均源于人们的心理认知。③

---

① 李如龙.汉语词汇衍生的方式及其流变[J].河北师范大学学报(哲学社科版),2002(5).
② 万久富.《宋书》复音词研究[M].南京：凤凰出版社,2006：160－165.
③ 王云路.中古汉语词汇史[M].北京：商务印书馆,2010：95－154.

(二)外部原因

1. 魏晋时期社会发展、局势动荡的历史原因

魏晋时期的社会政治局势动荡不安,战乱不断,百姓生活艰苦困顿,体现在史书记载中。比如大量的反映社会动乱的词汇"沮乱"(阻挠干扰)、"沦倾"(陷落;倾覆)、"艰窘"(艰难穷困)、"饥窘"(饥饿困窘)、"篡统"(篡窃皇统)、"饥寒"(饥饿寒冷)、"饥疫"(饥饿无粮并患疫病)、"沦夷"(衰微)、"摧陷"(攻破、陷落)、"灾祆"(灾害)、"行留"(指军队的调遣和留驻)、"鸥视"(如鸥鸟昂首举视,形容凶狠贪戾的眼光)等。

2. 社会思潮的转变

魏齐王正始年间,以何晏、王弼为代表的知识分子开始弘扬老庄之学,用道家的"无为"去取代儒家的"有为",提出了"名教本于自然"的口号。魏末晋初以阮籍、嵇康为代表的"竹林七贤",西晋元康时期的郭象、向秀,东晋时期的僧肇,都是魏晋时期的玄学家。汉魏以来以老庄之道和《周易》为依据而辨析名理的谈论,称"玄谈",玄谈的风尚称"玄风"。自嵇康、阮籍始,"师心""任气"成为魏晋名士行为的主要特征,举止从心源出发,而不以世情为据,以真气为根本,不从俗套而行,体现一种自适其性的行为模式,任性所之。① 正如汤一介所说,玄学主流文化思潮对士人的心态、生活方式、价值观及理想人格产生了极大影响,然而不同的个体对理论理解深浅不一,其人生态度、行为方式也不尽相同。② 以阮籍、嵇康为代表的魏晋名士对一切世俗礼教视而不见,抛弃礼教,追求精神上的逍遥自足。这样的社会思潮的转变在词汇系统中亦有体现,于是出现了一些新词汇,比如"清远""清辩""清慎"(清廉谨慎)以及"清赡"(清新丰富)、"清恪"(廉洁恭谨)、"玄感"(冥冥中的感应、感觉)、"冲雅"(典雅;淡雅)"高蹈"(高超、超脱)、"风烈"(风操、风范)、"傲逸"(高傲放纵;高傲超逸)等。

3. 外来文化的交融

东汉三国时期,佛教开始传入我国。到了魏晋南北朝时期,佛教在民间盛行,出现了很多与佛教有关的新词,反映在中古史书或其他文献中有"法师""和尚""沙弥""沙门""慧解"(佛教语,谓智慧颖悟)等。此时,道教在中国也较为流行,有"道人""道士""方相"(上古传说中驱除疫鬼和山川精怪的神灵)等新词。

---

① 周海平.魏晋名士人格论[M].苏州:苏州大学出版社,2003:130.
② 汤一介.郭象与魏晋玄学[M].武汉:湖北人民出版社,1983:35.

附录一　《晋书》纪日讹误商榷

一、《晋书·帝纪》纪日讹误

唐初由房玄龄等人奉诏编撰的《晋书》对研究晋代时期历史有着重要的史料价值。1974年中华书局本《晋书》问世，该版本对《晋书》原著中的舛误进行了系列详尽的校勘工作，是目前价值最高的版本，但其中还存有一些纪日方面的讹误，校勘记未指出且未加以说明。现就《帝纪》《天文志》《五行志》中的纪日讹误提出商榷，以就正于大方之家。①

1.《武帝纪》P50：(咸熙二年)十一月，初置四护军，以统城外诸军。<u>乙未</u>②，令诸郡中正以六条举淹滞：一曰忠恪匪躬，二曰孝敬尽礼，三曰友于兄弟，四曰洁身劳谦，五曰信义可复，六曰学以为己。

按：咸熙二年十一月辛亥朔，乙未不在此月。

2.《武帝纪》P79：(太康十年)<u>十一月丙辰</u>，守尚书令、左光禄大夫荀勖卒。

按：太康十年十一月壬戌朔，丙辰不在此月。《资治通鉴》亦如此。③

十一月，丙辰，尚书令济北成侯荀勖卒。勖有才思，善伺人主意，以是能固其宠。久在中书，专管机事。及迁尚书，甚罔怅。(《资治通鉴》卷八十二晋纪四)

3.《惠帝纪》P94：(元康七年)秋七月，雍、梁州疫。大旱，陨霜，杀秋稼。关中饥，米斛万钱。诏骨肉相卖者不禁。<u>丁丑</u>，司徒、京陵公王浑薨。

按：元康七年七月丁未朔，丁丑不在此月。《资治通鉴》亦如此。

(元康七年)秋，七月，雍、秦二州大旱，疾疫，米斛万钱。丁丑，京陵元公王浑薨。九月，以尚书右仆射王戎为司徒，太子太师何劭为尚书左仆射。(《资治通鉴》卷八十二晋纪四)

4.《元帝纪》P153：(太兴三年)夏<u>四月壬辰</u>，枉矢流于翼轸。

按：太兴三年四月乙未朔，壬辰不在此月。《天文志》《宋书·天文志》亦同。

元帝太兴三年四月壬辰，枉矢出虚、危，没翼、轸。占曰："枉矢所触，天下之所伐。翼、轸，荆州之分野。"太宁二年，王敦杀谯王承及甘卓，而敦又枭夷，枉矢触翼之应也。《晋书·

---

① 附录一纪年参照张培瑜《三千五百年历日天象》和陈垣《二十史朔闰表》。
② 附录一中凡有疑误的纪日均用下划线标示。
③ 陈立.西晋灭吴时日考异并中华版《晋书》校勘体例商兑[J].古籍整理，2007(9).

天文志下》

晋元帝太兴元年七月，太白犯南斗。占曰："吴、越有兵，大人忧。"……三年四月壬辰，枉矢出虚、危，没翼、轸。占曰："枉矢所触，天下之所伐。翼、轸，荆州之分也。"（《宋书·天文志二》）

5.《元帝纪》P154：(太兴)四年春二月，徐龛又帅众来降。鲜卑末波奉送皇帝信玺。庚戌，告于太庙，乃受之。<u>癸亥</u>，日斗。

按：太兴四年二月庚寅朔，癸亥不在此月。《天文志》亦同，但《宋书·五行志》作"三月癸亥"，正确。此处当从《宋书》。

元帝太兴元年十一月乙卯，日夜出，高三丈，中有赤青珥。四年二月癸亥，日斗。三月未，日中有黑子，辛亥，帝亲录讯囚徒。（《晋书·天文志中》）

晋元帝太兴四年三月癸亥，日有黑子。辛亥，帝亲录讯囚徒。晋元帝永昌元年十月辛卯，日有黑子。（《宋书·五行志》）

6.《元帝纪》P155：(太兴四年)八月，常山崩。<u>九月壬寅</u>，镇西将军、豫州刺史祖逖卒。

按：校勘记未出此条。太兴四年九月丁巳朔，壬寅不在九月。《资治通鉴》亦如此。

豫州刺史祖逖，以戴渊吴士，虽有才望，无弘致远识；且已翦荆棘、收河南地，而渊雍容，一旦来统之，意甚怏怏；又闻王敦与刁构隙，将有内难，知大功不遂，感激发病；九月，壬寅，卒于雍丘。豫州士女若丧父母，谯、梁间皆为立祠。王敦久怀异志，闻逖卒，益无所惮。（《资治通鉴·晋纪》十三）

7.《元帝纪》P156：(永昌元年)四月，……<u>辛未</u>，大赦。……<u>丙子</u>，骠骑将军、秭陵侯戴若思，尚书左仆射、护军将军、武城侯周顗为敦所害。

按：永昌元年四月甲申朔，无辛未、丙子。《天文志下》和《资治通鉴·晋纪十四》皆记此事于三月间，当从之。"四月"疑为"三月"之误。

永昌元年三月，王敦率江荆之众来攻京都，六军距战，败绩，人主谢过而已。于是杀护军将军周顗、尚书令刁协、骠骑将军戴若思。又，镇北将军刘隗出奔。四月，又杀湘州刺史谯王司马承、镇南将军甘卓。闻十二月，帝崩。（《天文志下》页三七〇）

8.《明帝纪》P161：(太宁二年)秋<u>七月壬申朔</u>，敦遣其兄含及钱凤、周抚、邓岳等水陆五万，至于南岸。（《明帝纪》页一六一）

按：《资治通鉴·晋纪十五》同，但陈垣《二十史朔闰表》、张培瑜《三千五百年历日天象》皆出太宁二年七月辛未朔。

9.《成帝纪》P172：(咸和三年)<u>三月丙子</u>，皇太后庾氏崩。

按：咸和三年三月己卯朔，无丙子。《资治通鉴·晋纪十五》同。

三月，丙子，庾太后以忧崩。（《资治通鉴》卷九十三晋纪十五）

10.《成帝纪》P181：(咸康四年)秋<u>八月丙午</u>，分宁州置安州。

按：咸康四年八月己酉朔，无丙午。

11.《穆帝纪》P193：(永和二年)夏<u>四月己酉朔</u>，日有蚀之。

按：永和二年四月当为甲午朔。己酉是十六日。

陈垣《二十史朔闰表》和张培瑜先生的《三千五百年历日天象》均出"四月甲午朔"。

穆帝永和二年四月己酉，七年正月丁酉，八年正月辛卯，并日有蚀之。十二年十月癸巳朔，日有蚀之，在尾。燕分，北狄之象也。（《晋书·天文志中》）

夏，四月，己酉朔，日有食之。（《资治通鉴》卷九十七晋纪十九）

12.《穆帝纪》P193：（永和）三年五月戊申，进慕容皝为安北将军。石季龙又使其将石宁、麻秋等伐凉州，次于曲柳。张重华使将军牛旋御之，退守枹罕。

按：永和三年五月戊午朔，无戊申。闰五月戊子朔，戊申二十一日。疑脱"闰"字。

13.《穆帝纪》P196：（永和五年）十一月丙辰，石鉴弑石遵而自立。

按：永和五年十一月甲戌朔，无丙辰。疑为"壬辰"误。按《石季龙载记附石遵》所记载，石遵于五月庚寅（十五日）即位，在位183日。永和五年五月丙子朔，六月丙午朔，七月乙亥朔，八月乙巳朔，九月乙亥朔，十月甲辰朔，十一月甲戌朔。推断出其被弑于十一月十九日，即壬辰日。

五月……庚寅（十五日），遵擐甲曜兵，入自凤阳门，升太武前殿，擗踊尽哀，退如东合。斩张豺于平乐市，夷其三族。假刘氏令曰："嗣子幼冲，先帝私恩所授，皇业至重，非所克堪，其以遵嗣位。"于是遵即位，大赦，罢上白之围。辛卯（十六日），封世为谯王，废刘氏为太妃。

……

十一月，遵召义阳王鉴、乐平王苞、汝阴王琨、淮南王昭等入议于郑太后前，曰："闵不臣之亦渐著，今欲诛之，如何？"鉴等皆曰："宜然！"郑氏曰："李城还兵，无棘奴，岂有今日；小骄纵之，何可遽杀！"鉴出，遣宦杨环驰以告闵。闵遂劫李农及右卫将军王基密谋废遵，使将军苏彦、周成帅甲士三千人执遵于南台。遵方与妇人弹棋，问成曰："反者谁也？"成曰："义阳王鉴当立。"遵曰："我尚如是，鉴能几时！"遂杀之于琨华殿，并杀郑太后、张后、太子衍、孟准、王鸾及上光禄张斐。

遵凡在位一百八十三日。（《石季龙载记附遵》）

14.《孝武帝纪》P224：孝武皇帝讳曜，字昌明，简文帝第三子也。兴宁三年七月甲申，初封会稽王。

按：兴宁三年七月癸卯朔，无甲申。《资治通鉴》亦同。

（兴宁三年秋七月）甲申，立琅琊王昱子昌明为会稽王；昱固让，犹自称会稽王。（《资治通鉴》卷一百一晋纪二十三）

15.《孝武帝纪》P229：（太元四年）二月戊午，苻坚使其子丕攻陷襄阳，执南中郎将朱序。又陷顺阳。

按：太元四年二月甲申朔，戊午不在此月。《资治通鉴》亦同。《朱序列传》和《苻坚列传》均未纪日。

宁康初，（朱序）拜使持节、监沔中诸军事、南中郎将、梁州刺史、镇襄阳。是岁，苻坚遣其将苻丕等率众围序，序固守，贼粮将尽，率众苦攻之。……序累战破贼，人情劳懈，又以贼退稍远，疑未能来，守备不谨。督护李伯护密与贼相应，襄阳遂没，序陷于苻坚。（《朱序列传》页二一三三）

太元四年,晋兖州刺史谢玄率众数万人次于泗汭,将救彭城。苻丕陷襄阳,执南中郎将朱序,送于长安,坚署为度支尚书。(《苻坚列传》页二九〇一)

(太元四年)春,正月,辛酉,大赦。诏冠军将军南郡相刘波帅众八千救襄阳,波畏秦,不敢进。朱序屡出战,破秦兵,引退稍远,序不设备。二月,襄阳督护李伯护密遣其子送款于秦,请为内应;长乐公丕命诸军进攻之。戊午,克襄阳,执朱序,送长安。秦王坚以序能守节,拜度支尚书;以李伯护为不忠,斩之。(《资治通鉴》卷一百四晋纪二十六)

16.《孝武帝纪》P240:(太元十八年)<u>九月丙戌</u>,龙骧将军杨佺期击氐帅杨佛崇于潼谷,败之。

按:太元十八年九月己丑朔,无丙戌。《资治通鉴》亦同。

(太元十八年)氐帅杨佛嵩叛,奔后秦,杨佺期、赵睦追之,九月,丙戌,败佛嵩于潼关。后秦将姚崇救佛嵩,败晋兵,赵睦死。(《资治通鉴》卷一百八晋纪三十)

17.《安帝纪》P259:(义熙二年)冬十月,论匡复之功,封车骑将军刘裕为豫章郡公,抚军将军刘毅南平郡公,右将军何无忌安成郡公,自余封赏各有差。<u>乙亥</u>,以左将军孔安国为尚书左仆射。

按:义熙二年十月癸卯朔,无乙亥。《资治通鉴》亦同。

(义熙二年)冬,十月,……乙亥,以左将军孔安国为尚书左仆射。(《资治通鉴》卷一百十四晋纪三十六)

18.《安帝纪》P260:(义熙四年)夏四月,散骑常侍、尚书左仆射孔安国卒。<u>甲午</u>,加吏部尚书孟昶尚书左仆射。

按:义熙四年四月甲子朔。甲午不在此月。《资治通鉴》亦同。但校之《天文志》,尚书左仆射孔安国卒于义熙四年三月,而非四月。

夏,四月,尚书左仆射孔安国卒;甲午,以吏部尚书孟昶代之。(《资治通鉴》卷一百十四晋纪三十六)

《天文志》中:(义熙)四年正月,太保、武陵王遵薨。三月,左仆射孔安国薨。(《天文志中》页三五〇)

《天文志》下:(义熙)四年正月,太保、武陵王遵薨。三月,左仆射孔安国卒。自后政在刘裕,人主端拱而已。(《天文志下》页三八三)

19.《安帝纪》P261:(义熙六年)五月丙子,大风,拔木。<u>戊子</u>,卫将军刘毅及卢循战于桑落洲,王师败绩。尚书左仆射孟昶惧,自杀。

按:此处日失序。义熙六年五月壬子朔,无戊子。"戊子"当为"戊午",因形近致误。《资治通鉴》关于此事记载翔实。刘毅败于戊午,孟旭自杀在其后。

五月,戊午,毅与循战于桑落洲,毅兵大败弃船以数百,人步走,余众皆为循所虏,所遗辎重山积。初,循至寻阳,闻裕已还,犹不;信;既破毅,乃得审问,与其党相视失色。循欲退还寻阳,攻取江陵,据二州以抗朝廷。道覆谓宜乘胜径进,固争之。循犹豫累日,乃从之。己未,大赦。裕募人为兵,赏之同京口赴义之科。发民治石头城。议者谓宜分兵守诸津要,裕曰:"贼众我寡,若分兵屯守,则测人虚实;且处利,则沮三军之也。今聚众石头,随宜应走,既

214

令彼无以测多少,又于众力不分。若徒旅转集,徐更论之耳。"朝廷闻刘毅败,人情恟惧。时北师始还,将士多创病,建康战士不盈数千。循既克二镇,战士十余万,舟车百里不绝,楼船高十二丈,败还者争言其强盛。孟昶、诸葛长民欲奉乘舆过江,裕不听。……昶患其言不行,且以为必败,因请死。裕怒曰:"卿且申一战,死复何晚!"昶知裕终不用其言,乃抗表自陈曰:"臣裕北讨,众并不同,虽臣赞裕行计,玫使强贼乘间,社稷危逼,臣之罪也。谨引咎以谢天下。"封表毕,仰药而死。(《资治通鉴》卷一百十五晋纪三十七)

另按:《天文志》下中关于此事记载,纪日亦有误,误将五月记作四月。

《天文志》下:是年(义熙六年)三月,始兴太守徐道覆反。四月,卢循寇湘中,没巴陵,率众逼京畿。是月,左仆射孟昶惧王威不振,仰药自杀。

20.《安帝纪》P260:(义熙)五年春正月辛卯,大赦。<u>庚戌</u>,以抚军将军刘毅为卫将军、开府仪同三司,加辅国将军何无忌镇南将军。<u>戊戌</u>,寻阳地震。

按:义熙五年正月庚寅朔,辛卯是初二。庚戌是二十一,戊戌是初九。此处纪日失序。

21.《安帝纪》P265:(义熙十二年)冬十月丙寅,姚泓将姚光以洛阳降。<u>己丑</u>,遣兼司空、高密王恢之修谒五陵。

按:义熙十二年十月乙巳朔,无己丑。《资治通鉴》亦同。

(十月)己丑,诏遣兼司空高密王恢之修谒五陵,置守卫。(《资治通鉴》卷一百十七晋纪三十九)

二、《晋书·天文志》纪日讹误

1. P338:(魏)少帝正始元年七月戊申朔,日有蚀之。三年四月戊戌朔,日有蚀之。四年<u>五月丁丑朔</u>,日有蚀之。五年四月丙辰朔,日有蚀之。

校勘记:(正始元年)五月丁丑朔,《魏志·齐王芳纪》但云"五月朔",无"丁丑"二字。时历是月壬戌朔,非丁丑。

按:宋本、毛本、殿本同。正始四年五月壬戌朔。

2. P338:(魏少帝正始)六年<u>四月壬子朔</u>,日有蚀之。十月戊申朔,又日有蚀之。

校勘记:(正始六年)四月壬子朔,该月辛亥朔,非壬子。

按:宋本同。正始六年四月辛亥朔。

(正始四年)五月,朔,日有食之,既。(《资治通鉴》卷七四魏纪六)

正始六年四月壬子,日有蚀之。(《宋书·五行志》)

3. P338:嘉平元年<u>二月己未朔</u>,日有蚀之。

按:宋本同。嘉平元年二月戊午朔,己未是初二。毛本、殿本、《宋书·五行志》卷三十四皆为"嘉平元年二月己未,日有蚀之"。

4. P339:武帝泰始二年<u>七月丙午晦</u>,日有蚀之。

按:宋本、毛本、殿本同。《资治通鉴》卷七九晋纪一、《宋书·五行志》卷三四亦同。泰始二年七月丁丑朔,丙午是三十日,不当有日食。

5. P339:(泰始)十年<u>正月乙未</u>,<u>三月癸亥</u>,并日有蚀之。

按:宋本、毛本、殿本同,《宋书·五行志》卷三四亦同。泰始十年正月甲午朔,乙未是正月初二。三月壬戌朔,癸亥是初二,均不应有日食。

6. P339:咸宁元年七月甲申晦,日有蚀之。

按:宋本、毛本、殿本同,《资治通鉴》卷八十晋纪二、《宋书五行志》卷三四亦同。陈垣《二十史朔闰表》、张培瑜《三千五百年历日天象》:咸宁元年七月乙卯朔,甲申是三十日,不当有日食。

7. P339:太康四年三月辛丑朔,日有蚀之。

按:宋本、毛本、殿本同,《资治通鉴》卷八十晋纪三、《宋书五行志》卷三四亦同。太康四年三月庚子朔,辛丑是初二。

8. P339:永熙元年四月庚申,帝崩。

按:宋本、毛本、殿本同。文献互证,得知此处记事时间有误,武帝当崩于太熙元年四月己酉。这一日,惠帝即位,改元为永熙。校勘记未出此条,当从《武帝纪》《惠帝纪》和《资治通鉴》。

太熙元年夏四月己酉,帝崩于含章殿,时年五十五,葬峻阳陵,庙号世祖。(《武帝纪》页八〇)

太熙元年四月己酉,武帝崩。是日,皇太子即皇帝位,大赦,改元为永熙。尊皇后杨氏曰皇太后,立妃贾氏为皇后。(《惠帝纪》页八九)

(永熙元年)四月己酉,崩于含章殿。(《资治通鉴》卷八二晋纪四)

9. P339:怀帝永嘉元年十一月戊申朔,日有蚀之。

按:宋本、毛本、殿本同,《资治通鉴》卷八六晋纪八、《宋书·五行志》卷三四亦同。永嘉元年十一月丁未朔。

10. P339:(怀帝永嘉)二年正月丙子朔,日有蚀之。

校勘记:《帝纪》《宋书·五行志》并作"丙午朔",时历该月为丙午朔。

按:此处"子"疑为"午"之误,因形近致误。当从《帝纪》《资治通鉴》《宋书·五行志》。

11. P340:愍帝建兴四年六月丁巳朔,十二月甲申朔,并日有蚀之。(《天文志中》卷一二页三四〇)

校勘记:《宋书·五行志五》作"乙卯朔"。(建兴四年)该月实为乙卯朔。

按:宋本、毛本、殿本同。建兴四年十二月乙卯朔,当从《宋书·五行志》。

(建兴四年)十二月,乙卯朔,日有食之。(《考异》曰:帝纪、天文志,皆误作"甲申朔"。宋志"乙卯朔",与长历合。今从之。)(《资治通鉴》卷八九晋纪十一)

晋愍帝建兴四年六月丁巳朔,日有蚀之。十一月,帝为刘曜所虏。十二月乙卯朔,又日有蚀之。明年,帝崩于平阳。(《宋书五行志》)

11. P340:(建兴)五年五月丙子,十一月丙子,并日有蚀之。

校勘记:五月丙子、十一月丙子,此两处"丙子"均疑有误。

按:宋本、毛本、殿本同。建兴五年五月壬午朔,丙子不在该月。十一月己酉朔,丙子是二八日。

（建兴五年）五月，壬午，日有食之。（《考异》曰：帝纪、天文志皆云"五月丙子，日食"。按：长历是月壬午朔，无丙子，今以历为据。）（《资治通鉴》卷九十晋纪十二）

（建兴五年）十一月，己酉朔，日有食之。（《考异》曰：帝纪、天文志皆云"十一月丙子日食"。按长历，十月、十二月皆为己卯朔，该月为己酉朔，二十八日丙子。晋书元帝纪，十一月有甲子、丁卯。若丙子朔，则甲子、丁卯乃在十月。又刘琨集，是年三月癸未朔，八月庚辰朔，皆与长历合，今以为据。）（《资治通鉴》卷九十晋纪十二）

12. P340：（成帝咸和）九年<u>十月乙未朔</u>，日有蚀之。

校勘记：（成帝咸和）九年十月乙未朔日有日食。《拾补》：此因下咸康元年十月乙未朔误衍。

按：宋本、毛本、殿本同。咸和九年十月辛丑朔，乙未不在该月。《资治通鉴》卷九五晋纪十七亦有疑。

（咸和九年）十月，癸亥朔，越因班夜哭，弑之于殡宫，并杀班兄领军将军都；矫太后任氏令，罪状班而废之。（《资治通鉴》卷九五晋纪十七）

13. P340：咸康八年<u>正月乙未朔</u>，日有蚀之。京都大雨，郡国以闻。是谓三朝，王者恶之。六月而帝崩。

校勘记：《帝纪》作"己未朔"，时历的确是己未朔。

按：宋本、毛本、殿本同，《宋书·五行志》卷三四亦同。咸康八年正月己未朔，当从《帝纪》《资治通鉴》。

咸康八年正月己未朔，日有蚀之。（《晋书·成帝纪》）

（咸康八年）春，正月，己未朔，日有食之。（《考异》曰：天文志作"乙未"。今从帝纪及长历。）（《资治通鉴》卷九七晋纪十九）

14. P343：元帝太兴元年十一月乙卯，日夜出，高三丈，中有赤青珥。四年<u>二月癸亥</u>，日斗。<u>三月癸未</u>，日中有黑子，辛亥，帝亲录讯囚徒。

校勘记：（元帝太兴四年）二月癸亥，日斗。三月癸未，日中有黑子。《宋书·五行志》五及《通鉴》九一并作"三月癸亥日中有黑子"，疑其正确。二月无癸亥，三月无癸未，疑此有误。辛亥，帝亲录讯囚徒。劳校："辛亥"上脱"四月"二字。

按：宋本、毛本、殿本同。太兴四年二月庚寅朔，癸亥不在该月。三月庚申朔，癸未是二四日，但《宋书》《资治通鉴》皆作"三月癸亥"。校勘记认为"三月无癸未"，此说不对。但辛亥不在三月。《帝纪》云"四月辛亥，帝亲览庶狱"，当从《帝纪》，疑脱"四月"二字。

（太兴四年）三月，癸亥，日中有黑子。（《资治通鉴》卷九一晋纪十三）

晋元帝太兴四年三月癸亥，日有黑子。辛亥，帝亲录讯囚徒。（《宋书·五行志》）

15. P344：海西公太和四年<u>十月乙未</u>，日中有黑子。

按：宋本、毛本、殿本同。太和十月戊申朔，乙未不在该月。

16. P345：简文咸安二年<u>十一月丁丑</u>，日中有黑子。

按：宋本、毛本、殿本同。咸安二年十一月庚寅朔，丁丑不在该月。

17. P345：元兴元年二月甲子，日晕，白虹贯日中。<u>三月庚子</u>，白虹贯日。未几，桓玄克京都,王师败绩。明年,玄篡位。

按:宋本、毛本、殿本同。元兴元年三月己巳朔,庚子不在该月。

18. P345:义熙元年<u>五月庚午</u>,日有彩珥。

按:宋本、毛本、殿本同,《宋书·五行志》亦同。义熙元年五月辛巳朔,庚午不在该月。

晋安帝义熙元年五月庚午,日有采珥。(《宋书·五行志》)

19. P346:海西公太和四年<u>闰月乙亥</u>,月晕轸,复有白晕贯月北,晕斗柄三星。占曰:"王者恶之。"六年,桓温废帝。

按:宋本、毛本、殿本同。海西公太和四年闰正月壬午朔,乙亥不在该月。

20. P347:元帝太兴二年<u>十一月辛巳</u>,月犯荧惑。

按:宋本、毛本、殿本同。太兴二年十一月戊戌朔,辛巳不在该月。

21. P347:成帝咸康元年<u>二月乙未</u>,太白入月。<u>四月甲午</u>,月犯太白。

按:宋本、毛本、殿本同。咸康元年二月己亥朔,乙未不在该月。四月戊戌朔,甲午不在该月。

22. P347:(咸康)五年四月辛未,月犯岁星,在胃。占曰:"国饥,人流。"<u>乙未</u>,月犯岁星,在昴。

按:宋本、毛本、殿本同,《宋书·天文志》亦同。咸康五年四月乙巳朔,乙未不在该月。

咸康五年四月辛未,月犯岁星,在胃。占曰:"国饥民流。"乙未,月犯毕距星。占曰:"兵起。"是夜,月又犯岁星,在昴。(《宋书·天文志二》)

23. P348:升平元年十一月壬午,月奄岁星,在房。占曰:"人饥。"一曰:"豫州有灾。"二年<u>闰三月乙亥</u>,月犯岁星,在房。

按:宋本、毛本、殿本同,《宋书·天文志》亦同。升平二年闰三月乙酉朔,乙亥不在该月。

(升平元年)十一月,岁星犯房。壬午,月奄岁星,在房。占曰:"民饥。"一曰:"豫州有灾。"二年二月辛卯,填星犯轩辕大星。甲午,月犯东井。闰月乙亥,月犯岁星,在房。(《宋书·天文志二》)

24. P350:义熙元年四月己卯,月犯填星,在东壁。占曰:"其地亡国。"一曰:"贵人死。"<u>七月己未</u>,月奄填星,在东壁。占曰:"其国以伐亡。"一曰:"人流。"

按:宋本、毛本、殿本同,《宋书·天文志》亦同。义熙元年七月庚辰朔,己未不在该月。

(义熙元年)七月庚辰,太白比昼见,在翼、轸。占曰:"为臣强。荆州有兵丧。"己未,月奄填星,在东壁。占曰:"其国以伐亡。"一曰:"民流。"(《宋书·天文志三》)

25. P352:元帝太兴二年<u>七月甲午</u>,岁星、荧惑会于东井。

按:宋本、毛本、殿本同。元帝太兴二年七月庚子朔,甲午不在该月。

26. P352:成帝咸康三年<u>十一月乙丑</u>,太白犯岁星于营室。占曰:"为兵饥。"

按:宋本、毛本、殿本同,《宋书·天文志》亦同。咸康三年十一月癸未朔,乙丑不在该月。

咸康三年十一月乙丑,太白犯岁星。占曰:"为兵饥。"(《宋书·天文志二》)

27. P353:穆帝永和四年五月,荧惑入娄,犯填星。占曰:"兵大起,有丧,灾在赵。"其年石季龙死,来年冉闵杀石遵及诸胡十万余人,其后褚哀北伐,丧众而蒉。六年<u>三月戊戌</u>,荧惑犯岁星。占曰:"为战。"七年<u>三月戊子</u>,岁星、荧惑合于奎。其年刘显杀石祗及诸胡帅,中士大乱。

按:宋本、毛本、殿本同,《宋书·天文志》亦同。永和六年三月辛丑朔,戊戌不在该月。永和七年三月丙申朔,戊子不在该月。

永和六年二月辛酉,月犯心大星。占曰:"大人忧。心豫州分也。"丁丑,月犯房。占曰:"将相忧。"三月戊戌,荧惑犯岁星。占曰:"为战。"(《宋书·天文志二》)

28. P354:(太元)十七年九月丁丑,岁星、荧惑、填星同在亢、氐。<u>十二月癸酉</u>,填星去,荧惑、岁星犹合。占曰:"三星合,是谓惊立绝行,内外有兵丧与饥,改立王公。"

按:宋本、毛本、殿本同。太元十七年十二月癸巳朔,癸酉不在该月。

29. P355:(义熙)十四年<u>十月癸巳</u>,荧惑入太微,犯西蕃上将,仍顺行至左掖门内,留二十日乃逆行。

按:宋本、毛本、殿本同,《宋书·天文志》亦同。义熙十四年十月癸亥朔,癸巳不在该月。

(义熙十四年)十月癸巳,荧惑入太微,犯西蕃上将,仍从行至左掖门内,留二十日乃逆行。(《宋书·天文志三》)

30. P362:其(青龙二年)<u>七月己巳</u>,月犯樵闭。占曰:"有火灾。"三年七月,崇华殿灾。

按:宋本、毛本、殿本同,《宋书·天文志》亦同。青龙二年七月甲申朔,己巳不在该月。

青龙二年七月己巳,月犯樵闭。占曰:"天子崩,又为火灾。"三年七月,崇华殿灾。(《宋书·天文志一》)

31. P363:少帝正始元年<u>四月戊午</u>,月犯昴东头第一星。

按:宋本、毛本、殿本同,《宋书·天文志》亦同。正始元年四月庚辰朔,戊午不在该月。

魏齐王正始元年四月戊午,月犯昴东头第一星。(《宋书·天文志一》)

32. P365:(嘉平)四年<u>十一月丁未</u>,月又犯鬼积尸。

按:宋本、毛本、殿本同。嘉平四年十一月丙寅朔,丁未不在该月。

33. P365:(嘉平)五年六月戊午,太白犯角。占曰:"群臣有谋,不成。"<u>庚辰</u>,月犯箕星。占曰:"将军死。"

按:宋本、毛本、殿本同,《宋书·天文志》亦同。嘉平五年六月癸巳朔,庚辰不在该月。

嘉平五年六月庚辰,月犯箕。占曰:"军将死。"(《宋书·天文志一》)

34. P366:太康八年三月,荧惑守心。占曰:"王者恶之。"太熙元年<u>四月乙酉</u>,帝崩。

校勘记:乙酉帝崩,是月庚寅朔,无乙酉。《武》《惠纪》并作"己酉"。

按:宋本、毛本、殿本同。太熙元年四月庚寅朔,武帝当崩于太熙元年四月己酉。《武帝纪》《惠帝纪》《宋书》和《资治通鉴》是。见本附录第8条。

太康八年三月,荧惑守心。占曰:"王者恶之。"太熙元年四月己酉,武帝崩。(《宋书·天文志一》)

35. P369:光熙元年四月,太白失行,自翼入尾、箕。占曰:"太白失行而北,是谓反生。不有破军,必有屠城。"五月,汲桑攻邺,魏郡太守冯嵩出战,大败,桑遂害东燕王腾,杀万余人,焚烧魏时宫室皆尽。其<u>九月丁未</u>,荧惑守心。占曰:"王者恶之。"<u>己亥</u>,填星守房、心。占曰:"填守房,多祸丧;守心,国内乱,天下赦。"是时,司马越专权,终以无礼破灭,内乱之应也。十一月,帝崩,怀帝即位,大赦天下。

按:宋本、毛本、殿本同,《宋书·天文志》亦同。光熙元年九月甲寅朔,丁未、己亥不在该月。

光熙元年九月丁未,荧惑守心。占曰:"王者恶之。"己亥,填星守房、心,又犯岁星。占曰:"土守房,多祸丧。守心,国内乱,天下赦。"又曰:"填与岁合为内乱。"(《宋书·天文志二》卷二四)

36. P369:(永嘉)三年正月庚子,荧惑犯紫微。占曰:"当有野死之王,又为火烧宫。"是时太史令高堂冲奏,乘舆宜迁幸,不然必无洛阳。

按:宋本、毛本、殿本同,《宋书·天文志》亦同。永嘉三年正月辛丑朔,庚子不在该月。

永嘉三年正月庚子,荧惑犯紫微。占曰:"当有野死之王。又为火烧宫。"是时太史令高堂冲奏,乘舆宜迁幸,不然必无洛阳。(《宋书·天文志二》)

37. P371:(咸康)二年正月辛亥,月犯房南第二星。

校勘记:(咸康二年)正月辛亥,该月甲子朔,无辛亥。《宋志》二作"辛卯",二十八日。

按:宋本、毛本、殿本同,《宋书·天文志》亦同。咸康二年正月甲子朔,无辛亥。《宋书》正确。

咸康二年正月辛卯,月犯房南第二星。占曰:"将相有忧。"五年七月,丞相王导薨。(《宋书·天文志二》)

38. P372:(咸康)六年三月甲辰,荧惑犯太微外将星。占曰:"上将忧。"四月丁丑,荧惑犯右执法。占曰:"执政者忧。"六月乙亥,月犯牵牛中央星。占曰:"大将忧。"是时,尚书令何充为执法,有谴,欲避其咎,明年求为中书令。其四月丙午,太白犯毕距星。占曰:"兵革起。"一曰:"女主忧。"六月乙卯,太白犯轩辕大星。占曰:"女主忧。"七年三月,皇后杜氏崩。七年三月壬午,月犯房。四月己丑,太白入舆鬼。五月,太白昼见。八月辛丑,月犯舆鬼。

按:宋本、毛本、殿本同,《宋书·天文志》亦同。(咸康)六年四月己巳朔,丙午不在该月。六月戊辰朔,乙卯不在该月。(咸康)七年三月甲午朔,壬午不在该月。八月辛酉朔,辛丑不在该月。

咸康六年四月丙午,太白犯毕距星。占曰:"兵革起。"一曰:"女主忧。"六月乙卯,太白犯轩辕大星。占曰:"女主忧。"七年三月,皇后杜氏崩。咸康七年三月壬午,月犯房。占曰:"将相忧。"八年六月,荧惑犯房上第二星。占曰:"次相忧。"建元二年,车骑将军江州刺史庾冰薨。是时骠骑将军何充居内,冰为次相也。咸康七年四月己丑,太白入舆鬼。占曰:"兵革起。"五月,太白昼见。以晷度推之,非秦、魏,则楚也。占曰:"为臣强,为有兵。"八月辛丑,月犯舆鬼。占曰:"人主忧。"八年六月,成帝崩。(《宋书·天文志二》)

39. P373:穆帝永和元年正月丁丑,月入毕。占曰:"兵大起。"戊寅,月犯天关。占曰:"有乱臣更天子之法。"五月辛巳,太白昼见,在东井。占曰:"为臣强,秦有兵。"六月辛丑,月入太微,犯屏西南星。占曰:"辅臣有免罢者。"七月、八月,月皆犯毕。占同上。己未,月犯舆鬼。占曰:"大臣有诛。"九月庚戌,月又犯毕。是年初,庾翼在襄阳。七月,翼疾将终,辄以子

附录一　《晋书》纪日讹误商榷

爱之为荆州刺史，代己任。爱之寻被废。明年，桓温又辄率众伐蜀，执李势，送至京都。蜀本秦地也。

按：宋本、毛本、殿本同，《宋书·天文志》亦同。穆帝永和元年九月戊辰朔，庚戌不在该月。

（永和元年）九月庚戌，月又犯毕。（《宋书·天文志二》）

40．P373：（永和）二年二月壬子，月犯房上星。四月丙戌，月又犯房上星。八月壬申，太白犯左执法。

按：宋本、毛本、殿本同，《宋书·天文志》亦同。永和二年四月甲午朔，丙戌不在该月。八月壬辰朔，壬申不在该月。

永和二年二月壬子，月犯房上星。四月丙戌，月又犯房上星。占同前。八月壬申，太白犯左执法。是岁，司徒蔡谟被废。（《宋书·天文志二》）

41．P373：（永和）四年七月丙申，太白犯左执法。甲寅，月犯房。丁巳，月入南斗，犯第二星。乙丑，太白犯左执法。占悉同上。

十月甲辰，月犯亢。占曰："兵起，将军死。"

十一月戊戌，月犯上将星。三年六月，大赦。是月，陈逵征寿春，败而还。七月，氐蜀余寇反，乱益土。九月，石季龙伐凉州。五年，征北大将军褚哀卒。

按：宋本、毛本、殿本同。永和四年七月辛巳朔，甲寅、丁巳、乙丑均不在该月。十月庚戌朔，甲辰不在该月。当从下文为"甲戌"。十一月己酉朔，戊戌不在该月。

（永和）四年四月，太白入昴，是时，戎晋相侵，赵地连兵尤甚。七月，太白犯轩辕。占曰："在赵，及为兵丧。"甲寅，月犯房。十月甲戌，月犯亢。占曰："兵起，将军死。"八月，石季龙太子宣杀弟韬，宣亦死。其十一月戊戌，月犯上将星。（《天文志下》页三七四）

42．P374：（永和）六年二月辛酉，月犯心大星。占曰："大人忧，又豫州分野也。"丁丑，月犯房。占曰："将相忧。"

按：宋本、毛本、殿本同，《宋书·天文志》亦同。永和六年二月壬寅朔，丁丑不在该月。

永和六年二月辛酉，月犯心大星。占曰："大人忧。心豫州分也。"丁丑，月犯房。占曰："将相忧。"（《宋书·天文志二》）

43．P375：（永和八年）八月戊戌，荧惑入舆鬼。占曰：忠臣戮死。"丙辰，太白入南斗，犯第四星。占曰："将为乱。"一曰："丞相免。"

按：宋本、毛本、殿本同，《宋书·天文志》亦同。永和八年八月戊午朔，戊戌、丙辰不在该月。

（永和八年）八月戊戌，荧惑入舆鬼。占曰："忠臣戮死。"丙辰，太白入南斗，犯第四星。占曰："将为乱。"一曰："丞相免。"（《宋书·天文志二》）

44．P375：（永和十二年）八月癸酉，月奄建星。

按：宋本、毛本、殿本同，《宋书·天文志》亦同。永和十二年八月甲午朔，癸酉不在该月。

（永和十二年）八月癸酉，月奄建星。（《宋书·天文志二》）

45．P376：升平元年四月壬子，太白入舆鬼。丁亥，月奄井南辕西头第二星。占曰："秦地有兵。"一曰："将死。"

按：宋本、毛本、殿本同，《宋书·天文志》亦同。升平元年四月庚寅朔，丁亥出月。

晋穆帝升平元年四月壬子，太白入舆鬼。丁亥，月奄东井南辕西头第二星。占曰："秦地有兵。"一曰："将死。"（《宋书·天文志二》）

46. P377：（升平四年）十二月甲寅，荧惑犯房。丙寅，太白昼见。<u>庚寅</u>，月犯楗闭。占曰："人君恶之。"

按：宋本、毛本、殿本同，《宋书·天文志》亦同。十二月己亥朔，庚寅不在该月。

十二月甲寅，荧惑犯房。丙寅，太白昼见。庚寅，月犯楗闭。占曰："人君恶之。"（《宋书·天文志二》）

47. P377：（升平五年）<u>六月癸亥</u>，月犯氐东北星。占曰："大将当之。"

校勘记：（升平五年）六月癸亥至当之《拾补》：此十六字因下文而衍，但改"癸酉"为"癸亥"耳。《宋志》无。

按：宋本、殿本同。毛本、《宋书·天文志》皆作"癸酉"。升平五年六月丙寅朔，无癸亥，有癸酉，卢说正确。当从毛本、宋志。

升平五年六月癸酉，月奄氐东北星。占曰："大将当之。"九月乙酉，奄毕。占曰："有边兵。"（《宋书·天文志二》）

48. P377：（升平五年）<u>九月乙酉</u>，月奄毕。占曰："有边兵。"<u>十月丁未</u>，月犯毕大星。占曰："下犯上。"又曰："有边兵。"八月，范汪废。隆和元年，慕容暐遣将寇河阴。

按：宋本、毛本、殿本同。升平五年九月乙未朔，乙酉不在该月。十月甲子朔，丁未不在该月。

愚按：升平六年九月丁卯朔，乙酉是十九日。十月丙申朔，丁未是十二日。疑脱"六年"。

升平五年六月癸酉，月奄氐东北星。占曰："大将当之。"九月乙酉，奄毕。占曰："有边兵。"十月丁卯，荧惑犯岁星，在营室。占曰："大臣有匿谋。"一曰："卫地有兵。"丁未，月犯毕赤星。占曰："下犯上。"又曰："有边兵。"八月，范汪废。隆和元年，慕容暐遣傅末波寇河阴，陈佑危逼。（《宋书天文志二》）

49. P379：（太元）九年七月丙戌，太白昼见。<u>十一月丁巳</u>，又昼见。

按：宋本、毛本、殿本同。太元九年十一月庚辰朔，丁巳不在该月。

50. P379：（太元）十二年<u>六月癸卯</u>，太白昼见，在柳。

按：宋本、毛本同，殿本"十二年六月癸酉"。太元十二年六月乙丑朔，癸卯不在该月，癸酉是初九日，疑殿本正确。

51. P379：（太元）十三年<u>正月丙戌</u>，又昼见。

按：宋本、毛本、殿本同。太元十三年正月壬辰朔，丙戌不在该月。

52. P379：（太元）十五年<u>九月癸未</u>，荧惑入太微。十月，太白入羽林。

按：宋本、毛本、殿本同。九月丁未朔，癸未不在该月。

53. P381：（安帝隆安）四年<u>六月辛酉</u>，月犯哭泣星。

按：宋本、毛本、殿本同，《宋书·天文志》亦同。安帝隆安四年六月庚辰朔，辛酉不在该月。

(隆安四年)六月己未,月又犯填星,在牵牛。辛酉,又犯哭星。(《宋书·天文志三》)

54. P382:(元兴)三年<u>正月戊戌</u>,荧惑逆行,犯太微西上相。占曰:"天子战于野,上相死。"

按:宋本、毛本、殿本同,《宋书·天文志》亦同。元兴三年正月己未朔,戊戌不在该月。

元兴三年正月戊戌,荧惑逆行犯太微西上相。占曰:"天子战于野,上相死。"(《宋书·天文志三》)

55. P383:(义熙元年)<u>九月甲子</u>,荧惑犯少微。占曰:"处士诛。"庚寅,荧惑犯右执法。癸卯,荧惑犯左执法。占并同上。

校勘记:九月甲子,《斠注》:"甲子",《宋志》作"戊子"。

按:九月乙卯朔,无甲子,十日戊子。

按:宋本、毛本、殿本同。义熙元年九月乙卯朔,无甲子,当从《宋志》。

(义熙元年)九月戊子,荧惑犯少微。占曰:"处士诛。"庚寅,荧惑犯右执法。癸卯,荧惑犯左执法。占并同上。(《宋书·天文志三》)

56. P383:(义熙元年)<u>十二月己卯</u>,岁星犯天江。占曰:"有兵乱,河津不通。"

按:宋本、殿本同,《宋书·天文志》亦同。义熙元年十二月戊申朔,无己卯。"天江",宋本、毛本、殿本皆作"天关"。

(义熙元年)十二月己卯,岁星犯天江。占曰:"有兵乱,河津不通。"(《宋书·天文志三》)

57. P383:(义熙三年)<u>五月癸未</u>,月犯左角。<u>己丑</u>,太白昼见,在参。占曰:"益州有兵丧,臣强。"

按:宋本、毛本、殿本同,《宋书·天文志》亦同。义熙三年五月己亥朔,癸未、己丑不在该月。

(义熙三年)五月己丑,太白昼见,在参。占曰:"益州有兵丧,臣强。"(《宋书·天文志三》)

58. P384:(义熙四年)六月己丑,太白犯太微西上将。<u>乙卯</u>,又犯左执法。

校勘记:劳校:(义熙四年)六月癸亥朔,无乙卯。当从《宋志》作"己卯"。

按:宋本、毛本、殿本同。义熙四年六月癸亥朔,无乙卯。《宋志》正确。

六月己丑,太白犯太微西上将。<u>己卯</u>,又犯左执法。十月戊子,荧惑入羽林。占悉同上。(《宋书·天文志三》)

59. P384:(义熙五年)闰月丁酉,月犯昴。辛亥,荧惑犯钩钤。<u>己巳</u>,月奄心大星。

按:宋本、毛本、殿本同。义熙五年闰十月乙酉朔,无己巳。

60. P384:(义熙六年)五月甲子,月奄斗第五星。<u>己亥</u>,月奄昴第三星。占曰:"国有忧。"一曰:"有白衣之会。"六月己丑,月犯房南第二星。甲午,太白昼见。<u>七月己亥</u>,月犯舆鬼。占曰:"国有忧。"一曰:"秦有兵。"

按:宋本、毛本、殿本同,《宋书·天文志》亦同。义熙六年五月壬子朔,己亥不在该月。

七月辛亥朔,己亥不在该月。

(义熙六年)五月甲子,月奄斗第五星,占同三月。己亥,月奄昴。占曰:"国有忧。"一曰:"有白衣之会。"六月己丑,月犯房南第二星。甲午,太白昼见,占并同上。七月己亥,月犯舆鬼。占曰:"国有忧。"一曰:"秦有兵。"(《宋书·天文志三》)

61. P385:(义熙七年)十一月丙子,太白犯哭星。其七月,朱龄石克蜀。蜀又反,讨灭之。

校勘记:十一月丙子,劳校:(义熙七年)十一月甲辰朔,无丙子。当依《宋志》作丙午。

按:宋本、毛本、殿本同。义熙七年十一月甲辰朔,初三丙午,《宋志》正确,疑因形近致误。

(义熙七年)十一月丙午,太白犯哭泣星。占悉同上。七月,朱龄石克蜀,蜀民寻又反,又讨灭之。(《宋书·天文志三》)

62. P385:(义熙)八年七月癸亥,月奄房北第二星。己未,月犯井钺。

按:宋本、毛本、殿本同,《宋书·天文志》亦同。义熙八年七月己巳朔,癸亥、己未不在该月。

(义熙八年)七月癸亥,月奄房北第二星,占同上。甲申,太白犯填星,在东井。占曰:"秦有大兵。"己未,月犯井钺。(《宋书·天文志三》)

63. P385:(义熙十年)五月壬寅,月犯牵牛南星。乙丑,岁星犯轩辕大星。占悉同上。

按:宋本、毛本、殿本同,《宋书·天文志》亦同。义熙十年五月己未朔,壬寅不在该月。

(义熙十年)五月壬寅,月犯牵牛南星。乙丑,岁星犯轩辕大星,占悉同上。(《宋书·天文志三》)

64. P386:(义熙十一年)十一月癸亥,月入毕。占同上。

按:宋本、毛本、殿本同,《宋书·天文志》亦同。义熙十一年十一月庚辰朔,癸亥不在该月。

(义熙十一年)十一月癸亥,月入毕,占同上。乙未,月入舆鬼而晕。占曰:"主忧,财宝出。"一曰:"晕,有赦。"(《宋书·天文志三》)

65. P386:(义熙十二年)十月丙戌,月入毕。

按:宋本、毛本、殿本同,《宋书·天文志》亦同。(义熙十二年)十月乙巳朔,丙戌不在该月。

(义熙十二年)十月丙戌,月入毕,占同上。(《宋书·天文志三》)

66. P386:(义熙)十四年三月癸巳,太白犯五诸侯。

校勘记:(义熙十四年)三月癸巳,三月丙申朔,无癸巳,当依《宋志》三作"癸丑"。

按:宋本、毛本、殿本同。三月丙申朔,无癸巳,义熙十四年十八日癸丑,疑宋志正确,作"癸丑"。

(义熙)十四年三月癸丑,太白犯五诸侯,占同上。(《宋书·天文志三》卷二五)

67. P387:(义熙十四年)十月甲申,月入太微。癸巳,荧惑入太微,犯西蕃上将,仍顺行,至左掖门内,留二十日,乃逆行。

按:宋本、毛本、殿本同,《宋书·天文志》亦同。义熙十四年十月癸亥朔,癸巳不在该月。

(义熙十四年)十月癸巳,荧惑入太微,犯西蕃上将,仍从行至左掖门内,留二十日乃逆行。(《宋书·天文志三》)

68. P387:(恭帝元熙元年)七月己卯,月犯太微,太白昼见。

按:宋本、毛本、殿本同,《宋书·天文志》亦同。恭帝元熙元年七月己丑朔,己卯不在该月。

(晋恭帝元熙元年)七月,月犯岁星。己卯,月犯太微,太白昼见。占悉同上。(《宋书·天文志三》)

69. P388:(青龙四年)十一月己亥,彗星见,犯宫者天纪星。占曰:"大辰为天王,天下有丧。"

按:宋本、毛本、殿本同,《宋书·天文志》亦同。青龙四年十一月庚子朔,己亥不在该月。

(青龙四年)十一月己亥,彗星见,犯宫者天纪星。占曰:"大辰为天王,天下有丧。"(《宋书·天文志一》)

70. P389:(少帝正始)七年十一月癸亥,又见轸,长一尺,积百五十六日灭。

按:宋本、毛本、殿本同,《宋书·天文志》亦同。正始七年十一月壬申朔,癸亥不在该月。

(正始)七年十一月癸亥,又见轸,长一尺,积百五十六日灭。(《宋书·天文志一》)

71. P391:咸宁二年六月甲戌,星孛于氐。占曰:"天子失德易政。氐,又兖州分。"

按:宋本、毛本、殿本同。咸宁二年六月庚辰朔,甲戌不在是月。殿本作"咸熙二年六月甲戌",误将"咸宁"写成"咸熙"。

72. P393:穆帝永和五年十一月乙卯,彗星见于亢。芒西向,色白,长一丈。

按:宋本、毛本、殿本同,《宋书·天文志》亦同。穆帝永和五年十一月甲戌朔,乙卯不在该月。

(永和五年)十一月乙卯,彗星见于亢,芒西向,色白,长一丈。占曰:"为兵丧。"(《宋书·天文志二》)

73. P394:孝武宁康二年正月丁巳,有星孛于女虚,经氐、亢、角、轸、翼、张。

校勘记:正月丁巳,"正月"当从《孝武纪》作"二月"。(孝武宁康)丁巳为二月五日,正月无丁巳。

按:宋本、毛本、殿本同,《宋书·天文志》亦同。宁康二年正月癸未朔,丁巳不在该月。《孝武纪》作"二月丁巳",正确。

宁康二年正月丁巳,有星孛于女虚,经氐、亢、角、轸、翼、张。(《宋书·天文志三》)

(宁康二年)二月癸丑,以丹杨尹王坦之为北中郎将、徐兖二州刺史。丁巳,有星孛于女虚。(《孝武纪》)

74. P397:怀帝永嘉元年九月辛卯,有大星如日,自西南流于东北,小者如斗,相随,天尽赤,声如雷。占曰:"流星为贵使,星大者使大。"

校勘记:九月辛卯,"辛卯",《怀纪》作"辛亥"。(永嘉元年)九月戊申朔,无辛卯,有辛亥。

按:宋本、毛本、殿本同。《孝怀帝纪》《宋书·天文志二》皆作"九月辛亥",正确。

孝怀帝永嘉元年九月辛亥,有大星自西南流于东北,小者如升相随,天尽赤,声如雷。占曰:"流星为贵使。"(《宋书·天文志二》)

(永嘉元年)九月戊申,苟晞又破汲桑,陷其九垒。辛亥,有大星如日,小者如斗,自西方流于东北,天尽赤,俄有声如雷。始修千金堨于许昌以通运。(《孝怀帝纪》)

75. P398:元帝太兴三年<u>四月壬辰</u>,枉矢出虚、危,没翼、轸。占曰:"枉矢所触,天下之所伐。翼、轸,荆州之分野。"

按:宋本、毛本、殿本同,《宋书·天文志》亦同。元帝太兴三年四月乙未朔,壬辰不在该月。

三年四月壬辰,枉矢出虚、危,没翼、轸。占曰:"枉矢所触,天下之所伐。翼、轸,荆州之分也。"(《宋书·天文志二》)

76. P398:永昌元年<u>七月甲午</u>,有流星大如瓮,长百余丈,青赤色,从西方来,尾分为百余岐,或散。时王敦之乱,百姓流亡之应也。

按:宋本、毛本、殿本同。永昌元年七月壬子朔,甲午不在该月。

77. P400:惠帝永兴元年<u>十二月壬寅</u>夜,有赤气亘天,砰隐有声。

按:宋本、毛本、殿本同,《宋书·天文志》亦同。永兴元年十二月甲子朔,壬寅不在该月。

永兴元年十二月壬寅夜,赤气亘天,砰隐有声。(《宋书·天文志二》)

三、《晋书·五行志》纪日讹误

1. P821:武帝泰始六年六月,大雨霖。<u>甲辰</u>,河、洛、伊、沁水同时并溢,流四千九百余家,杀二百余人,没秋稼千三百六十余顷。

按:泰始六年六月乙卯朔,甲辰不在该月。《宋书·五行志》同,亦有疑。

2. P838:太康二年旱,自去冬旱至此春。三年四月旱,<u>乙酉</u>诏司空齐王攸与尚书、廷尉、河南尹录讯系囚,事从蠲宥。

按:太康三年四月丙午朔,乙酉不在该月。《宋书·五行志》同,亦有疑。

3. P853:魏明帝青龙三年正月<u>乙亥</u>,陨石于寿光。

按:青龙三年正月辛巳朔,乙亥不在该月。《宋书·五行志》《三国志·魏书·明帝纪》同,亦有疑。

4. P865:武帝太康五年四月<u>壬子</u>,鲁国池水变赤如血。

按:太康五年四月甲子朔,壬子不在该月。

晋武帝太康五年六月,任城、鲁国池水皆赤如血。案刘向说,近火沴水也。听之不聪之罚也。京房《易传》曰:"淫于色,贤人潜,国家危,厥异水流赤。"(《宋书·五行志四》)

按:太康五年六月癸亥朔,壬子亦不在该月。《宋书·五行志》同,亦有疑。

5. P873:(咸宁)五年五月丁亥,钜鹿、魏郡雨雹,伤禾麦。辛卯,雁门雨雹,伤秋稼。六月庚戌,汲郡、广平、陈留、荥阳雨雹。丙辰,又雨雹,陨霜,伤秋麦千三百余顷,坏屋百二十余间。<u>癸亥</u>,安定雨雹。七月<u>丙申</u>,魏郡又雨雹。闰月壬子,新兴又雨雹。八月<u>庚子</u>,河南、河东、弘农又雨雹,兼伤秋稼三豆。

按：咸宁五年六月壬辰朔，癸亥不在该月。七月壬戌朔，丙申不在该月。八月辛酉朔，庚子不在该月。《宋书·五行志》同，亦有疑。

6. P875：明帝太宁元年十二月，幽、冀、并三州大雪。二年四月庚子，京都雨雹，燕雀死。

按：太宁二年四月壬寅朔，庚子不在该月。《宋书·五行志》同，亦有疑。

7. P877：(义熙)六年正月丙寅，雪又雷。五月壬申，雨雹。八年四月辛未朔，雨雹。六月癸亥，雨雹，大风发屋。是秋，诛刘蕃等。

按：义熙八年六月庚午朔，癸亥不在该月。《宋书·五行志》同，亦有疑。

8. P878：愍帝建兴元年十一月戊午，会稽大雨震电。己巳夜，赤气曜于西北。是岁，大雨震电。庚午，大雪。

按：建兴元年十一月壬申朔，戊午、己巳、庚午不在该月。《宋书·五行志》同，亦有疑。

9. P878：(咸和)三年六月辛卯，临海大雷，破郡府内小屋柱十枚，杀人。九月二日壬午立冬，会稽雷电。四年十一月，吴郡、会稽大震电。

按：咸和三年九月丙午朔，壬午不在该月。九月二日是丁未日。《宋书·五行志》脱"壬午"二字，可以作为旁证。

10. P878：穆帝永和七年十月壬午，雷雨震电。升平元年十一月庚戌，雷。乙丑，又雷。

按：升平元年十一月丁巳朔，庚戌不在该月。《宋书·五行志》同，亦有疑。

11. P886：惠帝元康四年六月，大风雨，拔木。五年四月庚寅夜，暴风，城东渠波浪杀人。

按：元康五年四月庚申朔，庚寅不在该月。五月庚寅朔。《宋书·五行志》同，亦有疑。

12. P887：(孝武帝宁康)三年三月戊申朔，暴风迅起，从丑上来，须臾逆转，从子上来，飞沙扬砾。(《五行志下》页八八七)

晋孝武帝宁康元年三月戊申朔，暴风迅起，从丑上来，须臾转从子上来，飞沙扬砾。(《宋书·五行志五》)

按：宁康三年三月丙午朔，戊申不在该月。宁康元年三月戊子朔，亦非戊申朔。《晋书》《宋书》两说均疑为有误。

13. P888：魏高贵乡公正元二年正月戊戌，景帝讨毋丘俭，大风晦暝，行者皆顿伏，近夜妖也。

按：魏高贵乡公正元二年闰正月戊戌，大风晦暝，行者皆顿伏。近夜妖也。刘向曰："正昼而暝，阴制阳，臣制君也。"时晋景王讨毋丘俭，此日始发。(《宋书·五行志五》)

按：正元二年闰正月甲申朔，戊戌是闰正月十五日。"正月"上疑脱"闰"字，当从《宋书》。

14. P893：景初元年六月戊申，京都地震。

按：六月丙寅朔，戊申不在该月。《宋书·五行志》同，亦有疑。

15. P894：太康二年二月庚申，淮南、丹阳地震。五年正月朔壬辰，京师地震。六年七月己丑，地震。(《五行志下》页八九四)

按：太康五年正月丙申朔，壬辰不在该月。太康六年七月丁巳朔，己丑不在该月。《宋书·五行志》同，亦有疑。

16. P 895:(惠帝元康)五年五月丁丑,地震。六月,金城地震。六年正月丁丑,地震。八年正月丙辰,地震。(《五行志下》页八九五)

按:元康五年五月庚寅朔,丁丑不在该月。《宋书·五行志》同,亦有疑。

17. P896:(元帝太兴)二年五月己丑,祁山地震,山崩,杀人。是时,相国南阳王保在祁山,称晋王不终之象也。

按:太兴二年五月辛丑朔,己丑不在该月,"己丑"疑为"癸丑"之误。此处断句亦有误,当从《宋书》作"太兴二年五月癸丑,祁山地震,山崩杀人。是时相国南阳王保在祁山称晋王,不终之象也。"

18. P896:穆帝永和元年六月癸亥,地震。是时,嗣主幼冲,母后称制,政在臣下,所以连年地震。二年十月,地震。三年正月丙辰,地震。九月,地又震。四年十月己未,地震。

按:永和三年正月庚寅朔,丙辰不在该月。《宋书·五行志》同,亦有疑。

19. P897:升平二年十一月辛酉,地震。五年八月,凉州地震。

按:升平二年十一月辛巳朔,辛酉不在该月。

20. P898:武帝泰始三年三月戊午,大石山崩。四年七月,泰山崩坠三里。

按:泰始三年三月癸酉朔,戊午不在该月,"戊午"疑为"戊子"之误,当从《宋书》。

晋武帝太始三年三月戊子,太行山崩。太始四年七月,泰山崩,坠三里。此晋之咎征也。(《宋书·五行志五》)

附录二 《晋书·帝纪》校读札记

在研读《晋书》、对全书词语做系统分析的过程中,笔者对书中文字做了一些粗略的校勘工作,以中华书局为底本,校核所掌握的几个本子,有中华再造善本(据中国国家图书馆藏宋刻本影印,原书版框高18厘米、宽13.1厘米,简称宋本)、百衲本景印宋刊本、毛晋汲古阁本(简称毛本),清乾隆武英殿刻本(乾隆四年校刊,简称殿本)。1974年中华书局版点校本,以金陵书局本为工作本,与宋本(即百衲本)、清武英殿本互校,并参考了元二十二字本(即元大德九路刊本)、明南北监本、吴本(即吴管西爽堂本)、周本(即周若年刊本)、毛本(即毛晋汲古阁本)。版本间的文字歧异,择善而从,不出校记。但各本皆误,唯一二本无误的,仍要做说明。前人成果,利用较多的有张熷《读书举正》、卢文弨《群书拾补》、王鸣盛《十七史商榷》、钱大昕《二十二史考异》及《诸史拾遗》、洪颐煊《诸史考异》、劳格《晋书校勘记》、李慈铭《晋书札记》、周家禄《晋书校勘记》、丁国钧《晋书校文》、张元济和张森楷的《晋书校勘记》以及吴士鉴《晋书斠注》等。中华书局本每卷后《校勘记》质量较高,是对《晋书》的完善、补充和修正。

1.《宣帝纪》P6:(太和五年)乃使帝西屯长安,都督雍、梁二州诸军事,统军骑将军张合、后将军费曜、征蜀护军戴凌、雍州刺史郭淮等讨亮。

校勘记:据《三国志·魏志·陈留王纪》,梁州置于景元四年十二月,在此后三十余年。司马懿督二州系代曹真,景初三年赵俨代懿,《魏志·曹真传》《赵俨传》都作"雍凉"。疑当从《魏志》。

按:宋本、百衲本、毛本、殿本皆作"雍、梁二州诸军事",但当从《魏志》"雍、凉二州诸军事"。

《三国志·魏志·陈留王奂纪》:"(景元四年)十二月庚戌,以司徒邓冲为太保。壬子,分益州为梁州。癸丑,特赦益州士民,复除租赋之半五年。"景元四年即264年,分益州为梁州。太和五年即231年。《魏志·曹真传》:"文帝即王位,以真为镇西将军,假节都督雍凉州诸军事。录前后功,进封东乡侯。"《魏志·赵俨传》:"齐王即位,以俨监雍、凉诸军事,假节,迁司空。薨,谥曰穆侯。"景初三年,赵俨代司马懿都督雍、凉诸军事。《魏志》记载详实,脉络清晰,此处当从《魏志》写作"雍、凉二州诸军事"。

2.《宣帝纪》P9:先是,亮使至,帝问曰:"诸葛公起居何如,食可几米?"对曰:"三四升。"次问政事,曰:"二十罚已上皆自省览。"帝既而告人曰:"诸葛孔明其能久乎!"竟如其言。亮

229

部将杨仪、魏延争权,仪斩延,并其众。帝欲乘隙而进,有诏不许。

"食可几米",校勘记出:《太平御览》三七八引魏明帝诏曹植云"食几许米",几许即几何,为汉魏常语,"几"下疑当有"许"字。

按:殿本作"食可几许米"。此处无误,不脱"许"字。"几"本有多少、若干之义,直接修饰名词。魏晋至唐宋时期,仍多有用例。《晋书》中"几"作多少之义的用例很多。例如:

《阮籍列传附阮孚》:或有诣阮,正见自蜡屐,因自叹曰:"未知一生当着几量屐!"神色甚闲畅。

《陆纳列传》:将之郡,先至姑孰辞桓温,因问温曰:"公致醉可饮几酒?食肉多少?"

《王徽之列传》:又为车骑桓冲骑兵参军,冲问:"卿署何曹?"对曰:"似是马曹。"又问:"管几马?"曰:"不知马,何由如数!"又问:"马比死多少?"曰:"未知生,焉知死!"

《长沙厉王乂列传》:颖谓守者田徽曰:"范阳王亡乎?"徽曰:"不知。"颖曰:"卿年几?"徽曰:"五十。"颖曰:"知天命不?"徽曰:"不知。"

《刘琨列传》:琨受任并州,属承其弊,到官之日,遗户无几,当易危之势,处难济之土,鸠集伤痍,抚和戎狄,数年之间,公私渐振。

《南齐书·柳世隆列传》:若作三千人食者,已有几米?

东汉魏晋时期,新词"几何"也有多少之义,《古诗十九首·迢迢牵牛星》:"河汉清且浅,相去复几许?"后一直沿用至今。

3.《宣帝纪》P17:帝曰:"爽与范内疏而智不及,驽马恋短豆,必不能用也。"

校勘记出:武英殿本及《魏志·曹爽传》注引干宝《晋纪》《资治通鉴》七五"短豆"作"栈豆";《御览》八九五引干宝《晋纪》作"刍豆"。

按:"驽马恋短豆",武英殿本作"栈豆",百衲本作"矢且",宋本、毛本作"短豆"。《三国志·魏书·曹爽传》裴松之注引干宝《晋纪》:"桓范出赴爽,宣王谓蒋济曰:'智囊往矣,驽马恋栈豆,爽必不能用也。'""栈豆"是指马房豆料,亦比喻才智短浅的人所顾惜的小利。当作"栈豆"。

4.《景帝纪》P27:清商令令狐景谏帝,帝烧铁灸之。

"灸",百衲本、殿本作"炙",毛本、宋本作"灸"。

校勘记:殿本、金陵书局本"灸"作"炙",今从商务印书馆影印百衲本《晋书》、毛晋汲古阁本。按:《后汉书·光武帝纪下》"敢灸灼奴婢论如律",作"灸"义长。

按:作"灸"义长,正确。炙:《说文》:"炙,炮肉也。从肉在火上。"段玉裁改"炮"为"炙",注云:"《小雅·楚茨》传曰:'炙,炙肉也。'"有烧灼义。《汉书·戾太子刘据传》:"乃斩充以徇,炙胡巫上林中。"多指将肉放在火上烤。

灸:《说文》:灼也。从火,久声。有烧灼义。宋乐史《绿珠传》:"昭君村生女,皆灸破其面。"灸灼:烧灼。《后汉书·光武帝纪下》:"敢灸灼奴婢,论如律,免所灸灼者为庶民。"多是用火或火烧过的器物去烧灼某物。

5.《景帝纪》P30:(二年)二月,俭、钦帅众六万,渡淮而西。帝会公卿谋征讨计,朝议多谓可遣诸将击之,王肃及尚书傅嘏、中书侍郎钟会劝帝自行。戊午,帝统中军步骑十余万以征之。……甲申，次于桥，俭将史招、李续相次来降。

校勘记：《魏志·高贵乡公纪》称，俭、钦起兵在二年正月十二日乙丑，《魏志·毋丘俭传》注引钦《与郭淮书》云："小人以闰月十六日别进兵，就于乐嘉城讨师。"《高贵乡公纪》谓闰月己亥破钦于乐嘉，甲辰斩俭首。按：是年闰正月，己亥为闰正月十六日，甲辰为二十一日，俭、钦起兵及事败皆在二月以前。此系于二月，恐误。

校勘记："戊午"为二月初六，时钦、俭已败。沈家本《三国志琐言》谓"戊午"为"戊寅"之误。钦、俭以正月十二日起兵，司马师以正月二十五日戊寅出征，其说当是。此系于"二月"下非，日干亦误。

校勘记：甲申为闰正月初一。次于桥与司马师之死，皆闰月间事。下文"闰月"二字当冠在"甲申"上。《通鉴》七六可证。

"二月"、"戊午"，疑此处纪日有误。

按：首先，"二月"当为"正月"。俭、钦起兵及兵败皆在正元二年正月和闰月。

《通鉴》七六：(二年)春，正月，俭、钦矫太后诏，起兵于寿春，移檄州郡以讨司马师。……俭、钦将五六万众渡淮，西至项；俭坚守，使钦在外为游兵。……戊午，师率中外诸军以讨俭、钦，以弟昭兼中领军，留镇洛阳，召三方兵会于陈、许。

《三国志·魏志·毋丘俭传》：正元二年正月，有彗星数十丈，西北竟天，起于吴、楚之分。俭、钦喜，以为己祥。……俭、钦自将五六万众渡淮，西至项。俭坚守，钦在外为游兵。

《晋书·天文志下》：二年正月，有彗星见于吴楚分，西北竟天。镇东大将军毋丘俭等据淮南叛，景帝讨平之。

《晋书·五行志下》：魏高贵乡公正元二年正月戊戌，景帝讨毋丘俭，大风晦瞑，行者皆顿伏，近夜妖也。

正元二年正月甲寅朔，闰正月甲申朔。

据《通鉴》记载，结合各类典籍，梳理毋丘俭、文钦叛乱之事，当是正元二年正月叛，戊午(初五)，司马师率军讨之，闰月甲申朔，次于桥，俭将史招、李续相次来降。己亥(十六)破钦于乐嘉，壬寅(十九)，文钦父子诣军降，甲辰(二十一)，安风津民张属杀俭，传首京师。

另，《天文志下》P365：正元元年正月，镇东将军毋丘俭、扬州刺史文钦反，兵俱败，诛死。此处纪年亦有误，当时"正元二年"。

6.《文帝纪》P43：是时魏诸王侯悉在邺城，命从事中郎山涛行军司事，镇于邺，遣护军贾充持节、督诸军，据汉中。

按："护军"，百衲本作"中护军"。又"秋七月，帝奏司空荀顗定礼仪，中护军贾充正法律，尚书仆射裴秀议官制，太保郑冲总而裁焉。"百衲本应该是正确的。

7.《武帝纪》P60：(泰始六年)秋七月丁酉，复陇右五郡遇寇害者租赋，不能自存者廪贷之。乙巳，城阳王景度薨。诏曰："自泰始以来，大事皆撰录，秘书写副。后有其事，辄宜缀集以为常。"丁未，以汝阴王骏为镇西大将军、都督雍凉二州诸军事。(《武帝纪》页六〇)

按："二"，百衲本误作"三"。且"雍凉"二字需点断开，作"雍、凉二州诸军事"。

8.《武帝纪》P67：三月，平房护军文淑讨叛房树机能等，并破之。

校勘记按：《三国志·魏志·诸葛诞传》作"文鸯"，注引晋诸公赞又作"文俶"。裴松之云"鸯"一名"俶"。"文淑"，周校：扶风王骏、东安王繇传并作"文俶"。

按：文俶（一作淑），小名鸯，文钦之子。

9.《武帝纪》P67：夏五月戊子，吴将邵凯、夏祥帅众七千余人来降。

校勘记："邵凯"，吴士鉴《斠注》：羊祜传作"邵顗"。按：《通鉴》八十同《祜传》。

按：各本皆作"邵顗"，正确。

10.《武帝纪》P70：十一月，大举伐吴，遣镇军将军、琅琊王伷出涂中，安东将军王浑出江西，建威将军王戎出武昌，平南将军胡奋出夏口，镇南大将军杜预出江陵，龙骧将军王浚、广武将军唐彬率巴蜀之卒浮江而下，东西凡二十余万。

校勘记：周校："镇军将军，当作镇东大将军，据泰始五年、泰康三年及本传文知之。"按：周说应当是正确的，《三国志·吴志·孙皓传》亦作"镇东大将军司马伷"，此时镇军为司马攸，与伷无涉。

按："平南将军"，毛本、百衲本误作"平西将军"。据上文所述，（泰始五年），封东莞王伷镇东大将军、都督徐州诸军事。

11.《惠帝纪》P96：改封吴王晏为宾徒县王。

按："宾徒县王"，毛本同。殿本作"宾徒王"，是，当从殿本。据下文所述："六月戊辰，大赦，增吏位二等。复封宾徒王晏为吴王。"

12.《惠帝纪》P99：（永宁元年）十二月，司空何劭薨。封齐王冏子冰为乐安王，英为济阳王，超为淮南王。

校勘记出：据《纪》及《劭传》，上年四月劭迁司徒；据《通鉴》八四，本年正月迁太宰。此作"司空"，疑误。

按：当作"司空"。据帝纪，太熙元年秋八月壬午，以中书监何劭为太子太师；元康元年八月庚申，太子太师何劭为都督豫州诸军事，镇许昌；永平七年九月，太子太师何劭为尚书左仆射。永康元年夏四月丁酉，左光禄大夫何劭为司徒。本传亦云"永康初，迁司徒。"

13.《惠帝纪》P101：（太安二年十二月）甲子，大赦。丙寅，扬州秀才周玘、前南平内史王矩、前吴兴内史顾城，寻为张方所害。

校勘记：《通鉴》八五系于永兴元年。甲子为正月二十六日。《通鉴考异》云：帝纪"太安二年十二月甲子大赦"，"永兴元年正月大赦改元"疑是一事。

按：据陈垣《二十史朔闰表》页五二"（永安元年）七月庚申改建武，十一月丙午复称永安，十二月丁亥改永兴。""太安二年十二月甲子大赦"与"永兴元年正月大赦改元"绝非一事。太安二年即303年，十二月庚子朔，甲子是二十五日。永兴元年即永安元年，是304年，正月己亥朔，丙午大赦，是初八日。

14.《孝怀帝纪》P116：永嘉元年春正月癸丑朔，大赦，改元，除三族刑。以太傅、东海王越辅政，杀御史中臣诸葛玫。二月辛巳，东莱人王弥起兵反，寇青、徐二州，长广太守宋黑、东牟太守庞伉并遇害。三月乙未朔，平东将军周馥斩送陈敏首。

校勘记：（永嘉元年）正月壬子朔，非癸丑。三月辛亥朔，己未乃月之初九日，疑此"朔"

字为衍文。

按：永嘉元年二月辛巳朔。永嘉元年三月辛亥朔，非"乙未朔"，疑"朔"错行致误。

15.《孝怀帝纪》P118：(永嘉二年)十一月乙巳，尚书令高光卒；丁卯，以太子少傅荀藩为尚书令。己酉，石勒寇邺，魏郡太守王粹战败，死之。

校勘记出：己酉在丁卯前，此失日序。

按：校勘记待商榷。永嘉二年十一月壬寅朔，乙巳乃月之初四日，无误。己酉是初八，无误。但丁卯已出月。

16.《元帝纪》P151：(太兴元年)十一月乙卯，日夜出，高三丈，中有赤青珥。新蔡王弼薨。

按："新蔡王"，宋本、毛本、殿本作"新野王"，"新蔡王"正确。据《元帝纪》：(建武元年)十一月甲子，封汝南王子弼为新蔡王。太兴元年十一月乙卯，新蔡王弼薨。(咸和八年)夏四月，诏封故新蔡王弼弟邈为新蔡王。

17.《成帝纪》P169：(太宁三年)秋九月癸卯，皇太后临朝称制。……辛丑，葬明帝于武平陵。

校勘记：《举正》"癸卯"误书"辛丑"前。按：九月癸巳朔，癸卯为十一日，辛丑为初九。

按：癸卯，皇太后临朝称制是承袭上文所述"尊皇后庾氏为皇太后"一事，从文义而言，无误。此处日序先出"癸卯"，后记"辛丑"日之事，文义通行，并非纪日失序。

18.《成帝纪》P170：(咸和元年)秋七月癸丑，使持节、都督江州诸军事、江州刺史、平南将军、观阳伯应詹卒。

殿本卷七考证：《成帝纪》平南将军观阳伯应詹卒。《明帝纪》太宁二年，封护军将军应詹观阳县侯，此称伯，与前小异。

校勘记：斠注：《明纪》及《詹传》并作"观阳县侯"。按：《明纪》封赏诸人，应詹与郗鉴同，郗鉴为县侯，詹亦应为县侯。疑此误。《御览》二百引《晋中兴书》作"观宁侯"，虽误"观阳"为"观宁"，然作"侯"不作"伯"，亦可证。

按：应詹当是"观阳县侯"。

《明帝纪》：(太宁二年)封司徒王导为始兴郡公，邑三千户，赐绢九千匹；丹阳尹温峤建宁县公，尚书卞壶建兴县公，中书监庾亮永昌县公，北中郎将刘遐泉陵县公，奋武将军苏峻邵陵县公，邑各一千八百户，绢各五千四百匹；尚书令郗鉴高平县侯，护军将军应詹观阳县侯，邑各千六百户，绢各四千八百匹；建威将军赵胤湘南县侯，右将军卞敦益阳县侯，邑各千六百户，绢各三千二百匹。其余封赏各有差。

《应詹列传》：帝以詹为都督前锋军事、护军将军、假节，都督朱雀桥南。贼从竹格渡江，詹与建威将军赵胤等击败之，斩贼率杜发，枭首数千级。贼平，封观阳县侯，食邑一千六百户，赐绢五千匹。

《资治通鉴·晋纪十五》：秋，七月，癸丑，观阳烈侯应詹卒。(观阳县，属零陵郡，吴立。)

19.《成帝纪》P177：(咸和八年)五月，有星陨于肥乡。麒麟、驺虞见于辽东。乙未，车骑将军、辽东公慕容廆卒，子皝嗣位。

校勘记出:《举正》上文正月辛亥朔,本月无乙未。

按:咸和八年五月己酉朔,无乙未。《资治通鉴》卷九五晋纪十七:(咸和八年)夏,五月,甲寅,辽东武宣公慕容廆卒。六月,世子皝以平北将军行平州刺史,督摄部内;赦系囚。

咸和八年五月己酉朔,甲寅初六日,当从《通鉴》作"甲寅"。

20.《孝武帝纪》P227:(宁康三年)十二月甲申,神兽门灾。癸未,皇太后诏曰:"顷日蚀告变,水旱不适,虽克己思救,未尽其方。其赐百姓穷者米,人五斛。"癸巳,帝释奠于中堂,祠孔子,以颜回配。

校勘记:《举正》:甲申误书癸未前。

按:《御览》与之同误。殿本"甲申"作"癸未","癸未"作"甲申"。宁康三年十二月壬申朔,甲申是十三日,癸未是十二日。殿本正确。

21.《孝武帝纪》P237:(太元十三年)秋九月,翟辽将翟发寇洛阳,河南太守郭给距破之。

校勘记:各本作"秋七月",今从宋本。

按:"九月",毛本、殿本作"七月",百衲本、宋本作"九月"。《校勘记》从宋本和百衲本。

22.《安帝纪》P263:(义熙八年)秋七月甲午,武陵王季度薨。庚子,征西大将军刘道规卒。

校勘记:七月己巳朔,无庚子。《通鉴》一一六作"闰月",《建康实录》一〇作"八月",俱有庚子,未知孰正确。

按:据《通鉴》《宋书·天文志》和《晋书·天文志》,刘道规当卒于义熙八年闰六月。六月庚午朔,闰月庚子朔。

《通鉴》:(六月)闰月,庚子,南郡烈武公刘道规卒。

《天文志下》P385:八年六月,刘道规卒。

《宋书·天文志三》:八年六月,临川烈武王道规薨,时为豫州。

附录三 《晋书·列传》《晋书·载记》词目索引

A

阿比(2298)
阿堵(2405)
阿附(1049)
阿奴(1851)
阿屈(2398)
哀楚(1009)
哀摧(972)
哀怛(1726)
哀毒(2084)
哀顿(1631)
哀愤(2558)
哀感(954)
哀孤(1868)
哀号(960)
哀恨(1791)
哀呼(1680)
哀惶(1920)
哀结(1662)
哀惊(2783)
哀疚(1328)
哀慕(1085)
哀茕(1372)
哀穷(3099)
哀恕(1928)
埃蔼(1905)

埃壒(1385)
皑皑(958)
艾服(992)
爱服(3053)
爱恋(1617)
爱溺(984)
爱狎(2404)
爱信(2546)
爱异(950)
爱悦(1765)
安措(2916)
安服(1442)
安附(2194)
安陋(2283)
安稳(2404)
安豫(1532)
安悦(2206)
庵蔼(959)
淹婪(2382)
谙究(2142)
谙练(1842)
阇短(1106)
阇懃(1175)
阇很(1601)
阇劣(1209)
阇眇(2689)
阇浅(1462)

阇塞(1330)
阇识(2557)
按劾(1278)
案劾(1303)
暗夫(967)
暗劣(1590)
暗虐(2663)
暗懦(1954)
暗室(3039)
敖蔑(2383)
嗷然(2029)
傲岸(1905)
傲诞(1755)
傲迈(1755)
傲然(1370)
傲俗(1906)
傲威(1051)
傲物(2087)
傲逸(2429)
傲纵(1380)
傲达(2103)
慠诞(2087)
慠慢(2603)
慠然(1377)
慠如(2105)
奥略(1764)

B

拔群(1493)
跋扈(1057)
跋履(1688)
霸图(2265)
白房(2926)
白士(1020)
拜辞(1245)
拜俯(1510)
拜觐(1787)
败破(2119)
败辱(2270)
败散(1875)
败丧(1259)
班例(988)
班散(2511)
班赏(1006)
版齿(2815)
版舆(1506)
傍若无人(1374)
傍支(1987)
傍转(1306)
包藏(1136)
苞藏(1715)
苞含(1776)
苞祸(3199)

苞括(2674)
苞罗(2970)
苞纳(2824)
苞容(2180)
苞养(3079)
剥掠(1918)
褒荐(2061)
褒进(1918)
褒举(2834)
褒美(2766)
褒求(1836)
褒饰(1492)
褒誉(2841)
保爱(3054)
保负(1860)
保荷(1299)
保据(1934)
保匿(1918)
保宁(2852)
保素(1050)
保完(1242)
保卫(993)
保险(3030)
保卒(2275)
抱戚(958)
抱柱(1005)
抱怨(1275)

报答(2059)	奔败(1262)	笔势(2093)	贬戮(2900)	表烛(1995)
报养(2275)	奔进(1681)	笔削(2467)	贬削(2185)	别驾(1102)
暴骇(1066)	奔驰(2964)	鄙薄(1964)	褊厄(2088)	彬蔚(2369)
暴乱(2246)	奔凑(1733)	鄙近(3012)	褊酷(2499)	宾从(2061)
暴迅(3089)	奔骇(1531)	鄙劣(1111)	褊躁(2211)	宾僚(1172)
卑孼(2253)	奔还(3133)	鄙吝(1576)	便便(2427)	摈绝(1990)
卑佞(1007)	奔竞(3087)	鄙陋(2442)	遍该(2346)	冰操(3084)
杯觞(1363)	奔控(1705)	鄙拙(2143)	辨明(1198)	冰摧(2953)
悲怖(975)	奔溃(3089)	弼成(1039)	辨释(1047)	冰冻(987)
悲惭(1101)	奔趣(1649)	弼导(1151)	辨悟(2069)	冰冷(1822)
悲怛(2563)	奔扰(2876)	弼道(1086)	辩画(1692)	冰清(1067)
悲惶(1791)	奔散(1198)	弼济(1077)	辩究(2334)	冰清玉洁(1830)
悲恚(1415)	奔退(2695)	弼违(2067)	辩佞(1493)	冰消(1786)
悲惧(2553)	奔逸(2782)	弼佐(1038)	辩识(2177)	兵贯(2770)
悲慨(1570)	奔走(1231)	弊薄(1966)	辩速(2398)	兵寇(2260)
悲怒(2784)	(1062)	弊坏(2741)	辩争(1888)	秉哲(2216)
悲酸(1722)	本趣(1362)	弊乱(1888)	辩正(1364)	病魅(2476)
悲恸(1641)	畚臿(1432)	弊贪(1969)	变化(2405)	病瘿(1030)
悲惋(1023)	崩背(1327)	弊亡(1934)	变急(995)	波荡(1984)
悲惜(1188)	崩殂(960)	壁塞(2428)	变难(1227)	波散(2057)
背恩忘义(2297)	崩骇(1955)	壁障(2439)	变迁(1816)	波扇(1893)
背捍(955)	崩裂(2573)	跸路(2772)	变态(2207)	播流(3048)
背世(952)	崩散(1895)	襞敛(1754)	变崄(1294)	播美(2108)
背违(1016)	崩陨(1740)	蹩踊(3106)	标的(2008)	播宪(1468)
背信(1018)	迸走(1981)	鞸带(2575)	标明(1859)	播誉(2054)
倍常(2499)	逼忌(1673)	编贯(3170)	标奇(1010)	勃逆(2783)
悖詈(1093)	逼令(2199)	边服(3158)	标器(1487)	勃然(1379)
悖乱(1669)	逼迫(1669)	边书(2074)	标悟(2118)	勃窣(1992)
悖慢(1422)	逼屈(1736)	边夷(1553)	标显(1907)	勃焉(3067)
悖言(1123)	逼辱(973)	鞭捶(2872)	标秀(2828)	博古通今(1008)
备充(1300)	逼喻(2453)	鞭杀(2930)	标置(1991)	博画(1029)
备履(1263)	比踪(958)	鞭挞(2156)	标准(2396)	博究(991)
备卫(1216)	秕秒(1887)	笾豆(1848)	表疏(1104)	博览(1369)
备载(1039)	俾屏(2227)	贬裁(1845)	表树(1033)	博纳(1341)
备至(1448)	笔翰(1774)	贬黜(1399)	表言(3008)	博识(2698)
糒脯(989)	笔势(1065)	贬废(2137)	表摭(1045)	博戏(1240)

博询(1026)
博远(2304)
博咨(956)
博综(1375)
搏击(2148)
驳错(1310)
驳违(1275)
薄过(1441)
薄厚(1766)
薄祜(1372)
薄击(1904)
薄少(1873)
逋废(2845)
逋寇(1006)
逋慢(1131)
逋逆(1923)
逋孽(3171)
逋替(1161)
铺糟(1882)
补阙拾遗(2227)
不惠(1041)
不羁(1359)
不羁(2233)
不伦(2143)
不群(1369)
不替(956)
不屑(1378)
不念(2502)
布化(2271)
布树(955)
步骤(1518)
怖愕(2477)
部分(3053)
部曲(2972)
部众(2976)

C

猜贰(2619)
猜防(1216)
猜隔(967)
猜害(2046)
猜佻(1100)
猜嫌(1135)
猜衅(2007)
猜阻(1750)
才笔(1891)
才操(2433)
才策(1552)
才地(2183)
才见(1071)
才鉴(1824)
才经(1002)
才具(1896)
才隽(1370)
才儁(2806)
才理(1481)
才量(1256)
才流(2087)
才识(1145)
才淑(1207)
才望(964)
才悟(1289)
才雄(1973)
才异(1108)
才义(1260)
才颖(1500)
才藻(1009)
才智(1974)
才质(1168)
材雄(2917)
财欲(1218)

财属(2483)
裁成(1698)
裁当(1039)
裁断(1691)
裁谏(2774)
裁纠(1330)
裁决(3000)
裁留(2342)
裁戮(2342)
裁正(2154)
裁属(2023)
采琢(1849)
彩质(1273)
采集(2730)
采捃(2281)
采拾(2071)
采听(2164)
彩衣(958)
菜蔬(1861)
参定(2375)
参访(994)
参辅(1156)
参陪(1717)
参审(1094)
参乘(2260)
参详(967)
参翼(3176)
参赞(3007)
参掌(2049)
参综(1787)
残败(2208)
残弊(2729)
残丑(2218)
残毒(2671)
残隔(2155)
残犷(2798)

残掠(2914)
残虐(1791)
残阙(2150)
残碎(2427)
残夷(2562)
残余(1823)
惭愤(2542)
惭恨(2417)
惭怒(1398)
惨虐(2345)
惨容(2005)
粲丽(2633)
粲目(1362)
灿灿(1231)
仓储(3023)
沧海(1382)
苍苍(1366)
苍昊(1542)
苍然(2673)
藏户(1163)
藏疾(2262)
藏埋(2441)
藏厌(2518)
操厉(959)
操尚(1022)
操业(2070)
操执(2300)
草昧(2039)
草苗(957)
草野(3048)
册问(2353)
侧息(2274)
恻然(1485)
策略(2761)
策识(1090)
槎枿(2107)

 附录三 《晋书·列传》《晋书·载记》词目索引

察谅(1917)
察纳(1535)
察恕(1211)
察言观行(1357)
察照(1934)
差薄(998)
差调(2855)
差发(1616)
差近(1007)
差违(1042)
柴毁(1434)
柴毁骨立(2279)
豺狼(976)
侪类(981)
虿毒(2955)
觇伺(2561)
潺湲(1385)
缠绵(958)
谗谤(1245)
谗贰(1787)
谗构(1274)
谗疾(2185)
谗间(1176)
谗佞(2559)
产具(965)
谄誉(1738)
阐敷(1613)
阐扬(1543)
阐喻(1444)
猖勃(2650)
猖蹶(2008)
长固(982)
长进(3161)
长秋(972)
长益(1351)
长益(1765)

237

常材(1182)	陈诉(1123)	沈忧(976)	澄雪(1005)	叱咤风云(3126)
常理(978)	陈谢(1005)	沈醉(1265)	澄正(1150)	斥散(3000)
敞闲(1505)	晨牝(948)	沈醉(1360)	惩惨(3178)	斥外(1206)
倡贱(2785)	晨夕(1366)	称陈(1795)	惩警(2185)	敕诫(2262)
唱动(3070)	尘黩(2293)	称绩(1035)	惩肃(2098)	敕严(1029)
唱率(1795)	尘露(2084)	称计(1987)	骋怀(2099)	炽虐(985)
怅惋(1106)	尘肆(1906)	称力(1846)	鸱视(1889)	炽盛(2195)
畅摅(2382)	尘躅(2274)	称美(1173)	鸱张(1848)	充斥(1669)
畅叙(2099)	沈哀(951)	称许(1842)	鸱峙(2969)	冲闇(975)
抄截(1647)	沈窜(2614)	称咏(1074)	弛顿(1467)	冲粹(1250)
抄写(1824)	沈粹(2048)	忏悔(1428)	弛废(1368)	冲达(2396)
超绝(1567)	沈笃(1226)	赪素(1520)	弛遣(1060)	冲富(977)
超迈(2748)	沈断(985)	成功(2242)	弛御(2721)	冲和(1363)
超然(1374)	沈顿(2026)	成立(2274)	持疑(1649)	冲俭(1679)
超悟(2502)	沈屙(1244)	成造(2669)	驰白(2071)	冲静(1264)
巢窟(2084)	沈废(1547)	成资(1023)	驰骋(1385)	冲迈(1412)
巢穴(2263)	沈伏(1340)	承奉(3176)	驰荡(1524)	冲眇(984)
朝拜(2451)	沈果(1637)	承遣(2195)	驰竞(1735)	冲让(1187)
朝端(2829)	沈厚(1035)	承庆(975)	驰骑(1458)	冲素(952)
朝寄(1115)	沈积(958)	承绪(1082)	驰突(2643)	冲邃(1801)
朝匠(1735)	沈精(2653)	城隅(1375)	驰誉(1100)	冲损(2979)
朝伦(1398)	沈靖(2453)	乘戴(2475)	驰逐(2782)	冲退(1019)
朝算(1955)	沈沦(1661)	乘机(3120)	迟钝(1185)	冲虚(975)
朝望(1047)	沈敏(1284)	乘衅(2944)	迟回(2016)	冲雅(2696)
朝维(1740)	沈冥(1368)	枨枨(1505)	迟陵(1351)	冲幼(1354)
朝伍(1717)	沉默(1370)	诚悫(2180)	尺牍(1130)	冲远(1828)
朝彦(2359)	沈潜(1814)	诚感(1427)	尺鷃(1366)	冲约(1243)
朝野(1377)	沈辱(1688)	诚节(2320)	侈丽(2856)	冲越(1106)
朝议(980)	沈弱(1694)	诚恳(1808)	侈忕(998)	冲要(3026)
嘲哮(2382)	沈深(1378)	诚款(1688)	耻忿(2132)	崇德(1171)
琛赍(2253)	沈识(2044)	诚朴(2741)	耻恨(2189)	崇奉(1746)
瞡贡(2531)	沈算(3135)	诚顺(2927)	耻恚(1573)	崇济(1046)
宸极(1325)	沈退(1428)	澄定(2361)	齿力(2064)	崇僭(1173)
陈论(2097)	沈陷(1876)	澄漠(1906)	齿录(1216)	崇奖(1669)
陈谋(1995)	沈雅(1201)	澄清(2419)	齿遇(2252)	崇进(1281)
陈说(999)	沈研(1914)	澄爽(1487)	齿坐(2739)	崇敬(1418)

附录三 《晋书·列传》《晋书·载记》词目索引

崇让(1192)	雠耻(1667)	遄及(2274)	纯正(1250)	辞正(2314)
崇饰(2231)	雠恨(1027)	传赞(1374)	纯质(1058)	辞致(1374)
崇饰(2346)	丑毒(1106)	床蓐(2274)	淳诚(2287)	刺促(1502)
崇委(1329)	丑类(1690)	床蓐(1415)	淳风(3171)	赐遗(2154)
崇修(2030)	丑逆(1168)	床榻(989)	淳古(1283)	匆匆(2008)
崇崖(2266)	丑竖(2889)	创基(948)	淳行(2286)	从来(1039)
崇仰(2283)	丑言(1093)	创建(1794)	淳至(1361)	从容(1378)
崇遇(1830)	臭败(2450)	创立(1849)	唇齿(2261)	从讨(988)
崇正(981)	臭腐(2043)	创乱(2269)	唇齿相依(1181)	悤扰(1154)
崇重(996)	出萃(1493)	创启(2650)	醇醇(1414)	聪辩(2517)
重叠(2416)	出继(979)	怆然(1390)	蠢弱(3094)	聪鉴(1536)
宠待(1557)	出养(1088)	炊爨(1698)	惙惙(2084)	聪俊(2825)
宠给(2052)	初附(3027)	垂逼(3118)	惙顿(2677)	聪朗(2508)
宠禄(1430)	捶捕(962)	垂察(1005)	惙然(1841)	聪识(2516)
宠昵(1733)	除暴(2242)	垂范(1044)	疵垢(2262)	聪悟(1741)
宠任(3056)	除弃(957)	垂光(1846)	疵衅(1371)	聪懿(2499)
宠辱(1368)	楚剥(1675)	垂惠(1208)	词气(1369)	聪颖(1465)
宠授(1795)	楚楚可怜(1544)	垂困(953)	词藻(962)	丛荟(1905)
宠私(1936)	楚掠(2934)	垂例(2055)	慈悼(1353)	粗暴(1383)
宠恣(2820)	楚灼(2819)	垂愍(3179)	慈德(3178)	粗弊(2452)
抽割(1868)	储贰(2651)	垂神(1846)	慈弘(2824)	粗刚(1844)
抽引(2145)	储贰(3094)	垂亡(1406)	慈昒(2721)	粗犷(3129)
仇耻(2228)	储副(1723)	垂问(1823)	慈亲(1384)	粗简(1730)
仇雠(1371)	储力(2693)	垂训(1084)	慈恕(1705)	粗疏(1378)
仇隙(2798)	处处(1382)	垂制(1039)	慈顺(1095)	粗险(2947)
酬报(1765)	处定(1366)	捶楚(1230)	慈训(972)	粗峻(2271)
酬和(1283)	处法(2747)	捶挞(2277)	慈颜(1506)	粗形(1039)
酬接(1120)	处分(1028)	掦拍(2478)	辞惮(1570)	殂背(2084)
酬问(1493)	处际(2044)	春英(1434)	辞句(2169)	促调(1520)
畴答(1424)	处决(1311)	纯风(1849)	辞理(996)	蹙境(2084)
畴塞(1447)	黜放(2047)	纯俭(1066)	辞令(1205)	蹙弱(2590)
筹计(2788)	黜废(2658)	纯懿(2280)	辞论(1042)	篡逼(1609)
筹量(1290)	黜免(1265)	纯深(1808)	辞情(2087)	篡继(2239)
筹略(1027)	黜辱(1377)	纯铄(1498)	辞送(996)	篡逆(1128)
跨踏(1375)	黜徙(1609)	纯曜(3210)	辞义(1077)	篡窃(2260)
雠薄(1277)	黜削(1772)	纯懿(2397)	辞藻(1068)	篡噬(1882)

篡统(2696)
窜首(1213)
窜险(2767)
摧覆(2911)
摧溃(2792)
摧灭(3019)
摧衄(2111)
摧破(2559)
摧屈(2970)
摧伤(951)
摧碎(1345)
摧殄(1613)
摧恸(1727)
摧陷(2786)
摧咽(1384)
摧抑(1445)
摧陨(1791)
榱橼(2059)
漼然(3150)
存立(2532)
存没(976)
存亡(1565)
存正(1802)
存重(1323)
寸阴(1375)
寸斩(1920)
蹉跎(1569)
厝怀(2244)
厝意(1376)
挫衄(1016)
措筹(2754)
措心(2357)
错落(1065)
错置(1031)
错跱(1514)

D

答对(1218)
达见(1168)
达识(2393)
打拍(1900)
大济(2036)
大量(1369)
大烈(993)
大信(1014)
待反(963)
待纳(3040)
待物(2859)
逮事(953)
丹诚(3101)
丹心(1212)
丹楹(1536)
丹愚(1925)
丹直(1979)
耽酒(1051)
耽玩(991)
耽翫(1410)
单寡(1823)
单贱(1226)
单贫(1734)
殚尽(1337)
胆干(1814)
胆决(2014)
淡退(1049)
诞德(1134)
诞任(1543)
诞载(980)
诞哲(975)
诞资(2649)
诞纵(976)
惮服(2884)

憺然(1377)
憺默(1376)
憺如(1749)
当否(1047)
谠议(1019)
荡革(957)
荡骇(1445)
荡尽(2741)
荡灭(1006)
荡清(2227)
荡骀(1492)
荡一(2851)
荡清(3005)
刀笔(1166)
刀槊(2872)
叨窃(1919)
倒悬(1982)
导达(2054)
导化(2333)
导率(3014)
导养(1911)
导源(2369)
蹈藉(2336)
蹈忠(2159)
悼惜(1009)
悼心(1338)
道光(1138)
道素(1014)
道业(1058)
道誉(2106)
道韵(1797)
得失(1322)
得意(1370)
德备(976)
德化(1313)
德量(1017)

德声(954)
德素(2224)
德望(1457)
登位(961)
登遐(2185)
登阼(949)
瞪眄(1475)
瞪眸(2441)
底定(2346)
砥节(1446)
砥砺(1377)
砥平(1065)
诋案(1226)
递相(2449)
递萦(1700)
缔构(2066)
蹛喑(1391)
颠狈(2100)
颠倒(1412)
颠堕(1653)
颠沛(2809)
颠倾(1754)
颠坠(2305)
典奥(2369)
典谟(957)
典劝(2873)
典统(1264)
典午(1182)
典选(1234)
典彝(1537)
典掌(1070)
典证(1985)
点翰(2107)
点曳(2108)
凋弊(1309)
凋寡(2574)

凋荒(1863)
凋困(2098)
凋零(1909)
凋落(2085)
凋散(2209)
凋丧(1341)
凋亡(2517)
凋蔚(1906)
凋陨(3184)
雕弊(1446)
雕伪(1440)
雕肝(2261)
吊赙(1884)
吊祭(2187)
钓翁(1517)
调达(2118)
调借(1934)
调举(1749)
调用(2770)
迭更(3212)
迭然(2266)
耋耄(1313)
丁艰(2288)
鼎臣(1590)
鼎味(1038)
鼎峙(1282)
鼎跱(2155)
鼎祚(2753)
鼎祚(948)
定策(1038)
定谥(1577)
定问(1094)
定限(1778)
订婚(963)
董督(2076)
董任(2222)

董摄(1487)	端然(2451)	咄嗟(1007)	藩翼(1801)	犯冒(1607)
董司(1278)	端委(1510)	惰劣(2052)	藩障(2283)	犯阙(967)
洞鉴(1906)	端雅(2356)	**E**	藩固(1668)	犯伤(2268)
洞晓(1914)	端右(2052)		藩翰(1114)	犯忤(1458)
动静(1354)	短才(1928)	俄顷(1804)	藩篱(1018)	泛觞(1433)
动劳(1448)	短长(2088)	峨嵯(1062)	藩屏(1127)	泛溢(2736)
动侠(1240)	短羽(1519)	恶稔(1182)	藩卫(2317)	泛溢(3017)
动岬(1322)	断裁(1870)	恶直(1212)	藩翼(992)	泛舟(1030)
动止(2935)	断截(1860)	恶直丑正(1212)	凡鄙(1919)	范先(1062)
栋宇(1375)	断决如流(1667)	厄难(2382)	凡才(1005)	方寸(3178)
都雅(1915)	断绝(1615)	愕然(1378)	凡短(2025)	方概(2028)
斗储(2366)	断塞(1681)	遏塞(1294)	凡劣(1931)	方概(2049)
逗宿(1485)	断正(1398)	恩待(3078)	凡陋(1682)	方亮(1551)
督罚(1353)	对辞(964)	恩抚(2699)	凡佞(2591)	方任(1403)
督厉(2515)	悙德(1100)	恩顾(2688)	凡弱(3203)	方相(960)
督率(1121)	敦褒(2436)	恩理(1076)	凡琐(1891)	方雅(962)
督劝(2333)	敦逼(1415)	恩荣(2891)	凡猥(1194)	方严(1282)
督摄(2206)	敦崇(1840)	恩诏(1015)	凡庸(1383)	方俨(1915)
毒患(2761)	敦惠(1472)	恩旨(2046)	烦秽(1264)	芳饪(1010)
毒流(1297)	敦奖(1802)	儿妇(2481)	烦简(1131)	防录(1093)
独得(1359)	敦励(2349)	儿息(2274)	烦闷(1415)	防微(3080)
渎弃(1045)	敦密(2427)	輴轩(960)	烦密(2199)	防卫(3030)
黩货(2863)	敦勉(1187)	耳目(1423)	烦挠(994)	髣髴(1061)
黩贱(1894)	敦睦(2350)	尔尔(1646)	烦违(1127)	放达(1363)
黩慢(1398)	敦习(2519)	贰违(2155)	烦兴(2764)	放诞(995)
笃陋(1912)	敦喻(1330)	**F**	烦殷(1530)	放荡(1373)
笃敏(2720)	敦谕(1254)		燔爇(1821)	放旷(1945)
笃勤(1912)	遁窜(1414)	发明(1374)	繁会(2090)	放浪(1906)
笃素(1290)	顿毙(2772)	法理(1055)	繁苦(3129)	放散(2119)
笃信(2829)	顿甲(2046)	番直(1288)	繁荣(1506)	放逸(1066)
笃终(1023)	顿荐(1027)	翻覆(1462)	繁缛(2370)	放浊(2327)
杜贰(3080)	顿绝(2104)	翻翔(2987)	繁盛(1432)	飞惊(2475)
度宜(1817)	顿朴(1688)	藩伯(1805)	繁衍(1760)	飞腾(1492)
端贰(2955)	顿羽(1522)	藩翰(2346)	繁重(2097)	飞越(2996)
端揆(2049)	多感(958)	藩涸(2376)	反侧(2184)	霏霏(1379)
端美(1173)	咄咄怪事(2047)	藩卫(1736)	反正(1047)	悱愤(1912)

沸腾(1213)	忿惧(2201)	风靡(2542)	丰约(974)	服翠(954)
肺腑(3080)	忿戮(2747)	风期(2154)	缝际(1362)	服气(2451)
费役(976)	愤慨(2057)	风器(2377)	缝缀(2536)	服仁(991)
废驰(3079)	愤忾(1777)	风情(2798)	讽切(1325)	服食(1369)
废惰(2333)	愤泣(3191)	风扇(2942)	讽诵(2360)	俘获(2745)
废乏(2302)	愤然(1178)	风神(1048)	讽啸(2103)	浮诞(1236)
废痼(1138)	愤叹(1373)	风声(2148)	讽议(1378)	浮烦(2856)
废离(2274)	愤咤(1578)	风声鹤唳(2082)	讽咏(1859)	浮秽(1251)
废阙(1189)	奋不顾命(2129)	风望(1980)	奉策(992)	浮狡(2632)
废辱(2138)	奋发(1688)	风雅(1229)	奉酬(1977)	浮竞(1329)
废杀(2789)	奋力(1062)	风衍(1469)	奉对(1443)	浮虚(1044)
废死(2579)	奋威(1347)	风仪(1369)	奉巾栉(967)	浮游(1045)
废替(1964)	封崇(2604)	风义(1468)	奉述(954)	浮誉(1985)
废徙(1797)	封狐(1808)	风猷(1333)	奉迎(961)	浮躁(1857)
废易(2696)	封植(2558)	风宇(2072)	奉营(1876)	符谶(1346)
分崩(2813)	风痹(948)	风韵(1945)	奉赞(1353)	符会(2601)
分疆(1031)	风操(1037)	风志(3004)	奉瞻(2003)	符索(2484)
分据(2531)	风尘(1093)	风姿(1067)	否剥(1929)	幅巾(1220)
分两(1042)	风驰(3203)	峰岠(1871)	否劣(1027)	黻班(1518)
分率(1039)	风驰电赴(1546)	烽炬(2782)	否滞(1309)	俯偻(2040)
分散(1618)	风度(1114)	蜂蛊(2216)	敷崇(2353)	俯顺(2087)
芬馥(1173)	风概(2568)	蜂目(2553)	敷道(1093)	釜庾(2445)
氛秽(1950)	风格(1283)	蜂起(1376)	敷弘(1187)	辅济(1203)
氛祲(1364)	风骨(3214)	锋戈(3084)	敷绩(2218)	辅亮(1861)
纷挠(2222)	风轨(2362)	锋锐(2687)	敷融(1777)	抚乘(2153)
纷彩(1421)	风惠(2216)	丰饱(1696)	敷融(2025)	抚导(2327)
纷然(1286)	风绩(2025)	丰弊(2173)	敷训(1496)	抚集(2654)
纷散(2376)	风监(1114)	丰博(1042)	敷演(2371)	抚接(2657)
纷议(2358)	风检(1547)	丰甘(2101)	敷讃(3212)	抚纳(1981)
纷纭(1088)	风鉴(1487)	丰功(1682)	肤浅(1978)	抚恤(2301)
雰雰(2084)	风节(1302)	丰靡(978)	弗辜(1109)	抚恤(2963)
粉栱(1520)	风景(1020)	丰庆(1264)	伏度(1005)	抚训(1497)
焚研(2369)	风力(1933)	丰稔(1446)	伏膺(1544)	抚养(1249)
坟素(1505)	风烈(2294)	丰奢(1482)	扶明(1046)	抚翼(3129)
粉碎(1901)	风流(1757)	丰腆(1383)	扶御(1125)	抚育(1384)
忿咎(1933)	风论(1305)	丰伟(1100)	服化(1450)	抚御(3008)

附录三 《晋书·列传》《晋书·载记》词目索引

抚综(977)	改励(1569)	刚鲠(2089)	高谢(2090)	鲠亮(1050)
付授(1021)	改迷(2914)	刚豪(1521)	高雅(1114)	鲠嘻(1919)
附会(1867)	改饰(983)	刚狠(2878)	高巍(2395)	鲠议(1268)
附款(2955)	改适(2334)	刚简(1323)	高义(1312)	工妙(1062)
负才(995)	改替(956)	刚劲(1317)	高埤(1047)	公理(1302)
负恩(1115)	改营(3131)	刚峻(2880)	高韵(1244)	公亮(1217)
负气(1220)	改张易调(1730)	刚克(1383)	高张(1520)	公路(1305)
赴接(1211)	干忤(1340)	刚厉(2843)	高正(2557)	公私(2094)
赴义(1068)	干预(964)	刚明(2933)	高峙(1505)	功成身退(1772)
赴援(1858)	干豫(1904)	刚忍(2553)	高祚(1771)	功惠(1979)
赴召(2072)	甘旨(2286)	刚柔(1143)	膏良(1951)	功名(1377)
副赞(2847)	感戴(1696)	刚锐(3206)	膏粱(1350)	攻逼(1798)
副佐(995)	感概(2207)	刚严(2875)	膏腴(1978)	攻祷(2476)
傅导(1261)	感旧(1261)	刚躁(2303)	槔机(1906)	攻克(3121)
傅训(1851)	感愧(2284)	纲领(1860)	告驾(954)	攻掠(2727)
富赡(1911)	感厉(2884)	纲罗(1026)	告绝(1014)	攻讨(2762)
富室儿(1601)	感恋(2274)	纲目(1827)	告索(2284)	攻陷(2658)
赋给(1431)	感慕(2283)	纲佐(1364)	割剪(2672)	宫墙(1347)
覆察(1483)	感念(976)	高操(1822)	割留(2209)	宫闱(948)
覆没(1028)	感切(1085)	高彻(1235)	割配(2558)	宫正(1500)
覆灭(1477)	感情(1376)	高蹈(1826)	革变(2856)	恭惠(3008)
覆溺(2266)	感伤(1680)	高华(2183)	革望(1942)	恭俭(2507)
覆润(2299)	感叹(1143)	高峻(996)	革响(2252)	恭慢(2862)
覆丧(1668)	感想(1172)	高朗(1536)	格裁(1933)	恭默(1373)
覆餗(1682)	感应(1894)	高厉(1824)	格量(2033)	恭勤(2177)
覆亡(948)	感咏(2429)	高亮(997)	隔阂(1532)	恭慎(1127)
覆坠(2819)	感遇(1919)	高略(1934)	给赐(2500)	恭顺(1868)
	干绩(1051)	高迈(1048)	根体(2151)	恭孝(1268)
G	干局(991)	高邈(1832)	更移(1350)	躬耕(1369)
该核(1313)	干略(1763)	高契(1370)	更益(1557)	共婚(2509)
该明(2362)	干能(999)	高情(1374)	更营(1985)	共寝(965)
该洽(2503)	干翼(1039)	高让(975)	更越(2329)	共相(1356)
该通(1369)	干艺(2891)	高尚(1312)	更张(1839)	贡荐(1451)
改创(1858)	干识(3018)	高声(1038)	耿介(2896)	贡款(2246)
改革(1602)	干艺(3147)	高识(1377)	梗塞(2811)	贡赂(1051)
改迹(2954)	干宇(2647)	高爽(1077)	梗涩(1961)	贡聘(2536)

钩深(2441)　鼓行(2046)　棺椁(1147)　瑰杰(1359)　国嗣(1041)
苟然(1347)　瞽陈(1561)　关与(1019)　瑰伟(2883)　国桢(1114)
苟让(2293)　瞽说(2690)　观审(2861)　闺范(2507)　国胄(1505)
苟悦(1592)　瞽妄(1295)　管见(2038)　闺房(972)　　馘截(1934)
垢辱(1404)　鹄望(3121)　管辖(2264)　闺閫(959)　　馘灭(1924)
遘危(2225)　故吏(990)　　贯连(2119)　归诚(3008)　果决(2315)
构荷(2751)　故式(1511)　灌浸(1531)　归戴(1020)　果锐(1596)
构乱(967)　　锢咎(2402)　光闸(1043)　归高(1100)　果侠(1659)
构逆(1842)　顾惮(1275)　光大(976)　　归顺(1551)　果勇(2926)
构思(2763)　顾护(1212)　光济(992)　　归仰(1214)　果直(1336)
构妄(1907)　顾虑(1864)　光景(2645)　瓘俊(1415)　过差(1371)
构隙(1644)　顾昐(1662)　光茂(2303)　瓘奇(2585)　过相(2766)
构趾(2271)　顾望(1337)　光懋(1736)　瓘伟(1439)　过状(983)
购赎(2293)　寡薄(3168)　光饰(2040)　轨匠(1851)　H
购悬(1442)　寡乏(2059)　光扬(2140)　轨宪(2148)　海颢(1661)
姑息(1347)　诖伪(2670)　光益(2027)　轨宪(3185)　海岳(3148)
孤背(2924)　乖硋(1435)　光佐(1039)　轨训(2354)　骇荡(1764)
孤废(1978)　乖别(2537)　广隆(2507)　轨一(3212)　骇动(1800)
孤寒(1777)　乖错(1425)　广纳(1340)　轨正(1871)　骇愕(1601)
孤苦(2275)　乖贰(1383)　广涉(2331)　诡怪(2305)　骇惧(1684)
孤露(1371)　乖隔(1209)　广深(2349)　诡计(1015)　骇然(2415)
孤蒙(951)　　乖互(1042)　圭璋(1487)　诡谲(1966)　骇散(1257)
孤藐(2509)　乖绝(1669)　珪璋(2163)　诡曲(1040)　骇驷(1687)
孤飘(3191)　乖离(1674)　珪组(2253)　诡托(2467)　骇踊(1106)
孤穷(2844)　乖逆(2920)　规讽(1570)　诡狭(1218)　骇怨(3151)
孤弱(2274)　乖殊(1529)　规辅(1828)　诡易(1261)　酣畅(1235)
孤遗(952)　　乖嫌(1786)　规鉴(1323)　贵令(1756)　酣觞(1367)
孤远(3010)　乖争(1274)　规略(1166)　贵势(1350)　酣媒(2357)
孤峙(2159)　乖衷(2267)　规摹(1022)　贵要(1032)　酣谑(2739)
沽卖(1734)　乖阻(2004)　规模(2748)　贵终(956)　　酣饮(1380)
菰葑(2126)　怪愕(2165)　规谟(2956)　跽问(1355)　酣纵(1364)
骨鲠(2824)　怪叹(1874)　规陷(3000)　衮衮(1232)　酣醉(1360)
骨力(2106)　怪异(2677)　规献(1635)　郭雅(2262)　含谤(1005)
骨气(1368)　官军(1056)　规旋(1062)　国第(979)　　含辞(948)
骨肉相残(2661)　冠冕(1078)　规则(1730)　国钧(2095)　含聪(961)
骨相(2831)　冠世(1467)　瑰宝(1484)　国破家亡(3201)　含艰(2070)

附录三 《晋书·列传》《晋书·载记》词目索引

含忍(967)	号恸(1021)	弘崇(1151)	弘致(1697)	华藻(1936)
含素(1010)	呵禁(2774)	弘粹(1187)	弘重(2026)	华宗(967)
含宥(1764)	呵御(2737)	弘达(996)	弘著(1151)	滑净(2100)
寒悴(1073)	诃叱(2484)	弘贷(2358)	宏拔(3148)	猾扰(1257)
寒贱(1016)	诃辱(1774)	弘范(1536)	宏材(1914)	猾诈(2402)
寒劣(1933)	劾举(2972)	弘方(1244)	宏达(1367)	化感(1044)
寒门(1274)	和畅(959)	弘覆(2260)	宏放(1359)	化洽(1446)
寒食散(1040)	和好(2233)	弘高(1168)	宏富(1491)	画筹(1186)
寒暑(1376)	和简(2421)	弘规(1115)	宏规(1590)	画象(2463)
寒素(1234)	和靖(2074)	弘厚(1002)	宏略(1860)	槐庭(1246)
寒微(991)	和气(2146)	弘基(1540)	宏邈(1114)	怀抱(2154)
寒温(1364)	和亲(3124)	弘济(1344)	宏谟(2397)	怀戴(2239)
汗简(1995)	和弱(2014)	弘奖(2346)	宏纳(2623)	怀愤(2032)
捍卫(2300)	和释(1643)	弘旷(1068)	宏伟(2551)	怀化(1121)
翰厉(1649)	和同(2045)	弘廊(1537)	泓噌(2382)	怀惧(2579)
翰林(959)	河雎(948)	弘量(1242)	洪潦(1907)	怀腆(1171)
翰札(1000)	荷宠(2260)	弘略(1670)	洪润(2003)	怀疑(1499)
毫厘(1227)	荷赖(1257)	弘茂(1040)	纮领(2044)	怀逸(1115)
豪侈(1206)	貉奴(1480)	弘美(2764)	闳茂(1511)	欢畅(1692)
豪贵(2550)	阖世(1643)	弘敏(1260)	鸿伐(1519)	欢感(2265)
豪介(2891)	齕噬(2058)	弘谟(1135)	鸿基(2259)	欢嘉(952)
豪竞(3088)	赫然(1668)	弘纳(2058)	鸿绩(3210)	欢惧(1903)
豪俊(3134)	嘿者(2425)	弘仁(959)	喉啭(2429)	欢然(1321)
豪迈(3004)	很愎(1866)	弘尚(2231)	后房(1007)	欢燕(2102)
豪气(1738)	恒然(2672)	弘劲(2218)	后星(947)	欢益(1372)
豪爽(1068)	横挫(1330)	弘胜(2070)	后胤(984)	欢愉(2274)
豪望(3069)	横害(1024)	弘恕(1244)	呼噏(1415)	讙杂(2597)
豪纵(2588)	横戮(1632)	弘肃(1498)	怱恫(1609)	焕烂(1520)
好学不倦(1698)	横噬(1700)	弘坦(2025)	狐媚(2749)	焕烂(1649)
耗折(2437)	横肆(1304)	弘通(1977)	互起(967)	焕然(1536)
浩丽(1521)	薨殂(972)	弘宣(1026)	华竞(1311)	焕曜(1420)
浩然(1197)	薨没(1255)	弘训(1084)	华靡(1640)	荒弊(1239)
号愤(2379)	薨逝(2622)	弘养(1546)	华婉(1313)	荒残(1105)
号呔(961)	薨陨(1135)	弘益(1757)	华伪(1346)	荒侈(2597)
号叫(956)	弘博(1039)	弘猷(2261)	华艳(1064)	荒梗(2172)
号诉(2310)	弘阐(3193)	弘正(2127)	华颖(1419)	荒旱(1730)

245

荒毁(1531)	怳然(1007)	惠安(3142)	昏耄(3189)	畿甸(1478)
荒饥(2293)	灰烬(1751)	惠风(2099)	昏瘼(2879)	稽迟(1772)
荒俭(1712)	灰身(2261)	惠化(1250)	昏丧(1175)	稽乏(1027)
荒匮(1687)	灰朽(1858)	惠润(1907)	昏雾(2269)	稽淹(3146)
荒莱(1831)	恢弼(1134)	惠下(2891)	昏凶(1741)	缉穆(3063)
荒漠(2239)	恢阐(1496)	惠训(2283)	昏酱(2118)	机辩(1720)
荒虐(3189)	恢道(1132)	会围(2659)	昏醉(2700)	机变(3151)
荒破(1100)	恢定(956)	毁贬(1640)	婚宦(2385)	机断(2863)
荒穷(2480)	恢弘(1871)	毁悴(1233)	悟惑(2788)	机对(2398)
荒阙(1816)	恢宏(1764)	毁顿(1233)	悟谬(1933)	机衡(2049)
荒芜(1066)	恢维(1861)	毁废(2053)	浑并(1306)	机候(2883)
荒遐(2812)	恢懿(3038)	毁风败俗(1277)	浑濩(1519)	机鉴(2646)
荒凶(2266)	恢赞(1166)	毁裂(1803)	浑冥(1510)	机捷(1109)
荒游(2762)	挥翰(2140)	毁慕(1014)	浑浊(1111)	机警(2163)
荒余(1108)	晖曜(954)	毁丧(967)	魂归(958)	机略(2532)
荒远(1935)	晖映(961)	海接(1364)	魂爽(1418)	机秘(1509)
荒杂(2085)	晖章(951)	海诱(1219)	混沌(1906)	机密(1166)
荒榛(2260)	擓挹(1940)	海谕(2327)	混漫(1045)	机权(2184)
荒恣(2566)	辉辉(2266)	慧解(2499)	混清(1449)	机神(1053)
荒阻(1511)	辉渥(2239)	慧智(1723)	混淆(2159)	机省(1988)
荒醉(1399)	辉曜(1413)	讳妒(1978)	混元(977)	机危(2213)
皇纲(1467)	徽烈(2297)	秽恶(2785)	混杂(1192)	机悟(2177)
皇极(947)	徽劭(1801)	秽劣(1275)	豁荡(1693)	机信(2229)
皇家(1101)	徽政(3070)	秽乱(1908)	豁情(1395)	机要(1049)
皇鉴(2953)	隳败(2035)	秽慢(1733)	豁然(1244)	机宜(1313)
皇灵(1006)	隳废(1546)	秽行(1004)	火山汤海(2236)	机运(3082)
皇绪(976)	回惶(2996)	秽杂(1045)	货赇(1261)	激愤(1609)
黄神(948)	回应(1795)	昏闇(2364)	祸福(973)	激讪(1324)
惶怖(2788)	回策(1960)	昏逸(1882)	祸艰(976)	激湍(2099)
惶悴(967)	回动(2597)	昏贰(2912)	祸酷(1515)	积愤(1115)
惶怛(1670)	回惶(2243)	昏放(1376)	祸戮(1430)	积稔(1023)
惶惶(3037)	悔吝(1983)	昏酣(1812)	祸虐(1799)	积直(1275)
惶遽(1972)	悔责(3045)	昏荒(2562)	祸崅(955)	积祉(2271)
惶愧(2556)	毁谤(1286)	昏回(1412)	祸淫(1115)	讥谤(2151)
煌煌(1373)	晦螟(2472)	昏酒(2887)		讥贬(1399)
怳尔(1376)	晦匿(3175)	昏狂(3049)	**J**	讥调(1544)
			基宇(2265)	

饥弊(1714)	集包(2273)	嘉会(1729)	间货(2851)	寋傲(2771)
饥病(2708)	辑和(1178)	嘉伤(2694)	间强(2192)	寋谔(1234)
饥垫(2442)	辑穆(2074)	嘉叹(1028)	监贰(995)	简傲(1000)
饥冻(1382)	辑翼(3180)	嘉咏(2237)	缄闭(2405)	简册(2160)
饥寒(1185)	籍没(3042)	嘉祚(981)	艰弊(1860)	简察(1825)
饥旱(2227)	掎拔(3109)	甲旅(2722)	艰秽(2207)	简达(2263)
饥荒(1382)	伎艺(1375)	檟楚(2146)	艰急(2336)	简淡(1959)
饥俭(2722)	忌妒(1136)	假憩(1420)	艰窭(2688)	简对(2101)
饥窘(2688)	忌害(3047)	假饰(1400)	艰酷(2294)	简贵(999)
饥渴(1219)	忌急(2619)	假托(1390)	艰难(3102)	简惠(1448)
饥匮(2225)	忌戾(2121)	驾御(1575)	艰圮(1754)	简俭(1729)
饥羸(1681)	纪情(2159)	驾驭(2970)	艰泰(3070)	简旷(1238)
饥馁(1132)	纪谥(954)	奸豪(2942)	艰屯(977)	简亮(1254)
饥虚(1739)	纪述(959)	奸略(3018)	艰危(1114)	简令(2419)
饥疫(2716)	纪行(1276)	奸竖(3152)	艰虞(984)	简率(1095)
羁靽(3080)	计数(1025)	奸慝(2639)	艰运(3182)	简默(1802)
羁鞅(3157)	记籍(2510)	奸诈(2874)	歼落(1928)	简任(1366)
羁旧(1051)	记述(2141)	奸智(2952)	歼殄(2241)	简素(1016)
羁绝(2829)	寂泊(1430)	奸暴(2723)	减耗(1560)	简脱(2566)
羁羸(2107)	寂然(2075)	奸谄(1406)	减息(2208)	简秀(1368)
羁录(1383)	寄通(1395)	奸诡(2542)	俭吝(1087)	简雅(1498)
羁縻(2531)	寄象(954)	奸狡(2555)	俭素(1048)	简要(1047)
羁绁(1235)	寄遇(1378)	奸逆(1077)	俭狭(2012)	简易(1311)
羁绁(1553)	寄坐(2653)	奸孽(3011)	翦害(2798)	简毅(2829)
羁寓(1473)	迹沦(2159)	奸叛(2500)	翦削(1918)	简约(1953)
羁絷(2439)	济免(3201)	奸数(3199)	检操(2013)	简召(2931)
岌岌(954)	济务(2242)	奸竖(3119)	检防(1309)	简正(1262)
即便(1245)	济育(3178)	奸图(2862)	检劾(2403)	简直(1026)
急暴(2597)	繋望(2670)	奸细(2563)	检核(1286)	简至(1243)
急速(1019)	继承(975)	奸凶(1127)	检获(1892)	见背(2274)
疾疢(1415)	继贰(2235)	奸凶(1739)	检括(1663)	建基(1298)
疾笃(1041)	继进(2879)	奸淫(1127)	检识(1873)	建牙(2201)
疾患(1828)	继袭(2574)	兼怀(1110)	检校(2098)	荐覆(1685)
疾源(2088)	佳对(979)	坚贞(989)	检验(1433)	闲居(1373)
戢舌(1005)	家道(951)	坚执(1070)	检御(1837)	僭伪(1102)
棘橘(1503)	家累(1768)	笺疏(2042)	检正(1037)	渐染(1058)

渐入佳境(2405)	交流(988)	矫诈(1354)	结托(1862)	矜诞(3008)
贱酬(2439)	交切(1545)	搅乱(1339)	结援(2113)	矜伐(1509)
贱俘(2275)	交泰(1536)	校验(1040)	结结约(2588)	矜豪(1000)
践登(2167)	交媾(2168)	校阅(3093)	节解(3062)	矜慨(2252)
践冒(3048)	交袭(2766)	校缀(1433)	节目(1327)	矜理(2208)
荐拔(2468)	交游(1376)	教示(2333)	节柱(1240)	矜厉(2121)
荐例(1027)	交战(2523)	教养(1372)	诘屈(1064)	矜迈(1973)
鉴裁(1699)	交争(2155)	教诱(2359)	截断(1901)	矜满(1121)
鉴察(1866)	交至(1047)	教旨(1143)	截发(956)	矜愍(1730)
鉴断(3191)	椒掖(948)	较量(1950)	洁敬(2343)	矜悯(1217)
鉴见(2275)	焦虑(2261)	接对(1830)	洁扫(974)	矜巧(1065)
鉴诫(1985)	骄猜(1791)	接识(1424)	洁素(1302)	矜峭(1974)
鉴局(1995)	骄谄(1876)	接下(950)	洁志(1446)	矜忍(1727)
鉴略(2199)	骄侈(1617)	接茵(1491)	颉颃(1861)	矜尚(1369)
鉴识(1004)	骄宠(1173)	阶级(1312)	巀嵑(1065)	矜奢(1010)
鉴悟(1676)	骄豪(1932)	阶庭(954)	解散(1617)	矜险(1575)
江衢(1033)	骄荒(1538)	阶绪(1825)	解舍(1056)	矜争(1658)
僵拔(2736)	骄奸(1922)	阶缘(1936)	解释(1922)	矜重(2588)
疆场(2036)	骄虐(1029)	嗟悼(1032)	解统(2206)	衿情(2169)
讲师(1521)	骄移(2509)	嗟昧(1368)	解意(965)	襟要(2736)
降附(1981)	骄恣(1371)	嗟怨(1052)	介副(995)	尽诚(1814)
降配(955)	狡寇(2956)	劫剥(1669)	介意(1376)	锦绮(1362)
降身(1131)	狡逆(1890)	劫钞(1594)	戒厉(3041)	谨洁(2444)
降悦(2820)	狡说(2046)	劫盗(1733)	戒严(1736)	谨详(1924)
将督(1340)	狡妄(1383)	劫取(1282)	借贷(1236)	谨重(1041)
将略(1584)	狡黠(1506)	劫辱(1791)	诫惧(1967)	劲悍(1560)
绛襘(2836)	皎厉(1185)	桀悍(1445)	诫厉(955)	劲翮(1521)
绛阙(1478)	皎然(1822)	桀寇(1921)	诫悟(2690)	劲捷(1173)
交逼(3071)	绞戮(1442)	捷济(2891)	诫严(2058)	劲节(2297)
交并(2239)	剿灭(2128)	捷雷不及掩耳(2891)	藉算(3120)	劲勇(2188)
交畅(2574)	矫伐(1969)	结固(1338)	金波(947)	浸害(1294)
交驰(2362)	矫厉(2557)	结聚(2621)	金郊(1521)	浸坏(1331)
交伐(1507)	矫励(1681)	结恋(961)	金声(1995)	浸盛(1572)
交锋(1110)	矫弄(2670)	结谋(3127)	津要(2319)	进才(1058)
交集(1110)	矫然(1921)	结舌(1357)	矜傲(1000)	进据(1925)
交款(2962)	矫若惊龙(2093)		矜察(1920)	进突(2205)

进幸(963)	精练(1322)	敬昵(1758)	救断(1213)	距守(1556)
进住(2554)	精芒(1075)	敬信(1636)	救捍(1106)	距战(1592)
禁黜(2825)	精奇(2839)	敬业乐群(2140)	救济(1795)	距争(2036)
禁断(1014)	精深(2432)	敬悦(1768)	救请(1162)	聚合(1807)
禁锢(1368)	精神满腹(1787)	靖塞(2995)	救恤(1705)	聚结(1556)
禁检(1277)	精审(1039)	静拱(1047)	救愈(2484)	聚纳(1727)
禁绝(1561)	精盛(2674)	静乱(1740)	救援(1823)	聚散(1540)
禁勒(2930)	精爽(960)	静密(1875)	旧齿(956)	聚着(2060)
禁闵(2661)	精微(2763)	静默(1368)	旧对(1851)	据摄(3101)
禁物(999)	精义(1047)	静寝(1782)	旧迹(1310)	据验(2433)
儆儆(1422)	精致(2376)	静息(1306)	旧门(979)	镌勒(2838)
觐见(1341)	鲸豕(2813)	静躁(2099)	旧昵(3099)	蠲荡(3088)
京辇(967)	惊懊(2100)	静镇(1799)	旧胤(3149)	蠲省(3193)
旌表(1249)	惊沸(1076)	竞爽(1010)	居然(1993)	卷甲(1560)
旌旗(960)	惊悸(2666)	扃牗(1376)	拘介(1143)	卷雾(1995)
经怀(1051)	惊嗟(1406)	冏彻(2634)	拘束(1458)	倦违(2888)
经记(1100)	惊惧(1556)	冏然(2585)	鞠躬(1470)	狷固(2035)
经济(1001)	惊扰(2000)	迥邈(1685)	鞠育(1372)	狷介(1375)
经历(2035)	惊散(3015)	迥阻(995)	局量(2415)	狷狭(1867)
经略(1923)	惊叹(987)	窘逼(2252)	局正(1286)	狷直(1659)
经纶(1145)	惊瘖(958)	窘弊(3203)	局蹐(1470)	眷接(2404)
经赡(1925)	惊疑(3066)	窘困(1099)	沮动(3071)	眷恋(1919)
经涉(2558)	惊逸(2523)	窘罄(2079)	沮惑(2980)	隽劭(2227)
经实(1045)	惊越(2836)	究奇(2140)	沮乱(2661)	隽爽(3191)
经识(1156)	井渫(1846)	纠劾(1570)	沮衄(2630)	隽望(1973)
经史(1081)	景慕(1236)	纠明(2052)	沮扰(2722)	隽秀(2086)
经通(2087)	警觉(1208)	纠扇(2969)	沮丧(2319)	隽异(1396)
经延(994)	警虑(1684)	纠摄(2855)	举荐(1128)	隽哲(2266)
经远(1131)	警悟(1239)	纠正(1272)	举任(1058)	决烈(1199)
经载(2558)	警严(1354)	啾嘈(1501)	举养(1986)	决遣(1570)
经综(1332)	径迹(2694)	啾啾(1505)	举正(2484)	决泄(1432)
精博(1671)	径路(1040)	鸠合(1478)	举止(1135)	绝倒(1067)
精彩(3176)	径造(1030)	九域(1058)	巨寇(1741)	绝隔(1040)
精尽(1060)	敬从(976)	咎悔(1373)	具宣(2199)	绝粒(2319)
精究(1978)	敬吊(2386)	咎责(2025)	距捍(2118)	绝伦(1374)
精丽(3205)	敬媚(2340)	咎谪(1904)	距却(3010)	绝没(2098)

绝弃(2171)	儁异(1434)	戡殄(2857)	课励(2286)	夸拟(3084)
绝俗(1007)	儁哲(1498)	侃侃(2363)	课输(1875)	夸尚(2107)
绝巘(1519)	浚哲(1511)	忼忾(2428)	垦植(1431)	跨据(2970)
绝域(1040)	浚治(2824)	康隆(1479)	坑斩(2761)	跨蹑(2441)
爵土(1049)	骏逸(2838)	慷慨(3161)	硿硿(2364)	宽爱(3049)
谲诈(1234)		慷忾(1470)	铿宏(2441)	宽弛(1230)
蹶然(1541)	**K**	穅秕(1544)	空惭(1033)	宽慈(2669)
钧天(1505)		亢极(1608)	空旷(1669)	宽减(2860)
俊辨(1017)	开拔(1831)	亢厉(1326)	空罄(2114)	宽俭(3045)
俊辩(2153)	开布(1014)	亢直(1681)	空缺(1765)	宽简(1287)
俊迈(1487)	开除(2593)	亢志(1189)	空无(1045)	宽令(965)
俊茂(1205)	开构(2874)	伉俪(958)	空器(2382)	宽恤(2119)
俊器(1384)	开豁(2130)	抗答(1991)	空悬(1791)	款笃(1203)
俊爽(1048)	开济(1597)	抗衡(1220)	悾款(1325)	款藩(2260)
俊贤(1359)	开蓂(3146)	抗烈(2351)	孔纯(962)	款附(1540)
俊异(2970)	开建(2362)	抗迈(1959)	孔尔之顾(2856)	款怀(1111)
俊哲(1660)	开疆(3158)	抗排(1493)	控带(1071)	款亮(1104)
峻隘(2180)	开朗(1356)	抗御(1565)	控制(2856)	款密(1767)
峻暴(3198)	开率(2069)	抗御(2208)	叩会(2163)	款昵(1224)
峻急(1323)	开纳(1907)	抗志(3000)	寇逼(3083)	款至(1853)
峻厉(1205)	开启(1294)	考核(1251)	寇逆(1560)	匡霸(1815)
峻密(967)	开始(1839)	考鞫(2334)	寇窃(2145)	匡弼(1378)
峻明(2856)	开释(2356)	考详(1058)	寇壤(2159)	匡革(2063)
峻山(960)	开泰(1814)	考效(1868)	枯穷(967)	匡规(3102)
峻险(3154)	开通(1553)	考正(1039)	哭奠(2313)	匡化(1518)
峻整(1323)	开拓(1839)	拷掠(1765)	苦楚(2334)	匡奖(996)
峻重(1254)	开诱(2351)	可憎(949)	苦至(2589)	匡矫(1351)
浚导(1265)	开张(1329)	渴仁(1022)	酷毒(1722)	匡讨(2684)
儁拔(2721)	慨怅(1861)	克当(1167)	酷罚(2561)	匡维(2701)
儁杰(2678)	慨恨(2194)	克蒇(2956)	酷害(3214)	匡翼(2127)
儁郎(1050)	慨叹(1283)	克平(992)	酷乱(2832)	匡御(1242)
儁率(2004)	阆拓(1819)	刻骨(1508)	酷忍(2538)	匡赞(3194)
儁爽(1995)	忾恨(1484)	刻画(1851)	酷辱(1885)	匡制(3102)
儁望(1124)	刊辑(1833)	刻碎(1837)	酷痛(1060)	匡总(2364)
儁贤(2591)	刊削(2356)	课调(1027)	酷冤(2949)	悾骇(1111)
儁秀(1238)	戡荡(3193)	课对(2029)	夸尚(2146)	悾然(1928)
	戡定(2581)			

筐篚(2227)　阃外(1773)　朗赡(1068)　类分(2372)　利害(1322)
狂狷(2661)　阃宇(1478)　朗悟(1757)　棱威(2219)　利见(3055)
狂戾(962)　困逼(1675)　朗寤(1266)　冷热(1143)　利欲(1376)
狂厉(2378)　困弊(1105)　牢笼(3126)　嫠居(2414)　利贞(1373)
狂逆(2559)　困蹙(2123)　劳弊(1925)　黎黄(1906)　苙事(1318)
诳说(2827)　困悴(1263)　劳疾(1068)　瞿遣(2747)　栗然(1959)
诳诱(2632)　困瘁(1730)　劳旧(2896)　厘革(1038)　苙职(991)
诳诈(2501)　困绝(2342)　劳累(2448)　厘和(977)　厉操(2237)
旷达(1045)　困蒙(1848)　劳懈(2133)　厘正(1167)　厉然(1663)
旷淡(1962)　困扰(1907)　老成(997)　离贰(3056)　厉心(2243)
旷荡(1483)　困踬(1643)　老公(1337)　离骇(3183)　励精(2159)
旷久(1389)　括性(2159)　老迈(1169)　离婚(996)　历古(2549)
旷廓(2057)　廓靖(2979)　老年(997)　离阔(1372)　历纪(1114)
旷朗(1519)　廓落(2964)　老奴(964)　离离(1422)　历落(1939)
旷然(1723)　廓然(967)　老怯(2121)　离缺(3047)　丽珍(1995)
旷载(1848)　廓土(2981)　老物(949)　离散(1706)　连衽(1643)
窥窬(2740)　廓夷(2850)　勒铭(1901)　离阻(1772)　连横(2891)
窥觎(3190)　阃纲(1819)　乐群(2140)　理保(1545)　连婚(1980)
窥窬(1950)　　　　　　雷骇(960)　理窟(1992)　连接(1560)
亏辱(1789)　　　L　　雷霆(1764)　理趣(2519)　连结(1595)
魁桀(1560)　拉答(2383)　缧绁(1372)　理识(1663)　连伍(1346)
魁杰(2538)　拉然(2478)　赢愆(2279)　理思(1009)　廉操(1045)
魁奇(3214)　来去(1561)　赢弊(2722)　理义(1703)　廉静(1095)
愧忏(2488)　兰殿(948)　赢笃(2479)　理制(982)　廉平(1253)
愧愕(1172)　兰茝(1905)　赢患(2207)　理致(990)　廉慎(1676)
愧愤(2556)　揽授(992)　赢疾(1765)　礼接(2605)　廉退(1311)
愧服(2502)　烂败(1754)　赢老(1505)　礼贤(975)　廉信(2316)
愧惧(1837)　狼抗(1852)　礧砢(1396)　礼遇(1383)　廉逊(1191)
愧叹(2101)　狼戾(1383)　礧洗(1510)　力不从愿(1684)　敛板(1218)
愧惋(1952)　琅琅(2395)　磥砢(1283)　力致(1037)　练识(2359)
溃裂(2104)　恨恨(1372)　累尘(1005)　立操(991)　恋恨(2378)
溃散(1797)　朗拔(1825)　累荷(1005)　立诚(1504)　恋慕(1250)
馈饩(2450)　朗彻(1243)　累稔(1428)　立行(1846)　恋念(1170)
馈赠(2445)　朗达(2148)　累弱(2031)　吏驺(996)　良谟(2353)
坤德(973)　朗俦(1725)　累载(993)　吏佐(1780)　良器(2018)
裈裆(1362)　朗烈(962)　礧礧落落(2749)　利便(2083)　良算(1793)

良逸(1505)	临履(1155)	灵晖(952)	流蹑(2696)	履危(3197)
亮拔(1543)	临危授命(2217)	灵鉴(1005)	留碍(1555)	履信(972)
亮达(1207)	临御(976)	灵谴(1902)	留滞(2933)	履喆(961)
亮到(1546)	麟振(1337)	灵丘(961)	旒纩(1929)	率薄(2343)
亮迹(1879)	鳞次(2208)	灵舆(960)	隆弊(1476)	率达(2499)
亮然(2647)	鳞凑(2998)	领会(1375)	隆厚(972)	率尔(962)
亮正(1356)	鳞翼(1428)	领帖(1987)	隆化(951)	率礼(951)
量衡(2738)	禀德(2432)	领袖(1038)	隆密(2152)	率领(1596)
量计(1070)	禀质(1893)	令达(2419)	隆泰(2209)	率然(1374)
谅闇(965)	懔然(1956)	令慧(2149)	隆替(1163)	率素(1401)
聊谈(1364)	泠然(1052)	令器(1004)	隆重(1051)	率意(2293)
僚采(1047)	陵傲(1539)	令淑(1168)	笼霄(1995)	率诣(2069)
寥亮(1375)	陵弊(2853)	令望(1067)	偻垢(2382)	率职(1161)
寥萧(1932)	陵嶒(1494)	令誉(1457)	陋生(1493)	率遵(976)
辽旷(2239)	陵蹈(1791)	令族(3149)	陋巷(1372)	乱淫(2676)
辽落(2209)	陵愤(1547)	流谤(3102)	陋质(1182)	乱彰(964)
燎原(2266)	陵驾(1000)	流弊(1849)	陋族(978)	略计(1840)
料检(1853)	陵践(1670)	流宕(1010)	漏迹(1521)	略虚(1214)
料简(2487)	陵厉(1421)	流放(2389)	漏疏(2262)	伦辈(1275)
料理(2103)	陵慢(1398)	流汗沾背(1260)	镂楄(3212)	伦和(1993)
料遣(1987)	陵汩(1799)	流寄(1867)	镂饰(2240)	沦覆(1542)
料校(1720)	陵灭(2269)	流殄(1734)	露板(1159)	沦没(1665)
列辟(2371)	陵蔑(1741)	流滥(1883)	露表(2670)	沦灭(2810)
列启(1279)	陵替(1482)	流离(1509)	陆沈(2572)	沦倾(2676)
列图(959)	陵威(1589)	流涟(1537)	渌浆(2265)	沦辱(1683)
冽清(958)	陵侮(1246)	流略(2346)	禄秩(2064)	沦替(2252)
埒美(2370)	陵虚(1519)	流靡(1010)	禄秩(2511)	沦亡(1114)
烈烈(1700)	陵兆(954)	流漂(2227)	戮罚(3101)	沦陷(1259)
烈正(1765)	陵纵(1787)	流迁(1987)	屡臻(2167)	沦胥(1854)
林曲(2463)	零丁(2274)	流射(958)	履操(2280)	沦夷(2721)
琳琅(2839)	零落(1397)	流书(955)	履蹈(2430)	沦移(2753)
邻丑(1700)	零雪(1520)	流恸(1114)	履德(1036)	沦翳(1984)
霖潦(3166)	龄促(2394)	流徒(2770)	履端(947)	沦坠(1754)
临赴(1152)	灵变(1902)	流血成川(1667)	履机(3167)	纶诏(2357)
临会(1028)	灵长(1713)	流野(3030)	履威(2070)	论难(1368)
临机(2859)	灵根(982)	流咏(1903)	履素(1260)	论望(1663)

附录三 《晋书·列传》《晋书·载记》词目索引

论辀(1064)	美辞(1978)	糜费(2017)	妙昧(1434)	明悟(1047)
罗缕(1330)	美茂(2376)	糜烂(2061)	妙像(957)	明瘠(1268)
倮露(1716)	美赡(1009)	靡靡(1344)	妙演(1397)	明贤(1732)
裸剥(2968)	美劭(2177)	靡遗(2208)	庙略(1023)	明秀(1235)
裸袒(1385)	美淑(2766)	弭塞(2244)	蔑尔(1562)	明扬(1043)
落落(1239)	美艳(2526)	秘奥(1505)	岷峨(2639)	明毅(2891)
	美咏(2900)	秘府(1039)	泯灭(1076)	明勇(1216)
M	美誉(1635)	秘密(1837)	敏速(2177)	明远(1168)
马蹄间(1223)	昧宠(1155)	秘要(2361)	敏悟(1825)	明允(1351)
骂辱(1218)	昧冒(1868)	密封(963)	愍恻(2006)	明哲(1026)
卖傲(1906)	媚趣(2106)	谧静(951)	愍念(1571)	茗逸(1519)
迈出(2419)	门地(2200)	谧然(1245)	愍恕(1868)	茗苎(1230)
迈达(1753)	门禁(967)	绵笃(1777)	悯恸(1464)	冥符(2265)
迈往(2087)	门资(1995)	绵昧(2286)	悯凶(972)	冥感(2288)
迈踪(3082)	矇昧(1819)	绵远(2253)	名绩(1337)	冥昧(1420)
蛮獠(2196)	猛寒(2233)	免退(2895)	名理(1055)	冥目(2484)
满覆(1936)	猛劲(2959)	勉抚(2648)	名例(1026)	冥契(2266)
慢弛(1371)	猛气(2902)	勉进(2892)	名流(1992)	冥兆(1139)
慢怠(1804)	猛锐(3029)	勉思(3182)	名谥(1060)	铭赞(2838)
慢骂(2886)	蒙蔽(1493)	勉喻(1130)	名望(1014)	缪惑(1189)
慢世(2103)	蒙晦(2155)	眄遇(1948)	明辩(2522)	谬耄(1556)
漫举(1193)	蒙眷(1108)	缅窥(2274)	明博(1748)	谬阙(2227)
蔓延(1506)	蒙赖(1307)	缅邈(958)	明彻(1757)	模表(1227)
芒刺(1474)	蒙昧(1447)	缅焉(1984)	明粹(1497)	末伪(2458)
茫荡(1395)	蒙幼(1326)	杪莽(2266)	明格(1279)	墨翰(1066)
茂略(1567)	蒙宥(1005)	杪杪(2266)	明焕(1273)	默觉(1906)
茂亲(1093)	迷悖(1462)	眇薄(2775)	明洁(1090)	默如(1049)
冒陈(1903)	迷粗(2388)	眇躬(2850)	明净(2088)	侔继(1288)
冒履(1093)	迷荒(1398)	藐尔(2513)	明峻(2306)	眸睄(1522)
冒昧(2055)	迷虑(1163)	邈然(2059)	明朗(997)	鍪铠(2949)
冒荣(2070)	迷逆(1546)	邈远(2261)	明练(1330)	谋图(2619)
懋德(1732)	弥笃(993)	妙达(1075)	明敏(2221)	谋图不轨(1597)
懋绩(1995)	弥繁(2903)	妙解(1363)	明命(1039)	母萌(948)
懋勋(1753)	弥加(1051)	妙略(1541)	明目张胆(2564)	募兵(1004)
眉目(1563)	弥纶(2369)	妙速(2934)	明识(1055)	募众(955)
胂胎(2382)	弥漫(2548)	妙算(1001)	明顺(1505)	慕尚(1224)

253

穆穆(2267)　念观(2262)　攀慕(1642)　妃运(2042)　牡谷(1995)
穆然(1379)　宁靖(1563)　盘固(1814)　睥睨(2581)　娉纳(947)

N

　　　　　　宁静(1018)　盘囊(2338)　譬喻(1601)　聘娶(1253)
　　　　　　宁谧(1573)　盘纡(2266)　偏跛(1822)　聘使(3133)
纳款(2874)　宁馨儿(1235)　蟠萦(1076)　偏亮(1330)　平淡(1797)
妳媪(2585)　凝沍(1010)　泮溢(2106)　偏隅(2912)　平当(2024)
南服(1114)　凝峻(1333)　叛扰(3085)　偏远(1775)　平和(1264)
南金(1424)　凝峻(1825)　叛疑(1514)　偏直(1493)　平厚(2562)
难进(2459)　凝科(2702)　旁贯(2141)　偏助(2056)　平惠(1294)
襄册(1626)　凝旷(2173)　庖膳(1007)　篇志(995)　平简(1800)
襄昔(2195)　凝清(2383)　庖牺(1274)　翩翩然(3110)　平生(3179)
襄勋(1475)　凝正(1854)　配德(983)　蹁辕(1007)　平素(980)
挠败(1791)　凝重(3053)　需然(2025)　骈填(2429)　平泰(1849)
馁乏(1149)　佞邪(1971)　朋类(1336)　剽狡(2209)　平珍(2126)
内融(2396)　忸怩(1531)　蓬荜(1436)　剽劲(2687)　平昔(972)
内外(1014)　农吏(1337)　丕基(2271)　剽掠(2560)　平隐(2391)
内相(3143)　农要(1028)　披布(1212)　剽锐(3094)　平允(1130)
尼媪(1741)　醲化(1471)　披溃(3104)　剽勇(3022)　屏当(1365)
尼姐(1734)　驽疴(1871)　披阅(1699)　漂房(3205)　屏迹(1868)
泥滓(1415)　驽劣(2185)　毗倚(988)　漂逸(1481)　屏绝(2756)
逆闇(1302)　驽弱(1328)　毗翼(1177)　飘放(2004)　屏营(2046)
逆夺(3095)　驽骀(1977)　毗赞(1038)　飘寄(2379)　评裁(2097)
逆寇(1786)　怒目(1376)　毗佐(2052)　飘溺(1546)　凭固(2812)
逆旅(1661)　虐害(1689)　疲弊(2040)　飘若浮云(2093)　凭假(1908)
逆乱(1076)　虐滥(1818)　疲病(1360)　飘飘(1817)　凭借(1936)
逆奴(2679)　虐虐(2986)　疲怠(3088)　贫俭(990)　凭赖(993)
逆竖(2976)　虐乱(2541)　疲钝(2927)　贫窭(2293)　凭陵(3110)
逆违(1005)　　　　　　疲堕(1951)　贫庶(2341)　凭系(2246)

O

逆畏(1326)　　　　　　疲竭(2095)　贫素(1291)　凭险(3123)
逆忤(2594)　呕喂(1493)　疲渴(3088)　频丁(976)　凭向(1689)
逆衅(3012)　　　　　　疲老(2216)　频烦(1821)　婆娑(1779)

P

匿景(1449)　　　　　　疲耄(988)　频繁(1215)　破败(1383)
匿智(3190)　徘徊(1375)　疲软(1303)　频仍(1928)　破散(1668)
溺情(1405)　排推(1982)　匹对(2208)　品类(1444)　颇回(2262)
年爵(1000)　排抑(1837)　妃隔(1669)　品章(1009)　扑翦(1951)
年时(1825)　攀龙附凤(3146)　妃塞(2383)　品状(1543)　扑取(1933)

蒲博(2594)　奇趣(1374)　弃绝(1519)　谦谨(2860)　谴负(964)
蒲柳(2048)　奇态(948)　器度(1943)　谦屈(1459)　嗛闪(2383)
仆竖(1805)　奇伟(3049)　器范(2396)　谦揖(3099)　呛哼(2383)
璞沈(2379)　奇秀(1967)　器干(1552)　谦抑(975)　强逼(2446)
朴钝(2653)　歧路(1106)　器局(1287)　前母(975)　强犷(2200)
朴素(1703)　祈求(2284)　器貌(2934)　前涂(1569)　强猾(2106)
朴素(1665)　耆训(993)　器识(975)　虔诚(2850)　强弱(1018)
谱传(1425)　跂踵(967)　器思(1483)　干纲(1839)　强塞(1865)
谱第(1031)　齐肃(1769)　器望(1174)　干涸(1982)　强盛(1405)
谱谥(957)　齐限(2411)　器相(3054)　干没(1162)　强正(1282)
　　　　　　齐整(2918)　器性(1617)　干明(984)　强直(1333)
Q　　　乞哀(2661)　器虚(2302)　干宪(1051)　强逼(1575)
妻息(1688)　企迟(2046)　器艺(2841)　乾元(983)　墙岸(2395)
栖迟(1492)　杞梓(1487)　器用(1777)　黔庶(1147)　襁负(1713)
戚藩(1589)　起造(2299)　器宇(1114)　黔徒(1477)　襁袱(1033)
戚昵(2820)　启谏(1354)　器遇(1283)　浅薄(1917)　侨旧(1110)
凄怀(1778)　启立(1749)　器杖(2009)　浅近(1487)　巧伎(1132)
凄切(1372)　启谏(2794)　憩止(1197)　浅利(2382)　巧饰(1026)
凄然(1375)　启示(1882)　洽博(2376)　浅中(1356)　巧智(1505)
凄惋(2523)　启事(977)　洽畅(952)　遣还(1016)　诮责(2766)
萋萋(1500)　启涂(954)　牵引(1039)　遣送(1016)　翘楚(1936)
栖迟(1449)　启闻(967)　牵制(2195)　潜窜(2538)　翘僪(2316)
栖遁(1805)　启谕(1067)　佥议(1019)　潜遁(995)　翘首(1359)
栖伏(3078)　启祚(1006)　愆乏(1804)　潜怀(1047)　切齿(1376)
栖身(1312)　绮丽(2604)　愆法(1110)　潜朗(1428)　切肌(1376)
栖心(2367)　绮丽(998)　愆责(2850)　潜鳞(984)　切计(2148)
栖志(2432)　契阔(1700)　謇负(2004)　潜昧(1904)　切峻(2275)
岐立(1491)　契协(2216)　迁逼(2393)　潜默(2459)　切厉(1291)
奇才(1369)　气度(2929)　迁播(1163)　潜谋(956)　切要(1313)
奇度(2683)　气候(2472)　迁定(1650)　潜匿(1707)　切责(2139)
奇分(1831)　气秒(3196)　迁改(1777)　潜煽(1956)　切直(1870)
奇略(1208)　气静(1369)　迁授(3184)　潜退(2443)　切至(965)
奇茂(976)　气绝(989)　迁延(1462)　潜消(1907)　怯劣(1792)
奇妙(1649)　气尚(2579)　搴裳(1366)　潜修(1173)　怯畏(2383)
奇璞(1846)　气咽(2104)　谦爱(1801)　潜移(2586)　挈壶(1500)
奇器(1995)　弃放(1198)　谦冲(950)　潜跃(2106)　侵剥(1189)

侵盗(3040)	寝顿(1014)	清贵(2094)	清悟(1374)	倾丧(1950)
侵割(2764)	寝废(3177)	清寒(2383)	清显(1005)	倾悚(2985)
侵叛(1531)	寝伏(2040)	清华(958)	清雅(1313)	倾险(1882)
侵赇(2855)	寝止(2877)	清徽(1114)	清言(1042)	倾陷(2227)
侵弱(1476)	钦爱(1953)	清惠(967)	清彦(2432)	倾想(2069)
侵涉(1529)	钦迟(2462)	清会(2391)	清晏(1029)	倾偃(2596)
侵食(2362)	钦待(1982)	清激(2429)	清一(1212)	倾移(1882)
侵逸(1929)	钦附(2985)	清级(2341)	清易(2419)	轻鄙(1405)
侵恣(2769)	钦恭(2595)	清简(1360)	清议(1027)	轻诋(1601)
嶔岑(1518)	钦贵(2114)	清剿(2383)	清裕(2355)	轻脆(1002)
嶔崎(1939)	钦嘉(2048)	清阶(1970)	清誉(1486)	轻恋(2920)
亲宠(2885)	钦喜(1573)	清警(1591)	清远(1021)	轻陵(3191)
亲乐(2425)	钦挹(1243)	清举(1360)	清约(1367)	轻率(2542)
亲礼(1535)	钦悦(1217)	清峻(2280)	清允(1055)	轻剽(1727)
亲密(1859)	钦重(1067)	清恪(1263)	清韵(2294)	轻生重义(1357)
亲穆(2848)	青白眼(1361)	清苦(1400)	清真(1873)	轻速(1280)
亲人(1779)	青眼(1361)	清朗(1506)	清峙(1238)	轻佻(2210)
亲善(1745)	清辨(2713)	清冷(2782)	清重(1160)	轻微(2094)
亲疏(1014)	清辩(1374)	清亮(1016)	清壮(1361)	轻侠(1759)
亲委(1397)	清才(1507)	清流(2363)	清浊(1514)	轻险(1059)
亲狎(1637)	清冲(1846)	清律(2764)	倾败(1029)	轻重(1018)
亲贤(3176)	清纯(1151)	清论(1186)	倾弊(1893)	情乖(1010)
亲飨(3163)	清粹(1145)	清敏(1259)	倾薄(3056)	情好(1746)
亲幸(2194)	清达(990)	清贫(1255)	倾诣(3000)	情怀(1137)
亲遇(1176)	清澹(1260)	清勤(1840)	倾迟(1827)	情慨(2095)
亲仗(2592)	清当(1356)	清赡(3195)	倾荡(1028)	情礼(982)
亲杖(1867)	清荡(3121)	清赏(1231)	倾颠(2266)	情虑(1384)
亲重(1378)	清芬(1436)	清尚(1312)	倾动(1734)	情深义重(1792)
勤瘁(1305)	清氛(3158)	清身(1191)	倾顿(2378)	情性(1178)
勤抚(2052)	清复(1662)	清慎(1024)	倾坏(1018)	情旨(1795)
勤干(2954)	清干(1284)	清肃(1281)	倾竭(1840)	情滞(2084)
勤俭(2280)	清高(1679)	清谈(1236)	倾沧(2531)	顷亩(1321)
勤肃(1879)	清公(1632)	清恬(991)	倾落(2084)	请好(1469)
勤学(2149)	清官(1000)	清通(1047)	倾慕(1241)	请赇(3130)
擒获(1862)	清贯(2407)	清望(1181)	倾伫(3012)	庆会(2055)
擒劫(2935)	清规(1053)	清蔚(2419)	倾辱(2819)	庆深(981)

庆谢(1051)	屈辱(1230)	铨衡(1187)	扰动(3001)	容怀(2263)
庆悦(3165)	屈滞(1984)	铨叙(2240)	扰覆(2888)	容养(2619)
罄乏(1625)	岨绝(1051)	铨正(1279)	扰惧(2854)	容止(3176)
罄竭(3066)	区区(1920)	铨擢(3124)	扰乱(1617)	容质(2520)
罄尽(1236)	区宇(1444)	铨综(1231)	扰扰(1376)	荣悴(1905)
罄绝(2718)	区寓(2346)	权偪(2328)	人面兽心(2060)	荣华(1005)
穹昊(951)	诎免(994)	权宠(1177)	人衹(1033)	荣进(1371)
穹隆(1065)	曲蘖(1741)	权留(989)	仁爱(1384)	荣亲(1340)
穹壤(947)	驱逼(1110)	权略(1070)	仁暴(1071)	荣庆(974)
茕然(2293)	驱驰(1104)	权速(2931)	仁讷(1720)	荣辱(1363)
穷弊(2855)	驱斥(2209)	权智(2225)	仁淑(1967)	荣养(2377)
穷兵黩武(2956)	驱跇(1546)	犬马(1340)	仁顺(1044)	融然(2462)
穷兵极武(3114)	驱蹙(2208)	劝导(2357)	仁友(2885)	融通(2353)
穷残(1771)	驱动(1233)	劝戒(1920)	仁宥(1727)	镕冶(2372)
穷蹙(1211)	驱驾(3109)	劝进(996)	仁泽(2726)	冗猥(2146)
穷罚(1868)	驱令(2663)	劝竞(3198)	忍害(2952)	柔范(948)
穷蹇(1230)	驱扰(2855)	劝喻(976)	荏苒(3048)	柔附(1533)
穷窭(2311)	驱辱(2708)	雀罗(2750)	任成(1003)	柔克(1964)
穷馁(1801)	驱杀(2553)	愿亮(2126)	任达(1362)	柔润(962)
穷日(2462)	驱扇(1985)	阙乏(1668)	任典(1019)	蹂藉(1737)
穷奢(1995)	驱走(1108)	阙略(2175)	任放(1199)	茹毛饮血(1459)
穷奢竭费(2144)	取定(2010)	阙少(2405)	任率(1048)	茹荼(2952)
穷数(1313)	取守(1346)	逡巡(1305)	任性(1359)	茹辛(2243)
穷痛(952)	趣竞(1392)	群本(1044)	任逸(1371)	儒博(1077)
穷凶(2952)	阒然(2841)	群才(1114)	任遇(1637)	儒风(1033)
穷凶极暴(2629)	悛慎(1175)	群黎(961)	任真(991)	儒谨(2696)
穷灾(3210)	圈闭(1297)	群孽(3193)	任纵(1379)	儒林(1492)
丘坟(2346)	全策(1023)	群情(975)	仍旧(3036)	儒素(1251)
丘壑(2072)	全完(2335)	群望(2095)	仍臻(976)	儒训(1977)
秋箨(2915)	泉壤(2119)	群小(2448)	日甚(1149)	儒雅(1040)
囚槛(1607)	痊损(2026)		日盛(961)	儒业(1255)
曲躬(1369)	诠论(1284)	**R**	戎刚(1521)	蠕动(2372)
曲事(1089)	诠详(2746)	燃沸(2751)	戎略(2200)	入攻(3059)
曲碎(2055)	诠正(1869)	染化(1132)	戎貊(2145)	入谐(3194)
曲宥(2319)	铨次(2411)	染凶(1953)	容德(982)	入综(1021)
曲泽(2365)	铨管(1367)	让果(2274)	容范(1186)	软抵(2361)

懊惑(2329)	扫平(2812)	伤惨(967)	射钩(2058)	深沈(2478)
睿德(2661)	啬养(1264)	伤恻(1616)	涉履(1351)	深叹(1024)
睿鉴(1777)	涩滞(1804)	伤楚(2059)	涉岁(3196)	深通(1483)
睿喆(962)	森然(2197)	伤瘁(2378)	设备(2736)	深忧(967)
睿姿(2289)	森森(1283)	伤感(1731)	慑惧(1771)	深责(1152)
锐进(2920)	沙汰(2143)	伤害(1533)	慑魂(2848)	深衷(1106)
锐猛(1614)	杀伤(1644)	伤恨(1881)	慑呼(2383)	深重(1384)
叡达(1470)	山聊嶑(1519)	伤毁(1145)	摄生(1376)	神彩(1231)
叡心(1468)	山泽(1370)	伤惧(2672)	摄事(1070)	神策(1211)
叡质(1683)	删除(1918)	伤蹶(1924)	摄职(1225)	神齿(2785)
若如(978)	删改(1151)	伤切(1041)	申白(1111)	神聪(1664)
若缀旒然(3013)	删革(1167)	伤恸(2216)	申布(3208)	神调(2688)
弱龄(3144)	芟除(3181)	伤惋(2005)	申畅(1392)	神机(1771)
弱植(1356)	芟夷(2911)	伤夭(1042)	申陈(1235)	神检(1244)
	挻灾(948)	伤夷(3041)	申救(1853)	神鉴(1378)
S	扇动(1168)	伤瘕(1682)	申料(1005)	神傅(1050)
飒至(2463)	扇附(2586)	裳帐(954)	申列(1597)	神略(2753)
散居(1322)	扇构(2076)	赏待(2604)	申明(1291)	神妙(2612)
散溃(2300)	扇合(2969)	赏异(1846)	申省(1322)	神栖(2913)
散朗(1239)	扇惑(1907)	上列(981)	申修(3198)	神气(1373)
散流(1533)	扇满(2877)	上流(1104)	申叙(2044)	神情(1235)
散灭(1848)	讪毁(1542)	韶润(1368)	申雪(3003)	神色(1051)
散退(2081)	讪辱(1005)	劭邈(1753)	申寻(1861)	神色自若(3184)
散亡(2033)	善量(2115)	绍承(2943)	申喻(992)	神识(1732)
桑枝(1033)	善柔(1844)	奢侈(1381)	申谕(1020)	神爽(2996)
丧败(1852)	善始令终(2066)	奢急(2822)	申奏(2770)	神思(1198)
丧没(1036)	善勖(3146)	奢宕(2980)	身没(1259)	神通(2488)
丧难(1416)	擅威(2052)	奢放(1590)	深诚(2048)	神悟(2069)
骚动(1056)	擅雄(3199)	奢豪(998)	深粹(992)	神虚(1369)
骚扰(1865)	缮复(2572)	奢俭(2689)	深根固蒂(1296)	神验(2498)
骚骚(958)	缮完(2283)	奢忕(999)	深害(2824)	神志(1059)
扫荡(1685)	缮筑(2268)	奢玩(2856)	深弘(1050)	审谛(1485)
扫荡(1934)	赡富(1435)	奢浊(1988)	深交(1052)	审量(1299)
扫定(2717)	赡给(1373)	舌本(2192)	深虑(1345)	审识(1841)
扫氛(2541)	商略(2419)	舍生取义(1128)	深漠(1395)	审择(1021)
扫灭(1018)	伤残(3028)	舍越(2855)	深洽(1913)	慎密(1157)

258

慎默(1757)	施设(2173)	事运(975)	殊涂同致(1371)	庶尹(1469)
升敬(2416)	施遗(2030)	侍侧(1376)	殊悬(2034)	术业(1428)
升遐(2852)	施用(3184)	侍觐(1286)	纾散(1902)	树建(1131)
生赖(3213)	施张(2476)	侍直(998)	淑令(982)	树教(1084)
生理(1545)	施置(3036)	室庐(1376)	淑茂(1152)	树置(1736)
生灵(1445)	师范(2367)	室宇(1007)	淑美(1463)	衰弊(1934)
生生(1508)	时类(1049)	恃势(1220)	淑誉(948)	衰陵(1478)
生植(2146)	时望(951)	是非(1376)	淑姿(967)	衰灭(1840)
牲馈(1511)	时雍(2140)	眂眂(2383)	疏闉(1483)	媚老(1520)
声地(2588)	识拔(2662)	视听(2060)	疏斥(1464)	爽慧(1448)
声调(1374)	识达(3035)	弑逆(1395)	疏钝(2575)	爽朗(2696)
声绩(1189)	识度(949)	势促(2809)	疏放(1365)	爽迈(1539)
声色(1007)	识断(3031)	势利(1019)	疏隔(1985)	爽气(3004)
声息(2038)	识怀(1802)	饰叙(1974)	疏间(2556)	水镜(1243)
声援(1760)	识会(1312)	誓心(1016)	疏简(1078)	水陆(1007)
声云(2201)	识鉴(1249)	适当(2389)	疏贱(1859)	水湍(3023)
声状(2888)	识局(1823)	噬啮(1534)	疏涓(2271)	顺轨(1131)
省烦从简(2144)	识理(2048)	释然(1045)	疏朗(2395)	顺通(1369)
省改(1063)	识量(1047)	收拔(2967)	疏瘦(2107)	瞬息(2666)
省节(2895)	识命(1050)	收揽(1660)	疏疑(1967)	硕德(2850)
省决(2776)	识悟(1162)	收离(1540)	疏躁(1731)	硕美(3212)
盛轨(1021)	识性(1323)	收罗(2048)	疏质(2169)	私艰(2217)
胜拔(1802)	识致(2004)	收葬(1159)	舒咢(3212)	私累(1932)
胜会(2069)	士望(1383)	手不辍卷(1409)	舒光(1062)	私通(1613)
胜略(2914)	士心(1218)	手自(3213)	舒笺(2107)	思奋(1115)
胜士(1020)	世济(975)	守本(1045)	舒卷(1234)	思画(1813)
圣化(1051)	世利(2262)	守靖(1759)	枢机(1427)	思惧(1902)
圣略(2823)	世难(1473)	守约(1115)	枢要(1624)	思理(1846)
圣明(980)	世物(1050)	首目(1064)	输效(2119)	思量(976)
圣资(976)	世勋(1041)	首相(996)	摅畅(1687)	思媚(972)
尸素(2039)	世胄(951)	受货(2411)	熟末(1007)	思谋(995)
尸元(1883)	式遏(2317)	受署(1634)	蜀土(1040)	思顺(972)
失常(1391)	事端(950)	授化(2429)	戍卫(1108)	思算(1950)
失堕(3156)	事际(2200)	授任(1100)	恕宥(1883)	思详(956)
失望(2790)	事体(1310)	倏忽(1420)	庶事(994)	思学(2353)
尸素(2932)	事无巨细(1411)	殊常(1043)	庶务(1471)	思致(1368)

死绥(3103)	夙慕(1479)	绥齐(2018)	弹贬(1279)	特达(1795)
死休(2956)	素奈(974)	绥慰(1232)	弹劾(1941)	特至(1754)
死葬(1869)	素微(1002)	绥驭(2626)	弹击(1333)	腾赴(2602)
四逼(2302)	素心(1545)	随事(1039)	弹违(1305)	提拔(2364)
伺窥(1609)	素业(950)	岁稔(2638)	弹奏(1005)	提勒(2364)
伺隙(1163)	宿齿(1285)	碎密(1304)	坦荡(1361)	提挈(1546)
肆睇(2153)	宿德(2839)	碎事(1278)	坦率(1924)	绨绅(948)
肆毒(1685)	宿望(1282)	碎务(1278)	坦然(1576)	体亮(1369)
肆害(2949)	宿心(1373)	邃茂(1824)	探取(1458)	体识(1797)
肆狡(984)	肃化(2330)	隼击(1761)	探寻(1145)	体顺(951)
肆姐(1372)	肃举(2856)	隼质(3109)	探隐(1464)	体质(1100)
肆乱(1114)	肃厉(2825)	损夺(1154)	探赜(2140)	倜傥(1439)
肆掠(2282)	肃明(2853)	损劣(1416)	叹服(1290)	倜傥不羁(2170)
肆逆(956)	肃清(1311)	索然(1018)	叹恨(1181)	涕涟(960)
肆虐(2052)	肃然(1056)	索索(1413)	叹俱(1757)	涕泗(1637)
肆慝(3213)	肃容(2501)	琐慧(2382)	叹赏(2645)	涕唾(2488)
肆威(2185)	肃谐(2855)		唐庭(1366)	天崩地陷(2782)
肆心(2209)	肃振(3198)	**T**	堂负(2696)	天表(1038)
肆凶(1791)	肃震(1500)		傥然(1370)	天朝(1273)
悚动(976)	酸感(2903)	他方(1040)	阘(1511)	天慈(1350)
悚遽(2429)	酸恨(1462)	挞辱(1506)	韬笔(1435)	天德(1104)
悚赧(1110)	酸怀(1217)	台衡(1138)	韬翰(1064)	天罚(1294)
竦踊(1323)	酸然(2194)	台槐(1268)	饕窃(1747)	天朗气清(2099)
竦战(1608)	酸噎(1795)	台铉(1995)	饕餮(1748)	天母(956)
送故(1987)	酸重(1415)	太和(993)	饕诤(2383)	天权(1668)
送款(2716)	算课(1026)	太微(961)	逃叛(3148)	天润(2193)
讼冤(1373)	算历(2353)	贪暴(1982)	逃散(1219)	天听(1005)
颂美(2271)	算略(1239)	贪惰(2855)	逃逸(1932)	天网(3048)
诵览(2150)	绥边(1036)	贪悍(1532)	陶然(1850)	天网恢恢(1411)
诵味(2398)	绥荡(1450)	贪横(1652)	陶陶(1376)	天序(1156)
搜夺(1889)	绥合(1647)	贪乱(1764)	陶兀(1376)	天宇(947)
搜访(1224)	绥怀(1014)	贪赇(1143)	陶衍(2265)	天质(1369)
搜扬(991)	绥缉(2329)	贪纵(1972)	陶烝(1908)	田兵(1321)
苏息(2570)	绥辑(2005)	谈戏(1774)	讨除(1885)	恬豁(2267)
俗定(1748)	绥穆(2113)	谈咏(1924)	讨戮(1445)	恬靖(2352)
夙驾(954)	绥纳(1202)	谈谭思(2442)	讨逆(2242)	恬静(1369)
		谭宴(2285)		

恬旷(2302)	通好(2874)	彤史(948)	图欲(1056)	吞噬(1213)
恬神(1826)	通和(1940)	童丱(1741)	吐曲(2302)	屯弊(1826)
恬退(1953)	通化(1530)	统临(954)	兔缺(2217)	屯厄(2721)
恬远(992)	通机(1050)	统摄(1160)	推逼(2762)	屯聚(2996)
畋游(2597)	通济(1825)	统义(1036)	推戴(1647)	屯窭(2211)
甜甘(2252)	通简(1377)	痛侧(2153)	推德(1111)	屯坫(2573)
填杀(1238)	通浚(3166)	痛悼(953)	推放(1823)	屯险(3210)
忝厕(957)	通款(2828)	痛毒(2622)	推分(1749)	屯夷(2070)
忝窃(1015)	通朗(1939)	痛恨(1338)	推奉(1745)	屯虞(2478)
殄绝(1594)	通练(2044)	痛疾(1105)	推伏(2045)	托辞(959)
殄没(2128)	通率(1544)	痛慨(2229)	推服(1067)	托迹(1846)
腆然(1328)	通门(2410)	痛酷(1486)	推劲(2743)	托寄(1791)
迢迢(2266)	通敏(2062)	痛裂(1554)	推怀(2151)	脱略(2069)
条畅(2072)	通聘(3179)	痛憨(2004)	推寄(1111)	脱落(2168)
条干(1007)	通洽(1145)	痛叹(2366)	推检(1228)	脱谬(1720)
条义(2352)	通亲(1556)	痛惋(2819)	推结(2214)	拓落(2683)
条制(2594)	通涉(2002)	痛心(961)	推叹(2251)	
髫龀(2645)	通识(1390)	痛心绝气(2570)	推问(2482)	**W**
眺瞩(2572)	通恕(1081)	恸绝(2525)	推仰(2829)	宛隆(1649)
帖然(1378)	通顺(2060)	恸哭(978)	推正(1039)	洼隆(2237)
听采(2383)	通脱(2170)	恸泣(3002)	推重(2819)	外柔内刚(1863)
庭衢(1376)	通微(1428)	恸心(958)	颓弊(2179)	腕腕(2776)
停废(2574)	通物(2433)	偷安(2052)	颓毁(1747)	完郛(1545)
停留(1939)	通贤(1024)	偷渡(1580)	颓基(2987)	完固(2168)
停浐(1431)	通泄(1432)	投策(1522)	颓然(1253)	玩道(1995)
停信(963)	通信(1241)	投衅(1919)	颓散(1980)	玩弄(1458)
停滞(2011)	通秀(1914)	投厝(1821)	颓替(1671)	纨绮(2362)
挺杰(2258)	通雅(2026)	秃落(1492)	颓然(1396)	纨绣(1007)
挺立(2615)	通夜(961)	荼毒(1384)	颓纵(1382)	顽慧(1517)
挺性(948)	通远(1039)	荼酷(2085)	退败(1850)	顽昧(1903)
挺秀(1995)	通致(1899)	屠钓(1366)	退次(1904)	顽疏(1213)
通辩(2984)	通综(2141)	屠害(3191)	退顾(1771)	顽直(1493)
通博(1042)	同轨(954)	屠脍(2798)	退还(1565)	挽童(960)
通诚(2236)	同类(3103)	图记(1040)	退守(2364)	婉慧(2524)
通籴(3156)	同心戮力(1674)	图乱(1077)	吞并(3143)	婉丽(2525)
通感(2288)	同志(1382)	图像(1040)	吞并(1016)	婉然(2060)

惋怛(2094)	妄举(1424)	微颣(2090)	伟量(2862)	蓊郁(2453)
惋愕(2570)	妄生(967)	微说(2151)	伪薄(1131)	涡濑(1494)
惋愧(1110)	妄豫(2948)	韦编(1995)	隗然(1376)	挝捶(3100)
惋然(3084)	妄自菲薄(2421)	帷幄(1833)	猥烦(1209)	卧疾(949)
惋惜(1007)	忘倦(1047)	围逼(1106)	猥集(1764)	卧息(2536)
万安(1041)	忘寝(2046)	帏盖(1463)	猥滥(1324)	握掌(2266)
万虑(958)	忘寝与食(1168)	违错(1415)	猥劣(2316)	斡度(1419)
酛默(2055)	危弊(2044)	违贰(1152)	猥辱(1106)	龌龊(2232)
尪暗(2650)	危怖(2564)	违伐(2839)	炜晔(1523)	污朏(2382)
尪弊(1415)	危愍(2784)	违距(1919)	薱薱(1366)	污浊(1277)
尪病(1228)	危笃(1133)	违离(2575)	位地(1759)	乌合之众(2115)
尪悴(1341)	危阤(1771)	违慢(1302)	位遇(1169)	乌鸟之情(3168)
尪羸(2275)	危害(1382)	违冒(2165)	味咏(2059)	诬谤(1005)
尪陋(1228)	危骇(2879)	违谬(1892)	味远(2441)	诬害(965)
尪驽(1560)	危悔(1295)	违逆(1577)	畏逼(1019)	诬陷(1174)
亡宾(3103)	危机(1797)	维持(2751)	畏嫉(2603)	无贰(3097)
亡国破家(967)	危急(975)	维翰(1127)	畏惧(1378)	无勒(1377)
亡绝(2434)	危虑(2845)	维卫(1560)	畏阻(2209)	无赖(2046)
亡散(1682)	危迫(1800)	维镇(1297)	尉答(2736)	芜舛不伦(2143)
亡陨(1325)	危浅(2275)	维正(1331)	慰勉(1401)	芜梗(1114)
王略(1664)	威逼(1814)	维絷(1825)	慰塞(1907)	芜菁子(1050)
王略(2216)	威称(1586)	委诚(1111)	慰悦(2055)	忤犯(1406)
往代(957)	威凤来仪(2148)	委笃(2458)	温笃善诱(2349)	忤色(1363)
往烈(1995)	威惠(1001)	委顿(1049)	温谨(1252)	忤物(2936)
枉伏(1518)	威克(1131)	委化(2937)	温湿(1560)	武奋(2948)
枉害(1486)	威灵(1776)	委赖(1660)	文笔(2384)	武干(1727)
枉酷(1285)	威容(1448)	委离(1088)	文翰(1376)	武略(3158)
枉滥(1277)	威赏(1601)	委曲(1322)	文思(2062)	武毅(1469)
枉诉(1372)	威憺(1634)	委任(1014)	文秀(1905)	武艺(1567)
枉贼(1077)	威势(1209)	委事(1003)	文义(1098)	侮弄(1799)
枉直(1984)	威望(1123)	委输(3167)	文藻(1487)	侮弱(2561)
枉纵(1243)	威训(1110)	委危(1680)	闻达(1961)	侮易(1542)
罔惑(1419)	威仪(1377)	委巷(1493)	闻诉(1554)	兀然(1376)
罔罔(1157)	威重(995)	委杖(1746)	闻问(2003)	物和(1973)
惘然(976)	微飙(1473)	委质(1013)	紊乱(1245)	物理(1026)
网罗(2820)	微怀(1264)	伟干(2218)	蓊蔼(1505)	物情(2119)

附录三 《晋书·列传》《晋书·载记》词目索引

物望(2097)	狭隘(1516)	贤旧(3146)	香汤(965)	嚣尘(1607)
物务(1044)	遐风(1043)	贤胜(1969)	乡畎(1040)	嚣氛(2425)
物象(1062)	遐邈(2008)	贤淑(984)	缃素(2274)	嚣华(2458)
误惑(2520)	遐外(1213)	贤彦(2301)	详简(2562)	嚣然(1737)
	遐想(2074)	贤愚(1208)	详明(1777)	骁果(1759)
X	下人(2127)	险奥(1827)	详雅(1235)	骁悍(2723)
夕惕(1320)	下湿(1169)	险阻(1697)	详正(1954)	骁捷(2657)
希冀(2275)	下书(953)	险害(2303)	享献(1511)	骁率(1453)
希慕(1639)	下物(1095)	险阂(2209)	响赴(1617)	骁勇(1534)
希企(1514)	下小(2097)	险绝(1294)	响会(3097)	小差(1187)
息耗(2286)	先载(1498)	险塞(1471)	响集(2429)	小瘳(1264)
息顷(2661)	先志(972)	险涩(1664)	飨福(1902)	小儿(2926)
息徒(2076)	纤埃(1500)	险要(1016)	飨祭(1022)	小检(2499)
息望(3184)	闲暇(1952)	险戆(2558)	向晓(1485)	小郎(1239)
悉皆(2209)	弦望(948)	险岬(2274)	削除(1024)	小数(1590)
翕尔(2715)	弦咏(2856)	险远(1113)	削损(3011)	小竖(1609)
翕赫(1468)	咸皆(1191)	崄薄(3012)	削小(1339)	小息(1634)
翕集(1069)	咸尽(1211)	显烈(1021)	宵逸(3109)	晓达(2520)
翕然(1366)	弦徽(2463)	显宣(1632)	消磨(1493)	晓解(2376)
翕习(1327)	闲畅(1365)	显要(1600)	消刃(1560)	孝诚(3041)
嬉娱(2782)	闲默(2371)	显重(1005)	消引(995)	孝笃(1765)
羲璧(947)	闲爽(1846)	显擢(2627)	骁险(2619)	孝感(987)
习骄(3095)	闲泰(1871)	限断(1174)	骁勇(1775)	效白(1120)
习乱(1546)	闲雅(1516)	陷离(1669)	枭除(3025)	效节(1100)
袭代(1987)	嫌谤(1757)	陷没(1704)	枭鹗(2987)	效杀(1521)
喜怒(1359)	嫌雠(1275)	宪司(1038)	枭翦(3120)	效善(2723)
喜庆(1217)	嫌忿(1176)	献策(1995)	枭戮(2861)	效彰(2090)
喜愠(1068)	嫌吝(1474)	献替(1378)	枭擒(1764)	笑咏(2080)
系仰(2669)	嫌隙(1057)	相对(1374)	枭殄(2976)	啸歌(1377)
系仰(2730)	嫌疑(1082)	相烦(964)	枭心(984)	啸咏(1364)
系踵(1439)	嫌责(2113)	相高(1746)	枭斩(1102)	啸咤(2911)
郄间(1064)	衔胆(2243)	相较(1029)	霄崿(1519)	协成(2210)
细目(1921)	衔忿(1506)	相昵(1178)	萧悴(1906)	协德(972)
细猥(1494)	衔疚(1641)	相侮(1006)	萧然(1163)	协辅(1734)
隙会(1776)	衔蓼(2952)	相协(982)	萧瑟(1519)	协济(1817)
戏调(2088)	贤鄙(2008)	相寻(1101)	萧条(1375)	协契(2219)

协同(1336)	衅弊(1625)	凶勃(2861)	凶残(1717)	休养(3208)
协赞(2084)	衅鼓(1378)	凶谄(1882)	凶悍(2545)	修补(2012)
挟怀(1345)	衅会(1983)	凶丑(1296)	凶横(1944)	修辞(1504)
挟赞(2228)	衅迹(2862)	凶粗(1051)	凶狂(1872)	修定(3177)
挟注(1986)	衅眚(2060)	凶妒(1072)	凶逆(2127)	修短(1065)
谐畅(2737)	衅隙(2201)	凶妨(1598)	凶渠(1878)	修复(1650)
谐谑(2404)	星离(2193)	凶犷(1163)	胸府(2517)	修改(2872)
谐隐(1905)	星罗(2782)	凶宄(2562)	胸怀(1775)	修和(3133)
携老扶弱(1680)	星散(2715)	凶很(1626)	胸心(2570)	修己(3134)
携离(2180)	兴动(967)	凶猾(2930)	詾吓(1837)	修结(2738)
携率(2548)	兴嗟(2273)	凶忌(2196)	雄骜(3203)	修谨(1068)
屑怀(2930)	兴利(994)	凶惧(2877)	雄暴(2752)	修敬(2010)
屑意(2076)	兴隆(1041)	凶寇(1674)	雄果(2867)	修立(1633)
懈息(2098)	兴灭(985)	凶魁(1139)	雄悍(2822)	修勤(2332)
亵近(1908)	兴缮(2772)	凶类(2241)	雄豪(1679)	修尚(1050)
谢责(1794)	兴叹(2168)	凶乱(1596)	雄杰(3133)	修慎(1486)
心达(1369)	兴替(1229)	凶孽(1164)	雄据(2772)	修饰(1205)
心迹(2576)	兴造(1541)	凶虐(990)	雄芒(1521)	修禊(2099)
心膂(1256)	刑纠(3178)	凶强(1607)	雄明(2946)	修营(2186)
辛苦(1415)	刑忍(1051)	凶渠(1115)	雄盛(2691)	修整(2119)
辛酸(1662)	行薄(1397)	凶忍(1357)	雄爽(2566)	修综(1368)
欣敬(2284)	行检(1006)	凶锐(2319)	雄图(3158)	朽蠹(2052)
欣赖(1886)	行留(2855)	凶势(3154)	雄伟(3161)	朽烂(2154)
欣然(1374)	行实(2287)	凶徒(3000)	雄武(2246)	朽迈(2119)
欣幸(2601)	行通(1016)	凶顽(1475)	雄毅(1778)	朽耄(2946)
欣豫(2057)	行业(2964)	凶威(2024)	雄艺(2749)	秀拔(2875)
新丽(2101)	形器(1045)	凶问(3168)	雄远(2929)	秀彻(1231)
信逸(3061)	形神(1375)	凶武(3062)	雄姿(2538)	秀发(3151)
信惑(1464)	形象(1482)	凶险(2993)	熊黑(2058)	秀杰(1882)
信敬(2767)	形影相吊(2274)	凶嚣(3134)	休宠(951)	秀举(2979)
信纳(1038)	性敦(2669)	凶邪(1577)	休范(2904)	秀伟(1185)
信实(1346)	性理(1138)	凶绪(2956)	休风(1444)	秀异(1204)
信义(1017)	性灵(2643)	凶仪(982)	休否(1985)	秀逸(1480)
信用(1669)	性履(1808)	凶运(1722)	休停(1986)	秀远(2169)
信遇(1072)	凶哀(1730)	凶兆(2601)	休问(3197)	秀整(1785)
信悦(2594)	凶閽(1627)	凶暴(964)	休息(1226)	袭然(1455)

绣栭(1995)	叙怀(954)	悬阃(1211)	循省(1850)	雅化(1451)
盱豫(1428)	叙说(1368)	悬邈(2101)	询求(1967)	雅敬(1543)
虚鄙(1318)	叙用(1027)	悬殊(2196)	询事(1156)	雅旷(1000)
虚弊(3147)	叙致(2517)	悬险(2253)	询仰(1111)	雅亮(1091)
虚薄(2860)	酗虐(1122)	悬心(977)	驯扰(2277)	雅赡(1436)
虚错(2151)	酗酱(2606)	悬验(2485)	迅激(2596)	雅胜(2048)
虚乏(1800)	蓄愤(1357)	悬远(1766)	迅捷(2609)	雅俗(1138)
虚放(2090)	蓄锐(2636)	选举(1100)	迅迈(1950)	雅素(1104)
虚废(1820)	宣崇(996)	泫然(2486)	迅险(3023)	雅望(1043)
虚浮(2389)	宣范(2274)	眩惑(2632)	徇义(1115)	雅雅(1990)
虚构(1059)	宣诫(2047)	衒曜(2086)	殉命(2261)	雅咏(1236)
虚和(1052)	宣授(2449)	绚美(2160)	讯访(1254)	雅远(1045)
虚怀(1110)	宣吐(1047)	学见(2147)	讯问(2561)	雅悦(2841)
虚假(1689)	宣慰(2354)	学术(1727)	训督(1929)	雅正(1182)
虚简(1665)	宣喻(1219)	学思(1698)	训傅(1151)	雅知(1435)
虚衿(2270)	喧黩(1220)	学植(1999)	训奖(1765)	雅直(2277)
虚襟(2646)	喧扰(2403)	雪辱(3079)	训诫(983)	雅志(997)
虚靖(2448)	喧喧(1645)	血诚(1608)	训救(976)	雅重(2287)
虚渴(2745)	暄暖(2545)	熏赫(1326)	训厉(1109)	燕寙(1808)
虚劣(1279)	諠骇(967)	勋参(1024)	训释(1435)	烟煴(962)
虚谬(3063)	諠竞(2267)	勋德(1005)	训物(1044)	淹长(2044)
虚然(2275)	諠譊(1398)	勋济(1894)	训谐(3002)	淹废(2209)
虚让(1776)	玄风(1374)	勋旧(1037)	训诱(2290)	淹留(1373)
虚闲(2462)	玄感(3054)	勋劳(1781)	训注(993)	淹识(1948)
虚玄(1519)	玄嘿(2346)	勋戚(2654)	逊媚(2471)	淹通(1312)
虚玄(2346)	玄静(1493)	勋望(1107)		淹雅(2024)
虚游(2491)	玄旷(1395)	勋效(1219)	**Y**	淹远(1378)
虚远(2097)	玄黎(1434)	勋业(1040)		淹允(1968)
须鬓(1021)	玄理(1052)	勋义(1795)	压毁(1174)	湮废(1542)
墟秽(3171)	玄妙(1045)	獯房(1163)	牙门(1030)	湮晦(2302)
墟邑(2206)	玄悟(1906)	熏烧(3170)	睚眦(1383)	湮灭(1486)
旭晞(1905)	玄远(1238)	巡游(3007)	衙御(1751)	烟爱(2292)
恤隐(1496)	玄云(948)	旬朔(1926)	雅爱(1074)	妍赡(1481)
恤忌(1115)	玄泽(1903)	寻究(1912)	雅操(1224)	言论(1373)
恤养(994)	悬乏(1027)	寻索(2448)	雅操(2297)	言谭(2384)
畜锐(3182)	悬管(2774)	循检(1062)	雅度(2231)	言行(1372)

言咏(2072)	演广(2355)	谣咏(1531)	夷远(1995)	颐精(993)
研核(2376)	宴会(963)	窈窕(2266)	怡情(2168)	颐神(1373)
研览(2158)	宴集(1032)	要蛮(1511)	怡如(1686)	嶷然(1428)
研求(1363)	宴寝(962)	要募(955)	移祔(1418)	彝典(1995)
研思(2160)	宴如(1366)	瞱晲(962)	移就(1771)	以逸待劳(3163)
研席(1763)	晏安(1746)	耀武(1219)	移植(1831)	倚傍(2010)
研研(3198)	晏如(1373)	冶质(1995)	贻笑将来(3063)	倚赖(1227)
研幽(1846)	厌劾(956)	野次(3170)	疑贰(2219)	倚啸(2707)
严备(2078)	厌乱(1746)	野逸(2266)	疑惑(1213)	倚信(1332)
严辟(1446)	厌慢(2284)	叶情(1760)	疑忌(3098)	倚杖(1954)
严防(1349)	燕尾(948)	叶赞(2163)	疑惧(1545)	蚁狄(1683)
严海(1352)	羊米(2227)	业尚(1987)	疑戮(2852)	蚁聚(2638)
严刻(1126)	仰办(1003)	一定(1019)	疑昧(1440)	乂清(2155)
严酷(2468)	仰酬(3180)	一皆(1100)	疑似(1337)	弋钓(2443)
严虐(1607)	仰观(1840)	一匡(2623)	疑误(2046)	役调(1734)
严速(2597)	仰攀(1542)	衣履(978)	疑阻(1607)	抑蔽(2948)
严肃(2337)	仰凭(1786)	依傍(1733)	仪范(2073)	抑杜(2574)
严碎(1178)	仰恃(2363)	依然(1261)	仪检(1693)	抑割(1275)
严整(1057)	仰视(1794)	依行(954)	仪容(2646)	抑遣(1327)
盐运(1027)	仰瞻(1371)	依準(1006)	仪形(1961)	抑替(1312)
奄寂(2265)	仰遵(2364)	揖让(1494)	仪准(2010)	挹退(2044)
奄平(2156)	养寿(1373)	漪涟(1062)	遗弊(1132)	挹仰(993)
奄然(951)	养望(1893)	繄赖(1590)	遗芳(954)	异端(1029)
奄奄(2275)	养性(1369)	医术(1042)	遗孤(1041)	异说(1155)
衍昌(2507)	夭昏(2084)	医药(2353)	遗迹(1062)	异同(1046)
偃藏(2747)	夭亡(2046)	夷淡(1753)	遗黎(1885)	逸翰(1905)
偃蹇(1906)	夭陨(1416)	夷简(1389)	遗落(1360)	逸骏(1469)
偃仰(1475)	妖谤(2972)	夷静(2730)	遗没(1265)	逸气(3148)
掩覆(2743)	妖褉(2877)	夷旷(1334)	遗氓(2057)	逸响(984)
掩寂(2378)	妖逆(2613)	夷灭(1545)	遗萌(1700)	轶羣(1995)
掩检(1328)	妖妄(2231)	夷然(1961)	遗身(1519)	意略(1934)
掩杀(2303)	妖巫(956)	夷退(1363)	遗算(2168)	意色(1035)
掩替(1279)	肴馔(2075)	夷险(1040)	遗咏(3162)	意义(1636)
掩诬(2055)	谣课(1208)	夷岨(2365)	遗远(2354)	义诚(1573)
掩袭(2588)	摇曳(1419)	夷雅(1159)	遗旨(952)	义典(957)
掩瑕(2262)	瑶林琼树(1235)	夷裔(1683)	遗滞(1291)	义赠(2053)

附录三 《晋书·列传》《晋书·载记》词目索引

义节(1585)	音辞(1052)	饮博(2700)	英彦(1217)	萤烛(1294)
义慨(1934)	音好(1173)	饮德(2271)	英毅(2227)	影响(1954)
义烈(1570)	音韵(1153)	饮飨(1042)	英英(2266)	颖脱(2460)
义信(1203)	音旨(1961)	隐暗(1924)	英壮(3105)	颖悟(1006)
义勇(2312)	殷炽(1534)	隐伏(1823)	英姿(1995)	颖秀(2069)
义正(1792)	殷多(2025)	隐沦(1906)	鸳鸠(1366)	颖远(1732)
义证(1433)	殷烦(1148)	隐屈(1224)	婴丁(1294)	映拔(2463)
义直(1373)	殷繁(1902)	隐实(1928)	婴遘(2026)	映带(2099)
毅然(2010)	殷广(2763)	隐息(2284)	婴累(1373)	邕睦(1967)
斁乱(1220)	殷苦(3180)	隐恤(3031)	婴心(1050)	邕肃(2217)
翳荟(1069)	殷旷(1925)	隐正(2063)	应机(1692)	邕邕(1510)
翳曀(1839)	殷流(1668)	隐滞(1449)	应用(1764)	庸暗(1995)
翼奖(1668)	殷强(2855)	荫望(982)	膺教(1965)	庸绩(1586)
翼亮(992)	殷勤(1173)	英博(1543)	迎归(2352)	庸绩(1878)
翼世(1040)	殷盛(1591)	英达(2397)	迎接(1709)	庸近(1902)
翼佐(996)	殷忧(985)	英断(2084)	迎刃而解(1030)	庸狷(2932)
艺名(2170)	殷杂(2720)	英辅(3197)	盈息(3103)	庸劣(2573)
艺业(2841)	氤氲(2372)	英果(2540)	盈积(995)	庸弱(2847)
艺用(3202)	阴渐(955)	英豪(1349)	盈集(1046)	庸神(2218)
懿弟(3068)	阴诊(984)	英华(1487)	盈满(1670)	庸琐(1741)
懿度(1470)	阴图(955)	英慧(2645)	盈溢(1087)	庸微(1677)
懿藩(2859)	荫冒(3170)	英济(2962)	茔墓(2490)	庸朽(3181)
懿纲(1471)	吟诵(2351)	英俊(1562)	莹然(1243)	庸杂(2030)
懿戚(2956)	吟啸(1906)	英傀(2931)	营给(1197)	庸璅(1627)
懿亲(1203)	垠际(1414)	英略(2030)	营护(2208)	雍容(1492)
懿淑(2507)	淫暴(2246)	英茂(1041)	营聚(3094)	雍熙(2145)
懿望(3176)	淫僻(1357)	英奇(1777)	营垒(2561)	雍雍(1373)
懿行(2294)	淫秽(1120)	英气(1694)	营缮(1697)	壅否(1155)
懿重(2240)	淫亢(1447)	英睿(2876)	营视(2027)	壅隔(1825)
因藉(1966)	淫抗(1044)	英锐(1481)	营送(2439)	壅滥(1902)
姻党(2383)	淫巧(1026)	英爽(1205)	营问(2460)	壅滞(1774)
姻好(3120)	淫哇(1511)	英算(1106)	营造(1734)	拥逼(3063)
姻昵(1899)	引领(2819)	英挺(1463)	营置(1020)	拥翼(1179)
姻通(996)	引谦(1023)	英问(3149)	营综(2094)	颙颙(1685)
茵蔫(2159)	引望(1984)	英武(3031)	萦绕(1507)	勇奋(2892)
音词(2798)	引致(1291)	英秀(2900)	萦映(1505)	勇干(2761)

勇健(2123)	忧戚(1384)	游瞩(1734)	玉润(1067)	远畅(1377)
勇虐(3117)	忧泰(2647)	友爱(1367)	玉掌(1882)	远审(3118)
勇壮(3023)	忧危(1720)	友悌(2171)	聿遵(1748)	远达(2288)
踊跃(1684)	忧悒(1955)	友执(1745)	喻纳(2058)	远放(1153)
踊抃(2786)	忧责(1296)	有序(950)	御宸(984)	远迹(2283)
踊呼(3099)	优备(997)	右族(1009)	御家(1110)	远济(1049)
踊跃(1707)	优博(1068)	幼蒙(1458)	御隶(1000)	远鉴(2145)
幽蔼(1519)	优崇(1734)	诱纳(3095)	御省(1903)	远量(1000)
幽闇(2284)	优洽(1914)	诱问(2330)	御右(995)	远迈(1369)
幽逼(1234)	优崇(1721)	迂诞(2467)	遇会(2044)	远趣(1374)
幽毙(1902)	优闲(1145)	迂直(1040)	遇酷(967)	远识(1374)
幽摈(2591)	优显(2756)	鱼悬(1340)	驭世(1131)	远韵(1395)
幽沦(1839)	优雅(1893)	腴肥(1995)	愈甚(1169)	怨憾(2749)
幽明(1632)	优游(1378)	愚短(1680)	预参(2422)	怨嗟(2186)
幽然(2266)	优遇(1005)	愚忿(2666)	豫祸(1614)	怨惧(2251)
幽辱(1738)	优誉(1871)	愚怀(1155)	豫量(2010)	怨苦(2193)
幽室(960)	尤甚(2097)	愚近(3099)	豫闻(1157)	怨酷(1799)
幽危(1799)	尤最(1892)	愚款(1212)	豫严(996)	怨伤(1613)
幽遐(2573)	游集(2075)	愚迷(2098)	郁然(3211)	怨憎(1373)
幽险(2956)	游声(2357)	愚崯(1907)	郁兴(1626)	约费(2856)
幽显(2281)	游娱(2540)	愚嚚(1601)	冤悲(1418)	约杀(1729)
幽逸(1370)	犹豫不决(1636)	愚智(1071)	冤酷(1338)	约损(1560)
幽圉(1700)	游处(1458)	渔弋(2072)	冤讼(1294)	岳峙(3205)
幽贞(1436)	游接(1043)	谀言(1133)	冤痛(2436)	悦畅(1173)
幽旨(1995)	游款(2218)	余齿(976)	冤滞(2980)	悦附(1202)
幽滞(2437)	游历(2105)	余基(1182)	元辅(976)	悦乐(1321)
幽阻(1373)	游鳞(1505)	余羡(1132)	元凯(1039)	悦媚(2383)
悠阔(2573)	游目(2099)	踰度(1173)	元凶(2944)	悦色(1162)
悠悠(1378)	游憩(1022)	踰分(3202)	元勋(1036)	悦玩(2376)
忧逼(1313)	游赏(2072)	踰溢(1477)	元元(1514)	悦育(1902)
忧忿(2673)	游手(1318)	舆诵(1904)	爱暨(1066)	越度(2555)
忧愤(2059)	游肆(1543)	宇量(2396)	原放(2596)	越检(2458)
忧毁(1760)	游行(1093)	宇内(1084)	原隰(1040)	越逸(1002)
忧矜(2327)	游衍(1421)	宇宙(992)	圆舒(984)	岳立(3211)
忧惧(1125)	游饮(3189)	伛偻(1932)	圜围(1338)	跃出(987)
忧慨(1923)	游止(2179)	玉床(947)	远操(2463)	芸获(2117)

附录三 《晋书·列传》《晋书·载记》词目索引

云罩(1905)	杂揉(1110)	贼势(1002)	彰灼(2145)	贞干(2077)
云际(1069)	灾疢(2953)	潜害(1136)	漳滏(1163)	贞规(2273)
云髦(1521)	灾困(1295)	增笃(1343)	仗卫(2962)	贞和(2513)
云骑(3203)	灾衅(1540)	增剧(1725)	杖捶(2766)	贞静(1055)
允备(983)	宰政(2932)	增零(958)	杖顺(2253)	贞立(1728)
允合(1609)	载物(947)	增慕(958)	胀满(2476)	贞烈(2507)
允理(951)	赞成(1021)	增甚(1233)	障扞(2112)	贞明(1903)
允纳(2097)	赞美(1608)	增势(1493)	瘴疫(2341)	贞审(1109)
允洽(2513)	赞明(1942)	增修(1016)	朝不虑夕(2275)	贞素(991)
允清(1893)	赞谋(2145)	增忧(961)	朝行夕改(1602)	贞肃(1268)
允塞(2357)	赞善(1267)	赠结(1173)	嘲哳(1501)	贞婉(2511)
允协(1281)	赞事(1039)	从横(1236)	招集(2919)	贞修(1840)
允正(982)	赞颂(2441)	诈冒(1113)	招揽(1468)	贞隐(2218)
允中(1788)	赞味(1905)	诈妄(1820)	招礼(3193)	真粹(1159)
陨毙(2154)	赞协(2140)	宅宇(989)	招纳(1230)	真率(1383)
陨泪(1597)	赞扬(2011)	沾染(1831)	招携(2531)	真素(2197)
陨落(960)	赃污(2164)	沾湿(1384)	招摇(1412)	斟酌(1309)
陨没(1722)	遭逢(1698)	沾湿(1147)	昭焕(1523)	甄拔(1224)
陨仆(1822)	糟秕(1859)	瞻察(2517)	昭亮(3079)	甄举(1045)
陨缺(995)	澡浴(2536)	瞻睹(958)	昭晰(960)	甄论(1690)
陨丧(951)	藻拔(2391)	瞻觐(2085)	昭远(1005)	甄明(2352)
陨坠(1180)	藻丽(1506)	瞻敬(1964)	照见(1457)	甄赏(1564)
殒绝(1754)	藻饰(1369)	瞻送(1953)	照煦(2265)	甄异(1249)
运否(2987)	藻思(2403)	展用(1487)	肇建(1465)	甄摘(1039)
运会(1015)	藻绚(2369)	斩戮(1667)	肇厘(1496)	振乏(2340)
运遇(1375)	造创(1302)	斩斫(1060)	肇立(1429)	振纷(2743)
运遭(2159)	造次(1068)	战惶(2650)	肇制(3212)	振服(2109)
愠然(2743)	造革(2594)	战悸(1683)	遮锢(2383)	振复(1694)
缊褐(2382)	造乱(956)	战慑(2579)	折挠(1002)	振给(1149)
韫蠢(2382)	造舟(947)	战灼(1211)	哲辅(1732)	振赫(2239)
韫德(992)	燥涸(1934)	章表(997)	谪谴(1882)	振惠(1097)
韫韥(1444)	躁狂(1421)	章程(1761)	辙迹(1376)	振局(3104)
蕴才(1487)	躁脱(2210)	章惶(975)	珍瑰(1469)	振裂(3180)
蕴结(2244)	躁务(1430)	彰明(1632)	珍惜(2405)	振领(1306)
	责替(2579)	彰验(1485)	珍馔(1287)	振起(1374)
Z	责诱(2761)	彰著(965)	贞操(1700)	振扰(1895)
杂滥(2018)				

振施(1095)	整服(2985)	指教(1100)	质素(2447)	重报(964)	
振肃(1785)	整理(1154)	指授(1771)	质通(2688)	重虑(1337)	
振摇(1889)	整丽(1401)	至到(1577)	质直(2138)	重望(1089)	
震暴(1346)	整肃(1291)	至笃(1020)	摭列(1046)	重阴(2750)	
震荡(2302)	整修(1541)	至密(1026)	栉风沐雨(2913)	州界(987)	
震荡(1018)	正复(955)	至通(2418)	踬碍(1912)	周达(1032)	
震厄(1901)	政道(1777)	至行(991)	踬顿(1934)	周给(2315)	
震骇(1256)	政典(1155)	志度(2318)	中畿(962)	周接(3119)	
震惶(1110)	政隆(982)	志格(2843)	中闱(958)	周慎(1373)	
震局(3096)	政平(994)	志力(1106)	忠笃(1091)	周旋(1364)	
震扰(1930)	政清人和(2042)	志烈(1703)	忠概(1627)	周爱(2243)	
震悚(1234)	政事(1763)	志能(1932)	忠干(2860)	肘腋(1531)	
震恊(1754)	证据(1436)	志趣(1048)	忠鲠(1313)	咒愿(2486)	
震威(1219)	证引(1372)	志尚(1176)	忠规(1168)	昼夜(1380)	
鸠羽(984)	之间(955)	志太(1207)	忠绩(1334)	珠谈(1995)	
镇扞(1952)	支计(1082)	志望(1250)	忠謇(1343)	诛斥(2722)	
镇靖(1839)	支抗(1209)	志性(2540)	忠劲(1808)	诛害(1379)	
镇静(1084)	支胤(2903)	志业(2350)	忠慨(1546)	竹素(3005)	
镇摄(995)	枝党(1614)	志意(1372)	忠亮(2067)	属承(1688)	
镇绥(1764)	枝分(3062)	制节(1445)	忠烈(1033)	属类(1734)	
镇御(1121)	知度(1253)	制胁(1799)	忠慢(1298)	属连(1065)	
征伐(1147)	知赏(1009)	治政(1010)	忠谟(1761)	属想(2194)	
征还(994)	知遇(1367)	峙据(2372)	忠慕(1877)	属咏(1519)	
征路(1040)	知重(2142)	秩奉(1120)	忠武(2843)	属缀(1524)	
征行(1885)	祗奉(959)	致恨(955)	忠贤(1379)	属尊(1084)	
争竞(1192)	祗顺(971)	致节(1019)	忠益(1788)	注列(1039)	
争趣(2189)	祗佑(2877)	致令(2921)	忠毅(1289)	著德(1023)	
争欲(2389)	直绳(1005)	致谢(949)	忠允(1134)	著分(1044)	
峥嵘(3212)	执节(1016)	智骨(1906)	终然(1328)	驻跸(2956)	
钲鼙(1478)	执权(1158)	智局(1000)	终始(1016)	专骄(2267)	
征聘(1368)	执省(975)	智器(1091)	钟簴(1964)	专精(2141)	
征引(1802)	执守(975)	智术(2485)	钟心(2358)	专擅(1055)	
拯拔(2948)	跖实(1519)	智愚(967)	种落(3201)	专肆(2210)	
拯复(2953)	职次(1903)	稚弱(1041)	种植(2277)	专辄(1216)	
拯接(1840)	旨统(1397)	质略(1814)	种殖(3041)	转数(2213)	
拯恤(2052)	指斥(1735)	质任(1135)	重哀(995)	转相(2144)	

撰次(1131)	卓越(1451)	滋育(2372)	宗附(1850)	奏劲(1093)
撰访(1040)	卓越不羁(2233)	觜距(1069)	宗极(1044)	租运(2978)
撰录(2507)	拙惑(1492)	赀算(1987)	宗敬(2339)	卒迫(1066)
撰述(2359)	拙艰(1505)	资给(2492)	宗盟(1100)	阻带(1940)
撰正(2356)	灼炟(2564)	资名(2034)	宗庶(1476)	阻隔(2924)
妆饰(2766)	灼然(1785)	资品(1825)	宗祀(1542)	阻峻(3166)
装束(2476)	灼如(2155)	资凭(1792)	宗仰(2360)	钻坚(2349)
壮果(3141)	灼灼(1501)	资赡(1797)	综核(995)	钻求(1840)
壮劲(2321)	斫伐(2775)	资望(2078)	综理(1774)	钻玄(1428)
壮丽(2934)	擢拔(1683)	资须(1986)	综摄(2089)	篡凶(2606)
壮勇(3031)	擢处(2979)	资畜(2824)	综世(1045)	罪黜(1005)
追阐(1482)	擢任(3192)	资蓄(1795)	综悉(1698)	罪戮(1101)
追崇(949)	咨嗟(1905)	资业(1951)	总纲(1306)	罪责(1354)
追服(957)	姿德(1152)	资仗(2700)	总括(2025)	罪状(1486)
追述(972)	姿度(2933)	越雎(1450)	总要(2165)	醉乱(1398)
追恸(2687)	姿器(2647)	咨嗟(1363)	总御(2237)	醉迷(1459)
追寻(2085)	姿容(1068)	咨决(2493)	纵侈(1995)	醉眠(1361)
追踪(2885)	姿色(973)	咨论(1205)	纵漏(1060)	尊势(1005)
追遵(1767)	姿识(2288)	咨仰(1085)	纵目(2153)	尊仪(947)
坠丧(1893)	姿望(991)	咨诹(2058)	纵驱(1395)	遵明(2558)
坠替(1759)	姿性(2356)	紫宸(947)	纵使(1324)	遵行(3090)
缀文(957)	姿仪(972)	紫庐(957)	纵适(2384)	遵养(1776)
缀撰(2522)	姿宇(2688)	自零(958)	纵肆(1257)	樽簴(1510)
迍遭(2232)	姿制(1482)	自然(1369)	纵慝(3134)	左右(1130)
准量(1027)	孳息(1534)	自沈(959)	纵逸(1190)	佐世(1147)
准例(1041)	滋多(1132)	自信(1019)	纵意(1543)	作变(2046)
准平(2034)	滋烦(2730)	自夷(1045)	纵恣(1383)	作逆(973)
准绳(1870)	滋繁(2369)	自足(999)	陬落(1782)	作者(1064)
准式(1304)	滋茂(1817)	恣乱(1576)	走归(3088)	坐玩(2967)
卓荦(1381)	滋扰(1532)	恣情(1019)	走免(2470)	祚运(2152)
卓荦不羁(1802)	滋甚(1644)	宗范(1040)		

参考文献

一、古籍经典

(一) 古籍

[汉]许慎.说文解字[M].[宋]徐铉,校定.北京:中华书局,1963.

[唐]陆德明.经典释文[M].上海:上海古籍出版社,1985.

宋本玉篇[M].北京:中国书店,1983.

集韵[M].上海:上海古籍出版社,1985.

[清]段玉裁.说文解字注[M].上海:上海古籍出版社,1988.

[清]王念孙.广雅疏证[M].北京:中华书局,1983.

(二) 史书

[汉]司马迁.史记[M].北京:中华书局,1982.

[汉]班固.汉书[M].[唐]颜师古,注.北京:中华书局,1962.

[南朝宋]范晔.后汉书[M].[唐]李贤,注.北京:中华书局,1965.

[晋]陈寿.三国志[M].陈乃干,校点.北京:中华书局,1959.

[梁]沈约.宋书[M].北京:中华书局,1974.

[梁]萧子显.南齐书[M].北京:中华书局,1972.

[唐]姚思廉.梁书[M].北京:中华书局,1973.

[唐]姚思廉.陈书[M].北京:中华书局,1972.

[北齐]魏收.魏书[M].北京:中华书局,1974.

[唐]李延寿.南史[M].北京:中华书局,1975.

[唐]令狐德棻,等.周书[M].北京:中华书局,1971.

[唐]李百药.北齐书[M].北京:中华书局,1972.

[唐]房玄龄,等.晋书[M].北京:中华书局,1974.

[唐]李延寿.北史[M].北京:中华书局,1974.

[唐]魏征,令狐德棻.隋书[M].北京:中华书局,1972.

[后晋]刘昫,等.旧唐书[M].北京:中华书局,1975.

[宋]欧阳修,宋祁.新唐书[M].北京:中华书局,1975.
[宋]司马光.资治通鉴[M].长沙:岳麓书社,1990.
[宋]薛居正,等.旧五代史[M].北京:中华书局,1976.
[宋]欧阳修.新五代史[M].[宋]徐无党,注.北京:中华书局,1972.
[宋]司马光.资治通鉴[M].[元]胡三省,注.北京:中华书局,1956.
[元]脱脱,等.辽史[M].北京:中华书局,1974.
[元]脱脱,等.宋史[M].北京:中华书局,1985.
[元]脱脱.金史[M].北京:中华书局,1975.
[明]宋濂.元史[M].北京:中华书局,1976.
[清]毕沅.续资治通鉴[M].北京:中华书局,1957.
[清]张廷玉,等.明史[M].北京:中华书局,1974.
[清]赵尔巽,等.清史稿[M].北京:中华书局,1977.

二、参考文献

(一) 专著

吴士鉴.晋书斠注[M].续修四库全书,卷276.
黄公渚,选注.晋书[M].北京:商务印书馆,1933.
[清]周家禄.晋书校勘记[M].广雅书局丛书.
[清]丁国钧.晋书校文[M].光绪三年活字本.
[清]李慈铭.晋书札记[M].北平图书馆本,1930.
[清]钱大昕.廿一史考异[M].北京:商务印书馆,1937.
[清]王鸣盛.十七史商榷[M].北京:中国书店,1987.
[清]王念孙.广雅疏证[M].南京:江苏古籍出版社,1984.
程湘清.汉语史专书复音词研究[M].北京:商务印书馆,2003.
程湘清.两汉汉语研究[M].济南:山东教育出版社,1992.
程湘清.隋唐五代汉语研究[M].济南:山东教育出版社,1992.
程湘清.魏晋南北朝汉语研究[M].济南:山东教育出版社,1992.
程湘清.先秦汉语研究[M].济南:山东教育出版社,1982.
董秀芳.词汇化:汉语双音词的衍生和发展[M].成都:四川民族出版社,2002.
董秀芳.汉语的词库与词法[M].北京:北京大学出版社,2004.
蔡镜浩.魏晋南北朝词语例释[M].南京:江苏古籍出版社,1990.
董志翘,蔡镜浩.中古虚词语法例释[M].长春:吉林教育出版社,1994.
董志翘.训诂类稿[M].成都:四川大学出版社,1999.
董志翘.中古文献语言论集[M].成都:巴蜀书社,2000.
董治安.诗经词典[M].济南:山东教育出版社,1989.

方一新,王云路.中古汉语读本[M].长春:吉林教育出版社,1993.
方一新,王云路.中古汉语研究[M].北京:商务印书馆,2000.
方一新,王云路.中古汉语语词例释[M].长春:吉林教育出版社,1992.
方一新,王云路.中古近代汉语研究[M].上海:上海教育出版社,2000.
方一新.东汉魏晋南北朝史书词语笺释[M].合肥:黄山书社,1997.
费尔迪南·德·索绪尔.普通语言学教程[M].北京:商务印书馆,1983.
符淮青.汉语词汇学史[M].合肥:安徽教育出版社,1996.
高文达.新编联绵词典[M].郑州:河南人民出版社,2001.
顾之川.明代汉语词汇研究[M].开封:河南大学出版社,2000.
管锡华.《史记》单音词研究[M].成都:巴蜀书社,2000.
郭良夫.词汇[M].北京:商务印书馆,1985.
郭锡良.汉字古音手册[M].北京:商务印书馆,2010.
郭在贻.郭在贻文集[M].北京:中华书局,2002.
何九盈,等.古汉语词汇讲话[M].北京:北京出版社,1980.
何亚南.《三国志》和裴注句法专题研究[M].南京:南京师范大学出版社,2001.
洪成玉.古汉语复音虚词和固定结构[M].杭州:浙江人民出版社,1983.
胡敕瑞.《论衡》与东汉佛典词语比较研究[M].成都:巴蜀书社,2002.
胡奇光.中国小学史[M].上海:上海人民出版社,1987.
黄金贵.古代文化词义集类考辨[M].上海:上海教育出版社,1995.
黄金贵.古汉语同义词辨释论[M].上海:上海古籍出版社,2002.
贾彦德.汉语语义学[M].北京:北京大学出版社,2001.
江蓝生.魏晋南北朝小说词语汇释[M].北京:语文出版社,1988.
蒋礼鸿.敦煌变文字义通释[M].上海:上海古籍出版社,1997.
蒋绍愚.古汉语词汇纲要[M].北京:商务印书馆,2005.
蒋绍愚.蒋绍愚自选集[M].郑州:河南教育出版社,1994.
蒋绍愚.近代汉语研究概况[M].北京:北京大学出版社,1994.
李波,等.三国志索引[M].北京:中国广播电视出版社,2002.
梁晓虹.佛教词语的构造与汉语词汇的发展[M].北京:北京语言学院出版社,1994.
刘百顺.魏晋南北朝史书语词札记[M].西安:陕西师范大学出版社,1993.
刘叔新.汉语描写词汇学[M].北京:商务印书馆,1990.
刘叔新.刘叔新自选集[M].郑州:河南教育出版社,1993.
柳士镇.魏晋南北朝历史语法[M].南京:南京大学出版社,1992.
卢弼.三国志集解[M].北京:中华书局,1982.
陆志韦,等.汉语的构词法[M].北京:中华书局,1975.
罗常培.语言与文化[M].北京:语文出版社,1996.
罗宏曾.魏晋南北朝文化史[M].成都:四川人民出版社,1988.

吕叔湘.中国文法要略[M].北京:商务印书馆,1956.
潘允中.汉语词汇史概要[M].上海:上海古籍出版社,1989.
史存直.汉语词汇史纲要[M].武汉:华中师范大学出版社,1988.
宋闻兵.《宋书》词语研究[M].北京:中华书局,2009.
宋子然.古汉语词义丛考[M].成都:巴蜀书社,2000.
苏宝荣,等.古汉语词义简论[M].石家庄:河北教育出版社,1987.
太田辰夫.中国语历史文法[M].北京:北京大学出版社,1987.
汤用彤.汉魏两晋南北朝佛教史[M].北京:北京大学出版社,1997.
万久富.《宋书》复音词研究[M].南京:凤凰出版社,2006.
汪维辉.东汉—隋常用词演变研究[M].南京:南京大学出版社,2000.
王继如.训诂问学丛稿[M].南京:江苏古籍出版社,2001.
王力.汉语词汇史[M].济南:山东教育出版社,1990.
王力.汉语史稿[M].北京:中华书局,1980.
王力.汉语语音史[M].北京:中国社会科学出版社,1985.
王力.同源字典[M].北京:商务印书馆,1882.
王小莘,等.《颜氏家训》词汇语法研究[M].广州:广东人民出版社,1998.
王锳.唐宋笔记语辞汇释[M].北京:中华书局,2001.
王瑛.《汉语大词典》商补[M].合肥:黄山书社,2006.
王宣武.《汉语大词典》拾补[M].贵阳:贵州人民出版社,1997.
王云路,方一新.中古汉语语词例释[M].长春:吉林教育出版社,1992.
王云路.六朝诗歌语词研究[M].哈尔滨:黑龙江教育出版社,1999.
王云路.中古汉语词汇史[M].北京:商务印书馆,2010.
吴金华.古文献整理与古汉语研究[M].南京:江苏古籍出版社,2001.
伍宗文.先秦汉语复音词研究[M].成都:巴蜀书社,2001.
向熹.简明汉语史[M].北京:高等教育出版社,1993.
徐振邦.联绵词概论[M].北京:大众文艺出版社,1998.
许威汉.二十世纪的汉语词汇学[M].太原:书海出版社,2000.
许威汉.汉语词汇学引论[M].北京:商务印书馆,1992.
颜洽茂.佛教语言阐释[M].杭州:杭州大学出版社,1997.
严廷德.古汉语词汇学[M].成都:四川大学出版社,1992.
杨端志.汉语的词义探析[M].济南:山东大学出版社,2002.
杨端志.汉语史论集[M].济南:齐鲁书社,2008.
殷国光.吕氏春秋词类研究[M].北京:商务印书馆,2008.
余嘉锡.四库提要辨证[M].北京:中华书局,1980.
张双棣.吕氏春秋词汇研究[M].北京:商务印书馆,2008.
张万起.《世说新语》词典[M].北京:商务印书馆,1993.

张永言.词汇学简论[M].武汉:华中工学院出版社,1982.
赵克勤.古代汉语词汇学[M].北京:商务印书馆,1994.
赵克勤.古汉语词汇概要[M].杭州:浙江教育出版社,1987.
赵艳芳.认知语言学概论[M].上海:上海外语教育出版社,2007.
周荐.汉语词汇研究史纲[M].北京:语文出版社,1995.
周荐.汉语词汇结构论[M].上海:上海辞书出版社,2004.
周一良.魏晋南北朝史论集[M].北京:北京大学出版社,1997.
周一良.魏晋南北朝史札记[M].北京:中华书局,1985.
朱庆之.佛典与中古汉语词汇研究[M].台北:文津出版社,1992.

（二）学位论文

柴红梅.《摩诃僧祇律》复音词研究[D].浙江大学博士学位论文,2009.
陈琳.魏晋南北朝小说复音词研究[D].湖南师范大学硕士学位论文,2006.
范市兵.《晋书》的编纂及其文献成就[D].安徽大学硕士学位论文,2010.
韩惠言.《世说新语》复音词研究[D].西北师范大学硕士学位论文,1988.
李仕春.汉语构词法和造词法研究[D].南京大学博士学位论文,2007.
刘祖国.《太平经》词汇研究[D].华东师范大学博士学位论文,2009.
宋琳.基于《汉语大词典》语料库的魏晋新词语研究[D].山东大学博士学位论文,2011.
宋一明.《晋书斠注》研究[D].山东大学硕士学位论文,2007.
陶家俊.《说苑》复音词研究[D].苏州大学硕士学位论文,2003.
王品龙.清代以来的《晋书》研究考述[D].上海师范大学硕士学位论文,2008.
阎玉文.《三国志》复音词专题研究[D].复旦大学博士学位论文,2003.
张成平.常用成语演变研究[D].苏州大学硕士学位论文,2004.
张悦.从《三国志》《洛阳伽蓝记》《水经注》看魏晋南北朝汉语双音合成词的发展及演变[D].山东大学博士学位论文,2006.
李建华.《晋书》材料源于《世说新语》研究[D].河南大学硕士学位论文,2005.

（三）期刊论文

艾红娟.专书复音词研究的回顾与展望[J].齐鲁学刊,2008(3).
车淑娅.专书词汇研究三维方法论[J].天津大学学报(社会科学版),2005(2).
陈爱文.并列式双音词的字序[J].中国语文,1979(2).
董玉芝.《抱朴子》复音词构词方式初探[J].古汉语研究,1994(4).
董志翘.汉语史的分期与20世纪前的中古汉语词汇研究[J].合肥师范学院学报,2011(1).
方一新.东汉语料与词汇史研究刍议[J].中国语文,1996(2).
方一新.近十年中古汉语词汇研究的回顾与展望[J].古汉语研究,2010(3).
高淑清.唐修《晋书》缘何采录《世说新语》[J].社会科学战线,1999(6).
韩惠言.《世说新语》复音词构词方式初探[J].固原师专学报,1990(1).

洪丽娣.古代汉语中同素异序词的研究[J].沈阳师范学院学报,1997(2).

胡运飙.从复音词数据看词汇复音化和构词法的发展[J].贵州文史丛刊,1997(2).

黄志强,等.试论汉语词汇双音节化的原因[J].复旦大学学报,1990(1).

骆晓平.魏晋六朝汉语词汇双音化倾向三题[J].古汉语研究,1990(4).

江蓉蓉,王建军.成语在发展过程中的选择性传播[J].常州工学院学报,2011(2).

蒋绍愚.关于汉语词汇系统及其变化的几点想法[J].中国语文,1989(1).

蒋文钦,等.关于并列结构固定词语的内部次序[J].中国语文,1982(4).

蒋宗许.半生心血铸辉煌——教育部人文社会科学重大项目成果《中古汉语词汇史》评介[J].西南科技大学学报(哲社版),2011(4).

李培栋.《晋书》研究(上)[J].上海师范大学学报(哲学社会科学版),1984(2).

李如龙.汉语词汇衍生的方式及其流变[J].河北师范大学学报(哲学社会科学版),2002(5).

李仕春.从复音词数据看中古汉语构词法的发展[J].宁夏大学学报(社会科学版),2007(3).

梁晓虹.汉语成语与佛经文化[J].语言文字应用,1993(1).

刘芊.《洛阳伽蓝记》中成语探析[J].常州工学院学报(社会科学版),2013(3).

刘叔新.复合词结构的词汇属性——兼论语法学、词汇学同构词法的关系[J].中国语文,1990(4).

鲁六.谈古汉语复音词的判断标准[J].中州学刊,2006(5).

马真.先秦复音词初探[J].北京大学学报(哲学社会科学版),1980(5).

沈怀兴.复音单纯词、重叠词、派生词的产生和发展——汉语词汇复音化发展续探[J].汉字文化,2001(1).

宋鼎立.读《晋书·载记》[J].史学史研究,1983(1).

孙艳.佛经翻译与汉语四字格的发展[J].中央民族大学学报(哲学社会科学版),2005(1).

谭耀炬.《晋书》语词拾零商榷[J].绍兴文理学院学报,2002(1).

王建军.中古成语的历史地位和发展动因[J].常州工学院学报(社会科学版),2010(2).

王小莘.试论中古汉语词汇的同步引申现象[J].南开学报,1998(4).

王小莘.魏晋南北朝词汇研究与词书的编纂[J].中国语文,1997(4).

王小莘.语词汇新旧质素的共融和更替[J].南京师范大学文学院学报,2003(1).

王云路,黄沚青.本世纪以来(2000—2011)中古汉语词汇研究总论[J].浙江社会科学,2012(10).

熊文华.论汉语词和短语的界定标准及实际问题的处理[J].广西教育学院学报,1997(2).

杨振兰.现代汉语AA式迭音词、重叠词对比研究[J].齐鲁学刊,2003(4).

殷孟伦.谈谈汉语词汇研究的断代问题[J].文史哲,1981(2).

岳纯之.论《晋书》的速成及其存在的问题[J].烟台大学学报(哲学社会科学版),2003(1).

曾昭聪.汉语成语的佛教渊源[J].嘉应学院学报(哲学社会科学版),2004(2).

张能甫.汉语基本词汇研究的回顾与展望[J].四川师范大学学报,1999(2).

张世禄."同义为训"与"同义并列复合词"的产生[J].扬州师院学报,1981(3).

周琳娜.古汉语复音新词判定标准刍议[J].社会科学家,2009(2).

周生亚.《世说新语》中的复音词问题[J].吉林大学社会科学学报,1982(2).

朱大渭.《晋书》的评价与研究[J].史学史研究,2000(4).